西江史事探赜

温爱民 ◎ 著

暨南大学出版社

中国·广州

JINAN UNIVERSITY PRESS

图书在版编目（CIP）数据

西江史事探赜／温爱民著. —广州：暨南大学出版社，2024.8
ISBN 978 - 7 - 5668 - 3919 - 0

Ⅰ. ①西… Ⅱ. ①温… Ⅲ. ①德庆县—地方史 Ⅳ. ①K296.54

中国国家版本馆 CIP 数据核字（2024）第 096253 号

西江史事探赜
XIJIANG SHISHI TANZE
著　者：温爱民

出 版 人：阳　翼
统　　筹：黄文科
责任编辑：高　婷　张馨予
责任校对：刘舜怡　黄子聪　陈慧妍
责任印制：周一丹　郑玉婷

出版发行：暨南大学出版社（511434）
电　　话：总编室（8620）31105261
　　　　　营销部（8620）37331682　37331689
传　　真：（8620）31105289（办公室）　37331684（营销部）
网　　址：http://www.jnupress.com
排　　版：广州尚文数码科技有限公司
印　　刷：广州市快美印务有限公司
开　　本：787mm×1092mm　1/16
印　　张：28.75
字　　数：520 千
版　　次：2024 年 8 月第 1 版
印　　次：2024 年 8 月第 1 次
定　　价：168.00 元

序

　　粤西德庆（古康州），始行于二〇〇三年，因其里人江梓荣、江裕英两老志欲寻根觅祖，以钩揭湮没宗祖幽潜史为晚年肩承至朽之业，四处出行之多年无所得仍孝虔不休，为之感动出而助之。主先广搜文献，田野调访遗美、族谱，作为深究发覆抉发隐征，始能发潜阐幽，疏理考证出璆祖足迹真相，重修新谱牒，梳理其子裔世系，以结其愿，复祖之焕彩而为其二人作晚年光环焉。允之，遂携步德庆，作旁搜远博，采访求咨询于名流与乡老耆英，始经人介绍认识文史名流温爱民先生。

　　以其为人简脱有鉴裁，素关注中国历史文化发展之大者，精治乡邦故实之社会风俗传承与时尚，尤以逮摄影诣艺术之止境，随足步视野所及文物，莫不景存为艺术鉴赏及资料运用，致其历所发表，世莫不以其巨眼若烛，捕韵神现为叹。

　　余既调审、考究，征散佚文献，考断简残篇之遗美于广搜博采，或祈于调访中引出蛛丝马迹，以供探索钩出湮没幽潜于万一，则治史所需求求全，再予史料内外考证，然后将史料解释互稽，求透以明澈题目求新，发人未见于撰写成篇于求密。既来德庆访求，不首访温氏访谁。

　　氏于工作室置茶间，以款待访客。一般茶过三杯即握别，而予与之气类投全，啜茗互论德庆天地、建置、交通、人杰、名胜、风俗、历史浮沉特色，竟逾三小时，不亦乐乎！自后每年复来，氏必为乐迎茶间煮茗论史，所涉有余赴江西遍访所得，足行河南考古江国故城遗址所获，并乃江西、河南大学演讲《中国学术研究论写作法》，氏对研究论文格式、文献引证标注方式国际化，多次举要讲述交流，盖其作新知视习也。

　　迨江大司马璆湮没史事重建，督导其裔编谱时，亦吾致休年，氏询去向，告以人生"时间视野"操于己，致休为规则，我休则退而不休，仍力随学术文化之不朽大业约千秋盛事队末于无形，死而后已，自期余热继焕光，使精神作品不灭。兄若赋闲，操时间视野于学术文化，则自定晚景新光焕发于无穷，与学术不朽同履足下任行，此明者、智者之择，否则休后无所事事而无聊自扰过日。

阊兴乎来？来！但前行已用尽资源！曰：非！康邑遍地宝，若我是邑人，可长足于斯，四向网罗稽征，必预硕果累累。若粤西位处南海道，即交广道中段，交广道自古为北印度、波斯经交州、西江入广州、桂林贸易，输入植物、佛教及艺术、僧侣出入之海道，经此岂不遗佛教相关之美？粤西梵天福化之庵寺、菩提树、经幢之陈铺、播创遗美、僧侣留踪相关种种，从未有人笔揭钩稽征信以公诸世，可谓失宝。又德邑虽为一僻县，然其所蕴，遍地有宝待发。若明志刊有陆贾祠于锦石山下，则汉使南来必经此地，倘搜钩交通，则补史阙之大者可发矣。邑有元代学宫硕遗为粤独存，复有龙母祖庙碑刻、三洲岩摩崖石刻、香山摩崖石刻，均为视野不及、不明者而忽略之，若究心考索，搜文献征稽，捺笔发其内涵魅力、妙趣，焕光显迹，自出而发覆自可无凿枘而发人所未发。此种种非宝而何！

握别多年，日下，暨南大学出版社选辑其风俗、地方史、学术专题论文编集成书，颜曰《西江史事探赜》，氏将该书书稿传通，以一书之成，不能无弁言以叙其事，问序，以其知之明，见之审，言之委曲详尽，能揭其要而发其凡，乃欣然序其书焉。

其书约五十万字，图文并茂，分为三组，其中"研究专论"十八篇；"人物轶事"二十一篇，乃为究心风俗文化，新窥揭幽潜之作；第三组"风情风物"三十一篇，则为研探区域地方史地之钩玄提要之杰笔，在足以增补志书之失收，事简文略而弗备，皆参互考订、订论辨章而归于史阙，树新见以补地方史事、文物之遗佚，弥为可珍，留心乡献，搜访逸文及幸逢地不爱宝时之时贤及后彦，当能旁及于此，而与之钩稽地志之失载、失简陋，揭其奎壁光而弘扬焉。

其专论十八篇，又可分为五组：第一组悦城龙母文化专论：《悦城龙母祖庙始建与始封年代探析》《悦城龙母祖庙〈赐额记〉碑考》《唐宋龙母行宫分布与龙母文化传播研究》《悦城龙母传说演变与龙母文化传承》，诸篇凡十万言。为龙母文化之研究开辟新见；第二组《岭南地区裹蒸粽溯源》《此山因何得香名——佛教香山与汉地香山融合初析》，为大区域风俗时尚新窥；第三组《三洲岩名胜古迹考述及保护》《东坡题刻今何在》《肇庆七星岩与德庆三洲岩"东坡题刻"考略》《清季署德庆知州赵承炳〈笔纪〉史料初步研究》，为古今金石及新文献发现与研究、济美康州历史文化思想之芳躅；第四组《端溪溯源》《从康州到德庆府的由来——兼论"德庆"之含义》《此端溪非彼端溪兼论端州得名之说》，均为地方史探赜之新论；第五组《陆贾出使南越路线与德庆锦石山》《佛教在岭南交州粤西地区传播探赜》《六祖惠能"得法南归"在粤西德庆、永福"卜创丛林、说法讲经"的几则史料研究》《唐广州光孝寺宝历经幢与粤西溪洞地区佛教传播探微》，为中原与岭南、世界海道与佛教、交州政制之演衍至粤西之大脉搏，每篇章节清晰，自成体系，叙述详简，抉隐征实，别具卓见，堪称佳作。

本集部分之作，为其与余过从品茶论道所涉掠，乃其求真征稽精神与对史地交通文献重新纵观，别有所感触明澈预流而撰成。南越赵佗称帝，自秦亡至西汉高祖灭楚后，皆无法与通以抚之。氏以明陆舜臣嘉靖《德庆州志》刊有陆大中祠及祠记于锦石山江滨而启肇，综合其他志书遗文、诗文互稽而觅西江与中原交通路线，数赴灵渠考察，考析出陆贾来粤路线为沟通长江流域与珠江流域之"潇贺古道"（萌渚岭道），即从湖南道县、江华县入广西贺县（今贺州市）之桂岭镇，沿贺江至封州（今封开县）出西江，顺流而下直达番禺，得会赵佗劝降去帝号，贾氏出封州抵锦石山江滨即设帐宿此。如是遂构成《陆贾出使南越路线与德庆锦石山》一文，破千古之谜，以补《前汉书》陆贾出使路线之史阙，可谓落地有声。《佛教在岭南交州粤西地区传播探赜》，则为就新观点，及行政区域之演变，论述三国后政治与文化中心迁移至广州与广西桂林，致佛教传播重心亦转移，粤西苍梧地区遂丧失其"交广道适中位置"之优势，致为世忽视其域早期佛教传播流风。氏以南海道（交广道）沟通岭南西部与南亚国家交通为脉络，广搜文献、出土文物、田野调查互稽征信抉隐，而将粤西苍梧一域之梧州、封开、德庆、罗定一带佛教传播史辙钩出，所稽征有据，分析中肯，可谓发人所未发。

近世罗香林教授治唐史与中外交通史，独留意于中印佛教文化艺术交流迁殖之故实，发扬幽潜，巨眼若烛，刊之问世之《唐代桂林之摩崖佛像》《唐代广州光孝寺与中印交通之关系》，网罗故闻，宣究疑滞，辨析周洽，一新史学界之耳目，特揭交广道于中印佛教文化、艺术交流上之重要；复揭世人以广州光孝寺为中心及译经重心，禅宗之兴起与此关系，切中外僧侣交流之地；寺及桂林于南海交通及中古佛教播芳与粤西、南方梵刹关系至钜，搜地方志乘资料、佛像、经幢文物互稽、综合推阐而发其凡，自成家焉，蜚声国际。氏《唐广州光孝寺宝历经幢与粤西溪洞地区佛教传播探微》一文，纯为搜得此重心宝历二年（826）经幢铭文，考证经幢出自唐敬宗宝历间，卢江郡何宥则为其亡兄康州司马何宥卿所造《大悲陀罗尼》经幢及幢下款，引以稽证。推敲出德庆（古康州）之佛教与广州光孝寺有特殊关系，致何氏获主持亲为造幢流芳，从而稽证出德庆一带于唐宋之世传播佛教观音信俗，尤盛于西江流域溪洞地域，使之为传播道场。何氏弟兄亦可补地方志之失载，及尚有待究之空白以遗后彦焕光补阙。氏以佛教"菩提树"而考究印度传植来华与光孝寺及德庆香山亦有传植，予以考索其颠末，从而以此树稽证粤西古有佛教经交广道传播粤西、广州，是此为实物之芳标，于古不移。氏又以此树印证兴废和光孝寺有其渊源与佛缘关系密切之所在，言人所未言，论述详尽，于氏固为延光伸论交广道于粤西与寺之关系，然涉猎所及，罗先生少及，是其作可为补先生之剩义及宏旨之助证。

于龙母文化研究，以龙母文化之散播，不少区域为彰其保护神力，至攀改演变传承，以显其地与水神之特殊关系，以强化其传说内容之丰富叠奇。乃至西江流域大湾区域的文化认同，氏特从此中予以专题穷析，以各地就传说演幻与地方风俗衍概要，此为风俗史之精钩彰要之大者，非无史蕴之风俗学人所能之杰作。又龙母祠，立庙年代历来语焉不详，始封时代众说纷纭，直接原始史料湮没，氏竟能于世残存之片言只语诸文献与碑碣史料中钩索互稽，得其真确以补史阙；又龙母祖庙历代碑刻颇众，以易代散逸无几。然氏却以居地之利，广搜多年，得宋刻吴揆《赐额记》拓本，经心穷究，遂得年代、赐额颠末。亦为世展示庙现以此原碑为最早，并拟再搜索散逸者，此亦拙所盼焉！遥贺力愿可达，为龙母文化添史料本色。西江流域士庶莫不以龙母为保护神，相关流域及两广地区所及，莫不兴建行宫以祀龙母，后以世易、战火波及等种种原因，致倒塌荒废，分布之迹湮没，分布所及不详，氏为之多方网罗史料，下野调访，梳理幽潜，整顿为分布史概之大者，并勾出其文化道脉流向，以补史地之阙，可谓难能可贵。

氏所撰学术论文，文献引证标注国际化，颇得吾心，不能一一为赘言。按：此为温氏致休投身学术大道之十年预流果，以各预流，与之本科出身、坐名位，醉诩大师者流相比美，则此集足为十年自觞之贺，今亦为氏七十大寿之期，借是集捧以祝觞，并相期第二集之结束付梓，以启觉吾新知焉！

马楚坚

二零二三年暑假赘言

马楚坚，香港大学哲学博士、研究员，中国明史学会理事，中国历史文献研究会礼学研究中心研究员，潮汕历史文化研究中心特约研究员，嘉应大学荣誉教授。著有《中国历代帝王图志》《明清边政与治乱》《明清史事论析》《中国古代邮驿》《宋季丞相年谱》《朱门都昌学派》，主编《罗香林论学书札》，整理校勘罗香林《中国民族史（增订本）》。国家清史纂修项目"香港志·沿革篇""交通志·驿递"主纂。别撰《宋代广州海上丝路之发展与南海政策之关系》《宋代潮州官学文教的探索》等200多篇论文。

目录

研究专论

端溪溯源

德庆古称端溪县，源于境内有端溪水而得名。汉元鼎六年（前111），汉武帝以"端溪"名县，端溪县得名焉。但端溪源出何处？端山又在什么地方？唐代以降，各类文献说法并不一致。本文着力搜索、梳理历史文献，配合田野调查分析订正，寻找端山的正确位置，以证端溪之源。并据实地走访核实，将端溪两源所流经的地方以及河道改迁后的新地标重新标注。

一、 端溪水与端溪桥

德庆古称端溪县，始设于汉元鼎六年，为汉武帝统一岭南后建立的郡县之一，至今已有2 130多年历史，沿革几经变化。唐李吉甫《元和郡县图志》云："康州，汉武帝平南越置苍梧郡，今州即苍梧郡之端溪县也，晋末于此置晋康郡。隋开皇十二年（592）省晋康郡，以所领县属端州。……武德四年（621）讨平萧铣，五年置康州。"① 宋祝穆《方舆胜览》载："［绍兴元年（1131）］以高宗潜邸升德庆府，仍为永庆军节度，今领县二，治端溪。"② 德庆之名始此。按：《大明一统志》《大清一统志》《广东通志》《肇庆府志》所载皆同。

汉武帝以"端溪"名县，这一点相信大家都有所了解，历史上也有明确记载。万历《肇庆府志》云："……端溪本出德庆，近于端山，故汉以名

---

① （唐）李吉甫撰，贺次君点校：《元和郡县图志》，卷三十四，岭南道一，北京：中华书局1983年版，页886。

② （宋）祝穆撰，祝洙增订，施和金点校：《方舆胜览》，卷三十五，德庆府，北京：中华书局2003年版，页625。

县。"① 这是典型的以地名、河流命名行政区域的案例。但是，这么重要的一条溪流源出何处？端山又在什么地方？所存文献众说纷纭，以致疑误重重，需逐一梳理订正。

在县城雕公园西侧，有一条不起眼的溪流，本地人称大冲（涌）河，而这条不起眼的溪流正是著名的端溪，又称端水。黄佐《广东通志》云："德庆州治东十里有端溪，其源出金林乡，经太平桥入于锦水（西江），形势百折，近于端山，故名②。""州治"在学宫西，即今县人民医院这个位置。太平桥即端溪桥，俗称"大桥"，又称大涌桥，位于大桥电排站外，大桥村委会春牛亭村东。"大桥村"即因此桥而得名。

端溪桥始建无考，历史上，因西江洪涝，屡建屡毁。据记载："太平桥，俗呼大埇桥，在州东十里，端水由此入江。（明）知州朱议流重建易石……乾隆九年，麦万箱重建易石……"③ 20 世纪 60 年代有过一次重修。端溪桥在沿江公路修建前，是县城与九市、悦城两镇及沿江上下游在陆路上的一个重要连接点。

古时端溪河"形势百折"，绕城而过，两岸古树参天，鸟雀交鸣，清波潺潺，菱荷飘香，被文人墨客视为桃花源般胜境，站在新修复的端溪桥头，仍有超凡脱俗的感觉。早在明代，"端溪夜月"已被列为"康州八景"之一。明推官陈辂有《端溪夜月》咏德庆端溪之景：

> 端溪清练满菱花，翡翠鸂鶒十里沙。
> 最是月明天湛碧，静看风景更无涯。④

随着沿江公路的开通和德城大堤的修建，该桥的交通功能逐渐弱化，并逐渐被人遗忘。2008 年石桥因年久失修坍塌。2009 年由县政协提出《重修端溪石桥建议案》，至 2012 年完成修复工程。

---

① （明）郑一麟修，叶春及纂：《肇庆府志》万历十六年刻本，卷七，南为大江，页 20。
② （明）黄佐纂修：《广东通志》嘉靖四十年刻本，卷十四，舆地志二，端溪，页 40。
③ （清）杨文骏等修：《德庆州志》光绪二十五年刻本，卷五，津梁，太平桥，页 41。
④ （明）陆鏊纂修：《肇庆府志》崇祯六年刻本，卷五十，艺文，《端溪夜月》，页 28。

20世纪90年代初拍摄的端溪桥坍塌前的旧貌（温爱民摄）

二、 端山在什么地方

端溪水因"近于端山"得名，那么，端山在什么地方呢？查历代文献说法并不一致。

最早记录端溪县有端山的是晋人张勃，张勃在《吴录》一书中记载了"端溪县有端山"① 这一词条。三国时，端溪县属吴地，《吴录》是一本记载吴地风情风物的地理志书，距今已有 1 600 多年的历史。张勃著《吴录》，以吴人记吴事，有很高的历史和文献价值，为历代书家所重。此后宋乐史《太平寰宇记》、王象之《舆地纪胜》②、祝穆《方舆胜览》③ 等宋代地理志书均以此书为依据，载录"端溪县有端山"这一词条，可惜的是，上述各书均未说明端山在端溪县的具体位置。

考端山在什么位置，历史上有多个版本，自唐以降，不同的文献有不同的

① （宋）乐史撰，王文楚等点校：《太平寰宇记》，卷一百六十四，引《吴录》端山条，北京：中华书局 2007 年版，页 3135。
② （宋）王象之撰：《舆地纪胜》道光二十九年刻本，卷一百零一，景物上，端山，页 3。
③ （宋）祝穆撰，祝洙增订，施和金点校：《方舆胜览》，卷三十五，端山，北京：中华书局 2003 年版，页 626。

记载，由于大都属于官方文献记载，给后人研究留下了重重疑团，需要梳理分析、实地订正。

唐李吉甫《元和郡县图志》云："端山，在县北一百二十五里，有树冬荣。"① 很明显，这个距离有点不靠谱。我们从"端溪本出德庆"的地理定位可知，端山当在州境之内。若端山在"县北一百二十五里"的话，已经进入了封开境内，地望不合，此载误！

明万历《肇庆府志》又云："东五十里为端山，高三百三十丈，周三十里，其形端正，山上有果实名冬荣子。"② "其形端正"是描述端山的形状特征，这是端山得名的由来，但其所载位置经不起推敲。余按：距州治东五十里为留村河小流域，在今九市镇境内，已经跨越了西江三条一级支流，即马圩河、塘坑河、扶号河，进入留村河流域范围，这里既没有"高三百三十丈，周三十里"的大山，其水系也完全不同。万历《肇庆府志》此载失考！

值得注意的是，其后郭棐《广东通志》和接下来的史树骏《肇庆府志》疏于勘误，也采录了这个记载③，两志皆沿其误！

同样经不起推敲的还有成书更早的戴璟《广东通志初稿》记载的德庆端山位置。其载"端山在州东二十里麻圩水口，高三百三十丈，周围三十里，其形端正，上有果实名冬荣子"（黄佐《广东通志》同④）。按：麻圩水口即今马圩河口，是马圩河水系汇入西江的出水口，与前述"端溪经太平桥入于锦水"的地理位置相悖。经实地勘察，此实为两个不同的水系，而此地并无"高三百三十丈，周围三十里"的大山，两通志所载之端山位置不知所据何本。

值得指出的是，上一级志书记载此类地理数据信息，理应引用下一级州、县志的数据，毕竟当地书志者对本地区的环境地貌会比较熟悉，不易出错。然而，不幸的是，万历《肇庆府志》既未采录州县志的数据，而两通志又失考，以讹传讹了。

再来看看《德庆州志》对于端山位置的记载。《德庆州志》载为"州北二十里为端山，在一都，其形端然，产冬荣子"⑤。指向方位不同了（北向），且

① （唐）李吉甫撰，贺次君点校：《元和郡县图志》，卷三十四，端山，北京：中华书局1983年版，页898。

② （明）郑一麟修，叶春及纂：《肇庆府志》万历十六年刻本，卷九，《地理志三》，端山，页10。

③ （明）郭棐纂修：《广东通志》万历三十年刻本，卷四十五，端山，页23。

④ （明）戴璟修，张岳纂：《广东通志初稿》嘉靖十四年刻本，卷二，山川下，端山，页10。

⑤ （清）谭桓修，梁宗典纂：《德庆州志》康熙十二年刻本，卷二，山川，端山，页2。

明确标注端山在"一都",范围也缩小了。余按:"都"是清代基层行政单位,以州城为起点进行编排,"一都"多设在州城附近,这就印证了端山离州城不远这个概念。

根据这个记载,光绪间德庆知州杨文骏修《德庆州志》时,经实地调查,始著录为:"端山,在城北十二里,圆耸端正,沙阜环罗,童然乏草木,有水迳其西,是名端溪,山阴为中洞邨(即中垌村)。"① 此段描述出自《采访册》,可知是书志者经实地查勘后得出的资料。从志中描述"山阴为中洞邨"这个坐标可以判断,中垌村坐落在端山的北麓。

找到了端山的大概位置,还有两个问题要考证。一是端山的高度问题。戴璟《广东通志初稿》、黄佐《广东通志》、郭棐《广东通志》、郑一麟《肇庆府志》均载端山高度为"三百三十丈",折算下来有 1000 多米高。经去中垌村实地考察,所见并没有这么高的山,唯光绪《德庆州志》载为"端山高三十丈"②,相当于 90 多米,与这一带丘陵地貌相合。

经查广东省测绘局 1∶10 000《德庆地图(1986 年版)》,在中垌村南侧有一个 94 米高的无名小山,当地人称之为"螺山",与文献描述的端山形状(其形端正)一致。而且中垌村也位于《德庆州志》划分的"一都"范围,地望相合,高度一致,村民所指的"螺山"即为端山无疑。

二是端山离州城的距离问题。光绪《德庆州志》记载"端山,在城北十二里",与前各版州志标注的里数"二十里"不同,这是什么原因呢?这是因为光绪版州志已引入了经纬测量法绘制地图,所标注的是"飞鸟度"(直线距离),而前各版州志载端山在城北二十里为"路距",路距视路途迂直而有所不同,所以光绪版州志标注的距离与前各版州志所载并无冲突。可以判定,端山即中垌村南之"螺山"无可疑也。

三、 端溪证源

考"端溪之源",文献也有多种说法。清代官修的全国总志《大清一统志》云:"端溪水在州东十里,源出州东北七十里之龙潭,流经端山下,又西

---

① (清)杨文骏等修:《德庆州志》光绪二十五年刻本,卷四,地理志五,山川,端溪县端山,页 10。

② (清)杨文骏等修:《德庆州志》光绪二十五年刻本,卷四,地理志五,山川,端溪县端山,页 10。

南流入西江。又麻圩水，一名马圩水，在州东二十里，源出封川县界，东流经金钗山，又东南入西江，盖端溪之别源也。"① 按："金钗山"又称五金钗山，即今地税局一带，原以五个小山包由东至西串在一起形似金钗而得名，今已全部推平扩展成新城区。"麻圩水"即今马圩河，与之不同水系，断不会流经金钗山，《大清一统志》失考！

流经这里的是发源于新圩镇历麻村的"留历水"，就是端溪别源。此水流经新圩镇，出揽水桥，注入两平塘（今龙湖），出湖后，经金钗山北麓，约在今龙母大街牌坊附近北屈东流，汇入中洞水（端溪正源）后折南流，经污水处理厂、端溪桥汇入西江。按："1958 年建附城围时，从揽水桥起把河段改流青云山北面至和尚塘东与中洞水汇合"②，即今香山大道碧桂园前河段。

端山，山下为中垌村（温爱民摄）

关于"龙潭"是否端溪之源这个问题，审黄佐《广东通志》有"东十五里曰计都山，其西有龙潭，乡人祷雨辄应"③ 一条，然并未系于端溪水系，因

① （清）《嘉庆重修一统志》第二十六册，卷四百四十七，肇庆府一，山川，页31。
② 德庆水利电力局编：《德庆水利志》，第二章，河流，大冲河，1993年版，页10。
③ （明）黄佐纂修：《广东通志》嘉靖四十年刻本，卷十四，龙潭，页40。

此，可以说《广东通志》并不认为"端溪源出龙潭"（郭棐《广东通志》、《德庆州志》皆同）。

"龙潭"一条，乾隆《德庆州志》均有记载。《德庆州志》曰："龙潭在州东北七十里金林乡都合村，遇旱祷之有验。"① 余按："金林乡都合村"即今高良镇都合村，属马圩河流域，马圩河发源于沙旁的巢顶山和高良大顶（鼎）山，与端溪水并无交集。此条《大清一统志》亦误！

考《大清一统志》"端溪水"条，出自清顾祖禹编纂的中国地理总志《方舆纪要》，其载"端溪，州东十里，源出州东北七十里之龙潭，曲折流经端山下，又西流入于西江。州东北二十里又有麻圩水，自封川县流入境，一名马圩水，亦流合端溪水入江"②。审其文句，与《大清一统志》所载端溪水条大同小异。按：顾祖禹于康熙五年（1666）完成《方舆纪要》纂写后，于康熙二十六年（1687）参修《大清一统志》③，将此条编入《大清一统志》当是时也。迨道光十三年（1833），屠英等修《肇庆府志》时，又以顾文为据，误录此条。④

"马圩河，州志称麻圩水，由高良水与官圩水汇合而成。高良水发源于高良大顶山，官圩水发源于沙旁巢顶山，汇入金林水后称官圩水，至合水河汇高良水后称马圩河，至下栏村西流入西江。"⑤ 因此，马圩河水系并非自封川县（今封开县）流入境内，与端溪水系在地理位置上并无交集，也非"流合端溪水入江"，更非"端溪别源"。《方舆纪要》《大清一统志》《肇庆府志》此条所载均误！

关于"端溪之源"的记载，乾隆之前德庆的地方志记载也比较简单，皆云"其源出自金林乡"⑥，只给出一个大概的范围。按：此处需注意的是"源出自金林乡"一语的"金林乡"，并非现在大家熟悉的金林村。据清光绪《德庆州志·村镇》的区域划分，德庆有三乡、十都，"州西北曰金林乡，一都至五都（今新圩镇、回龙镇、官圩镇、马圩镇、高良镇一带）；东北曰悦城乡，

① （清）宋锦、李麟洲纂修：《德庆州志》乾隆十九年刻本，卷四，山川，龙潭，页39。

② （清）顾祖禹撰，贺次君、施和金点校：《读史方舆纪要》，卷一百一，端溪，北京：中华书局2005年版，页4660。

③ （清）顾祖禹撰，贺次君、施和金点校：《读史方舆纪要》，前言，北京：中华书局2005年版，页1。

④ （清）屠英等修：《肇庆府志》道光十三年刻本，卷二，山川，端溪水，页73。

⑤ 德庆水利电力局编：《德庆水利志》，第二章，河流，马圩河，1993年版，页9。

⑥ （明）陆舜臣纂修：《德庆州志》嘉靖十六年刻本，卷六，提封志上，端溪，页17。

六都至九都（今悦城镇、莫村镇一带）；东南曰晋康乡，十一都（今九市镇一带）"①。而金林乡范围则包括今新圩、回龙、官圩、马圩、高良五镇，地域广阔，与金林村并非同一概念。

因此，我们要先在"金林乡"这个大范围找到端溪水，才能够找到"端溪源"。根据《德庆州志》给出的金林乡范围，在《德庆水利志》中的《区域河流系统图》可以查到，源出金林乡范围、较大的西江支流有三条，即回龙的六水河、官马圩的马圩河，还有县城东的大冲（涌）河。不难判断，前述六水河、马圩河地望不合，水系不同，可以排除，余下的大冲河即端溪水无疑。

找到了端溪水，就可以找"端溪源"了。端溪有两源，发源于官圩百谷塘的端溪水，又称端水，为端溪正源；发源于新圩镇历麻村的留历水为端溪别源。汇合之后的河段称大冲河，这是本地人对端溪的俗称。端溪水汇入西江后，以此为起点，"下流肇庆，故又以名江……端州得名以此"②。

官圩镇民生村百谷塘社址（温爱民摄）

---

① （清）杨文骏等修：《德庆州志》光绪二十五年刻本，卷二，村镇，页4。
② （明）郑一麟修，叶春及纂：《肇庆府志》万历十六年刻本，卷七，南为大江，页20。

可惜的是，查阅广东省测绘局、德庆革命委员会编绘的《德庆地图(1977版)》以及广东省国土资源厅、广东省地图院编制的《德庆地图（2011版)》，两版地图均无标注端山的位置，也无端溪水的标注，如此重要的地标、水系失载实在有点莫名其妙。

笔者最近沿端溪河道（两源）走了一遍，发现由于城区的不断扩大、G321国道的改建，端溪水进入新圩镇后流向几经改变，当年"清波潺潺，菱荷飘香"的景色已不复存在了。今据实地走访核实，将端溪两源的位置和流经的地方（村名），以及河道改迁后的新地标重新标注，以飨读者及日后重修德庆舆图对照参考之用。

端溪正源（端水）。发源于今官圩镇民生村委会的百谷塘（地名），东南流经水流塘村、石塘村（民生村委会驻地）、玉带塘村、桐油根村、垌表村、白沙村、礼村到新圩镇中垌村（中垌村委会驻地），绕经端山北麓，得名"端溪"。继而南流，经杜江村，东受吉周塘一小水。吉周塘水发源于今吉周塘村，西南流经县皮肤防治站（旧址）、白马塘，两水合流后南流经上新村、下新村、独杉山东，又南流经洋勒坑村、中垌变电站，接思恒塘（今工业园）东来一小水，经洋勒桥（公路涵洞）穿越G321国道，至新顺福公司门口折南，穿越香山大道涵洞，在马山北麓与西来之留历水汇合。

端水，端溪正源，发源于官圩镇民生村百谷塘（温爱民摄）

端溪别源（留历水）。发源于今新圩镇历麻村，东南流经独洲村、黄落塘村（历麻村委会驻地），合留村水、丽岸水，经山咀村（山咀村委会驻地）合冲口水，经狮子岭咀村穿越 G321 国道（公路桥涵洞），北受葛村水。葛村水发源于新圩镇葛村，经拦塘坪、湾塘、中秀塘、松树湾村汇入留历水。两水合，东南流经"华南科技职业大学（筹）"项目选址、新建县人民医院，至新圩镇，穿越 G321 国道公路桥涵洞（入官圩路口处），经新建粤运汽车客运站，北与洞表、帽塘两水合。洞表水（大沙洲水）发源于新圩镇抱塘村，东南流经少垌村、垌表村、大五村（大沙洲村委会驻地）、冼村、邓村、格木村（格木桥村委会驻地）与帽塘水合。帽塘水发源于北架坪村，东南流经帽塘村、茶亭村、桃子庙村，经格木桥（公路桥）穿越 G234 国道涵洞（原 S352 线），在格木村汇入洞表水，两水合又东南流至县绿道驿站，穿越 G321 国道（公路桥涵洞），经县气象监测预警中心，西南流汇入留历水。

三水既合，经德通公司（旧址），出榄瑞桥（古称榄水桥，又称古榄桥，位置在今龙母大街转入孔子中学路口处）。东南流，经职教中心（此段原向南流至金钗山，即今地税局一带。1958 年建附城围时改河，河段改流经青云山北麓，即今香山大道县委党校、碧桂园楼盘）东流，在马山北麓汇于端水正源（中洞水）。两水合流后俗称大冲河，流经县污水处理厂、官塘山儿村东、松岗岭村西、城雕公园西、大桥电排站，出端溪桥（太平桥）注于西江。

结　语

值得一提的是，最近落户德庆县的"华南科技职业大学（筹）"项目，据德庆县自然资源局公布的规划项目批前公示，项目选址在新圩镇山咀村附近，端溪（留历水）刚好流经所征用的地块，项目方在规划中专设一个"龙形水系"概念设计，具体内容有荷花池、喷水广场、溪流等景观布置，为本案景观设计的"灵魂之笔"①。可惜的是，可能由于用地太紧凑，留给本案上述设计扩展空间不足，感觉不够大气。我们当然不能与北京大学未名湖等久负盛名的景观相比，但起码不要轻易放弃这个实为不可多得的历史文化资源，希望校方能为"龙形水系"规划留足空间，蓄水为湖，为端溪人留下一个精神依托，一个承载历史记忆的"端溪湖"。

（原载肇庆市《炎黄大观》2020 年第 4 期）

---

① 华南科技职业大学（筹）修建性详细规划及建筑设计方案《景观绿化分析》及《景观意向图》，广州新城建筑设计院有限公司，2019 年 9 月。

从康州到德庆府的由来

——兼论"德庆"之含义

区域地名是社会经济文化活动的产物，有着非常丰富的历史信息和文化积淀，是一个地方历史文脉延续的载体。探讨区域地名的由来，可以了解该地域的开发历史和文化发展轨迹之间的关系等多方面信息，是区域历史文化研究的一个重要组成部分。德庆古称康州，至绍兴元年（1131）以高宗潜邸升为德庆府，德庆一名始此。本文对"德庆"这个古地名的由来、演变过程，作了初步的梳理，结合史料，对德庆一名的含义作了初步的研究。

一、 地区得名有多种因素

地区得名的依据有地理环境的因素。例如，德庆汉时称端溪县，宋乐史《太平寰宇记》云："端溪县，汉旧县，属苍梧郡。"[1] 苍梧郡即今广西梧州，广东封开、德庆一带，汉武帝"元鼎六年（前111）冬十月，路博德、杨仆灭南越，置苍梧郡及端溪等县"[2]，而端溪县之名源于境内的一条小溪，《肇庆府志》云："……端溪本出德庆，近于端山，故汉以名县。"[3] 这是典型的以地理环境山川命名行政区域的案例。

地名也有因社会政治、人文因素而改变的。例如，端州为宋徽宗的潜邸（封地），宋徽宗即位后，先将端州升为节度州，后于"重和元年（1118）冬

---

① （宋）乐史撰，王文楚等点校：《太平寰宇记》，卷一百六十四，端溪县，北京：中华书局2007年版，页3134。

② （明）陆舜臣纂修：《德庆州志》嘉靖十六年刻本，卷二，事纪，页3。

③ （明）郑一麟修，叶春及纂：《肇庆府志》万历十六年刻本，卷七，南为大江，页20。

十月己亥改兴庆军为肇庆府"①。宋祝穆《方舆胜览》载："皇朝平岭南，地归版图，以徽宗潜邸，升兴庆军节度。广东运判燕瑛奏：兴庆军元系端州，今为潜邸，欲望亲洒宸翰，赐以美名，遂赐名肇庆府，仍为兴庆军节度。今领县二，治高要。"②肇庆之名始此。

德庆也是以"潜藩州建军府之制"得名。康州（今德庆县）为康王赵构的潜邸，赵构登基，是为宋高宗，"高宗皇帝绍兴元年冬十一月辛亥，升康州为德庆府"③，德庆得名始此，一直沿用至今。

二、 潜藩州建军、府名

潜藩州（封地）建军、府名为宋代旧制。"天子即位，尝所领州镇，自防御州而下皆升军名（节度州），若节镇州则建为府。如英宗自齐州防御使登极，升齐州为兴德军；神宗自忠武军节度使建储，升许州为颖昌府之类……盖用此制。"④

宋代州分几等，包括节度州、观察州、防御州、团练州、刺史州，刺史州为最低等。康州在宋初"建隆（960）后为刺史州"⑤，"徽宗宣和三年（1121）冬十二月壬子进封广平郡王赵构为康王"⑥，康州以康王赵构的潜邸（封地）升防御州。考《宋史》，有高世则者，为康王赵构贴身侍卫，"世则字仲贻，累迁康州防御史，知西上阁门事。宣和末，金泛使至，徽宗命世则掌客。当高宗艰难中，世则尝在左右，寝处不少离。大元帅府建，改元帅府参议官。十四年召入觐，进少保，卒，年六十五，赠太傅，谥曰忠节"⑦。可知康州在宣和时升为防御州，但查地方州县志缺载，此可补州志之阙。

德庆于宋绍兴元年升府后，又于绍兴十四年置军额，始成为与肇庆府同级之节度州镇。《宋史》载："德庆府……大观四年（1110），升为望郡，绍兴元

① （明）郑一麟修，叶春及纂：《肇庆府志》万历十六年刻本，卷一，郡事纪，页13。

② （宋）祝穆撰，祝洙增订，施和金点校：《方舆胜览》，卷三十四，肇庆府，北京：中华书局2003年版，页616。

③ （明）郑一麟修，叶春及纂：《肇庆府志》万历十六年刻本，卷一，郡事纪，页13。

④ （宋）李心传撰，徐规点校：《建炎以来朝野杂记》，卷九，《潜藩州建军府名》，北京：中华书局2000年版，页169。

⑤ （元）脱脱等撰：《宋史》，卷一百六十八，诸州刺史，北京：中华书局1997年版，页1041。

⑥ （清）谭桓修，梁宗典纂：《德庆州志》康熙十二年刻本，卷一，事纪，进封广平郡王赵构为康王，页7。

⑦ （元）脱脱等撰：《宋史》，卷四百六十四，北京：中华书局1997年版，页3453。

年（1131），以高宗潜邸，升为府。十四（1144）年，置永庆军节度。"① 至明洪武九年（1376）改府为州②，此建制历 240 多年。

宋室南渡后，天子封赏州镇之风尤炽。宋高宗赵构除敕封康州升府之外，还敕封广西静江府。"静江府，本桂州，始安郡，静江军节度。绍兴三年（1133），以高宗潜邸，升府。"③ "崇庆府，本蜀州，唐安郡，军事。绍兴十四年（1144），以高宗潜藩，升崇庆军节度，淳熙四年（1177），升府。"④ 封赐最多的是宋孝宗（高宗养子），"孝宗受禅，以始封洪、鼎、宣、建州，旧有军额，则建为隆兴、常德、宁国、建宁府"⑤；还有"隆庆府，本剑州，普安郡，军事。隆兴二年（1164），以孝宗潜邸，升普安军节度，绍熙元年（1190）升府"⑥，宋孝宗一口气封五府。

不过也有例外，南宋第三个皇帝宋光宗（孝宗子）并未赐过州镇，"光宗自荣州刺史进封恭王（恭州即其封地），今上（宁宗）自英国公出就傅后，封嘉王，四州皆为支郡，然三州躐升为重庆（恭州）、英德（今英德市）、嘉定（今乐山市）府，而荣州至今不赐军名，盖中书之误"⑦。而光宗的封地恭州，升府也不是光宗所赐，《宋史》载："重庆府，本恭州，巴郡，军事。旧为渝州，崇宁元年（1102）改恭州，后以高宗潜藩，升为府。"⑧

三、"德庆"得名之含义与"南宋中兴"之说初考

宋高宗赐名"德庆"，其实并未说明含义，有人赞曰，宋高宗以"崇德致庆"之义赐名，《德庆县志》也采录了这个说法。稍有不同的是，载于《德庆县志》的原话是"以德致庆"，一字之差。

《德庆县志》载："德庆古称端溪……汉武帝元鼎六年……首设端溪县，以县治旁的端溪水得名，其县治——即今德城镇，历为州、郡政权治所。……

---

① （元）脱脱等撰：《宋史》，卷九十，德庆府，北京：中华书局 1997 年版，页 601。
② （明）陆舜臣纂修：《德庆州志》嘉靖十六年刻本，卷二，事纪，页 11。
③ （元）脱脱等撰：《宋史》，卷九十，静江，北京：中华书局 1997 年版，页 601。
④ （元）脱脱等撰：《宋史》，卷八十九，崇庆府，北京：中华书局 1997 年版，页 594。
⑤ （宋）李心传撰，徐规点校：《建炎以来朝野杂记》，卷九，《潜藩州建军府名》，北京：中华书局 2000 年版，页 169。
⑥ （元）脱脱等撰：《宋史》，卷八十九，隆庆府，北京：中华书局 1997 年版，页 597。
⑦ （宋）李心传撰，徐规点校：《建炎以来朝野杂记》，卷九，《潜藩州建军府名》，北京：中华书局 2000 年版，页 169。
⑧ （元）脱脱等撰：《宋史》，卷八十九，重庆府，北京：中华书局 1997 年版，页 598。

宋绍兴元年，赵构由康王称帝，因康州为其潜邸，颂其'以德致庆'，升康州为德庆府，并置永庆军节度。"①

这是目前唯一能够找到的"以德致庆"为义的官方（正式）记载。考光绪《德庆州志》则载为：

> 高宗以宣和三年十二月封康至靖康元年即位于南京，故康州为潜邸，从州民请升为府。……绍兴元年冬十一月辛亥，诏升州为德庆府。康州奏：据州民状，本州系潜邸，切见肇庆府是徽宗潜邸，已蒙推恩建府及置军额，乞依肇庆府施行，诏升德庆府。后升永庆军。②

《德庆州志》只是记载康州以高宗潜邸诏升德庆府之由来，并未说明"德庆"的含义。

当然，"以德致庆"也好，"崇德致庆"也好，四字本身并无问题。关键在于"德"字。何为德？德行也，"在心为德，施之为行"。余以为，若能找到词组中"德行"两字的依据或由来，即可破解"德庆"之含义。

最近搜得宋王象之《舆地纪胜》一书，有康州以高宗潜邸诏升德庆府的记载，写得比较详细。其曰：

> 高宗中兴，以潜邸升德庆府（《国朝会要》）。在绍兴元年又《朝野杂记》云：宣和三年十二月封康王，至靖康元年即位于南京，故康州为潜邸。绍兴元年康州奏：据州民状，本州系是潜藩，切见肇庆府是徽宗潜邸，已蒙推恩建府及置军额。乞依肇庆府施行，诏康州升为德庆府。仍为永庆军节度。③

此载与各志大同小异，所不同的是此条目以"高宗中兴"为题，点明高宗有"南宋中兴"之功，且注明此条出自《国朝会要》，非其一家之言，说明当时宋高宗为"南宋中兴之主"是获得广泛认可的，资料比较可靠。《舆地纪胜》成书于南宋嘉定、宝庆间，离绍兴初康州升府不过八九十年，正为"乾

---

① 谢富崇主编：《德庆县志》，广州：广东人民出版社1996年版，页1。
② （清）杨文骏等修：《德庆州志》光绪二十五年刻本，卷二，沿革表，页11；卷十五，纪事，页4。
③ （宋）王象之撰：《舆地纪胜》道光二十九年刻本，卷一百零一，页2。

淳之治"后不久，因此作者比较了解当时的社会情况。该书内容"详赡分明、体例谨严"，被誉为南宋地理总志最善者，它的评价或许比较中肯。

宋高宗何德何能，受世人推崇呢？王象之《舆地纪胜》指出，宋高宗有"南宋中兴"之功，此说在学界虽然还有讨论，但以宋人之说，用以解释"德庆"由来之义，则可有助于了解宋高宗"功德"之所在。宋高宗在国家危难之际，民族矛盾最尖锐时期，以"中兴之主"扛起"中兴社稷"之大任，需要极大的智慧与担当。高宗即位之初，果断起用李纲等主战派，重用张俊、韩世忠、刘光世、岳飞（中兴四将）等一大批抗金名臣，与金人抗衡，迫使金兵撤离江南，形成相对稳定的局面，使社会逐渐得以稳定、复苏，从收拾残局至站稳脚跟，功莫大焉。

"中兴"是指一个皇朝衰微或变乱之后再次出现兴旺之象。北宋被金国攻灭后，二帝被掳，康王南渡，建立了南宋皇朝。初，金人多次南下，直迫京师，高宗率军有效遏制了金人继续南侵，双方形成了长期对峙的局面，且高宗曾一度收复长江以北失地，至绍兴初，出现中兴之象，史称"南宋中兴"。可惜后来听从主和派秦桧谗言，着令岳飞等各路大军班师回朝，错失战机。

北宋灭亡之后，高宗以南宋开国之君，开拓江南一片天地，使国家稳定发展了一百多年，为后来宋孝宗的"乾淳之治"打下了坚实的基础，这也就是宋高宗赵构"德"之所在。综上，颂宋高宗以"南宋中兴"之德命名"德庆"似乎更准确一些。

值得参考的是，据传在高宗潜藩康州，政和间出现"祥瑞"，每当太阳升起的时候，香山上有裊裊黄气升腾。时知州傅泰光认为是"兴国之验"，与王象之"南宋中兴"之说不谋而合。嘉靖《德庆州志》载：

> 按德庆地在宋为南康州，高宗潜邸时封康王即此，后登宝位，乃于绍兴元年升康州为德庆府，十四年敕为永庆军。景定间雷宜中撰永庆军双门记云：吾康光尧皇帝潜藩镇也。东岳行祠记云，昔其地有黄气，郡守傅泰光异之，登楼北望拜，建炎初，高宗即位，康为潜藩，人谓此验。[①]

靖康二年（1127），康王即位于南京，史称南宋。时局稍定，绍兴元年有司接州民投状上奏：乞请推恩建府。宋高宗深感康州为其"潜邸"的重要性，

---

① （明）陆舜臣纂修：《德庆州志》嘉靖十六年刻本，卷二，事纪，康州黄气，页8。

大笔一挥，德庆一名始此。

当然"香山黄气"只是一个传说，但康王赵构在宋室与金兵交战期间，不畏生死，曾多次出使金营，不惜做人质而换取国家的暂时安定，确实有君王的担当。《宋史·钦宗本纪》载："靖康元年（1126）春正月，……金人犯京师……是夜，金人攻宣泽门，李纲御之。……求割太原、中山、河间三镇，并宰相、亲王（赵构）为质，乃退师。……庚辰，命张邦昌副康王赵构使金军。"① 然北宋气数已尽，终以罢免李纲及割让三镇而为暂时平息。

"靖康二年三月丁巳，金人胁上皇北行……以帝及皇后、皇太子北归。凡法驾、卤簿，皇后以下车辂、卤簿，冠服、礼器、法物，大乐、教坊乐器，祭器、八宝、九鼎、圭璧、浑天仪、铜人、刻漏，古器、景灵宫供器，太清楼秘阁三馆书、天下州府图及官吏、内人、内侍、技艺、工匠、娼优，府库畜积，为之一空。"② 至此，北宋灭亡，史称"靖康之变"。"五月庚寅朔，康王（赵构）即位于南京"③，扛起"中兴之主"的大旗。

结　语

宋高宗签订《绍兴和议》是学界有关"南宋中兴"的讨论内容之一。假如北宋签订了《澶渊之盟》，以较小的代价换来了长达百年的稳定、发展，有利于民族融合。同样，南宋的《绍兴和议》结束了长达十多年的战争状态，也基本上奠定了南宋的稳定和发展局面。在宋高宗的治理下，南宋的农业、手工业、文化产业、航海、外贸都得到了稳定的发展，成就了南宋中期宋孝宗的"乾淳之治"局面，开创了南宋一百五十年的基业。

综上所述，后人对宋高宗的评价还是比较高的，《宋史·高宗本纪》把宋高宗赵构和汉光武帝刘秀"复立而兴汉"相提并论，谓："……宋传九世而徽、钦陷于金，高宗缵图（继承帝业）于南京，六君者史皆称为中兴而有异同焉。……光宗绍熙二年（1191）加谥（高宗）：受命中兴全功至德圣神武文昭仁宪孝皇帝。"④ 宋高宗赵构为"南宋中兴之主"，颂其"以德致庆"无可厚非。

---

① （元）脱脱等撰：《宋史》，卷二十三，北京：中华书局1997年版，页145。
② （元）脱脱等撰：《宋史》，卷二十三，北京：中华书局1997年版，页148。
③ （元）脱脱等撰：《宋史》，卷二十三，北京：中华书局1997年版，页148。
④ （元）脱脱等撰：《宋史》，卷三十二，北京：中华书局1997年版，页192。

陆贾出使南越路线与德庆锦石山

秦汉时期从中原入越路线，有广东"大庾岭道"和广西"灵渠道"。然而五岭山脉横亘东西，单一的交通孔道并未能满足中原与岭南两地交流需求，因此，各地根据山川形势、地理条件，开发出不同的交通孔道，促进了岭南百越族与中原经济文化的联系。其中，沟通长江流域和珠江流域的"潇贺古道"（萌渚岭道）起着至关重要的作用，此为秦汉时期中原与岭南交通重要通道之一。

秦末，赵佗趁中原战乱，"绝秦新道、聚兵自守"割据岭南，自立南越国。汉高帝十一年（前196），刘邦派陆贾出使南越"说赵佗归汉"，这是岭南史上的重大事件。但陆贾出使南越走哪条路线史书并没有记载，也未引起学界的注意。有学者指出，"陆贾出使南越是走大庾岭这条路线的，他经过的马脊冈在南康县（今江西南康）北四百里，此冈傍山临水，形如马脊，南朝时还见到冈上有台榭遗迹，据说是陆贾游说赵佗行程中停留的地方"①。另有一说法是"陆贾一行从长安出发，过南岭，顺北江南下，到达南越国的都城番禺……"②。也有观点认为，陆贾是经广西灵渠，沿漓江出西江而至番禺，如王国宾在《锦石山怀古》中写道："五岭自开南武地，九重翻下汉文书。河山几度除黄屋，漓水何年走使车……"③ 意为使者（陆贾）带着汉廷的文书由灵渠经漓江出西江顺流而至番禺。

陆贾出使南越国到底走哪条路线史无明说，引起后人众多的说法。本文通过梳理自古入越通道的文献记载，探讨陆贾出使南越、取道广西桂岭"潇贺

① 胡守为：《南越开拓先驱赵佗》，广州：广东人民出版社 2005 年版，页 45。
② 陈典松：《领表风流》，北京：中国文联出版社 2007 年版，页 26。
③ ［清］杨文骏修：《德庆州志》光绪二十五年刻本，卷四，山川，页 7。

古道"出西江至番禺的可能性，揭示秦汉时期中原与岭南的交通和经济文化交流的状况。德庆锦石山的有关记载，进一步佐证了陆贾出使南越从桂岭取道至番禺的入越路线。

一、 秦汉时期中原入粤路线略述

五岭山脉东西横亘于今湖南、江西与广东、广西交界处，从中原进入岭南，必经五岭山脉。宋人周去非《岭外代答》曰："自秦世有五岭之说，皆指山名之，考之，乃入岭之途五耳。"[1] 群山之中，或形成河谷走廊、盆地、平陆，成为南北交通的孔道，因此，从中原进入岭南有"五岭皆越门"[2] 之说。周去非把它归纳为入粤的五条路线："自福建之汀，入广东之循、梅，一也；自江西之南安（大余）逾大庾入南雄，二也；自湖南之郴（州）入连（州），三也；自道（县）入广西之贺（州），四也；自全（州）入静江（桂林），五也。"[3]

我们今天比较熟悉的古通道有东线的广东"大庾岭通道"和西线的广西"灵渠道"，两大通道为沟通中原与岭南的经济、文化交流起到了极大的作用。然五岭山脉横亘东西，幅员辽阔，单一的交通孔道并未满足中原与岭南两地的交流需求。因此，各地根据山川形势、地理条件，又开发出不同的交通孔道，促进了岭南地区百越族与中原文化的密切联系，特别是与楚地的交往，创造了自己独树一帜的岭南文化，这主要得益于区划上的互通，从而带动了经济文化的交流。

西线的越岭通道在广西境内，主要有两条翻越南岭的路线。一条就是大家熟悉的由湘江上游的全州县，经兴安县入静江（今桂林）一路，全、桂之间皆为平陆，此道自古就是湘楚与岭西交通的要口。"昔始皇帝南戍五岭，史禄于湘源上流漓水一派凿渠，逾兴安而南注于融，以便于运饷，盖北水南流，北舟逾岭（越城岭）"[4]，沟通了南、北两大水系（珠江、长江），这就是著名的

---

① （宋）周去非著，杨武泉校注：《岭外代答校注》，卷一，五岭，北京：中华书局 1999 年版，页 11。

② （清）李调元辑：《南越笔记》，卷二，梅岭，上海：商务印书馆 1936 年版，页 21。

③ （宋）周去非著，杨武泉校注：《岭外代答校注》，卷一，五岭，北京：中华书局 1999 年版，页 11。

④ （宋）周去非著，杨武泉校注：《岭外代答校注》，卷一，灵渠，北京：中华书局 1999 年版，页 27。

"灵渠道",因其跨越五岭之一的越城岭,故又称"越城岭道"。

西线的另一条通道是"萌渚岭道",即经湖南的道县、江华进入广西贺州一路,因有潇、贺两水可以利用,亦称"潇贺古道"。"潇"指湘江支流潇水,"贺"即西江支流贺江,萌渚岭为两水的分水岭。此道沿湘江上溯至湖南永州后再沿支流潇水上溯至沱水,至江华县,再翻越萌渚岭一小段陆路,即可到达广西的桂岭县(今桂岭镇),经临贺县(今贺州市),沿贺江至封州(今封开县)出西江,顺流而下直达番禺。

在灵渠修成之前,"萌渚岭道"即为中原及湘楚地区进入岭南的重要通道之一。周去非《岭外代答》云:"乃贺州实有桂岭县,正为入岭之驿。"① 更早的文献记载有乐史《太平寰宇记》云:"越王渡,在县南二十七里贺水边,有石平正,丈余长,有履迹,各长九寸,相传为越王渡。按《荆州记》云:贺水边石上有石栉、石履,俗云昔越王渡水,脱履堕栉于此,二物今犹见在。"② 越王为战国时人物,往来"潇贺"间,说明东周时此路即通。又,欧大任《百越先贤志》曰:"梅锅,越人,其先越王子孙也,避楚,在丹阳皋乡,更姓梅,居梅里。周末,散居沅湘(湖南)。秦并六国,越后称王者逾零陵(今永州市)往南海,锅从之。至台岭(大庾岭)家焉。"③ 梅锅为周末人,由零陵经此往南海,至少说明,萌渚岭入粤通道在秦前就已开通。

萌渚岭位于今湖南江华县水口镇、小圩镇、大圩镇,广西贺州市开山镇一带。桂岭县则位于贺州市东北 70 公里,北连开山镇,南邻大宁镇,中间为一宽广小盆地,山势平缓,自古为湘、粤、桂三省通衢。潇、贺两水水量充沛,河道畅顺,被先民利用于航运,可认为是先秦时期从中原地区特别是从湘楚地区进入岭南的交通条件比较完善的一条通道。

东线的两条越岭通道在广东境内,即自江西南安(大余县治)进入广东南雄一路的"大庾岭道"以及从湖南郴州进入广东连州一路的"骑田岭道"。而由福建西南部进入广东一路则不在本文讨论范围,因为此路并非中原入越的主要通道。周去非《岭外代答》亦云:"乃若漳、潮一路,非古入岭之驿,不

① (宋)周去非著,杨武泉校注:《岭外代答校注》,卷一,五岭,北京:中华书局 1999 年版,页 11。

② (宋)乐史撰,王文楚等点校:《太平寰宇记》,卷一百六十一,越王渡,北京:中华书局 2007 年版,页 3086。

③ (明)欧大任撰,刘汉东校注:《百越先贤志校注》,卷一,梅锅,南宁:广西人民出版社 1992 年版,页 17。

当备五岭之数。"① "大庾岭道"又称"梅岭道",在秦汉时也可通行,"而梅岭之名,则以梅铜始也。铜本越勾践子孙……筑城浈水上,奉其王居之,而铜于台岭(梅岭)家焉,越人重铜之贤,因称是岭曰梅岭"②。可知在秦汉时,大庾岭即中原入越通道之一。

"骑田岭道"也属于东线范围,即自湖南郴州入广东连州一路。"骑田岭道"风气高凉、梅花繁盛故又称小梅岭,在"大庾岭道"未修凿前即为北上通道。屈大均《广东新语》曰:"五岭之第二岭,在郴州南境曰骑田,骑田之支曰腊岭,在乳源西境,壁立峭拔,风气高凉,是岭尤寒,盛夏凛冽如腊也……岭之左为梅花峒,山谷阴寒,夏多积雪,梅花繁盛亚梅关,一名小梅岭,亦曰小岭,盖以梅岭为大岭也。初,梅岭未开,小岭为西京孔道。"③

二、 陆贾取道桂岭入粤小考

陆贾当年出使南越,大概有东西线一共四条通道可供选择。东线有"大庾岭道"过横浦关而入广东南雄一路,亦可选择从湖南郴州经"骑田岭道"逾岭入广东连州一路。然此两道"舟车运行,人苦峻极",其水路尤险:"至浈阳(今英德),路益紧束,彼此绳索相牵,腾借而上,踝血沾溅利石,往往至剧。陈岩野先生诗云:……步障四十里,恺崇势均敌。磴道虽新凿,猿猱苦绝壁。往年胄牵夫,山鬼至今嗅。其险如此,舟人畏之,歌曰:朝见眠羊,估客烧香,暮见狮子,梢公化纸。自此至清溪、濛里二驿,一路多虎,水石争飞,舟船却走,盖皆言行旅之苦也。"④ 大庾岭亘隔两地,在汉初,翻越大庾岭真不是说走就走那么容易,山路崎岖不说,陆路距离也较长,进入岭南后浈江、北江河道滩险水急,通航能力较差。从这条通道进入岭南无疑比较艰辛,风险比较大。

此外,"军事管制"问题也是陆贾此行必须考虑的问题。汉定中原,赵佗据岭南"绝道自守",这两条通道所经的横浦、阳山、湟溪三关,均为战守必争之地,也是自东线入越的必经之路。秦末,赵佗移檄三关,告秦军严防

---

① (宋)周去非著,杨武泉校注:《岭外代答校注》,卷一,五岭,北京:中华书局1999年版,页11。

② (清)李调元辑:《南越笔记》,卷二,梅岭,上海:商务印书馆1936年版,页21。

③ (清)屈大均:《广东新语》,卷三,腊岭,北京:中华书局1985年版,页67。

④ (清)屈大均:《广东新语》,卷三,三峡,北京:中华书局1985年版,页69。

"盗兵"，以"绝道闭关"加强对这两条逾岭通道的控制，实施割据岭南政策。陆贾不知虚实，断不敢大意。安全起见，陆贾并未选择东线至番禺。

避开东线，陆贾还可以选择西线的越城岭"灵渠道"至番禺。从交通上看，此道实现全程水路，且北船可以直接逾岭，过岭后沿漓江出西江，顺流抵达番禺，似乎是最舒适的一条路线。但是，秦始皇开凿灵渠是为军事漕运，并非民间可用，为了保持通道的畅通，加强对岭南的军事控制，自史禄开凿灵渠以来，由湖南全州入广西静江（桂林）一路所经的战略要地修筑"秦关"，灵渠一带成了"宿兵之地"，戒备森严。"湘水之南，灵渠之口，……有遗堞存焉，名曰秦城。秦城去静江城北八十里，有驿在其旁。……北二十里有险曰严关，群山环之，鸟道微通、不可方轨，此秦城之遗迹也。形势之险，襟喉之会，真宿兵之地。"① 可见灵渠道也非坦途。

从通航条件看，初期的灵渠，工程较为简陋，加上战争平息后乏人管理，河道逐渐淤塞，每朝廷用兵时才派兵疏通河道专用于"转饷济师"，全程官兵把守，若无通关文牒，断无过关可能。军事上的管制、季节上的考虑（枯水期），使得汉初"灵渠道"是否通行成了未知数。另外，从地理位置和距离上看，从长安出发经"灵渠道"到番禺绕了一个大弯，比其他线路要远得多，陆贾此行任务紧迫，交通是否顺畅安全和所需时间也是此行必须考虑的问题。

按上述分析，余谓陆贾大概率要选择西线的"萌渚岭道"（潇贺古道）入越了。此道最早为民间贸易的交流孔道，是楚地进入岭南交通比较顺畅、条件比较完善的一条古通道，此即秦始皇发兵戍五岭之一路。同治《江华县志》载："（江华）南有白芒营（今白芒营镇），秦置，萌渚之戍即此处。"② 其后秦始皇"统一岭南，设置三郡后，开始修筑'秦所通越道'，称新道③，交通更加完善。汉唐后又辟为官道，设驿站。由于此处地缘偏僻，秦时关防相对薄弱。秦汉间，道州、江华一带在长沙国控制范围之内，可以为陆贾一行提供保障，补充给养。在地理上，此道为中原入粤捷径，越桂岭镇经贺江出西江，三四天左右即可抵达番禺，这应该也是陆贾看中的地方。

湖南江华县南接百粤，北接三湘，自古为"楚粤通衢"。沱江绕城而过，水量充沛可通舟楫，汇潇水出湘江进入楚地而通中原，为两地经济贸易的重要孔

---

① （宋）周去非著，杨武泉校注：《岭外代答校注》，卷十，秦城，北京：中华书局1999年版，页400。

② （清）刘华邦修，唐为煌纂：《江华县志》同治九年刻本，卷二，建置，白芒营，页32。

③ 余天炽等：《古南越国史》，南宁：广西人民出版社1988年版，页14。

道。江华县东一里，有豸山岩，豸山寺嵌岩壁中，古寺南望苍梧九嶷山巅，下临沱水，水路舟楫往来频密。如皋朱琦咏豸山岩诗曰："绝阶无梯上，层楼接洞开，一湾沱水护，双汉粤舟来。"① 按："双汉"指沱水上游的东河和西河，沱水由两河汇流而成。又，江华八景之一"梧岭南屏"，明人滕元庆有诗曰："屏障三湘雄万仞，路通百粤绕千蟠……"② 说明楚粤间自古经此道交流频繁。

早在唐代，"萌渚岭道"（潇贺古道）已是传递公文、官差流动的官驿道。唐长庆四年（824），李绅被贬，举家南迁，走的就是这条通道。李绅船至封（封开）康（德庆）间，西江滩多险阻，时值秋季水浅，船不能行，篙师指康州有龙母庙，祷之能致云雨。《新唐书·李绅传》曰："帝初即位，不能辨，乃贬绅为端州（今肇庆）司马。……绅南逐，历封康间，湍濑险涩，唯乘涨流乃济。康州有媪龙祠（龙母庙），旧传能致云雨，绅以书祷，俄而（江水）大涨。"③ 官船遂顺利到达端州。龙母庙在今德庆悦城，从李绅"历封康间"可知，李绅走的正是"西线"潇贺古道一路。到任后，打听到家眷已过湖南衡阳，便作了《移家来端州先寄以诗》以报平安：

> 菊花开日有人逢，知过衡阳回雁峰。
> 江树送秋黄叶落，海天迎远碧云重。
> 音书断绝听峦鹊，风水多虞祝媪龙。
> 想见病身浑不识，自磨青镜照衰容。④

从"知过衡阳回雁峰"句可以判断，李绅家眷一行已进入湘江的衡阳水道，说明也是沿"西线"潇贺古道水路而行。值得一提的是，李绅冤案得直，带家眷离开端州时作《溯西江》一诗有"……百口无虞贵万金，……楚山安稳过云岑"⑤ 句。"楚山"即湖北的荆山，在汉江西岸，也泛指楚地之山。说明李绅返长安时也是走西线水路，并未选择"新凿磴道"的大庾岭通道，也说明汉唐时期的大庾岭通道并非坦途。

---

① （清）刘华邦修，唐为煌纂：《江华县志》同治九年刻本，卷一，方域，豸山，页15。

② （清）刘华邦修，唐为煌纂：《江华县志》同治九年刻本，卷十一，艺文，滕元庆《梧岭南屏》诗，页11。

③ （宋）欧阳修、宋祁撰：《新唐书》，卷一百八十一，李绅传，北京：中华书局1997年版，页1368。

④ （明）郑一麟修，叶春及纂：《肇庆府志》万历十六年刻本，卷十七，李绅诗，页14。

⑤ 黄雨等编注：《肇庆历代诗选》，广州：广东人民出版社1986年版，页22。

若从西线进入岭南之番禺，不论走"灵渠道"或走"潇贺古道"，必定要经过端溪县（今德庆县）的锦石山。锦石山雄踞西江边，诚西江之望也。

清初屈大均游历两广，曾到过德庆锦石山，《广东新语》云：

> 山在德庆州西，高百余丈，一石状天柱，削成而圆。汉大夫陆贾使南越，从桂岭取道至此，施锦步幛以登，尝祷山灵：若佗降，当以锦为报。其后佗去帝号，受南越王封，与贾泛舟珠江，溯牂牁（西江）而上，贾因以锦包山石，锦不足，植花卉代之。遍岩谷间，望若霞绚，因名锦石山……铭曰：繄惟天柱，实砥牂牁，万里南渎，至此无波，效灵汉室，臣服王佗，蛮椎大长，罔敢称戈。大夫奉使，来指山河……①

他认为当年陆贾出使南越正是取道桂岭、沿贺江出西江进入岭南的，途经第一站就是德庆锦石山。潇贺古道较为偏僻，因此关防比较薄弱，且道路平缓，又有潇水、贺江两水可以利用，更重要的是，此道距目的地最近，陆贾等人轻车简从，翻越一小段分水岭当不是问题。因此，陆贾选潇贺古道进入南越国不失为一个合理的推定。

三、 锦石山怀古

德庆锦石山由来颇古，宋人王象之《舆地纪胜》云："锦石在端溪（德庆），陆贾使南越时设锦绣帏幛于此因名。"② 《大明一统志》亦云："锦石山在德庆州西五十里，汉陆贾使南越时设锦绣帏帐于此因名。"③ 黄佐《广东通志》引《方舆胜览》云："（州）西五十里曰锦石山，高一百丈，周迴四十里，上有石柱高插云汉。汉陆贾说南海尉赵佗时设锦步帐而登，是山俗呼为锦裹石，其下有陆贾祠。"④。按：万历《肇庆府志》，嘉靖、康熙《德庆州志》所载皆同。

---

① （清）屈大均：《广东新语》，卷三，锦石山，北京：中华书局 1985 年版，页 102。
② （宋）王象之撰：《舆地纪胜》道光二十九年刻本，卷一百一，德庆府·景物上，锦石，页 3。
③ （明）李贤等修：《大明一统志》天顺五年刊本，卷八十一，肇庆府·山川，锦石山，页 4。
④ （明）黄佐纂修：《广东通志》嘉靖四十年刻本，卷十四，舆地志二，锦石山，页 42。

锦石山下"有陆贾祠"最早见载于王存《元丰九域志·附录》卷九,康州条。[①]《元丰九域志》成书于元丰三年(1080),如此算来陆贾祠至今已有上千年的历史,名气非常大。明代又录入《大明一统志》祠庙门:"陆大夫庙在锦石山下,(引)洪迈夷坚志:汉陆贾使南越,尉佗与之泛舟至此。贾默祷曰:我若说越王肯称臣,当以锦裹石为山灵报。使还,募人植花卉以代锦,后人因立庙祀之。"[②] 说明明代官修总志也采录了这一史料。

德庆锦石山(温爱民摄)

关于德庆锦石山和陆贾庙,王象之《舆地纪胜》还有更详细的记载:"尉陆两公庙。夷坚志陆贾求诗云:梁竑乾道六年(1170)入都赴省过晋康(德庆)境,夜舣船锦裹石下。土人相传,谓汉陆贾使南越,尉佗与之泛舟至此山。贾默祷曰:我若说越王肯称臣,当以锦裹石为山灵之报。既奉使,遂指出

---

① (宋)王存撰,王文楚、魏嵩山点校:《元丰九域志》,附录,卷九,康州,北京:中华书局1984年版,页697。

② (明)李贤等修:《大明一统志》天顺五年刻本,卷八十一,肇庆府·祠庙,陆大夫庙,页12。

囊中装，募人植花卉以代锦，以是得名。后人因立庙祀尉、陆两公。是夜梦一重客，称陆大夫来见云：我抑郁于此千岁矣，君幸见临，愿留一诗？即赋诗书于庙壁。"①

宋·梁竑《题大中祠》

刘郎辛苦逐秦鹿，尚欲长鞭及马腹。蛮夷大长梦不惊，海边椎髻乘黄屋。

江淮貔貅始闲暇，忍使驱令度篁竹。陆生手持丈二组，唤起老子同分肉。

诗书尚晓骂儒翁，岂忧桀骜难羁束。筑坛再拜受王印，雄辩泠泠听不足。

当时未有北人辅，留寓年深染污俗。乍闻高论耳目清，如掩笙簧奏冰玉。

境中胜处应共履，更沂余湟至山麓。大夫何独越人重，汉廷公卿自神伏。

陈平奇计须深念，张子全身甘辟谷。此外侯王希识字，带砺功存半诛戮。

惟君坐使将相欢，燕喜优游刘氏福。年少终军学高步，空有英称命难续。

乃知智者应世间，妙似庖丁奏刀熟。往事浮云变灭尽，越水悠悠浸山绿。

荒祠寂寞傍僧居，日暮饥鸦噪乔木。我来三叹重迟留，为酹寒泉荐秋菊。②

锦石山下有"陆溪水，其源自佛子岭东流四十里入于江，水口旧有陆贾庙故名"③，俗称陆水，以纪念陆贾而得名，陆水村星布其间。屈大均《广东新语》云："陆溪，在德庆西四十里，其源出佛子岭，东流四十里入于江。自陆贾至此，溪名陆、山名锦石、江名锦水（西江）、亦曰锦江，以贾所曾濯锦，又名濯锦川……旧有大中大夫祠，在锦江上，有咏者云：陆庙春晴候，花飞锦水香。又云陆贾祠前锦水香。"④

锦石山还有一名，俗呼和尚石。锦石山山形独特，从不同的角度看有不同的形态，雄踞江边，夹江两岸皆土山绵亘，唯此石拔起。远看似胖僧箕踞（打坐），凡西江上下船只，均能看到这一奇观，因此又称和尚石。陈献章有《和尚石》诗云：

---

① （宋）王象之撰：《舆地纪胜》道光二十九年刻本，卷一百一，德庆府·古迹，尉陆两公庙，页4。

② （明）陆舜臣纂修：《德庆州志》嘉靖十六年刻本，卷十一，秩祀，梁竑诗，页6。

③ （明）陆舜臣纂修：《德庆州志》嘉靖十六年刻本，卷六，提封志上，陆溪水，页19。

④ （清）屈大均：《广东新语》，卷四，陆溪，北京：中华书局1985年版，页141。

> 舟楫行天上，斜晖卷浪花。
>
> 迴流忽吞吐，鸣橹极咿哑。
>
> 便可通星汉，还堪着钓槎。
>
> 云间僧一个，疑我不袈裟。①

　　陆贾往返岭南，遇此仙境奇观，祷神许愿乃古人平常之举，陆贾重任在身，于是登山许愿求山灵保佑。及至使还，赵佗不失臣礼，亲送陆贾至锦石山下，设锦步幛登临畅饮，遂留下"以锦裹石酬谢山灵"的美谈。后人感陆贾有功于粤，使粤人免受锋镝（战争）之苦，因立祠祀之。宋郡守吴士彦有《大中祠》诗赞曰：

> 锦裹禅庐枕碧澜，铃风松韵几时闲。
>
> 千寻灵迹石长在，万里濯江人未还。
>
> 俗客维舟烟浪里，骄臣步幛世途间。
>
> 陆侯精魄知何处，雾霭年年锁莽山。②

　　此后历代官府有司岁时祭祀，今庙存，可考也。元德庆路总管府经历刘中孚有《大中祠》诗：

> 临江佛岭石巍巍，曾记当初衣锦时。
>
> 五岭云开天使下，九重恩重老臣知。
>
> 俎豆尚稽周典礼，衣冠复见汉威仪。
>
> 如今何限囊金者，难买人间去后思。③

---

　　① （清）杨文骏等修：《德庆州志》光绪二十五年刻本，卷四，山川，陈献章《和尚石》诗，页5。

　　② （明）陆舜臣纂修：《德庆州志》嘉靖十六年刻本，卷十一，秩祀，吴士彦《大中祠》诗，页6。

　　③ （明）陆舜臣纂修：《德庆州志》嘉靖十六年刻本，卷十一，秩祀，刘中孚《大中祠》诗，页6。

"大中祠，旧名陆大夫祠，祀汉陆贾，旧在锦石山下，后移祀香山，明嘉靖十五年（1536），知州陆舜臣重建于锦石江滨，明陆时雍有大中祠记略。二十六年（1547），知州袁株重建（大中祠）于香山东岳庙前，后圮。万历二十八年（1600），知州沈有严迁建于训导废署之西，即今祠。国朝道光元年（1821），知州朱有莱重修。光绪八年（1882），知州余鉴海修，改庙额曰开粤陆大夫祠。"①明嘉靖十五年陆时雍有大中祠记碑，记载重建大中祠于锦石江滨始末。按：碑存德庆县博物馆。

世事沧桑，迨至明代锦石山曾用名"华表石"。事因万历四年（1576），制府凌云翼以十万大军征罗旁傜，曾驻师于此，破其巢（清剿傜山）俘斩四万余人，血流成河……罗旁平，"分其地为罗定、东安、西宁三州县，制府凌云翼尝属黎舍

明嘉靖十五年陆时雍大中祠记碑

人民表大书华表石三字刻其上，以比伏波铜柱"②，纪其功。余按：此与陆贾大夫单枪匹马，说服赵佗去帝号归顺大汉、和平统一岭南，已不可同日而语了。州人徐中运有诗云："华表名存空有石，陆公祠废不留颜。凭栏绿水悠悠处，笑指轻鸥自往还。"③

州人念陆贾有恩于粤，历代赞颂诗赋甚富。明德庆知州陆舜臣《大中祠》诗：

> 使节归来越国平，锦石山下酹先生。
> 也知三寸诗书舌，绝胜万千貔虎兵。

---

① （清）杨文骏等修：《德庆州志》光绪二十五年刻本，卷五，营建志四，大中祠，页29。
② （清）杨文骏等修：《德庆州志》光绪二十五年刻本，卷四，地理志五，山川，锦石，页5。
③ （清）宋锦、李麟洲纂修：《德庆州志》乾隆十九年刻本，卷一八，艺文下，徐中运《绿水怀古》诗，页12。

　　杜宇魂高孤月白，鹧鸪声断数峰青。
　　古来兴废知多少，江水江祠相映明。

明李穆《大中祠》诗：

　　云根千尺倚苍旻，苔藓斓斑锦裹新。
　　使节南来能掉舌，赵佗百拜远称臣。
　　千年伟绩传编简，一片残碑卧棘榛。
　　过客临风能致敬，匆匆不及荐秋蘋。

明德庆同知陈露《大中祠》诗：

　　独持黄纸传天语，万里归朝感尉佗。
　　南粤共宜新庙宇，晋康非但汉山河。
　　春风此地闻箫鼓，锦石千年洗薜萝。
　　满眼绿林烟雨里，尚馀清论息干戈。

明州人梁梓《大中祠》诗：

　　谩嫌无武共驱除，律在何人敢献书。
　　汉代谋臣帷幄亚，陆郎新语烬煨馀。
　　舌绛粤尉推能事，屏拥南州藉永图。
　　千载祀君何处所，香山孤月伴窗虚。①

　　有晋康（德庆）八景者，士民题咏，盛极一时。最早题晋康八景（宋代）
即有"锦石神祠"一景。明初晋康八景有"渌水朝帆、锦石晴霞"两景入选。
至明嘉靖年间，又以"锦石撑空"为晋康八景之一。明德庆知州陆舜臣等有
诗赞曰：

---

　　① （清）宋锦、李麟洲纂修：《德庆州志》乾隆十九年刻本，卷八，祠庙，陆舜臣、李穆、陈露、
梁梓《大中祠》诗，页12。

五岭南来孤柱撑，陆郎曾此驻云旌。

神功海外无人识，万古东南天不倾。

明人伍云龙诗：

苍梧东下一峰奇，撑入虚空势不欹。

锦裹当年传汉使，芳名留得古今知。

明人谢维申诗：

峻嶒柱石耸云巅，撑住东南半壁天。

锦嶂化为虹气去，年年春裹百花鲜。①

陆贾"以锦裹石酬谢山灵"的传说，经过民间长期流传，受到文人的咏赞而记录在各种古籍中。陆贾的形象在民众的心目中已经神化，成为护佑一方的神灵。民间传说能够流传至今，甚至比文献记载更有说服力。

结　语

通过对古人入越通道的梳理分析对比，得出汉陆贾出使南越大概率要选择广西的"萌渚岭道"即"潇贺古道"入越。"萌渚岭道"在历史上开发较早，《百越先贤志》说梅鋗等人往来"潇贺"间，至少说明萌渚岭入越通道在秦前就已开通，时间上比"灵渠道"还要早，其沟通长江流域和珠江流域两地，起着至关重要的作用。"萌渚岭道"经湖南的道县、江华县进入广西贺州桂岭镇，因有潇、贺两水可以利用，亦称"潇贺古道"。湖南江华县南界百越，北接三湘，自古就是湘、粤、桂三省通衢。潇、贺两水水量充沛，可通舟楫，交通畅顺，在灵渠修成之前，此道即为秦汉时期从中原地区进入岭南的重要通道之一，诚为当年陆贾出使南越最佳路线。

陆贾"不烦一兵，不折一矢，顿举百越之地入汉封疆"，越人免受锋镝

---

① （明）陆舜臣纂修：《德庆州志》嘉靖十六年刻本，卷七，提封志下，晋康八景，页12；陆舜臣、伍云龙、谢维申锦石撑空诗，页14。

（战争）之苦，为岭南史之大事，陆贾"以锦裹石酬谢山灵"的传说在民间长期流传，州人感陆贾有恩于粤，在锦石山下立祠祀之；宋人王象之记载锦石山有"尉陆两公庙……谓汉陆贾使南越，尉佗与之泛舟至此山"等民间传说，佐证了陆贾出使南越从桂岭取道至番禺的入越路线。综上所述，结合历史地理、交通条件等因素，陆贾选择"潇贺古道"进入南越国不失为一个合理的推断。

（原载《贺州学院学报》2021 年第 1 期）

此山因何得香名

——佛教香山与汉地香山融合初析

地名是人们从事社会活动和经济活动的重要载体，镌刻着每个时代的印记。通过对德庆香山先以产沉香得名进而演变为佛教的香山作为引子，研究佛教在岭南粤西地区的传播以及德庆香山在西江流域溪洞地区佛教传播中的历史地位。

一、 德庆香山始以产沉香得名

德庆香山，在县城西北二里，广袤四十余里，山势雄伟，环境清幽，自古为"名胜之区而神仙之宅也，昔贤篇咏备矣"①，旧有"香山古迹"被列为康州八景之首，这里峰青林茂、流水潺潺、虬松交荫，向为大众寻幽探胜之地。香山得名有点复杂，梳理如下。

香山因何得名？明嘉靖《德庆州志》云："香山，负郭西北，为州之主，周四十里，高二百丈有奇，昔有香木因名。"②"香木"即沉香木，意思是说德庆香山以产沉香得名。而《大明一统志》则谓香山因"香草"得名。遍搜文献，众说纷纭，并没有一致的说法。德庆香山还有一个名字叫"利人山"，此名与产沉香有关，且得名早于香山。在岭南的西江流域，同名香山者不止一例。与德庆同一区域的新兴县亦有产沉香的山，叫老香山，俗称通利山、利山，为"民利"因名。道光《肇庆府志》云："（新兴县）有通利山，一名利

---

① （清）史树骏修：《肇庆府志》康熙十二年刻本，卷五，德庆州，页24。
② （明）陆舜臣纂修：《德庆州志》嘉靖十六年刻本，卷六，提封志上，香山，页2。

山，多香木，为民利，即老香山之南麓也。按利山上多香林，即此山是矣。"①
德庆香山与新兴一河之隔，古时同属肇庆府管辖，均为沉香产地，德庆"利
人山"得名当与产沉香有关。

香山以"香草"得名，较早的官方文献记载是明天顺五年（1461）李贤
等修纂的《大明一统志》："香山在德庆州北二里，山有五色石，石上多香草，
一名利人山，山势突兀，屹然为一州之望，上有乾明寺。"② 但稍后的嘉靖戴璟
《广东通志初稿》则著录为"德庆州香山在州北二里，其上有香木（因名）……
山半有乾明寺……一名利人山，出五色石"③。嘉靖黄佐《广东通志》也沿戴
璟之载，录为"城北二里曰香山，昔有香木因名。一名利人山，出五色石"④。
两通志皆录为"因香木得名"，从而衍出了香山得名有"香草""香木"两说。

考"香草"说，出自北宋王存《元丰九域志·附录》康州条："康州（今
德庆县）有利人山，亦名香山。（引）《吴录》云：端溪山有五色石，石上多
香草，俗谓香山。"⑤ 后宋人王象之撰《舆地纪胜》亦沿"香草"之说。此为
香山因"香草"得名的由来。

按王存的记载，"利人山"得名当在香山得名之前。王存《元丰九域志》
成书于北宋元丰三年（1080），至今已有 940 多年历史，按理山之得名必更早
于此书，从王存书中引晋人张勃《吴录》端溪条，则可推知，德庆利人山得
名当在晋代，距今已有 1600 多年历史了。清人王谟《汉唐地理书钞》引《史
记索隐》曰："张勃，晋人，吴鸿胪俨之子，作《吴录》。《隋志》云：晋有张
勃《吴录》三十卷，亡。"⑥ 张勃以吴人记吴事，其学术及文献价值历来有较
高评价，此从《初学记》《太平寰宇记》《元丰九域志》等书大量征引该书词
条可知其文献价值，可惜《吴录》一书早已佚亡。

考唐《初学记》、宋《太平寰宇记》两书辑引《吴录》端溪条，与王存所
辑有出入。《初学记》辑为："端溪有端山，山有五色石，石上多香水。"⑦ 与

---

① （清）屠英等修：《肇庆府志》道光十三年刻本，卷二，舆地二，山川，新兴县通利山，页 23。
② （明）李贤等修：《大明一统志》天顺五年刻本，卷八十一，肇庆府·山川，香山条，页 4。
③ （明）戴璟修，张岳纂：《广东通志初稿》嘉靖十四年刻本，卷二，山川下，德庆州香山，页 9。
④ （明）黄佐纂修：《广东通志》嘉靖四十年刻本，卷十四，舆地志二，香山，页 39。
⑤ （宋）王存撰，王文楚·魏嵩山点校：《元丰九域志》，附录，卷九，康州，北京：中华书局
1984 年版，页 697。
⑥ （清）王谟辑：《汉唐地理书钞》，张勃吴地记，北京：中华书局 1961 年版，页 152。
⑦ （唐）徐坚：《初学记》，卷八，端石，岑珠，北京：中华书局 1962 年版，页 193。

王存所辑，一曰"香水"，一曰"香草"。《初学记》为唐玄宗命徐坚等编，比王存《元丰九域志》要早 300 多年，因为是皇家修撰，当以《初学记》征引为正确。后有清人王谟辑《汉唐地理书钞》端溪条亦引为"端溪有端山，山有五色石，石上多香水"①，可见王谟也认为《初学记》辑录的词条为正确，并指出《太平寰宇记》辑录有误。

但《初学记》为什么会辑录成"多香水"而不是"多香木"呢？余按：《初学记》引用的原本应为唐前更古老的版本，经过几百年的流传，原书难免残缺模糊。所谓"香水"与"香木"之别，此当为古时文献刻本字形相近，为手民（雕板工）误刻"木"为"水"字之故。

结合黄佐《广东通志》出版稍后于嘉靖《德庆州志》，而戴璟《广东通志初稿》为同时期的刊本分析，两通志修纂时均参考了《德庆州志》词条，著录为"因香木得名"就比较顺理成章了。这大概就是德庆香山以产沉香得名的文献记载。

二、 德庆香树的消失

其实"香草说"或"香木说"就香山之得名而言并没有实质的不同，我们重点研究香山、利人山得名之后的演变。

今之香山，林木依然郁郁葱葱，但已无半株香树的影子了，是什么原因导致香树的消失呢？在此则有探索之必要。

我国的香树（沉香木）古时分布在岭南的两广、海南一带。文献记载，肇庆、德庆及周边县市都曾是大量生长香树的地方。乾隆《肇庆府志·物产》载："肇庆有降真香、白木香、鸡距香、枫香、榄香、芸香、马眼香、仙女香、诸香。"② 其中的白木香就是能结沉香的香木（俗称香树）。屈大均《广东新语》云："德庆有香山，高明、新兴有老香山，南越志：盆允县利山多香林，名香多出其中。"③ 明李时珍《本草纲目》引宋寇宗奭曰："沉香……岭南

---

① （清）王谟辑：《汉唐地理书钞》，张勃吴地记，端溪，北京：中华书局 1961 年版，页 156。

② （清）吴绳年修，何梦瑶纂：《肇庆府志》乾隆二十五年刻本，卷二十二，物产，香类，页 9。

③ （清）屈大均：《广东新语》，卷二十六，北京：中华书局 1985 年版，页 677。

诸郡悉有，傍海处尤多，交干连枝，冈岭相接，千里不绝。"① 唐人刘恂《岭表录异》有："广管罗州多栈香树，身似柳，其花白而繁，其叶如橘……雷、罗州、义宁、新会县率多用之。"② "栈香树"即白木香树，罗州即今廉江、化州一带，雷即今雷州市，义宁今属广西，皆出香之地。更早的还有晋人嵇含《南方草木状》云："蜜香、沉香、鸡骨香、黄熟香、栈香、青桂香、马蹄香、鸡舌香，案此八物同出于一树也。交趾（今越南）有蜜香树，干似柜柳，其花白而繁，其叶如橘，欲取香，伐之经年，其根干枝节各有别色也，木心与节坚黑，沉水者，为沉香……"③

数者排比，可知古时岭南的交趾、德庆、高明、新会、新兴、信宜、廉江、化州、雷州一带均为沉香的著名产地，皆出名香。

沉香的形成十分缓慢，需要有数十年以上的老香树始能结香，从结香到成熟又需要若干年，上品天然沉香自然可遇不可求，自古沉香"价比黄金"。沉香既是珍稀之物，自然就成为地方上奉朝廷的贡品，皇室贵族及各州郡之权贵亦大量应用沉香于香道活动、礼佛等。民间则用作香薰、中药，因此沉香的消耗量非常大。

岭南两广的香树经过不断的砍伐取香，到了明代已几近枯竭，各地的"香山"皆废。取而代之的是人工种植的"东莞香"。《广东新语》云："莞香，以金钗脑所产为良，地甚狭，仅十余亩，其香种至十年已绝佳……"④ 因此，"盖自有东莞所植之香，而诸州县之香山皆废矣，昔之香生于天者已尽……"⑤ 到明末，德庆香山的香林经连年的砍伐，不复有野生香树生长了。

屈大均曾到过德庆香山等地，《广东新语》所载应为实地考察笔记，可信度较高。由于过度砍伐，以产沉香而得名的香山，野生沉香资源早已枯竭。清初贡生陈纶有《香山纪胜》诗云：

千年檀树已消沉，留得香名照古今。

王气东来山不动，佛踪西去石无心。

① （明）李时珍：《本草纲目》，卷三十四，木部香木类，沉香，北京：人民卫生出版社2005年版，页1936。

② （唐）刘恂著，鲁迅校勘：《岭表录异》，广州：广东人民出版社1983年版，页20。

③ （晋）嵇含：《南方草木状》，木类，广州：广东科技出版社2009年版，页129。

④ （清）屈大均：《广东新语》，卷二十六，莞香，北京：中华书局1985年版，页674。

⑤ （清）屈大均：《广东新语》，卷二十六，莞香，北京：中华书局1985年版，页677。

> 天边松踞龙鳞出，谷里云盘豹雾深。
>
> 犹有芙蓉香不散，石桥烟雨隔亭阴。①

但笔者近年在香山南麓的孔竹根村发现一株直径有 30 厘米的原生白木香老树，据主人说，此为原生树，已有 60 多年的树龄，也算是香山香树之子遗了。

三、 德庆香山又称"佛岭"

香山不但风景优美，还有一个关于达摩"只履西归"的传说。明嘉靖黄佐《广东通志》载："香山……其岭有佛足迹，迹长尺许，具趾肉纹，傍刻元祐诸贤姓名。"② 相传达摩往来岭南"交广道"传播佛法，途经德庆，被风景秀丽的香山吸引，盘桓数天，在香山的峭壁上留下了深深的"佛足迹"，因此香山又称为佛岭。关于这一传说，明初南京刑部尚书李质有《佛迹石》诗：

> 只履西归不可寻，只余足迹踏岩阴。
>
> 法留正印灯传远，字记名公石刻深。③

"法"为梵语 Dharma（达摩）的音译。④ "传灯"为佛家语，即传播佛法，谓佛法可指点迷津，因言传法为传灯。"正印"即嫡系。

德庆"香山佛迹"摩崖石刻始刻何年无考，但旁刻"元祐七年（1092）端溪县令萧迪简等人同观佛迹"字样，至今已有 930 多年历史。可以析断，德庆香山其时已经不只是产沉香的香山，而逐渐被"佛教的香山"所取代，成为远近闻名、信众礼佛的胜地了。

---

① （清）杨文骏等修：《德庆州志》光绪二十五年刻本，卷四，地理志五，陈纶《香山纪胜》诗，页3。

② （明）黄佐纂修：《广东通志》嘉靖四十年刻本，卷十四，香山，页39。

③ （明）黄佐等修：《广东通志》嘉靖四十年刻本，卷六十五，李质诗，页32。

④ 夏征农、陈至立主编：《辞海》第六版，上海：上海辞书出版社 2009 年版，页551。

"香山佛迹"摩崖石刻（温爱民摄）

唐代香山有乾明寺、乾明寺塔。"乾明寺在州城北香山，唐宋间建。"①
"乾明寺，在香山寺后，非庵之前，建久废，古塔存焉"②。检康熙、乾隆《德
庆州志》，此条均列于唐开元寺之前，则乾明寺、塔等始建于唐代无误，其后
历代有重修，后改名香山寺，举人梁修撰香山寺楹联悬于山门：

拔地两峰寒，问何时瓶钵西来，飘然声遏顽云，迹留危石。

怀人一水逝，叹当年衣冠南渡，剩此屌王潜邸，废相荒亭。③

联中："瓶钵西来"指佛教东传，亦可指达摩西来。"迹留危石"指佛迹
石。"屌王潜邸"：康州为宋高宗赵构的封地（潜邸），南渡登基后，康州为其
封邑，诏升为德庆府，德庆一名遂沿用至今。"废相荒亭"：宋时香山有豁然
亭，南宋丞相李纲被贬寓居德庆时题香山诗。此联概括了德庆香山的景物、掌
故、历史、传说，引人追思。梁修，德庆州人，清光绪乙酉科举人，聪敏好

---

① （清）宋锦、李麟洲纂修：《德庆州志》乾隆十九年刻本，卷九，寺观，乾明寺，页1。
② （清）谭桓修，梁宗典纂：《德庆州志》康熙十二年刻本，卷二，故迹，乾明寺，页18。
③ 林瑞球辑：《香山寺诗联》，原载《南方农村报》，1996年9月13日。

学，工诗能文，以三日写成《花埭杂咏百首》闻名于省垣。

无独有偶，同为粤西地区的阳春市，近年在春湾镇铜石岩发现达摩"只履西归"岩画，笔者专门去阳春看过。岩画初看似现代作品，但仔细察看，岩画被光绪乙酉（1885）益州傅从绳题字"歌台暖响"压刻，如此算来，此岩画至少已有130多年历史，并非近代所作。看来达摩"只履西归"的传说不止德庆一例，在粤西地区流传还是非常广泛的。

铜石岩达摩"只履西归"岩画（温爱民摄）

文献载，达摩于南朝梁普通（520—527）自印度"浮海"来到广州，但具体的路线，文献上没有明确的资料记载。达摩是否沿西江经德庆到广州？这是一个值得研究的课题。从地理位置分析，"交广道"所经之内河（珠江流域）横跨两广大部分地区，西连越南河内经富良江出海可至印度；往东经西江干流，即可通达广州。笔者设想，以1400多年前的航运条件，达摩当年为降低道途风险，极有可能在交趾（今越南北部）登岸，选经"交广道"内河通达广州。

此路既通，交趾、苍梧一带早已是商贾、僧侣云集寄居之地，此时达摩有可能选择经交趾上岸再至广州，毕竟此时交趾已有佛教寺庙可供栖息，有先期到达当地的僧侣接应补充给养。早在刘宋永初年间（420—422），番禺有止台寺、交趾有仙山寺等供僧侣云游挂单、诵经弘法，僧侣往返"交广"两州经内河水路会更便捷，且内河航行风险较小。慧皎《高僧传》载：

> 释昙弘，黄龙人，少修戒行，专精律部。（刘）宋永初中，南游番禺止台寺，晚又适交趾之仙山寺，诵《无量寿》及《观音经》，誓心安养。以孝建二年（455），于山上聚薪，以火自焚，明日乃尽，尔日村居民咸见弘身黄金色，乘一金鹿西行甚急……悟其神异，共收灰骨，以起塔焉。①

此可说明，时佛教在岭南交趾地区已站稳脚跟，以交趾仙山寺为据点，逐渐向粤西西江流域纵深推进。

粤西地区水路交通发达，从交趾往北即可经发源于交趾的平而河或水口河进入广西左江，经邕江、郁江、浔江进入广东西江，即可直达广州，若当年达摩在交趾登岸经内河"交广道"至广州，那德庆就是必经之地。因此，达摩在德庆香山或在阳春留下"达摩西归"的传说，并非古人凭空想象。一千多年前刻于德庆香山的"佛迹"，以及阳春"达摩只履西归"的传说说明了内河"交广道"是佛教进入中国岭南粤西地区的一条重要通道，成为达摩往返"交广道"的佐证。

发源于交趾（今越南北部）的广西龙州县水口河可通机船（温爱民摄）

---

① （梁）慧皎：《高僧传》弘化社藏版，卷十三，齐交趾仙山释昙弘，苏州：江苏省佛教协会，页326。准印号：苏出准印 JSE_0005270 号。

四、 印度佛教补怛洛迦山与汉地香山融合初析

全国有很多以"香山"命名的山，这些山的得名各有缘由，取名香山者，或多与佛教有关。例如著名的河南宝丰香山就是缘于佛教而得名。

佛门中，"香山"为观音信仰发祥地印度"补怛洛迦山"的意译，又作布咀洛迦、普陀洛，意为小花树山。相传补怛洛迦山中多有小白花树，其花甚香、香气及远，后来中原本土佛教人士就将其意译为"香山"，用以专称供奉观世音的道场。

《华严经·入法界品》载，善财童子得一圣者指引"于此南方，有山名补怛洛迦，彼有菩萨，名观自在"[①]。"观自在"即观世音，唐玄奘《大唐西域记》对补怛洛迦山观世音道场描述甚详：

> 秣剌耶山东，有布咀洛迦山，山径危险，岩谷敧倾。山顶有池，其水澄镜，派出大河，周流绕山二十匝，入南海。池侧有石天宫，观自在菩萨往来游舍。其有愿见菩萨者，不顾身命，厉水登山，忘其艰险，能达之者，盖亦寡矣。而山下居人，祈心请见，或作自在天形，或为涂灰外道，慰喻其人，果遂其愿。[②]

约至唐代，德庆香山逐渐被"佛教的香山"所取代。据文献记载：

> 香山，山腰左畔有佛足迹，长尺许，五趾具肉纹，旁刻宋元祐诸贤姓讳。唐宋间有乾明寺、浮香亭、豁然亭、松关亭、览秀楼、东岳行祠、环翠庵、观音堂。嘉靖癸卯知州吴汝新更新之，丙午州同钱萱复修，俱废。戊申知州凃铉重建会讲堂、览秀楼……鼎革以来，兵燹频仍，寺宇多毁。康熙五年（1666）丙午知州秦世科重修之，更建头门、二门，钟鼓二楼，东西配殿，十笏居、香积厨、两廊僧舍、石桥栏杆，将会讲堂移至山顶作大士殿……[③]

---

① （唐）于阗园三藏沙门·实叉难陀译，张新民等注译：《华严经今译》，北京：中国社会科学出版社1994年版，页307。

② （唐）玄奘、辩机撰，董志翘译：《大唐西域记》，卷十，布咀洛迦山，北京：中华书局2014年版，页395。

③ （清）谭桓修，梁宗典纂：《德庆州志》康熙十二年刻本，卷二，山川，香山，页1。

其时德庆香山已成为西江流域僧侣交往、挂单弘法的佛教观音道场了。

德庆香山峭壁之上今存宋代"香山佛迹"摩崖石刻，足以证明德庆香山在北宋哲宗元祐之前已有佛教僧侣在这一带活动，香山已逐渐转化为佛教的香山。唐宋间，香山乾明寺又得朝廷"赐额"，被视为正统，此在《大明一统志》找到记载，可知德庆香山乾明寺规模非小，规格极高。诚为早期粤西佛寺建置的重要组成部分、粤西佛教重要道场之一。

香山及香山寺之得名，与印度佛教观音信仰在汉地的融合有关，考其得名，有以下缘由。

为迎合民众的心理，佛教僧侣会首先选择汉地已得名香山的地方建寺弘法，然后以山名寺，德庆香山寺就是一个例子（乾明寺后改名香山寺）。也有一种是先选择一个适当的风水山建寺供奉观世音菩萨，以观音道场"香山"专属名冠名寺庙，后再以寺名山。中国四大佛教名山之一浙江普陀山即以此得名。

浙江普陀山原为舟山群岛一个不知名的小山，相传早期来此山修炼的不是佛教人物而是道教人物安期生，时称"蓬莱山"。此地风水极佳，西汉时有梅福渡海来岛，结茅构室，采药炼丹，直至终老，后人又称此为"梅岑山"。据载："梅福，字子真，九江寿春人也。……为郡文学，补南昌尉。……成帝时，大将军王凤专势擅朝……群臣莫敢正言。福上书，不纳。……至元始中，王莽专政，福一朝弃妻子，去九江，至今传以为仙。"[1] 唐代以后，蓬莱山供奉观音菩萨后改称普陀山，其名虽不叫"香山"，但"普陀"即音译"补怛洛迦"的简称，在汉地意译就是香山。唐咸通四年（863），日僧慧锷从五台山请得观音像乘船归国，舟至莲花洋遭遇风浪，无法前行，乃留圣像于"潮音洞"供奉。此后普陀山发展成为专门供奉佛教观世音的道场。

汉地观音信仰祖庭据传在河南汝州宝丰县，宝丰香山寺历史悠久。东汉灵帝光和年间（178—184）[2]，有天竺佛僧见颍川即今河南汝州宝丰县西南有三山并峙，甚似印度的补怛洛迦山，遂将此地称为"香山"，并在山上建寺传经，后以山名寺，即今汝州宝丰香山寺。元好问《东游略记》载："予按大观中《石桥记》云，寺是正光初（520）重建，然则党承旨亦未尝偏考邪！梁县《香山寺记》说寺初建时，一胡僧自西域来云：此地山川，甚似彼方香山。今

---

① （明）欧大任撰，刘东汉校注：《百越先贤志校注》，卷一，梅福，南宁：广西人民出版社1992年版，页31。

② 潘民中、王宝郑编：《平顶山〈香山大悲菩萨传〉研究》，政协平顶山市委员会2010年版，页143。据王宝郑《平顶山香山寺观音大士塔解读》，寺塔初建年代为东汉末年。

人遂谓梁县香山真是大悲化现之所。"① 梁县，秦置，治所在今河南临汝县西南，唐改承休县置，明洪武初废入汝州。②

北宋元符二年（1099），时河南汝州香山寺住持怀昼，得唐代道宣法师（596—667）《本生汉化观音得道正果宿世因缘经卷》，共四千多字，详尽记述了"妙善公主得道成观音"的故事。怀昼得此经卷后，请时任汝州知州蒋之奇为经卷"润色"，并请翰林学士蔡京书丹，于次年立《汝州香山大悲菩萨传》碑，成为汉化观音信仰的本生经卷最早的碑刻文献。

《汝州香山大悲菩萨传》碑文著录道宣和天神的一段对话：

> 师一日问天神曰：我闻观音大士于此土有缘，不审灵踪显发何地最胜？天神曰：观音示现无方，而肉身降迹惟香山因缘最为胜妙。师曰：香山今在何所？天神曰：嵩岳之南二百余里，有三山并列，其中为香山，即菩萨成道之地……③

北京大学图书馆藏《汝州香山大悲菩萨传》碑文拓片（局部）

① 姚奠中主编：《元好问全集》，卷三十四，东游略记，梁县香山寺记，太原：山西人民出版社1990年版，页777。

② 复旦大学历史地理研究所《中国历史地名辞典》编委会编：《中国历史地名辞典》，南昌：江西教育出版社1986年版，页833。

③ 肖红等主编：《香山大悲菩萨传》，北京大学馆藏碑文拓本，北京：文物出版社2009年版。

此"香山"即为河南汝州香山，由于有了这个碑刻文献为依据，汝州香山寺成为佛教界公认的汉化观音道场的祖庭，"香山"一名亦成为佛教汉化观音道场的专有名词。著名佛教大师星云大和尚为汝州香山寺题"观音祖庭"四个大字，并题汝州香山为"大香山"①。

值得一提的是著录《香山大悲菩萨传》本生佛教经卷的蒋之奇（1031—1104），字颖叔，常州宜兴人，仁宗朝进士，官至监察御史翰林学士，拜同知枢密院，元祐初任广州知府。蒋之奇与佛教因缘密切，对推动岭南佛教文化的发展有很大贡献。顾光《光孝寺志》载："宋元祐间，知广州府蒋之奇，为唐相国房融建'笔授轩''译经台'"②，以纪念汉地译经家房融。其间还亲自主持修复扶胥口唐代休咎禅师道场灵化寺，并亲撰《灵化寺记》流传至今。元符二年（1099），蒋之奇因事连坐责守河南汝州，又亲为汝州香山寺怀昼《汝州香山大悲菩萨传》刊俚、润色、立碑，为佛教传播留下了宝贵的石刻文献，实在难能可贵。蒋之奇在广州任内"礼佛兴学"颇有政声，赴汝州任职时，百姓跪地挽留。徐绩送颖叔诗序："一州之人皆惜其去，以其严而不苛，察而能恕，实受其惠也。"③蒋之奇身为地方大员，政务繁忙，却为推动佛教文化的发展不遗余力。

随着印度观音信仰的本地化传播，香山和香山寺之名被广泛移植到全国各地，与当地的山水形胜、历史文化相结合，实现了佛教观音信仰与汉地香山文化的融合。

结　语

在岭南地区，以"海上丝绸之路"与域外经济文化沟通，已为学界共识，但以内河"交广道"与域外沟通的研究则略显不足。印度佛教传入中国，虽有"敦煌道"等陆上通道，然敦煌道由于气候恶劣、人烟稀少及兵乱等曾一度阻绝，"交广道"遂成为岭南沟通域外的重要通道之一。

---

① 潘民中、王宝郑编：《平顶山〈香山大悲菩萨传〉研究》，星云大师题字，政协平顶山市委员会2010年版，页2。

② （清）顾光、何淙修撰，中山大学中国古文献研究所整理、点校：《光孝寺志》，卷二，建置志，笔授轩，译经台，北京：中华书局2000年版，页27、31。

③ （明）黄佐纂修：《广东通志》嘉靖四十年刻本，卷四十七，列传·名宦四，蒋之奇，页54。

德庆位于"交广道适中位置"，从德庆"香山佛迹"和阳春铜石岩"达摩只履西归"的传说分析，古人谓"达摩西归"经行"交广道"传说已有一千多年的历史，在粤西广为流传，并非空穴来风。其实，宋云在葱岭偶遇"达摩西归"也只是传说而已，但至少说明，"达摩西归"的传说不止西域葱岭一途。比达摩更早来华的僧侣选择在交趾上岸，此亦成为达摩"浮海至广州"行经"交广道"的佐证，诚为佛教东传进入中国岭南粤西地区的一条重要通道。

本文研究粤西"交广道"与佛教传播关系，限于资料所及，实为管窥之见，定有不少浅陋错误之处，权作抛砖引玉，因此而挖掘出更多相关资料，则又为本人所乐待了。

（原载《炎黄大观》2017 年第 2 期）

佛教在岭南交州粤西地区传播探赜

综观岭南佛教传播的研究及文献记载，多集中在广州、清远、韶关一带，而鲜有提及粤西苍梧一区，古苍梧即今梧州、封开、德庆、罗定一带。对佛教进入岭南传播之路线则多以海路为研究指向，而述及具体的交通孔道，却又语焉不详，一般用"浮海而来"带过。我们当然不能忽略"航海而至"的僧侣对岭南佛教传播的贡献，但也不要忽视"交广道"与域外文化交流的重要性。

早在秦统一中国之前，岭南西部先民已经借珠江水系交通优势与毗邻的南亚国家沟通交往。至汉武帝略定岭南后，为了加强对岭南的统治，设交趾、苍梧、南海等郡，统隶交趾刺史。"三国孙权时，始分交州为交、广两州，而交广道一名，遂沿之而起……其重要性殆不下于敦煌道也。"① 随着商旅、使节的互通，佛教僧侣等文化使者亦纷至沓来，文化交流日益频繁。约在东汉年间，在交趾、苍梧一带已经形成了一个印度佛教与中原文化交流、融汇的集散地。

但随着行政区域的改变，三国后，政治和文化中心已转移至广州（番禺）及广西桂林等地，佛教传播的重心亦随之转移，粤西苍梧地区逐渐失去了其在"交广道适中位置"的优势而逐渐淡出了人们的视线。深入研究这一区域早期受佛教传播的影响，是研究岭南地区佛教传播历史不可或缺的一环。

本文试图以"交广道"沟通岭南西部与南亚国家的交通为线索，通过对历史文献的发掘、梳理，本地考古成果的运用以及田野调查的分析研究，探索佛教早期在岭南交州（粤西）地区传播的历史定位。

---

① 罗香林：《唐代广州光孝寺与中印交通之关系》，交广道，香港：中国学社 1960 年版，页 7。

一、 岭南交州、粤西与域外交通及佛教传入

今之广东、广西与越南北部等地，自秦至两汉，政治上及地域上均属同一区域，即岭南地区，亦称交州地区。至汉武帝略定岭南后，为了加强统治，设交趾（今越南北部）、苍梧（今广西梧州、封开、德庆、罗定）、南海（今广州番禺）等郡，统隶交趾刺史。顾祖禹《读史方舆纪要》曰："秦末赵佗王其地，汉元鼎六年（前111）讨平之，寻置交趾刺史，后汉因之。汉刺史无常治。……沈约曰：汉交趾刺史治龙编（今越南河内附近），建安八年（203）改曰交州，治广信（今封开一带）。"① 三国"孙皓时，以交州土壤太远，乃分置广州，理番禺，交州徙理龙编"②。交、广两州以珠江水系相连，"交广道"一名遂沿之而起。

德庆位于岭南粤西"交广道"中部，两汉时隶属交州苍梧郡（今梧州）管辖，古称端溪县，汉武帝元鼎六年置，沿革几经变化。唐武德五年（622）分置康州，李吉甫《元和郡县图志》载："康州……汉武帝平南越，置苍梧郡，今州即苍梧郡之端溪县也。"③ 至宋绍兴元年（1131）"以高宗潜邸升德庆府，仍为永庆军节度，今领县二，治端溪"④。此为德庆得名之始，一直沿用至今。

德庆"州据岭西之上游，扼广右之门户，邕、桂、贺三江州实绾其口，山川雄固，诚锁钥要地也"⑤。从地理上，德庆处于"交广道适中位置"，集三江之水口，扼两广之咽喉，水陆交通便利，且可经封开贺江的"潇贺古道"与中原经济文化沟通，自古就是"岭西舟车之会"⑥。由于区位的特殊，历史上得佛教文化传播风气之先，一度成为佛教在交州、粤西传播的重点地区。

罗香林先生指出："汉武帝以后，交州与印度，已有海上交通，则其佛教之传入交州，当亦事有必至者矣……然至东汉末叶，则其地佛教殆已视中国别

---

① （清）顾祖禹撰，贺次君、施和金点校：《读史方舆纪要》，卷一百，广东，北京：中华书局 2005年版，页4578。

② （唐）李吉甫撰，贺次君点校：《元和郡县图志》，卷三十四，岭南道一，北京：中华书局 1983年版，页886。

③ （唐）李吉甫撰，贺次君点校：《元和郡县图志》，北京：中华书局1983年版，页897。

④ （宋）祝穆撰，祝洙增订，施和金点校：《方舆胜览》，卷三十五，德庆府，北京：中华书局 2003年版，页625。

⑤ （清）顾祖禹撰，贺次君、施和金点校：《读史方舆纪要》，卷一百一，德庆州，北京：中华书局 2005年版，页4658。

⑥ （清）杨文骏等修：《德庆州志》光绪二十五年刻本，卷五，古迹，页51。

地为盛。"① 任继愈先生亦认为"由于交州与印度相距不远，此地除与中国内地有文化宗教交流以外，也可直接从印度输入佛教。三国初年，一些印度僧侣由此北上，到吴国都城传教"②。范晔《后汉书》云：

> 天竺国（印度），一名身毒，在月氏之东南数千里，俗与月氏同，其国临大水，乘象而战，其人弱于月氏，修浮图道，不杀伐，遂以成俗……西与大秦通，有大秦珍物。和帝时（88—105），数遣使贡献，后西域反畔，乃绝。至桓帝延熹二年（159）、四年（161）频从日南徼外来献。③

日南即今越南中部地区，元鼎六年汉武帝置日南郡，属交州辖地，"苍梧广信人士赐（士燮父），桓帝时为日南太守"④。延熹间（158—167），时经日南进入交州转辗北上的域外使节、商贾、僧侣往来非常频繁，国内南北经济文化交流亦非常活跃。这主要是因为中原战乱，而岭南则相对安定，于是中原士人为避战乱而举家南迁，同时将中原的先进文化带入岭南。黄佐《广东通志》："盖自汉末建安至于东晋永嘉之际，中国之人避地者多入岭表，子孙往往家焉，其流风遗韵，衣冠气习熏陶渐染，故习渐变。"⑤

汉末天下大乱，"独交州差安"，时中原士人经"潇贺古道"南下"避地交州"，交趾太守士燮，苍梧广信（今封开）人，"其先鲁国汶阳人，至王莽之乱，避地交州。……燮少游学京师……举茂才，迁交趾太守。……燮体器宽厚，谦虚下士，中国士人往依避难者，以百数"⑥。客观上，中原士人流迁交趾，避难交州，在交趾、苍梧及周边形成了一个经济及文化交汇的集散地，为毗邻的南印度、泰国等佛教国家僧侣进入汉地（岭南）开辟了一条比"敦煌道"更安全、更便捷的通道。由于交趾太守士燮对外来文化的开放态度，其时大量的商贾、佛教僧侣寄居交州，"燮在郡四十余年，其父子兄弟，著名南

---

① 罗香林：《唐代广州光孝寺与中印交通之关系》，香港：中国学社1960年版，页8。
② 任继愈主编：《中国佛教史》，北京：中国社会科学出版社1985年版，页175。
③ （南朝宋）范晔撰，（唐）李贤等注：《后汉书》，卷八十八，天竺国，北京：中华书局1997年版，页2921。
④ （晋）陈寿撰，（南朝宋）裴松之注：《三国志》，卷四十九，士燮传，北京：中华书局1997年版，页1191。
⑤ （明）黄佐纂修：《广东通志》嘉靖四十年刻本，卷二十，民物志，风俗，页9。
⑥ （明）欧大任撰，刘东汉校注：《百越先贤志校注》，卷四，士燮，南宁：广西人民出版社1992年版，页97。

士，车骑出入，满道夷人，夹毂焚香者，常数千焉"①。

此处的"满道夷人"，《三国志》士燮本传作"满道胡人"，据《辞海》的解释，"夷人""胡人"泛指西域各民族或四方少数民族，旧时用以统称外国人，"胡人"中，应该也包括从南亚来的佛教徒。这至少反映了一个重要的事实，这一时期交州、苍梧一带有大量的域外人士云集、驻留，其中不乏僧侣寄居交州。

经济交通线路的开辟与文化交流传播密不可分，佛教的传播也不例外。而事实上，很多商人本身就是文化的传播使者，来华营商的同时又开展佛教传播活动，著名者有安息国人、译经家安玄。安玄是个游走各地的商人，其人博诵群经，与沙门严佛调译出早期佛教经典《法镜经》。慧皎《高僧传》云：

> 安玄，安息国人。志性贞白，深沈有理致，博诵群经，多所通习。亦以汉灵之末（180—189），游贾雒阳，以功号曰骑都尉。性虚靖温恭，常以法事为己任。渐解汉言，志宣经典，常与沙门讲论道义，世所谓都尉者也。玄与沙门严佛调共出法镜经，玄口译梵文，佛调笔受，理得音正，尽经微旨，郢匠之美，见述后代。②

被誉为"对吴地佛教影响最大"的康僧会③，三国初时随其父经商移居交趾，后到吴都建业（今南京），"以吴赤乌十年（247）初达建业，营立茅茨，设像行道。时吴国以初见沙门，睹形未及其道，疑为矫异"④。

据此，"三国时，建康之佛教，亦自交州所传入也。以此等来自交州、上世曾居印度之康僧会，仍被目为'胡人'观之，则其在交趾夹毂焚香之胡人，其为自印度或中亚等地所侨寓者，更无疑矣"⑤。

更早的还有三国初期牟子在交州著《理惑论》，用中国传统的儒家学说来阐释佛教经典，此为中印文化碰撞、交融之典范。牟子是广信人，儒家学者，年轻时游历于交趾、苍梧间，如果当时交州一带无佛教流行，或名僧大德传

---

① （明）欧大任撰，刘东汉校注：《百越先贤志校注》，卷四，士燮，南宁：广西人民出版社1992年版，页97。另据（晋）陈寿撰，（南朝宋）裴松之校注：《三国志》，卷四十九，士燮本传，北京：中华书局1997年版，页1191，此处作"……车骑满道，胡人夹毂焚香者常有数十"。

② （梁）慧皎：《高僧传》弘化社藏版，卷一，安玄，苏州：江苏省佛教协会，页8。

③ 任继愈主编：《中国佛教史》，第一卷，康僧会，北京：中国社会科学出版社1985年版，页177。

④ （梁）慧皎：《高僧传》弘化社藏版，卷一，康僧会，苏州：江苏省佛教协会，页10。

⑤ 罗香林：《唐代广州光孝寺与中印交通之关系》，香港：中国学社1960年版，页10。

授，牟子不可能对佛教教义有如此深的造诣。众多佛教僧侣相继进入交州弘法，佛教信仰遂率先在岭南交州的交趾、苍梧、广信、端溪一带推广传播，并逐渐融入当地文化，交州粤西地区遂成为佛教传入岭南的一个重要支撑点。

二、 佛教由交趾向粤西西江流域传播之探讨

印度佛教是否从交趾向粤西西江流域推广传播而至广州？或是在粤西交州、广州两地同时展开？此为本文之主题。

如前所述，我们进一步分析。从时间上看，士燮任交趾太守在东汉刘协在位时期，"献帝闻张津死，赐燮玺书，进绥南中郎将，董督七郡，领交趾太守如故"[①]。献帝即东汉刘协（189—220 年在位），士燮黄武四年（225）卒，在郡 40 余年。其时交趾"满道夷人，夹毂焚香者"之盛况，比之东晋隆安中（397—401）昙摩耶舍、求那跋陀罗等在广州创建王园寺弘法时，已早了约 200 年。"牟子写《牟子理惑》，成书于三国孙吴初期"[②]，即黄武年间（222—229），在交州完成《理惑论》的写作，亦比广州王园寺之建立早 170 多年。也就是说，佛教进入岭南交州地区的时间要比进入广州（番禺）早很多。

从地理位置分析，"交广道"横跨交、广两州，西连越南河内经富良江出海可至印度，在交通上满足条件。而岭南交州自西汉盛时已与印度相通，也是印度由海路进入中国岭南的重要通道之一。《汉书》载：

> 自日南（越南中部）障塞、徐闻、合浦船行可五月，有都元国。又船行可四月，有邑卢没国。又船行可二十余日，有谌离国。步行可十余日，有夫甘都卢国。自夫甘都卢国船行可二月余，有黄支国……自武帝以来皆献见……平帝元始中，王莽辅政，欲耀威德，厚遗黄支王，令遣使献生犀牛。自黄支船行可八月，到皮宗，船行可二月到日南、象林界云，黄支之南，有已程不国，汉之译使自此还矣。[③]

---

① （明）欧大任撰，刘东汉校注：《百越先贤志校注》，卷四，士燮，南宁：广西人民出版社1992 年版，页 97。

② 任继愈主编：《中国佛教史》，第一卷，牟子著书年代，北京：中国社会科学出版社 1988 年版，页 203。

③ （汉）班固撰，（唐）颜师古注：《汉书》，卷二十八下，地理志第八，北京：中华书局 1997 年版，页 430。

黄支国在今印度南部，日南、象林即今越南中部、南部，此为一条水陆并行的通道，是有史料可稽的中国与印度最早正式交往的记录。

东汉末年，日南、交趾及苍梧一带除作为岭南粤西与域外沟通的经济集散地之外，同时还是中外文化交流融汇之地。在安息国北面有康居国，公元二世纪末，康居僧也经交趾向中国内地传入佛教。康居人善经商，游走于中亚、南亚一带进入交趾，一边从事贸易一边传播佛法。慧皎《高僧传》云：

> 康僧会，其先康居人，世居天竺，其父因商贾移于交趾。会年十余岁，二亲并终，至孝服毕，出家，……笃志好学，明解三藏，博览六经，天文图纬，多所综涉。……时孙权已制江左，而佛教未行……乃杖锡东游，以吴赤乌十年（247）初达建业，营立茅茨，设像行道。①

迨至东晋南北朝时期（317—589），随着航海技术的不断发展，由印度入华之僧侣，转以南方的海路为主。来华僧侣从天竺（今印度）出发，经狮子国（今斯里兰卡），通过马六甲海峡，进入南中国海到达日南或交趾上岸，或继续航海到广州等地上岸。有记载从海路入华的高僧有求那跋陀罗、真谛等是在广州上的岸，而求那跋摩则是"文帝敕交州刺史泛舶廷致"，在交趾上的岸，后随商舶辗转至广州，经始兴北上传经。

求那跋摩者，时人号曰三藏法师，慧皎《高僧传》云：

> 求那跋摩至年二十出家受戒，洞明九部，博晓四含，诵经百万余言，深达律品，妙入禅要，时人号曰三藏法师。……后到狮子国（斯里兰卡）观风弘教。……至阇婆国（爪哇岛），一国皆从受戒，王后为跋摩立精舍。邻国闻风，皆遣使要请。时京师名德沙门慧观、慧聪等以元嘉元年（424）九月，面启文帝，求迎请跋摩。帝即敕交州刺史，令泛舶廷致。观等又遣沙门法长道冲、道儁等，往彼祈请，并致书于跋摩及阇婆王婆多伽等，必希顾临宋境，流行道教。②

此外，还有我们熟知的《佛国记》作者法显，当年就是从长安出发，经

---

① （梁）慧皎：《高僧传》弘化社藏版，卷一，康僧会，苏州：江苏省佛教协会，页10。
② （梁）慧皎：《高僧传》弘化社藏版，卷三，求那跋摩，苏州：江苏省佛教协会，页68。

敦煌道至天竺国，再至狮子国经南海水路回国的。

> 释法显，姓龚，平阳武阳（今山西临汾）人，三岁便度为沙弥，及受大戒，志行明敏，仪轨整肃，常慨经律舛阙，誓志寻求。以晋隆安三年（399）与同学慧景、道整、慧应、慧嵬等，发自长安，西渡流沙，四顾茫茫，莫测所之，惟视日以准东西，人骨以标行路耳……至于葱岭，度小雪山，至迦施国，后至中天竺阿育王塔、南天王寺，得摩诃僧祇律，又得萨婆多律。显留三年，学梵语梵书，方躬自书写。于是持经像，寄附商客，到狮子国，停二年，复得弥沙塞律，并汉土所无。既而附商人大舶循海而还。值暴风水，舶任风而去，达耶婆提国（今爪哇岛）停五月，复随他商，东适广州，举帆二十余日，夜忽大风，合舶震惧，唯任风随流，忽至岸，知是汉地，显问，猎者曰：此是青州长广郡牢山南岸。后至荆州，卒于辛寺。[①]

法显所经三十余国，"学梵语梵书"，历十五年，完成了自"敦煌道"陆上丝绸之路出发，自"海上丝绸之路"返回的壮举。

此路既通，交趾、苍梧一带已是商贾、僧侣云集寄居之地，综上所述，其时来华僧侣多有选择经日南、交趾上岸，循"交广道"至广州者，毕竟此时交趾已有佛教寺庙可供栖息，有先期到达当地的僧侣接应补充给养，而且内河航行风险较小，此路更显安全、便捷。

进入交趾后往北即可经发源于交趾的平而河或水口河进入广西左江（珠江水系），经邕江、郁江、浔江进入广东的西江即可直达广州番禺。而德庆位于西江中游，是僧侣进入广州的必经之地。

有趣的是，广府人、德庆人均称"江"为"海"，过江谓"过海"。屈大均《广东新语》云："广人凡水皆曰海，所见无非海也，出洋谓之下海，入江谓之上海也。"[②] 广州人称珠江为海，那么设若印僧经西江而来的话，按广府人习惯也可称其"浮海而至"，谓之经水路来而已，因此，僧侣经"交广道"达广州不失为一个合理的推断。

交州的日南郡，濒南海，与林邑（今越南南部）、扶南国（今柬埔寨）相

---

① （梁）慧皎：《高僧传》弘化社藏版，卷三，释法显，苏州：江苏省佛教协会，页58。

② （清）屈大均：《广东新语》，卷十一，土言，北京：中华书局1985年版，页338。

邻，亦与西城诸国相通。"海南诸国，大抵在交州南及西南大海州上，其西与西域诸国接。汉元鼎中，遣伏波将军路博德开百越，置日南郡。其徼外诸国，自武帝以来皆朝贡。后汉桓帝世，大秦、天竺（印度）皆由此道遣使贡献。及吴孙权时，遣宣化从事朱应、中郎康泰通焉。其所经及传闻，则有百数十国，及宋、齐，至者有十余国，其奉正朔，修贡职，航海岁至，踰于前代矣。"[①] "三国初年，一些僧侣如康僧会等，即由此北上到吴国都城建康传教。"[②] 至晋代，文献记载天竺僧人经此道北上洛阳传教。"晋耆域者，天竺人也……自发天竺，至于扶南，经诸海滨，爰涉交广，并有灵异。晋惠之末（约306）至于洛阳，诸道人悉为作礼，洛阳兵乱，辞还天竺，既还西域，不知所终。"[③]

而事实上，其时交趾已有固定的佛教道场仙山寺等供僧侣往来挂单、诵经习禅。有释昙弘者，驻锡交趾仙山寺弘法。慧皎《高僧传》云：

> 释昙弘，黄龙人，少修戒行，专精律部。（刘）宋永初中，南游番禺止台寺，晚又适交趾之仙山寺，诵《无量寿》及《观音经》，誓心安养。以孝建二年（455），于山上聚薪，以火自焚，明日乃尽，尔日村居民咸见弘身黄金色，乘一金鹿西行甚急……悟其神异，共收灰骨，以起塔焉。[④]

综上所述，后汉桓帝间（147—167），大秦、天竺等国，皆由此道遣使贡献。至宋永初间（420—423），佛教在岭南交州地区已站稳脚跟，在交趾一侧以仙山寺和林邑、扶南国等南亚佛教国家为据点，逐渐经"交广道"往东，向粤西西江流域纵深推进。

迨唐武德四年（621），大檀越永宁（今罗定）县令陈普光开辟龙龛岩道场，即有交趾僧释宝聪"振杖顶礼"，驻锡罗定龙龛岩道场弘法，与陈普光族人、善劳（今玉林市）县令陈叔玮等重修龙龛岩并建造释迦尊像，是为大乘佛教自交趾向粤西西江流域纵深发展的例证。

陈氏族人，冠军大将军，行左豹韬卫将军，上柱国、颍川郡开国公陈集原

---

① （唐）姚思廉撰：《梁书》，卷五十四，诸夷，海南诸国，北京：中华书局1997年版，页203。
② 任继愈主编：《中国佛教史》，第一卷，吴地佛教，北京：中国社会科学出版社1985年版，页175。
③ （梁）慧皎：《高僧传》弘化社藏版，卷十，晋洛阳耆域，苏州：江苏省佛教协会，页257。
④ （梁）慧皎：《高僧传》弘化社藏版，卷十三，齐交趾仙山释昙弘，苏州：江苏省佛教协会，页326。

撰《龙龛岩道场铭并序》，刻于唐圣历二年（699），详尽龙龛岩道场开拓始末：

> ……此龙龛者，受形于浑沌之噩……危壁削成……峭嶂秀丽……花药奇卉……是故龙出龙入，每脱骨于岩中，仙隐仙栖，因得龙骨，故曰龙龛。去武德四年（621），有摩诃大檀越、永宁县令陈普光因此经行，遂回心口愿立道场。即有僧慧积，宿缘善业，响应相从，故得法流荒俗、释教被于无垠……近有交趾僧宝聪，弱岁出家，闻有此龛，振杖顶礼，睹佛寺之催残，心自悲眩。又檀越主善劳县令陈叔玮、陈叔垓，痛先君之肇建，敦劝门宗，更于道场之南造释迦尊像一座，遂得不日而成，功德圆满……①

《龙龛岩道场铭并序》全文1 230多字，以年代早、字数多、保存好而著称于世，被誉为岭南第一唐刻，彭泰来有"岭南唐刻今在世，屈指最古龙龛铭"的评价，诚为佛教在岭南粤西传播的重要石刻文献。

《龙龛岩道场铭并序》石刻（局部）（温爱民摄）

---

① （清）阮元修：《广东通志》道光二年刻本，卷二百零一，金石略三，《龙龛岩道场铭并序》，页10。

永宁县即今罗定市，"唐武德五年（622）改永熙县置，属泷州，治所在今罗定市西南罗定江东，天宝元年（742）改为建水县"①。历史上泷水县曾隶属端溪（今德庆）管辖。康熙《德庆州志》载："汉元鼎六年（前111）开置端溪县，时泷水（即泷州）为端溪县地。穆帝升平五年（361），分苍梧地立晋康郡（今德庆），领县十四：端溪、晋化、都城、乐城、滨江、悦城、冗溪、夫阮、桥宁、遂安、永始、武定、文昭、熙宁。"②

至晋穆帝时，端溪县为晋康郡，辖地范围进一步扩大，"夫阮"即今罗定市，古称泷州。迨"……唐武德五年（622），析端州（今肇庆）置康州（今德庆县），兼置总管府，治端溪。总管府辖：端、封、宋、泷、泷（泷州）、建、齐、威、扶、义、勤十一州"③。其中泷州即今罗定市，为古康州辖地，与州治端溪一河之隔，同为粤西地区，为叙述方便起见，本文列为同一地区论述。

南朝以来，中原封建王朝长时间实行依靠地方民族首领、溪洞豪族来治理岭南的政策，于是在偏远的粤西地区出现了一批具有世袭性质的统治阶层，这些溪洞豪族其实并非岭南土著，大多是历史上中原内地以各种方式迁徙岭南后发展起来的大宗族，后一度成为粤西溪洞地区的实际统治者。

陈集以孝行闻名于世。《旧唐书》载："陈集原，泷州开阳人也，代为岭表酋长，父龙树，钦州刺史。集原幼有孝行，父才有疾，即终日不食。永徽中（651）丧父，呕血数升，枕服苫庐，悲感行路。资财田宅及僮仆三十余人，并以让兄弟。则天时，官至左豹韬卫将军。"④

从陈集原在《龙龛岩道场铭并序》中大量使用佛教经典这一点来看，时佛教在粤西的传播已相当深入，如"白马驮经、烦恼郭重、六趣轮回"等佛教经典语句已影响岭南粤西民众的思想，特别是深刻影响当地的溪洞酋长及地方长官言行。通过溪洞酋长、地方长官的推动，佛教的传播范围不断扩大，影响力大大加强。

陈氏家族南北朝时由中原迁岭南，多为朝廷命官。陈集原先祖"陈佛智，其先鄢陵（今河南许昌）人，父法念为梁新、石二州刺史（按：新州即今广

---

① 史为乐等编：《中国历史地名大辞典》，北京：中国社会科学出版社2005年版，页855。另查阅复旦大学历史地理研究所《中国历史地名辞典》编委会编：《中国历史地名辞典》，南昌：江西教育出版社1986年版，页259。两书所述与陈普光武德四年任县令稍有不合。

② （清）谭桓修，梁宗典纂：《德庆州志》康熙十二年刻本，卷一，沿革，页6、7。

③ （清）杨文骏等修：《德庆州志》光绪二十五年刻本，卷二，沿革表，页1、3。

④ （后晋）刘昫等撰：《旧唐书》，卷一百八十八，孝友，陈集原，北京：中华书局1997年版，页1257。

东新兴县；石州即今广西藤县、岑溪市、容县、苍梧县西部一带），遂居泷水（今罗定），世袭宋平郡公。佛智为罗州（今廉江、化州一带）刺史，陈光大初（567）授南靖太守，以孝义训蛮俗。太建中（569—582）除西衡州（今英德、清远一带）刺史，封安靖郡公。子龙树仕唐，历泷、南扶、建、万、普、南施六州刺史，所至锁俗缉奸、盗贼屏息，封鄱阳郡开国男，孙集累官至冠军大将军，玄孙仁谦银青光禄大夫都知兵马使"①。永宁县令陈普光，善劳县令陈叔玮、陈叔垓以及镌勒《龙龛岩道场铭并序》列衔者："大檀越主孙登仕郎、守卖州录事参军、上骑都尉臣感、云感、万感。劝善主从孙前检校梧州孟陵县令灵托，元孙童生。都检主从孙前担陵州焉律县令罗积。"② 他们均为粤西州县朝廷命官，皆陈氏族人。

上述"卖州"疑是"窦州"之省文，"窦州，唐贞观八年（634）改南扶州置，今广东信宜市西南镇隆镇"③。孟陵县，"唐武德四年（621）于故猛陵县置，属藤州，治所在今广西苍梧县西北五十里人和镇孟陵，贞观八年属梧州"④。担陵州则无考，阮元按曰，谓由孟陵县更名而来："孟陵，本猛陵，贞观八年更名担陵州，即儋陵州，唐之羁縻州，属安南都护府，焉律当是担陵州之属县，新旧书失载耳。"⑤ 此与上注稍有冲突，但所辖均为交州粤西属地无疑。陈氏家族为粤西溪洞豪族，与高凉郡冯冼氏、钦州宁氏并称岭表三大酋长，势力范围覆盖整个交州粤西地区。

陈氏家族笃信佛教，几代人相继开拓、扩建、重修龙龛岩道场，大力推广宣扬佛法，由是"法流荒俗，安乐群生"。而晋代至隋唐，佛教在岭南溪洞地区的传播发展与这一特殊的溪洞豪族阶层结下了不解之缘，此揭示了粤西佛教传播与溪洞豪族密切关系的特点。

粤西地区不但是印度佛教从海上到达岭南交趾后进入中原的必经之路，同时也是早期中原内地大量移民进入岭南的重要通道，因而成为岭南开发最早的

---

① （明）戴璟修，张岳纂：《广东通志初稿》嘉靖十四年刻本，卷十三，肇庆府·南北朝陈佛智，页1。

② （清）阮元修：《广东通志》道光二年刻本，卷二百零一，金石略三，龙龛岩道场铭列衔者，页10。

③ 史为乐等编：《中国历史地名大辞典》，窦州，北京：中国社会科学出版社2005年版，页2762。

④ 史为乐等编：《中国历史地名大辞典》，孟陵县，北京：中国社会科学出版社2005年版，页1725。

⑤ （清）阮元修：《广东通志》道光二年刻本，卷二百零一，金石略三，页13。

地区之一。开发之初，时端溪管控地域辽阔，对溪洞地区的社会治理相对松散，统治者往往想通过佛教的存在与发展，形成社会文化、思想方式的基础，达到教化民众的目的。地方长官及溪洞酋长（地方实际统治者）通过捐资修寺庙，满足民众的心理需求，佛教遂作为一种教化方式推向社会，这正是佛教在粤西溪洞地区得以快速传播的动力。

龙龛岩道场首任住持僧惠积、宝亮等为本地僧人，说明此时佛教已经深入粤西地区流行多时，民间已培养出一批传播佛教的本地人才，佛教思想也已在溪洞社会民众的意识中融合、扎根。在此期间，即有交趾僧人深入粤西一带活动传教。

上元年间（674—676），交趾郡僧宝聪，在善劳县令陈叔玮、陈叔垓等地方官的支持下，重修龙龛岩道场，于道场之南造释迦牟尼尊像一座，开粤西佛教道场塑佛祖造像先河。首任住持僧惠积等本地僧人由于在龙龛岩道场初创阶段，只能靠个人的想象或师父的口传，"手绘飞仙罗汉、宝塔圣僧于壁"供信众参礼。而交趾僧宝聪，来自印度佛教传播重地交趾郡，谙佛祖"三十二相"法容，遂于龙龛岩道场主持造立释迦牟尼尊像。

按：搜索粤西佛教造像资料，以目前所获资料来看，在粤西西江流域造释迦牟尼尊像者，以龙龛岩道场为最古，比桂林西山观音峰佛教造像［调露元年（679）］还早四五年。此亦成为佛教在粤西传播"大乘佛教"一实证，与上述交趾仙山寺僧释昙弘往来番禺、交趾间弘法，即为印度佛教东传以交趾为据点，向粤西西江流域纵深推进，由西向东发展传播的例证。

三、 "交广道"对粤西经济、文化交流的重要性

孔道既通，商贾往来交、广间不绝于途，相比经海路至广州者，以古代的航海技术，交通风险会更小一些。其时西域之"敦煌道"由于气候条件恶劣及兵乱，与中原交通曾一度阻绝，因此岭南以交广道与域外交流，对整个岭南地区的经济发展，发挥了极其重要的作用。

事实上，早在张骞出使西域之前，岭南交州地区的苍梧、端溪一带，由于有西江水路交通的便利，已与域外的中亚、南亚国家有沟通。最直接的证据为1972年在德庆县马圩人民公社凤村大队落雁山发现战国（约前475—前221）墓，出土一批青铜兵器、石器、陶器等文物。其中有陶匏壶一件，极其珍贵。匏壶因仿匏瓜形状制成故名。经测量："壶口径8厘米、腹径40厘米、底径

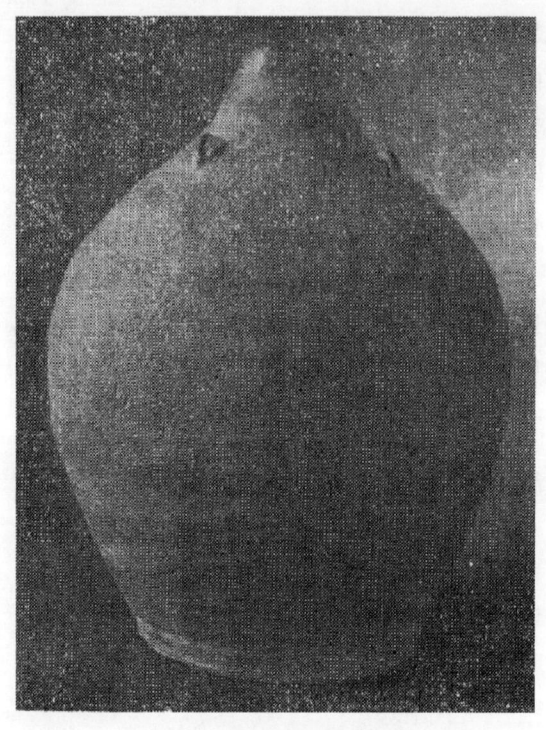

德庆出土战国陶匏壶
（原件存广东省博物馆）

25厘米、高51厘米，重约30公斤。壶身拍印米字方格纹至底部，越向下壁越厚。米字纹大匏壶的制法、形制、纹饰均不同于广州西汉早期墓中出土的米字方格纹陶器，而与广东秦汉之前流行的米字纹相同，属于战国时期。"①明显有波斯器物的造型，是岭南出土的最古之陶匏壶。按此匏壶的尺寸分析，匏壶应为实际日常生活用品，其主人死后，随主人归葬墓中。

匏瓜为"葫芦的一种，对半开可作水瓢，大多不作食用"②，"葫芦亦称'浦芦'，原产印度"③。有资料说葫芦是张骞出使西域带回来的物种，现中国各地均有栽培。但在德庆出土陶匏壶，基本可以推定在张骞出使西域之前的战国时期，原产印度的葫芦、匏瓜一类物种已通过另外一个孔道进入了岭南粤西地区，最有可能就是沿交趾进入岭南。此为岭南粤西先民与域外沟通的有力证据。

1975年，德庆县新墟公社大桥大队大辽生产队在大辽山发现东汉墓，出土了一批文物，计有陶器、铜器等共五十多件。其中有铜洗两件，铜壶一件。"铜洗底径11厘米，外刻隶书'元初五年七月中西于造谢著□'十三字；铜壶底径9厘米，刻隶书'元初五年七月中西于李文山治（造）谢著有，十六字。"④"元初"为东汉安帝刘祜年号，元初五年即公元118年。结合铜钱、铜镜的特征分析，这座墓断为东汉后期，墓主人为铜壶、铜洗的主人谢著。

---

① 徐恒彬等：《广东德庆发现战国墓》，《文物》1973年第9期，页18-22。
② 夏征农、陈至立主编：《辞海》第六版，上海：上海辞书出版社2009年版，页1710。
③ 夏征农、陈至立主编：《辞海》第六版，上海：上海辞书出版社2009年版，页917。
④ 徐恒彬等：《广东德庆辽山发现东汉文物》，《考古》1981年第4期，页372-375。

铜洗、铜壶的铭文说明制造这两件铜器的地方是交趾的西于县，西于工匠李文山为端溪人谢著制作了这两件器物，端溪县即今德庆县。西于县："西汉置，治所在今越南永富省东英县古螺乡，隋废。"① 这批文物的出土，可证明汉代交趾与粤西端溪一带的经济往来频密、交通畅顺。

1. 铜壶底铭文　　2. 铜洗外底铭文
德庆出土东汉铜壶、铜洗底部
铭文拓片（德庆县博物馆存）

经济、文化交流，交通为先。"交广道"主要以水路为主，东汉年间，其时的航运技术发展到了一个很高的水平，已可制造直航江海的船舶，此可在德庆县出土的东汉陶船得到印证。1980 年德庆县高良镇官村天头岗东汉墓出土一陶制"江海船"（明器）。此陶船与内河航运之平底船有很大的区别："船首有前舱，中部分两舱，尾部设舵室，附有船舱。船首、船尾上翘，适用于江、海航行。"② 反映了汉代粤西地区造船业和航运业的发展情况。

粤西一带水网交织，经西江上溯至广西浔江、郁江、邕江，再经左江至龙州县平而河、水口河即可进入越南（交趾）境内。

---

① 复旦大学历史地理研究所《中国历史地名辞典》编委会编：《中国历史地名辞典》，南昌：江西教育出版社 1986 年版，页 282。
② 中国人民政治协商会议德庆县委员会文史资料工作委员会编：《德庆文史（第 12 辑）》，1991 年版，页 134。

德庆出土东汉陶船（广东省博物馆存）

历史上，北宋皇祐四年（1052），广源州（今越南高平省广渊县）侬智高起兵反宋，于广源州"率众五千，沿郁江东下，攻破横山砦，遂破邕州……智高所向得志，相继破横、贵、龚、浔、藤、梧、封、康、端九州，害曹觐于封州、赵师旦、马贵于康州（今德庆），余杀官吏甚众所过焚府库，进围广州"①。侬智高走的就是这条水路，可见当时的交通是相当方便，"不一月"即至广州。笔者此前曾考察过此段水路，发源于越南北部的水口河可通航机帆船。

随着交通的发达，经济贸易、文化交流亦兴旺发展。早在汉代，已有交趾、广信、端溪商人往返"交广道"营商。晋代《搜神记》记载了汉交州刺史何敞在高要县（今高要区）鹄奔亭断案一事：

> 汉九江何敞，为交州刺史，行部到苍梧郡高要县，暮宿鹄奔亭。夜犹未半，有一女从楼下出，呼曰：妾姓苏，名娥，字始珠，本居广信县（今封开县）修里人。早失父母，薄命夫死……欲之旁县卖缯（丝织品），到此亭外，于时日已向暮，行人断绝，不敢复进，因即留止。亭长龚

---

① （元）脱脱等撰：《宋史》，卷四百九十五，广源州蛮侬氏，北京：中华书局1997年版，页3613。

寿……妾惧怖不从，寿即持刀刺胁下，一创立死……取财物去。……敞乃
遣吏捕捉，拷问具服，下广信县验问，与娥语合。请皆斩之，以明鬼神。①

在今天看来，鬼神判案当不可信，但故事客观记录了东汉时期西江流域商
贾往返营商的活动情况。《搜神记》为晋代（265—420）河南新蔡人干宝撰，本
书既"撰记古今怪异非常之事"，客观上也记录了古代的民间习俗、经济往来。

佛教在粤西西江流域的传播，亦体现为这一地区风俗习惯的改变，说明佛
教已深入岭南社会各层面，上至统治阶层，下至平民百姓，从而影响了这一带
的风俗。

德庆方言称已婚妇女为"夫娘"，已婚年纪较大的妇女为"夫娘婶"，年
少未婚女孩为"夫娘仔"，粤西地区对妇女的称呼大抵与之相类。黄佐《广东
通志》云："广人斥（指）男女之贱者，男曰獠，女曰夫娘。"②屈大均《广
东新语》云："广州谓平人曰佬，谓平人之妻曰夫娘。夫娘之称颇古，刘宋、
萧齐（420—502）崇尚佛法，阁内夫娘令持戒。"③"持戒"为佛家语。戒律在
佛门中占很重要的地位，持戒者在行为上要以戒律为标准。佛教戒律的基本精
神是"诸恶莫作，众善奉行"，例如，持戒者路遇病人必须出手相助，谓之
"作持"，不问不管即犯戒。可见，在刘宋、萧齐间，佛教的思想已影响到平
民百姓的生活品行。

同为粤西地区的高州、廉州、雷州、琼州一带，民间农历四月初八有浴佛
节，黄佐《广东通志》云："四月八日，浮屠氏作青精饭浴佛，愚民争赴斋
会；廉州府礼俗，死丧则修斋礼佛，葬多焚尸；雷州府时序：四月八日祭扫用
斋蔬；琼州府礼俗：丧用浮屠，四月八日浮屠氏习荆楚岁时，以五香和密水浴
佛，妇女集尼庵饮浴水，余分送檀越（施主）；高州府礼俗：丧多作乐举佛
事，习尚与肇庆相近，时序与广肇大同小异。"④

德庆地区受佛教思想的影响，丧葬习俗亦因佛教的传入而有所改变，丧葬
多举佛事，风俗"冠婚丧葬之礼，悉从俭约。葬多火化"⑤，民间"丧礼俗用

---

① （晋）干宝撰，汪绍楹校注：《搜神记》，卷十六，九江何敞，北京：中华书局1979年版，页194。
② （明）黄佐纂修：《广东通志》嘉靖四十年刻本，卷二十，民物志一，广人斥男女之贱者，页14。
③ （清）屈大均：《广东新语》，卷十一，土言，北京：中华书局1985年版，页336。
④ （明）黄佐纂修：《广东通志》嘉靖四十年刻本，卷二十，民物志一，页16、39、41、46、51。
⑤ （明）陆舜臣纂修：《德庆州志》嘉靖十六年刻本，卷七，风俗，页11。

浮屠"①，此可视为受佛教思想影响，民间改用佛教葬俗，人死后火化遗体，特别是穷苦人家，简化治丧过程，不修墓室，请和尚念经超度已成习俗。

回龙镇出土的小口魂坛
（德庆县博物馆存）

德庆的丧葬习俗由土葬转为火葬形式，可追溯到唐代，此从在德庆境内回龙镇绿水村出土的唐代"青釉塑陶魂坛"得到验证。"魂坛"为盛放火化后的骨灰之专用器物，在粤西西江流域一带谓之"骨灰罂"。该坛顶部为圆锥形，四出戟，下部有两条波纹凸弦，坛身饰五条波纹凸弦，上部堆贴佛像，腹部刻画莲瓣纹，足部有三圆孔，坛为粗沙胎体，通体施青黄釉，高82厘米、腹围103厘米、口径11厘米、底径20厘米。笔者注意到此唐代魂坛的口径只有11厘米，与粤西地区"拾骨式"二次葬常用的魂坛（坛口较大）有明显不同，若非火化成骨灰，那死者的头骨是无论如何也放不进去的。此种葬俗必用火化无疑。

据博物馆人员介绍，此类魂坛，在相邻的封开县博物馆亦保存有一件。多年前，西江上游的广西藤县博物馆专家到德庆县参观，见此魂坛后说"此类器物当地一窑口有烧制，当地也有用这种骨灰罂"。也就是说西江流域的粤西地区在唐代已奉行佛教的火化葬俗，说明佛教思想自刘宋、萧齐年间已深刻影响粤西地区各社会层面，并已经反映在葬俗的改革当中。

更值得注意的是，发现《龙龛岩道场铭》的罗定市苹塘镇离六祖下生之地新州（今新兴县）不足60公里，佛教"法流荒俗、释教被于无垠"孕育了惠能、石头希迁、祖泰等一大批粤西籍佛教的传承、发扬光大者，值得我们今后去重点研究。

① （清）谭桓修，梁宗典纂：《德庆州志》康熙十二年刻本，卷二，风俗，页11。

结　语

研究佛教文化之传播，当以研究交通孔道为抓手，佛教僧侣通过交通孔道随商贾辗转入华传教已为大多数学者共识，例如大家熟知的"敦煌道"成为沟通中西经济文化的桥梁。但我国幅员辽阔，单一的交通孔道显然未能满足与周边国家的交流需求，因此各地根据山川形势、地理条件的不同，又开发出了不同的交通孔道。

在岭南地区，则以"交广道"与域外沟通最盛，粤西交州在交通上得天独厚，率先成为佛教传播的重点地区，然后沿"交广道"逐渐向粤西推广传播。德庆、封开、罗定位于粤西"交广道"适中位置，属交州苍梧郡（今梧州）管辖，得区位之便利，得佛教开发风气之先，又可经封开贺江"潇贺古道"与中原文化交汇，因此，至东汉末，此地佛教已比岭南别地为盛。关于佛教在交州粤西地区传播的研究，本文作了如下几点归纳：

（1）印度佛教传入中国，虽有"敦煌道"等交通孔道显著于世，然"敦煌道"由于气候恶劣、人迹稀少及兵乱等曾一度阻绝，交通并非畅顺，后佛教转以水路进入汉地。通过初步研究岭南"交广道"对域外交通、经济、文化交流的重要性，论述了岭南粤西一带在西汉时期已有与域外沟通的有利条件，成为印度佛教进入岭南传播的重要节点。交通的便利，为毗邻的南印度、泰国、缅甸等佛教国家僧侣进入汉地开辟了一条比"敦煌道"更安全、更便捷的通道。

（2）自东汉末年，由于交趾太守士燮对外来文化的开放态度，大量的商贾、佛教僧侣寄居交州，这反映了一个重要的事实——其时交州、苍梧一带有大量的域外僧侣云集、驻留。广信（今封开）人牟子于三国孙吴初期（222—229），在交州完成《理惑论》的创作，说明在交州一带形成了一个印度佛教与汉地文化交流融汇的集散地。

至吴赤乌十年（247），康僧会等经交趾"杖锡东游"，从事译经传教活动。南朝元嘉元年（424），宋文帝命交州刺史"泛舶廷请"高僧求那跋摩至宋境"流行道教"。刘宋永初中（420—422），有释昙弘等驻锡交趾仙山寺，往返番禺止台寺弘法，充分说明这一时期佛教在这一地区活动频繁，也说明这一时期佛教在交趾已经站稳脚跟，逐渐由西向东发展。

（3）关于佛教在岭南交州或广州传播先后的问题，学界目前研究得不是太充分，笔者经初步研究认为，佛教传入交州地区要早于广州。从时间上，交趾传入佛教比昙摩耶舍、求那跋陀罗等于东晋隆安中（397—401）在广州创建王园寺早约200年；从交通、地理位置上分析，"交广道"横跨两广大部分地区，西连河内经富良江出海即可至印度。从东汉年间开始至东晋南北朝中期（约190—420）两百多年间，大量的域外僧侣从交趾或日南登陆，向苍梧、广信、端溪、泷州（今梧州、封开、德庆、罗定）西江流域一带推进，再经"潇贺古道"进入长江流域，向吴地建康（今南京）发展。

（4）对"交广道"苍梧地区的端溪县（今德庆县）出土的战国陶匏壶、东汉陶船，汉代铜洗、铜壶等器物以及文献的研究，证明了自东汉以来交趾与粤西一带的经济往来频密、交通顺畅，初步论证了"交广道"对交州粤西一带经济、文化交流的重要性。

（5）本文对罗定《龙龛岩道场铭》和陈氏家族的初步研究，可视为佛教由交趾向粤西西江流域纵深推进传播的例证，勾勒出了佛教在粤西传播的轨迹，初步揭示了溪洞豪族、地方官员的大力推动，加速了佛教在粤西西江流域的传播。

（6）佛教在粤西地区的传播也体现在这一地区习俗的改变中，佛教思想在刘宋、萧齐年间已深刻影响粤西地区各社会层面。

发现《龙龛岩道场铭》的罗定市苹塘镇离六祖下生之地新州（今新兴县）不足60公里，佛教"法流荒俗、释教被于无垠"孕育了惠能、石头希迁、祖泰等一大批粤西籍佛教的传承者，更值得今后去重点研究。

本文研究佛教在交州、粤西的传播，限于资料所及，定有不少浅陋错误之处，权作抛砖引玉，祈读者不吝赐教，亦盼因此而挖掘出更多相关资料，共为此推而广之，则又为本人所乐待了。

（原载林有能、黄铮主编：《六祖慧能文化研究》，北京：社会科学文献出版社2019年版）

六祖惠能"得法南归"在粤西德庆、永福"卜创丛林、说法讲经"的几则史料研究

惠能"得法南归"后十五年去向何在,从古至今佛学界关注、争议颇多。一种观点认为,六祖南归后一直在四会、怀集一带深山与"猎人为伍",十五年后至广州光孝寺出家弘法。另一种观点认为,惠能既为避人追迫,更应四处游走,不大可能花十五年的时间在一个单一的、封闭的且无佛学氛围的环境中隐居,因此认为六祖南归后在岭南游历四方,经过不断的探索、学习、实践,遂完成了佛性论、修行观等具有中国特色的、完整的南宗佛学思想体系。本文以几则记载六祖惠能在粤西地区"卜创丛林、说法讲经"的新史料和碑刻文献为线索,探索惠能南归后的十五年游历于粤西西江流域各地之行状。

一、 惠能曾在德庆大广山"卜创丛林为演法之地"

惠能按五祖佛偈的提示,在四会、怀集一带隐居避祸,前人述著详矣。但惠能曾经在德庆大广山、香山一带"卜创丛林为演法之地"却鲜为人知。惠能南归后在德庆大广山驻锡悟禅一事,此有官府以正史记入方志。道光《肇庆府志》引《大清一统志》:"大广山在州北六十里,高五百余丈,周七十里,有瀑布泉飞流如练,其形广大故名。山半有龙浮寺、紫竹庵、金莲庵,俱废。唐惠能欲驻锡于此不果,常有雾海亦奇观也。"[①] 康熙《德庆州志》、乾隆《德庆州志》、光绪《德庆州志》所录皆同。

大广山地处德庆县官圩、马圩、高良三镇交界处,高五百余丈,周七十里,因其山形广大而得名。周围群山连绵、重峦叠嶂、气势雄伟。顶峰鸡冠顶

---

① (清)屠英等修:《肇庆府志》道光十三年刻本,卷二,大广山。

海拔 762 米，是春天赏绿、夏日避暑的游览胜地。乾隆《德庆州志》载录清初学者陈纶《大广山记》曰："鉴大师得法黄梅，欲弘其教于天下，卜创丛林为演法之地，至康州（今德庆县）北四十里得异境焉……"[1] 即此。

清代著名诗人李元英有《望大广山》诗赞曰：

> 大广最称胜，飞泉下半山。
> 近时空寂寂，犹复水潺潺。
> 未便成登览，深知负往还。
> 无穷游兴在，迟我白云间。[2]

惠能在德庆一带深山游历，选择胜地欲创建丛林，以光大佛教于天下。不日来到大广山，看见此地"丹崖碧嶂，嘉树名花，瀑布如练，香雾飞霞"，实为驻锡演法之佳境。于是遍山漫游，为山中诸景一一题名，共得"百鸟巢、瀑布泉、仙人迹、卓锡泉、罗汉桥、龙珠案、栖霞室、伏虎石"八景，皆为天然之景物。陈纶在《大广山记》中对惠能所题八景描述较详：

> 群峰壁立，万仞其上，宽衍平敞，若不知有山。然斜行山腹，露窟若脐，芦花扑面，丹枫如血，枝头百舌黄鹂、鹁鸪、翡翠飞鸣上下者，百鸟巢也；绿阴参差，古木丛茂，两崖如芙蓉削成，一水直泻千尺，随风乱散如雪者，瀑布泉也；泉上沙明石出，隐隐有足掌纹，或明或灭者，仙人迹也；方石数片，杖痕宛然者，卓锡也；石上坐听水声，出石罅间，若鸣珂击筑，幽韵清越。又如山鬼夜哭，征夫怨女之声，断续无定，令人尘虑尽息。水上石梁横空，恍惚长虹挂于天末者，罗汉桥也；桥尽寺见，寺前田植香稻，中浮圆峰如拳，日光惨淡者，龙珠案也；山半石屋宽敞，日溜天光，有时触石出云，缝其洞口，而落红成阵，松涛数声，出于岩内者，栖霞室也；对山巨石斑斓，如擒人攫兔，不可名状，蹲踞林莽者，伏虎石也。[3]

---

① （清）宋锦、李麟洲纂修：《德庆州志》乾隆十九年刻本，卷四，大广山记，页11。
② （清）宋锦、李麟洲纂修：《德庆州志》乾隆十九年刻本，卷四，李元英诗，页13。
③ （清）宋锦、李麟洲纂修：《德庆州志》乾隆十九年刻本，卷四，大广山八景，页12。

两百多年后，光绪《德庆州志》书志者也专门到大广山探访过，云：

> 大广山在城东北四十五里，由诰赠村北行，逶迤至力木琅南麓，支阜为宝盖山，细路萦云。越涧，有耕珉三五家，引笕为田，林壑幽翠。龙浮寺宅其腹，前为浮珠冈。俯视培塿二三十里，绵连不断。思奇、都贵诸村，半辨烟落，旁垂涧瀑，飞溅珠玉。寺西为金莲庵，前有巨石，状蹲山君，故称曰伏虎石。长松排云，含响蔬爽，高峰郁翠，为四都之镇望焉。①

可见其时重修后的龙浮寺、金莲庵等庙宇香火鼎盛，山间林壑幽翠，涧瀑飞溅。

陈纶在《大广山记》中指出："（大广山）僻在穷壤，烟于草莽，设非鉴师（惠能）至此，虽有石桥仙迹，鸟洞云岩，其孰从而知之、又孰从而传之欤？吾故表而出之。"② 大广山之胜景自是惠能来游之后才得以被发现，并为世人所知，设若不是惠能曾于此隐修习禅，并为诸景题名，大广山虽有"石桥仙迹"也只能"烟于草莽"，后人又如何能知道呢？"吾故表而出之"，留给后人发扬光大了。有《游大广山》诗为记：

> 为采仙芝学探幽，天香烂漫水云流。
> 壁龙已化珠尤在，石虎虽降剑未休。
> 梅店不留高士梦，花香争落爱人头。
> 我来不觉山无价，妄视蓬莱婢十洲。③

诗中"梅店"当指湖北黄梅东山寺（五祖寺）。"高士"自指惠能。蓬莱、十洲：传说神仙住的地方皆仙境，陈纶以"妄视……"句收尾，指大广山比蓬莱、十洲犹胜出许多。

大广山建有龙浮寺、金莲庵、紫竹庵等多间寺庙，均为州人记念六祖惠能而修建。"龙浮寺，在金林卿四都大广山。明崇祯五年修。国朝乾隆四十四年，风圮，五十三年，诰赠梁秩然倡修。同治五年，梁杏珍复修。"④

---

① （清）杨文骏等修：《德庆州志》光绪二十五年刻本，卷四，贡生陈纶大广山记，页12。
② （清）杨文骏等修：《德庆州志》光绪二十五年刻本，卷四，贡生陈纶大广山记，页12。
③ （清）宋锦、李麟洲纂修：《德庆州志》乾隆十九年刻本，卷四，游大广山诗，页13。
④ （清）杨文骏等修：《德庆州志》光绪二十五年刻本，卷五，龙浮寺，页58。

半山中，有金莲庵、紫竹庵遗址。现存"金莲庵在大广山龙浮寺西，国朝乾隆时修"①。该庙坐西北向东南，为砖、木、石结构，面阔11.65米，进深18.60米，占地面积216平方米。二进三间，山门面阔三间，凹斗门。后堂面阔三间，深二间十五架，前有廊，三步架。前带天井，两侧设廊。山门、后堂、次间设厢房。硬山顶，龙船脊，布局总体完整，极具岭南地方古建筑特色。金莲庵作为大广山林场"大广工区"而保留至今。山上最后两位僧人至20世纪50年代初才离开寺庙。

大广山金莲庵（温爱民摄于1997年）

惠能在德庆"卜创丛林为演法之地"，这可能与德庆香山达摩的传说有关。

德庆香山之出名，因山腰峭壁上有六趾"佛迹"摩崖石刻，据传为"达摩西归"时留下的足迹，因此香山又称佛岭。黄佐《广东通志》："城北二里为香山，高二百余丈，周四十余里，为郡主山，其岭有佛足迹，迹长尺许，具趾肉纹，傍刻元祐诸贤姓名。"②

巧的是，大广山亦有"仙人迹"的传说和记载。乾隆《德庆州志》载陈

---

① （清）杨文骏等修：《德庆州志》光绪二十五年刻本，卷五，金莲庵，页59。
② （明）黄佐纂修：《广东通志》嘉靖四十年刻本，卷十四，香山，页39。

纶《大广山记》："泉上沙明石出，隐隐有足掌纹，或明或灭者，仙人迹也。"①
相传达摩西归时一步从大广山跨到香山，再从香山一步跨到隔江的大力山
（今郁南县境），于是在三座名山均留下了深深的佛足迹。

其实任何一个传说的形成与流传都有一定的历史文化背景，故事的流传也
是历史文化延续的载体。关于这一传说，明初刑部尚书李质有《佛迹石》诗云：

> 只履西归不可寻，只余足迹踏岩阴。
> 法留正印灯传远，字记名公石刻深。②

"香山佛迹"摩崖石刻始刻何年无考，但旁刻"元祐七年（1092）端溪县
令萧迪简等人同观佛迹"字样，至今已有 930 多年历史。

"乾明寺在州城北香山，唐宋间建，年月无所考，明嘉靖癸卯知州吴汝新
更新之……"③ "乾明寺，在香山寺后，非庵之前，建久废，古塔存焉。"④ 至
康熙间，仅存乾明寺塔。检康熙、乾隆《德庆州志》，此条均列于唐开元寺之
前，则乾明寺、塔等始建于唐代无疑，其后历代有重修，后改名香山寺。

无独有偶，同为粤西地区的阳春市，近年在春湾镇铜石岩发现达摩"只
履西归"岩画，报载"列为 2014 年重大发现之一"，笔者专门去阳春看过。
岩画初看似现代作品，但仔细察看，岩画被光绪乙酉（1885）益州傅从绳题
字"歌台暖响"压刻，如此算来，此岩画至少已有 130 多年历史，并非近代
所作。看来达摩"只履西归"的传说不只德庆一例，在粤西地区流传还是比
较广泛的。

今之广东、广西与越南中北部等地，自秦至两汉，政治上及地域上均属同
一区域，即所谓岭南交州地区。至汉武帝略定岭南后，为了加强统治，设交
趾、苍梧、南海等七郡，统隶于交趾刺史。刺史部初治龙编（越南河内附
近），后徙治广信（梧州、封开一带）。三国"孙皓时，以交州土壤太远，乃
分置广州，理番禺，交州徙理龙编"⑤，而"交广道"之名遂沿之而起。珠江

---

① （清）宋锦、李麟洲纂修：《德庆州志》乾隆十九年刻本，卷四，大广山记，页 12。
② （明）黄佐纂修：《广东通志》嘉靖四十年刻本，卷六十五，李质诗，页 32。
③ （清）宋锦、李麟洲纂修：《德庆州志》乾隆十九年刻本，卷九，寺观，乾明寺，页 1。
④ （清）谭桓修，梁宗典纂：《德庆州志》康熙十二年刻本，卷二，故迹，乾明寺，页 18。
⑤ （唐）李吉甫撰，贺次君点校：《元和郡县图志》，卷三十四，岭南道一，广州，北京：中华书局 1983 年版，页 886。

流域贯穿交、广两州大部分地区，为古时交广两地交通的主要通道。

两汉至南北朝时期，德庆辖于苍梧郡，处于"交广道适中位置"，历史上就是粤西进入广州之咽喉。就"交广道"对外经济文化交流的便利，得佛教传播风气之先，交州苍梧、广信、端溪一带成为粤西佛教传播的重点区域。

> 交州的最南端为日南郡（今越南广治），与林邑（今越南最南部）、扶南国（今柬埔寨）相接，此地经海路往南经马六甲海峡可达印度，以至大秦。吴黄武五年（226），交州刺史吕岱派使者朱应、康泰到林邑、扶南聘问，而这些国家的国王也向吴遣史回访。……三国初年，一些印度僧侣由此北上到吴国都城传教。①

此路既通，交趾、苍梧已是商贾僧侣云集寄居之地，因此达摩有可能选择经交趾上岸再至广州，毕竟此时交趾已有佛教寺庙可供栖息，有先期到达当地的僧侣接应补充给养，而此路至广州更便捷，且内河航行风险更小。陆路从交趾往北，即可经发源于交趾的平而河或水口河进入广西左江，经邕江、郁江、浔江进入广东西江，可直达广州，因此，达摩经"交广道"内河至番禺不失为一个合理的推断。

达摩在德庆香山留下"佛迹"或在阳春留下"达摩西归"的传说，古人并非凭空想象，一千多年前刻于德庆香山的"佛迹"，以及"达摩西归"的传说，正好佐证了"交广道"为佛教进入岭南粤西地区的重要通道。其实，宋云在葱岭（敦煌道）偶遇"达摩西归"也只是传说而已，至少说明，"达摩西归"的传说不止西域葱岭一途。

惠能下生之地新兴县与德庆一河之隔，水陆交通便利。惠能自新兴往来德庆大广山，其必经德庆州城，香山距州城近在咫尺，惠能要在此地"卜创丛林"弘法，香山自然也是一个备选的地方。唐时香山有乾明寺，后又载入《大明一统志》列为正统，除广州外，岭南唯德庆香山有乾明寺，是巧合还是与惠能有关？还需进一步的考证。

香山乾明寺得赐额载入《大明一统志》与广州乾明寺齐名，规模当属匪小，在粤西寺庙中也曾首屈一指，此与寺祀六祖惠能不无关系。坊间耆老相传，广州乾明寺为六祖薙发出家之寺，而香山乾明寺则为纪念六祖在康州

---

① 任继愈主编：《中国佛教史》，第一卷，北京：中国社会科学出版社 1985 年版，页 174－175。

"卜创丛林、驻锡演法"而建，由于建在德庆香山之阳，故又名香山寺。举人梁修《香山寺序》曰："（香山寺）光芒黄焰，仍腾法王之宫……"①"法王"，佛家语，佛门称佛祖为法王。"法王之宫"代指供奉六祖之香山寺。新兴县与德庆一河之隔，粤西"交广道"必经之路，惠能当年追寻达摩祖师的踪迹，选择在德庆卜创丛林为演法之地。后人创香山乾明寺祀奉六祖焉。

二、 惠能在广西永福"说法讲经"

多年前，笔者搜集到一些史料和碑刻文献，记载惠能曾到过同为粤西地区的广西永福县双瑞岩"结庐修炼，说法讲经"，此为惠能"得法南归"后曾游历于粤西各地之又一例证。

考康熙《广西通志》："惠能禅师唐武则天朝说法讲经于永宁州南双瑞岩。永福知县至宁叩其行止，答曰：僧修于此不知花甲，但觉时寒时暑，草木盛而后衰，惟记入山之年乃某年某月也，县官数其岁次已四十年矣。武后征召不赴，后往曹溪成祖，世称六祖。"② 按《广西通志》所载，推测惠能在永福县双瑞岩已修习多时，但在永福到底待了多长时间？书志者可能亦无从考证，只能以"时寒时暑，草木盛而后衰"带过，此谓惠能在永福习禅多年而已，"四十年"并非实指。但有一点可以肯定的是，惠能在双瑞岩"说法讲经"在前，"曹溪成祖"于后，此时间段即惠能在黄梅"得法"后回岭南隐修的时期，虽未具年月，但前后的关系是清楚的。惠能于仪凤元年（676）在广州光孝寺受具足戒出家，于次年延至韶州曹溪宝林寺弘法，武则天"征召不赴"都是有历史记载的，既是一省之志，或修志时所载词条应严格把关，肯定还有其他资料对词条进行考证，因此惠能曾至广西永福县双瑞岩说法讲经的说法可信度较高。

---

① 德庆县地方志编纂委员会编：《德庆县志》，广州：广东人民出版社1996年版，页820。
② （清）黄元骥等纂修：《广西通志》康熙二十二年刻本，卷二十一，惠能，页3。

广西永福县双瑞岩（温爱民摄于2012年）

广西《永宁州志》亦载："双瑞岩在州治东南八十里安和上围（永福县界），有山状如伏狮，岩为其口，始称东明岩，岩外一池澄莹如镜，其前平原横纵可数百亩，众峰环列，有万物朝天之胜。岩内有石昂其首者，宛然如龟，其扣之则鸣者镗然如鼓。南宋高宗绍兴六年（1136），县令黄昌世始得之，撰文立石题曰'双瑞岩'，谓龟与鼓也，龟鼓之间石乳凝结若人箕踞状，后人因镂石于旁，榜曰'六祖法身'。"① 后人将"众峰环列，有万物朝天之胜"列入古田八景之一"六祖禅踪"。邑人余绍先有古田八景《六祖禅踪》词："独占此山秋，石润清幽，灵龟听法，喜抬头，石鼓传声同献瑞，必有缘由。宝刹俯平畴，翠滴香浮，千峰环抱，水攸攸，祖意西来谁领取，衣钵虚留。"② 余绍先，字化龙，号云庄。道光元年辛巳（1821）恩科乡试中式第一名，任武缘永淳教谕，迁浔州教授。③

古田县为广西桂林属邑，永宁州故古田邑。"唐僖宗乾符（874—879）初又改称古县，乃属桂州（今桂林）。明太祖洪武元年（1368）改古县为古田

---

① （清）李鸿宾等重修：《永宁州志》光绪二十二年刻本，卷二，双瑞岩，页12。
② （清）李鸿宾等重修：《永宁州志》光绪二十二年刻本，卷十六，艺文，《古田八景词》之《六祖禅踪》，页22。
③ （清）李鸿宾等重修：《永宁州志》光绪二十二年刻本，卷十二，余绍先，页3。

县，隶桂林府。隆庆四年（1570）升为州，为直隶永宁州，割永福、义宁属焉。国朝仍为州，隶桂林府。"① 都御史明嘉靖进士张翀《平古田大功碑》称为"广西南制交趾，西控滇黔，北连荆楚"② 之地。永宁州距桂林不远，永福县则为桂林府之南大门。唐时桂林府佛教鼎盛，惠能选此要口"结庐修炼"，必系采其得佛教传播风气之先、水陆路交通方便、"瑞岩峻丽，秀压群峰"之地也。双瑞岩前有太和寺，始建于宋，旧曰报身寺，相传为纪念惠能在此修道而建。永宁州牧李重发有《宿双瑞岩太和寺》诗：

> 薄暮投萧寺，遥闻玉磬音。
> 寒潭沉月影，远岫隐云阴。
> 古洞青萝没，残碑碧藓侵。
> 西来衣钵在，往迹漫追寻。③

李重发，云南丽江府鹤庆州人，进士，道光五年（1825）署任永宁知州，始编永宁州志。"李重发博学能文，据前明州守马光纪略，并邑荐绅刘登瀛之采辑，参以《通志》，删繁补缺，考订详明，永宁始有志乘。"④

太和寺在永宁州东南八十里永福县安和里双瑞岩之前，"昉（fǎng，起源）于宋高宗建炎、绍兴间，茅屋数椽而已。理宗景定二年（1261），易以瓴甋（língdì，砖瓦），名之曰报身寺，此名寺之始也。至明万历十八年（1590）重修，以其在安和里也，改名曰太和寺，至今仍之。崇祯五年（1632），知州钟顗俊重建，有记勒石岩中。国朝康熙四十年（1701）、乾隆五十六年（1791）、嘉庆八年（1803）俱重修，道光年间又重修"⑤。可见历代官府对太和寺相当重视，太和寺至今已有800多年历史。因有六祖"禅踪"，成为不少文人墨客寻幽探古、流连忘返的地方。浔州教授清人余绍先有迴文《题太和寺双瑞岩》：

① （清）李鸿宾等重修：《永宁州志》光绪二十二年刻本，卷二，沿革，页2。
② （清）李鸿宾等重修：《永宁州志》光绪二十二年刻本，卷十四，张翀《平古田大功碑》，页5。
③ （清）李鸿宾等重修：《永宁州志》光绪二十二年刻本，卷十六，李重发《宿双瑞岩太和寺》，页18。
④ （清）李鸿宾等重修：《永宁州志》光绪二十二年刻本，卷八，李重发，页20。
⑤ （清）李鸿宾等重修：《永宁州志》光绪二十二年刻本，卷五，祠祀，太和寺，页8。

中华大道乐忘年，聚瑞灵岩好坐禅。

通体莲生香钵饭，现形石润雨花天。

空空妙镜言真谛，扰扰微尘去学仙。

聪听祖师能彻悟，同声颂美见名贤。①

三、 广西永福县新发现《重修太和寺碑记》

2012 年笔者出于探究之兴趣，追寻古田八景之"六祖禅踪"至广西永福县双瑞岩，冥冥中似有天人感应，赫然发现一古碑卜置草丛中，如获至宝，急寻清泉濯洗，细细研读。是碑右上缺一角，但内容基本清楚完整，镌刻乡民纪念六祖惠能曾在双瑞岩"说法讲经"以及乡民重修太和寺奉祀六祖始末。

碑额书《□□太和寺碑记》，阙"□□"应为"重修"二字。刻碑缺重修年月，但记中署有"广西桂林府永宁州捕厅唐佐政捐奉艮五分"等字样。据此，该碑应为明隆庆四年（1570）古田改名永宁州后所立之碑（不排除为明碑），此碑前人述著及地方志乘均未著录，兴奋之余，予谨著录碑文如下，以飨读者：

□□太和寺碑记

（第一行）□□□□□□年孟春月吉旦（第二行）□□□□□□安和里太和寺，前有宋盛时六祖飞身于此，因营置寺而栖焉，闻六祖衣钵得之五祖（第三行）□□□□□举，遂代不乏人，然其间或时易而势殊，有不能尽述者，所恨历年久远，必有乌战之攸（第四行）□□□□□茂、陈自敏、罗其勋、□必信、黄文礼、黄发敢等议营造焉，签皆允诺，于是各捐钱粟，鸠（第五行）□□□□石，以垂于后，是为记。

---

① （清）李鸿宾等重修：《永宁州志》光绪二十二年刻本，卷十六，《题太和寺双瑞岩》迴文，页22。

新发现《□□太和寺碑记》原件（温爱民摄于 2012 年）

以下为众信士捐钱粟之数：广西桂林府永宁州捕厅唐佐政捐奉艮五分、信士胡邦鼎艮五分、宾尚伦艮三分……最多的为倡议者陈自敏，捐艮十一两；会首黄文礼，捐艮一两，米一石……，共信士 140 多人。州人集腋成裘，共襄盛举，重修太和寺奉祀六祖惠能。

广西有记述六祖事迹碑记不多，余得谒此碑亦无憾矣。时至今日，所发现专门祀六祖之寺庙并不多见，而广西永福县安和里之太和寺既有文献记载，文人题咏，也有碑刻实物存留，且是"宋盛时"之营置，历代官府以及民间信众历经 800 多年重修维护，难能可贵。可惜的是，永福县太和寺因各种原因今已无存，唯碑刻及残缺佛像座存焉，望地方政府加以保护。

双瑞岩太和寺佛像残座（温爱民摄于 2012 年）

四、 问题讨论

年代久远，往事如烟，惠能是否到过广西永福县双瑞岩结庐修禅，仅靠这点资料还未能判定，但有一点可以肯定，惠能要在佛门中取得成就，除自身的悟性外，还必须游历学习。余按：惠能这十五年的隐修时期既是其游历于粤西各地求学实践的一个时期，也是其佛学思想逐渐形成的一个最重要时期。一个人不可能"生而知之"，而取决于"学而知之"，游历于各地挂单习禅就显得非常有必要。惠能为弄清《金刚经》的一些禅理，24 岁去黄梅拜师，开始五祖只是安排他做一些"破柴踏碓"的粗重杂活，其本人更"不敢行至堂前"，想必听法的机会不多，且在黄梅五祖身边的时间不长。五祖因惠能聪慧，悟性高而传其衣钵，惠能南归后十五年踪迹如泥牛入海，设想如果这十五年无继续学习的机会，断不会形成其完整的南宗佛学体系，其也不大可能重出山时即在光孝寺开讲东山法门。

设若惠能在黄梅得到五祖传受之典籍，但对于一个不识字的农村青年来说，即使你有"上上智"，也只能是望书兴叹，唯一的学习办法就是听人讲经或听人念经。唐时岭南佛教传播最盛的地方有三处，即广东的广州、韶州（曹溪）及广西的桂林。惠能既为避追迫，在韶州及广州肯定不可久留。在四会、怀集一带与"猎户为伍"终归亦无法久藏，习禅更无从谈起，那么选择去桂林习禅就在情理之中了。

僧侣游历四方习禅是一种习惯，也是一种博采众长的学习方式。桂林地处粤西，虽地缘僻远，但有毗邻南亚佛教国家之优势，得佛教传播风气之先，必有高僧大德云集传法。考唐莫休符《桂林风土记》开元寺震井条："（开元寺）隋曰缘化寺，后因纱灯延火烧毁重建。元宗朝改名开元寺，有前使褚公亲笔写金刚经碑，在舍利塔前，西有观音寺井……"[①] 唐时桂林寺庙林立，早在南朝梁武帝时（502—549）即有缘化寺等佛教道场，今还存唐高中显庆二年（657）重建之舍利塔，唐玄宗开元年后改名为开元寺。还有西山观音峰："大唐调露元年（679）十二月八日，随太师太保申明公孙，昭州司马李实，造佛像一铺。"[②] 即释迦牟尼、文殊、普贤造像，一龛三尊，是为有造像题记，有年代可考之初唐鸿物。

永福离桂林不远，惠能自新兴走水路，溯西江而上可直达永福，途中还有德庆香山道场可供栖息，六祖选择桂林、永福、德庆一带习禅自是聪明的选择。而事实上，惠能的经典著作《坛经》，也不可能是一朝一夕写成的，是经过不断的探索、学习，最终将印度佛教的核心理论中国化，遂完成了佛性论、解脱论以及修行观等具有中国特色的、完整的南宗佛学思想体系，《坛经》即其一生佛学思想实践的总结。

惠能南归后十五年去向何在，从古至今佛学界争议颇多。笔者亦曾致力于这方面的资料收集，相信惠能一直在西江流域一带寻找适合自己修禅（学习）和弘法的地方，他不大可能花十五年的时间在一个单一的、封闭的且无佛学氛围的环境中悟道，余更倾向于惠能游历四方，不断探索，在实践中习禅修炼的推测。如前所述，惠能在德庆大广山"卜创丛林为演法之地"以及在永福双瑞岩"说法讲经"这些史料记载的时间均在"得法黄梅"之后，"开讲东山法门"之前，此正是惠能十五年来游历四方，不断探索、思考的过程。但惠能为避耳目，行迹飘忽，使得这方面的存世资料非常有限且零碎，若无可靠文献资料支撑，自不可妄加推断。今发表之惠能在德庆大广山以及永福双瑞岩行迹的若干资料，实为引玉之举，祈方家教正。

---

① （唐）莫休符撰，王云五编：《桂林风土记》，上海：商务印书馆1936年版，页8。
② 罗香林：《唐代广州光孝寺与中印交通之关系》，序篇一，造像题记，香港：中国学社1960年版，页2。

结　语

惠能得法南归后的存世资料非常零碎，此次发表的史料有如下几个特点：

（1）两地史料官方均以正史录入方志，且有相同的历史背景为依据，证明有一定的可信度。两地同属古交州地区，均处在中印文化交汇点，而桂林则为佛教传播兴盛之地，罗香林先生指出："至佛教始于何时传入交州？虽今日未能判定，然至东汉末时，则其地佛教，殆已视中国别地为盛。"① 因此，惠能选择在有佛教传播的区域游历、习禅、博采六经比较合理。

（2）在时间段上，两者均在"得法黄梅"后、"开讲东山法门"之前。此阶段惠能并非一直在"深山与猎人为伍"，而是在寻找适合自己习禅、悟道、弘法的地方。方志中"鉴师得法黄梅，卜创丛林为演法之地"、"讲经说法"于永福、后往"曹溪成祖"等描述，虽未系年月，但前后的关系时间段是清楚的，此时惠能并未急于出山，处于一个学习及储备知识阶段。

（3）两地均处于粤西西江流域（交广道），交通方便，从新州（今新兴县）往返德庆、永福可走水路，途经德庆有香山道场可供栖息，惠能一生未出岭南，这比较符合惠能的行迹。

（4）两地同为粤西偏僻之地，虽交通方便，但人口稀少，为避耳目，适合隐修习禅，不适合弘法，这主要是地广人稀受众太少的原因。据唐李吉甫《元和郡县图志》载：唐时康州（今德庆）"开元户一万三千一百五十二，管县四"；桂州（今桂林）"开元户三万六千二百六十五，管州十二"。而同时期广州则有"开元户六万四千二百五十，管州二十二"②。岭南粤西地区土地贫瘠，条件艰苦，靠"茅屋数椽，欲弘其教"，困难可想而知。要"度无量众"，必须寻找更大的弘法平台，此应为六祖惠能在两地（或多地）实践探索后得出的结论，最后选择在广州光孝寺出家弘法就顺理成章了。

随着新资料的不断发现整理，六祖惠能在岭南的行迹会更加清晰、更加丰富。

（原载林有能《禅宗六祖慧能迹址探真》，北京：商务印书馆 2017 年版；林有能主编《六祖禅》2015 年第 2 期）

---

① 罗香林：《唐代广州光孝寺与中印交通之关系》，序篇二，香港：中国学社 1960 年版，页 8。
② （唐）李吉甫撰，贺次君点校：《元和郡县图志》，广州，北京：中华书局 1983 年版，页 897，917，885。

唐广州光孝寺宝历经幢与粤西溪洞地区
佛教传播探微

三国孙吴时期，交州析为交、广两州，随着政治、经济文化中心的转移，广州继而成为佛教文化在岭南传播的重点地区，隋唐以降，广州光孝寺等亦成为岭南佛教文化传播的重要道场。得交通之便利，粤西地区的佛教传播一直与广州光孝寺保持密切关系。广州光孝寺宝历经幢为卢江郡何宥则敬为亡兄：康州（今德庆）司马何宥卿立，至今已历 1195 个春秋；此外，广州光孝寺嫡传之古遗菩提树在粤西德庆传植亦逾千年历史，诚为两则研究粤西溪洞地区佛教传播的重要实物史料。

一、"交广道"与佛教早期在粤西的传播

今之两广与越南中北部等地，自秦至两汉，政治上及地域上同属岭南地区，亦称交州地区。汉武帝略定岭南后，为了加强统治，设交趾（今越南中北部）、苍梧（今广西梧州）、南海（今广州番禺）等郡，统隶交趾刺史，刺史部初治龙编（今越南河内附近），后徙治苍梧郡之广信县。顾祖禹《读史方舆纪要》曰："秦末赵佗王其地（岭南），汉元鼎六年（前111）讨平之，寻置交趾刺史，后汉因之。汉刺史无常治，汉交趾刺史治龙编，建安八年（203）改曰交州，治广信。"[①] 因而苍梧、广信、端溪（今德庆）等粤西地区成为岭南最早开发的区域之一。

汉末天下大乱，交州地区"盖自汉末建安至于东晋永嘉之际，中国之人

---

① （清）顾祖禹撰，贺次君、施和金点校：《读史方舆纪要》，卷一百，广东一，北京：中华书局2005年版，页4587。

避地者多入岭表，子孙往往家焉，其流风遗韵，衣冠气习熏陶渐染，故习渐变……"① 随着域外商贾、使节互通以及中原士人沿封开贺江"潇贺古道"一线南迁，经济、文化交流日益频繁，在交趾、苍梧一带逐渐形成了一个印度佛教与中原本土文化交流、融汇的集散地。罗香林先生指出："至佛教始于何时传入交州？虽今日未能判定，然至东汉末时，则其地佛教，殆已视中国别地为盛。"② 任继愈先生亦认为"由于交州与印度相距不远，此地除与中国内地有文化宗教交流以外，也可直接从印度输入佛教。三国初年，一些印度僧侣由此（潇贺古道）北上，到吴国都城传教"③。时广信人牟子（170—?），在交州著《理惑论》一书，该书"成书于三国孙吴初期……牟子地处交州，可以看到南北两地的译经，又可直接从来自南亚的佛教徒接受佛教教义"④。牟子用中国本土的儒家学说来阐释佛教经典，成为中印文化碰撞、交融之典范。客观上，众多来自南亚的佛教僧侣相继从海路进入交趾、苍梧一带，佛教文化遂率先在岭南粤西地区推广、传播，并逐渐融入汉地文化。

至三国孙吴时期，交州始分为交、广两州，"孙晧时，以交州土壤太远，乃分置广州，理番禺，交州徙理龙编，晋代因而不改"⑤。而连通两地的"交广道"遂沿之而起。德庆古称端溪县，位于粤西地区西江中游，处于"交广道适中位置"，汉元鼎六年置端溪县，唐武德五年（622）分置康州。李吉甫《元和郡县图志》曰："康州，汉武帝平南越置苍梧郡，今州即苍梧郡之端溪县也。"⑥ "高宗绍兴元年（1131）冬十二月，升康州为德庆府"⑦，德庆一名始此。德庆古辖于粤西苍梧郡，"州据岭西之上游，扼广右之门户，邕、桂、贺三江州实绾其口"⑧。从地理上，德庆与交州刺史部治所广信县（今封开）仅一地之隔，并可经封开贺江"潇贺古道"与中原沟通。由于水陆路交通便

① （明）黄佐纂修：《广东通志》嘉靖四十年刻本，卷二十，民物志一，页9。

② 罗香林：《唐代广州光孝寺与中印交通之关系》，序篇二，香港：中国学社1960年版，页8。

③ 任继愈主编：《中国佛教史》，第一卷，吴地佛教，北京：中国社会科学出版社1985年版，页175。

④ 任继愈主编：《中国佛教史》，第一卷，牟子的著书年代，北京：中国社会科学出版社1985年版，页203。

⑤ （唐）李吉甫撰，贺次君点校：《元和郡县图志》，卷三十四，岭南道一，北京：中华书局1983年版，页886。

⑥ （唐）李吉甫撰，贺次君点校：《元和郡县图志》，卷三十四，岭南道一，北京：中华书局1983年版，页897。

⑦ （明）陆舜臣纂修：《德庆州志》嘉靖十六年刻本，卷二，事纪，页7。

⑧ （清）顾祖禹撰，贺次君、施和金点校：《读史方舆纪要》，卷一百一，德庆州，北京：中华书局2005年版，页4659。

利，区位优势明显，历史上得佛教文化传播风气之先，成为粤西溪洞地区佛教文化传播与中原文化交汇融合发展的重点区域。

但随着交、广两州分治，两地的政治、经济、文化中心亦随之迁移至广州与广西桂林，致佛教文化传播中心随之转移，广州继而成为佛教文化在岭南传播的中心地区，隋唐以降，光孝寺（法性寺）等成为岭南佛教文化传播的重要道场。由于"交广道"维系两地交通，得交通之便，肇庆、德庆的佛教与广州光孝寺一直保持密切关系。今存广州光孝寺的唐宝历二年（826）《大悲陀罗尼》经幢，为前守辰州都督府医博士、卢江郡何宥则为其亡兄康州（今德庆）司马何宥卿所立，则可析断，早在唐中叶，佛教观音信俗已在粤西德庆地区广泛传播，此为研究唐代佛教在粤西溪洞地区传播的重要组成部分；此外，广州光孝寺古遗菩提树在德庆传植已逾千年历史，诚为佛教菩提树在粤西地区传植的研究实例。

二、 唐代佛教文化在岭南溪洞地区传播特点

广州光孝寺宝历二年《大悲陀罗尼》经幢，为寺中最古的石刻文物，原安放于大殿外西南角：

> 幢以青石为身，高三尺许，形如短柱，下石跌座高二尺许，上宝盖高一尺许，幢身八面，镌《大悲咒》，字多漫漶残缺。北面有欵识两行，左一行云：同经略副使、将仕郎、前守辰州都督府医博士、卢江郡何宥则敬为。右一行云：亡兄节度随军文林郎、守康州司马宥卿造此大悲陀罗尼幢。东面欵一行云：宝历二年岁次景午十二月一日，法性寺（今光孝寺）住持天德兼蒲涧寺大德僧钦造书，钦造，闽□人。①

康州即今广东德庆县，何宥卿时为康州司马，考正史何宥卿事迹阙载，生平不详，唯光绪《德庆州志》据广州光孝寺《大悲陀罗尼》经幢记载，将何宥卿补入《职官志》。② 以其最终所署之官职来分析，何宥卿当卒于康州司马

---

① （清）顾光、何淙修撰，中山大学中国古文献研究所点校：《光孝寺志（上册）》，卷三，古迹志·大悲幢，北京：中华书局2000年版，页42。

② （清）杨文骏等修：《德庆州志》光绪二十五年刻本，卷八，职官志，页3。

任上，其弟何宥则于广州光孝寺请大德僧造经幢，乃为追悼亡兄之用。唐时州司马为从六品官，其弟何宥则守辰州都督府医博士为从八品官，小小芝麻官何能劳动南宗首善广州光孝寺大德为其立经幢？其必与光孝寺有极深之渊源关系，或何宥卿在粤西弘扬佛法方面有极大成就。

广州"光孝禅寺，本于宋绍兴定额，溯其始，则晋隆安以及唐贞观，为王园、为乾明、为发性……"① 沿袭而来，除广州外，唯粤西康州有乾明寺建置，供奉观音菩萨，今大士殿遗址仍存，是巧合还是有必然关系，限于资料，

广州光孝寺宝历《大悲陀罗尼》经幢及拓本（图片来源：罗香林《唐代广州光孝寺与中印交通之关系》）

笔者未敢推测臆断，但从广州光孝寺为康州司马何宥卿立《大悲陀罗尼》经幢可析断：下限至唐中叶宝历年间（825—826），佛教观音信俗已在粤西德庆传播，香山乾明寺则成为佛教早期（唐代）在粤西溪洞地区的重要道场之一。

考《德庆州志》"乾明寺在州城北香山，唐宋间建，明嘉靖癸卯知州吴汝新更新之……"② 又"乾明寺，在香山寺后，非庵之前，建久废，古塔存焉"③。由于年代久远，各志所载略有出入，乾明寺虽"建久废"，但乾明寺塔至康熙间仍存。检索康熙、乾隆《德庆州志》，乾明寺皆列于唐开元寺之前，则乾明寺、乾明寺塔等始建于唐无疑。

① （清）顾光、何淙修撰，中山大学中国古文献研究所点校：《光孝寺志（下册）》，卷十，艺文，重修大藏经序，北京：中华书局 2000 年版，页 121。

② （清）宋锦、李麟洲纂修：《德庆州志》乾隆十九年刻本，卷九，乾明寺，页 1。

③ （清）谭桓修，梁宗典纂：《德庆州志》康熙十二年刻本，卷二，乾明寺，页 18。

可以推断，唐宋间，香山乾明寺已成为粤西佛教观音信仰的重要道场之一，这一点与何宥则在广州光孝寺为其兄立《大悲陀罗尼》经幢可相稽。何宥卿、何宥则兄弟与佛教因缘密切，当与修缮粤西德庆香山乾明寺、倡导教化民众、弘扬佛法有关。

古时粤西的广信（今封开）、端溪（今德庆）、泷洲（今罗定）等地经"潇贺古道"与中原沟通，是早期中原内地大量移民进入岭南的重要通道，因而成为岭南开发最早的地区之一。"唐武德五年（622）析端州置康州，兼置总管府，治端溪。总管府辖：端、封、宋、泷、泷、建、齐、威、扶、义、勤十一州"①，管控地域辽阔，因此康州等地在开发之初，朝廷对溪洞地区的社会治理相对松散，往往通过佛教文化的存在与发展，形成社会文化、思想方式的基础，达到教化民众的目的。地方官（何宥卿等）通过捐资修建庙宇，满足民众的心理需求，佛教遂作为一种教化形式，通过地方行政力量推向社会，此与社会稳定息息相关，是这一时期佛教文化在粤西溪洞地区得以快速传播的特点之一，成为唐代粤西溪洞地区佛教文化传播的重要组成部分。

南朝以来，中原封建王朝长时间实行依靠地方民族首领、溪洞豪族来治理岭南的政策，于是在偏远的岭南粤西地区出现了一批具有世袭性质的统治阶层，这些溪洞豪族并非岭南土著，大多是历史上从中原内地以各种方式迁徙至岭南后发展起来的大宗族，一度成为粤西溪洞地区的实际统治者。

由中原迁入岭南泷州（今罗定）的陈氏家族，"代为岭表酋长"。溪洞豪族陈氏族人，冠军大将军、上柱国颖川郡开国公陈集原，捐资重修罗定龙龛岩道场，撰《龙龛岩道场铭并序》，详尽龙龛岩佛教道场开拓始末。

> ……此龙龛者，受形于浑沌之曌……危壁削成……峭崿秀丽……花药奇卉，是故龙出龙入，每脱骨于岩中，仙隐仙栖，因得龙骨，故曰龙龛。去武德四年（621年），有摩诃大檀越、永宁县令陈普光因此经行，遂回心口愿立道场。即有僧慧积，宿缘善业，响应相从，故得法流荒俗、释教被于无垠……②

---

① （清）杨文骏等修：《德庆州志》光绪二十五年刻本，卷二，地理志·沿革表，页3。
② （清）阮元修：《广东通志》道光二年刻本，卷二百零一，金石略三，《龙龛岩道场铭并序》，页10。

《龙龛岩道场铭并序》刻于唐圣历二年（699年），约1230多字，被誉为岭南第一唐刻，彭泰来有"岭南唐刻今在世，屈指最古龙龛铭"的评价，是研究佛教文化在岭南粤西地区传播的重要文献。

陈氏家族笃信佛教，几代人相继开拓、扩建、重修龙龛岩道场。从陈集原在《龙龛岩道场铭》中大量使用佛教经典这一点来看，其时佛教在岭南溪洞地区的传播已有相当长的时间，已深入影响到粤西民众的日常生活和言行。通过当地酋长、地方官的推动，佛教的传播及影响力大大加强。隋唐以降，佛教文化在岭南粤西溪洞地区的传播发展与这一特殊的溪洞豪族结下了不解之缘。

三、 广州光孝寺菩提树在岭南的传植

菩提树是佛教圣树，相传佛祖释迦牟尼在菩提树下觉悟成佛，信众见菩提树如见佛，菩提树因此亦随佛教之传播广为传植，成为佛教文化传播的一种载体、法物。

文献记载，菩提树为外来物种，原产于印度。梁天监元年（502）由印度高僧智药三藏渡海携种而来，始植于广州光孝寺。后溯北江而上到了韶关，又植于韶关宝林寺（今南华寺），这是佛教菩提树在岭南传植最早的一条主线。广州光孝寺住持法才《瘗发塔记》碑载：

> 梁天监元年，又有梵僧智药三藏航海而至，自西竺持来菩提树一株，植于戒坛前且立碑云：吾过后一百六十年当有肉身菩萨来此树下开演上乘，度无量众，真传佛心印之法主也……①

唐仪凤元年（676）六祖惠能于广州乾明法性寺（光孝寺）菩提树下薙发出家，开讲东山法门，而光孝寺之菩提树遂被视为南宗"法物"。

由于年代久远，乾明法性寺古遗菩提树渐显老态，加上广州临海，多有台风吹袭，广州之古遗菩提树曾两次遭遇风灾劫难。

第一次是在北宋"乾德五年（967）夏，光孝寺菩提树为大风所拔"②，寺僧以原树小枝补植成功。宋人林衢有《题广州光孝寺》诗云：

---

① （清）戴肇辰等修，史澄等纂：《广州府志》光绪五年刻本，卷九十八，金石略二，页18。
② （清）戴肇辰等修，史澄等纂：《广州府志》光绪五年刻本，卷十六，舆地略八·物产，页20。

开池曾记虞翻苑，列树今存建德门。

无客不观丞相砚，有人曾悟祖师幡。

旧煎诃子泉犹洌，新种菩提叶又繁。

无奈益州经卷好，千丝丝缕未消痕。①

此"新种菩提叶又繁"句，说明林衢知道光孝寺菩提树遭风灾劫后重生，专门来参谒菩提树并题诗留记，其时他看到的菩提树正是乾德五年"以原树小枝补植成功"的菩提树，亦算是智药手植之原树了。

可惜的是 800 多年后于清嘉庆二年（1797），光孝寺菩提树又一次被台风吹倒，越年枯萎。于是光孝寺僧专门到韶关南华寺菩提树取孙枝一株补植。对于补植菩提树一事，顾光《光孝寺志》有明确记载：

此菩提树于大清嘉庆二年六月二十五夜被飓风吹倒扑地，即削去树枝，用架绞起，树底放谷十担种回，复生枝叶，后一年枯死，随时监院僧瑞蒻亲往南华宝林寺（南华寺），取孙枝一株仍种坛上。②

至今已历 220 多个春秋，根枝茂盛。清南海人李长荣有《题菩提树诗》云：

古树余今树，南宗抗北宗。

菩提无旧叶，六祖有新容。

谁嗣黄梅法，应追白社踪。

尊前话兴废，试听夕阳钟。③

菩提树为桑科榕属植物，其气根尤为发达，类榕树，在岭南高温潮湿的气候较易生长。屈大均《广东新语》对菩提树的生长习性有专门的描述：

---

① （清）刘应麟：《南汉春秋》道光三十年刻本，卷九，《题广州光孝寺》，页298。

② （清）顾光、何淙修撰，中山大学中国古文献研究所点校：《光孝寺志（上册）》，菩提树图，北京：中华书局2000年版，页6。

③ （清）顾光、何淙修撰，中山大学中国古文献研究所点校：《光孝寺志（上册）》，卷十二，李长荣《题菩提树诗》，北京：中华书局2000年版，页172。

诃林有菩提树，萧梁时，智药三藏自西竺持来，今历千余年矣。大可百围，作三四大柯。其根不生于根而生于枝，根自上倒垂，以千百计，大者合围，小者拱把。岁久根包其干，唯见根而不见干，干已空，中无干，根即其干。枝亦空，中无枝，根即其枝……①

在"干空枝干"的情况下，菩提树极易受飓风吹扰。光孝寺本寺僧元旻有《菩提树》诗描述菩提树老干受飓风吹扰，灵根重发新枝的景况。诗云：

老干风欺半作薪，灵根凡历几千春。
如今更见孙枝发，似待当来说法人。②

广州光孝寺菩提树成为南宗"法物"，在寺中地位特殊。《光孝寺志》凡"插图""法界""建置""古迹""艺文"等章节备载甚详，均有大量文字专门记载及题咏，无不细列，影响甚大。光孝寺菩提树于宋乾德年间补种成功后，为保存"法脉"，主事寺僧逐步有选择地将菩提树"分植他处"，寓佛教传播、发扬光大之意。

广州光孝寺菩提树"分植他处"有专门的记录，《光孝寺志》云："考树自梁天监至今，阅一千二百余载，根株茂盛，枝叶鲜浓……其自此分植他处者，肇庆、德庆亦有之。"③这是有文献记载的佛教菩提树在岭南粤西传植的第二条主线，可惜未系年月。但据嘉靖《广东通志》载："肇庆府天宁寺，在府城东一里，宋建，中有菩提树二，枝叶纠结、荫覆梵刹"。④应该就是广州光孝寺移来之树。又，嘉靖《广东通志初稿》载："天宁寺在府城东，宋至道初（995）建，今习仪之所。"⑤据上所述，可知肇庆府天宁寺创于宋至道初，从时间上，正是广州光孝寺菩提树经历第一次风灾之后。天宁寺为朝廷诏建寺

①（清）屈大均：《广东新语》，卷二十五，菩提，北京：中华书局1985年版，页619。
②（清）屈大均：《广东新语》，卷十二，《题咏志·下》，菩提树，北京：中华书局1985年版，页169。
③（清）顾光、何淙修撰，中山大学中国古文献研究所点校：《光孝寺志（上册）》，卷三，菩提树，北京：中华书局2000年版，页37。
④（明）黄佐纂修：《广东通志》嘉靖四十年刻本，卷六十五，肇庆府，天宁寺，页32。
⑤（明）戴璟修，张岳纂：《广东通志初稿》嘉靖十四年刻本，卷三十六，肇庆府寺，天宁寺，页26。

庙，又为百官习仪之所，规制布局较为完善，为粤西肇庆府首刹。同时期的"梅庵亦宋至道二年僧智远建……而土人颛朴，仅即西城之外，为庵以事之，僧徒流徙不常，而庵亦屡兴屡废"①，确非"敕赐"天宁寺可比。若广州光孝寺将菩提树分植肇庆，大概率会选择天宁寺为传植之地。从菩提树"枝叶纠结，荫覆梵刹"之壮观也可推知，肇庆府天宁寺两株菩提树传植已有很长一段时间了。

光孝寺菩提树分植他处，从目前掌握的资料来看，有史可考且有明确记载的，唯肇庆、德庆而已，这则史料更可说明，广州光孝寺与粤西的肇庆、德庆佛教传播有着非常密切的联系。

新州（今新兴县）为惠能大师下生之地，旧属肇庆府管辖，六祖一生弘法往来于广州、曹溪间，然故乡之地位不可动摇，晚年更于新州建国恩寺，普度众生，功德圆满，宜有菩提树正其法脉。六祖禅宗一花开五叶，以其二传弟子，高要籍石头希迁成就最大，"禅宗南派五宗之三宗，皆由石头希迁演出"②，只可惜天宁寺、树皆毁于清末兵燹。

四、 广州光孝寺菩提树在德庆的传植

光孝寺菩提树另一传植线路是德庆。德庆旧有三株古遗菩提树。一株在开元寺旧址，地点在旧县府人民大会堂西侧，约在今文化公园群众舞池位置。笔者有幸见过此"南宗法物"。该树高二三十米，枝繁叶茂，三四个成年人才能合抱。儿时不懂事，与小伙伴结队以刀砍树身，流出的树汁初乳白色，渐变青黑色，收集起来用于粘"知了"，极易得手，印象非常深刻。可惜该树于20世纪60年代被伐，未能保存下来。

另一株菩提树在德庆光孝寺。此树传植于何时，文献虽有记载，但并没有一致的说法。考其原因，皆因历史久远，文献所载出入较大，兹梳理如下：光绪《德庆州志》云："城西光孝寺有菩提树，高数丈，不知始何时。"③ 乾隆《德庆州志》云："传说始自汉时，因创庵于其下，以树名之。"④ 德庆始有菩

① （清）屠英等修：《肇庆府志》道光十三年刻本，卷八，古迹，梅庵，页16。
② 罗香林：《唐代广州光孝寺与中印交通之关系》，香港：中国学社1960年版，页87。
③ （清）杨文骏等修：《德庆州志》光绪二十五年刻本，卷十五，杂录，页45。
④ （清）宋锦、李麟洲纂修：《德庆州志》乾隆十九年刻本，卷十六，杂记，页8。

提庵之设。又云"省垣（广州）光孝寺菩提与此同植于一时，同植于一手"①。但按目前所能目及的资料分析，德庆菩提树与广州光孝寺菩提树"同植于一时，同植于一手"这一说法过于勉强，且大概率也不会"始自汉时"。旧志所载，皆援此以为重耳。余按：德庆城西光孝寺菩提树始于北宋嘉祐二年（1057）前应无可疑，理由如下：

德庆城西旧有菩提庵，因有菩提树而创庵于树下得名。后菩提庵改建兴福寺，之后又改名天宁禅寺，再改名光孝寺，规模逐渐扩大，成为德庆一大梵刹。康熙《德庆州志》载："菩提树在城西光孝寺后，高十余丈，大数十围，传说始自汉时，因创庵于其下，以树名之（因称菩提庵）。"② 按：此树"始自汉时"恐误，也不可考，但有一点可以肯定的是，先有菩提树而后有菩提庵，再有兴福寺、天宁禅寺、光孝寺。

考"德庆光孝寺在州西七十余步，宋嘉祐二年建，初名兴福寺，崇宁二年（1103）改为天宁禅寺，绍兴十一年（1141）改报恩光孝禅寺，绍兴十二年（1142）除报恩二字（即光孝寺）。景定癸亥（1263），推官赵时温重修，元延祐二年（1315），总管刘保增建灵源阁于其右，观音阁于其左，有记（已佚）……"③ 此说明，德庆光孝寺沿袭于城西菩提庵，脉络清晰，其时菩提树已经"高十余丈，大数十围"。据此可推断，德庆光孝寺菩提树在宋嘉祐二年前（菩提庵时）早已存在。

明清之际，兵燹频仍，德庆光孝寺逐渐倾圮，菩提树枝顶出现枯萎。乾隆二年（1737），知州祖德宏捐俸重修德庆光孝寺，重修后菩提树枯枝复萌，有记云：

光孝寺建置之由，起于因菩提树，……查外志，自有此树创庵于树下，即以树名名庵，至明纪始废庵建寺，更名光孝……夫光孝者，正以光此孝治也，而可任其颓废至此哉，爰是率我同僚，纠集绅士，随愿乐金，无论工费多寡，凡有不敷，皆我力任，惟俸是捐。于是僚属绅士以及商民亦俱欣然乐金，庀材鸠工，择吉重修……庄严佛象，复塑罗汉，菩提树因之生色，凡数十年已枯之顶枝复萌，婆娑绿叶，是岂人力所为哉……④

---

① （清）杨文骏等修：《德庆州志》光绪二十五年刻本，卷十五，采访册。
② （清）谭桓修，梁宗典纂：《德庆州志》康熙十二年刻本，卷八，杂记，页42。
③ （明）陆舜臣纂修：《德庆州志》嘉靖十六年刻本，卷十一，秩祀，德庆光孝寺，页16。
④ （清）宋锦、李麟洲纂修：《德庆州志》乾隆十九年刻本，卷九，寺观，页6。

德庆州举人梁修，工诗能文，闻名于省垣。德庆乾明寺于康熙间改名香山寺，梁修撰《香山寺序》，曾提到德庆菩提树的来历。《香山寺序》曰："文昌宫里，移来贝多之花（鸡旦花），法性寺中，分得菩提之树……"[①] 梁修谓此树源于广州法性寺，综上所述，菩提树传到德庆的时间可以向前推至北宋初期。

广州光孝寺唐时称为乾明法性寺，"宋太祖建隆三年（962），改法性寺为乾明禅院，高宗绍兴七年（1137）诏改天宁万寿禅寺作报恩广孝禅寺，二十一年（1151）易'广'字为'光'字"[②]，更名为光孝寺。设或德庆在"法性寺分得菩提树"，时间应在宋太祖更名光孝寺之前，即 962 年前。此正值广州古遗菩提树逐渐枯萎，面临台风拔毁之时（967年菩提树为大风所拔），此时法性寺主事者将菩提树"分植他处"保存法脉，应该也是一个合理的推定时间，此与德庆光孝寺前身"以树名庵"的时间段相合。若以乾德五年（967）界定德庆光孝寺菩提树传植年限，则菩提树在德庆传植已逾 1050 多年历史。

德庆香山中学校园内古遗菩提树（温爱民摄）

可惜的是，德庆城西光孝寺菩提树在 20 世纪 70 年代初建县百货公司仓库时被伐去，地点即西湾德庆船厂对面，今利丰电池厂位置。

唯一保留到今天的是德庆香山寺（今香山中学校园内）之古遗菩提树。文献记载，该树源于德庆城西光孝寺菩提树。清"康熙八年（1669），（城西

---

① 德庆县地方志编纂委员会编：《德庆县志》，广州：广东人民出版社 1996 年版，《香山寺序》，页 820。

② （清）顾光、何淙修撰，中山大学中国古文献研究所点校：《光孝寺志》，北京：中华书局 2000 年版，页 20、21。

光孝寺菩提树）出孙枝一株，知州秦世科因移植香山（寺）"①。如此算来，德庆香山寺菩提树至今已历 350 多年风雨，比广州光孝寺菩提树（嘉庆四年重植）还"年长"130 多年，今树"犹古干葱茏、枝叶蔽芾"。由于是嫡系传植，诚为西江流域现存有据可考之广州光孝寺嫡传菩提树，身世显赫、弥足珍贵。

结 语

本文梳理两则史料，并作初步研究，说明唐代光孝寺与粤西德庆的佛教传播渊源关系密切，研究粤西佛教文化传播关系，当以交通孔道研究为抓手。在岭南粤西地区，德庆处在"交广道适中位置"，是研究粤西溪洞地区佛教文化传播不可或缺的一环。

（1）粤西德庆等地可经封开（古广信）沿贺江的"潇贺古道"与中原沟通，此为早期中原内地大量移民进入岭南的重要孔道，因而成为岭南开发较早的地区之一。佛教文化作为一种教化方式，地方官（何宥卿、陈集原等）的大力推动是这一时期佛教在粤西溪洞地区得以快速传播的重要原因之一。

（2）广州光孝寺为康州司马何宥卿立《大悲陀罗尼》经幢，则可析断：下限至唐中叶宝历年间（826），佛教观音信俗已在粤西等地广泛传播。由于交通的便利，肇庆、德庆的佛教文化与广州光孝寺一直保持密切关系，肇庆天宁寺、德庆光孝寺、香山乾明寺等亦成为唐宋时期佛教文化在西江流域溪洞地区传播的重要道场。

（3）通过研究光孝寺菩提树在肇庆、德庆的传植，进一步说明粤西地区与广州光孝寺关系密切。德庆香山古遗菩提树为粤西地区现存有据可考的广州光孝寺嫡传菩提树，诚为佛教文化在粤西传播的重要实物例证。

（原载肇庆市《炎黄大观》2021 第 4 期）

---

① （清）杨文骏等修：《德庆州志》光绪二十五年刻本，卷十五，杂录，页 45。

悦城龙母祖庙始建与始封年代探析

岭南悦城龙母传说历史悠久，早在南北朝时期，沈怀远的《南越志》就著录了悦城龙母的传说：一位远古的部落首领，带领族人在西江流域繁衍生息，与大自然作顽强的抗争，这位首领被人们尊为"龙母"，并立祠为祀。千百年来，龙母文化长盛不衰，成为西江流域两广地区一项重要的民间习俗。2001 年，悦城龙母祖庙被列为全国重点文物保护单位；2011 年，龙母"民间信俗（悦城龙母诞）"庙会，由国务院公布为第三批国家级非物质文化遗产。

然自汉唐以来，立庙之始却语焉不详，《德庆州志》谓龙母庙"始建无可考"，究其原因，由于年代久远，文献失传，重要碑碣多为风雨剥落，或已佚失，而信众拜祭龙母又"庙墓相混"，因此，悦城龙母庙的始建与始封年代众说纷纭，至今尚无定论。本文通过对唐代李景休、赵令则重修龙母庙立碑年代的研究，挖掘梳理历史文献，探索悦城龙母祖庙的"始建"与"始封"年代，追溯岭南地区西江流域民间"拜龙母"习俗的起源，重构这段绵远的历史。

一、 历史文献梳理

龙母传说历史悠久，南北朝时期在广州为官的沈怀远撰写《南越志》时就著录过悦城龙母的事迹。沈怀远，生卒年不详，吴兴武康（今浙江湖州）人，南朝宋时期沈怀远"为始兴王（刘）濬征北长流参军，深见亲待，坐纳王鹦鹉为妾，世祖徙之广州，……怀远颇闲文笔，撰《南越志》及《怀文文集》，并传于世"[①]。《南越志》史称"五岭诸书之最前者"，可惜该书久佚。据载，悦城龙母传说最早可追溯到距今 2230 多年前的秦始皇时代。《钦定渊鉴

---

① （梁）沈约：《宋书》，北京：中华书局 1997 年版，页 538。

类函》引《南越志》曰：

> 昔有温氏媪者，端溪人也。常居洞中捕鱼，以资日给。忽于水侧遇一卵，大如斗，乃将归置器中。经十日许，有一物，如守宫，长尺余，穿卵而出，媪任其去留。稍长两尺，便能入水捕鱼，日得十余头。稍长五尺许，得鱼渐多。常游波水，萦洄媪侧。媪后治鱼，误断其尾，遂逡巡而去，数年乃还。媪见其辉色炳耀，谓：龙子复来耶？因盘旋游戏，亲驯如初。秦始皇闻之曰：此龙子也，朕德之所致。乃以元硅之礼聘媪。媪恋土，不以为乐，至始兴江，去端溪千余里，龙辄引船还，不踰夕至本所，如此数四。使者惧而止，卒不能召媪。媪殒，葬于江阴，龙子常为大波至墓侧，萦浪转沙以成坟，土人谓之掘尾龙。今人谓船为龙掘尾，即此也。①

端溪，即今广东德庆县，这是关于龙母传说较早的文字记载。早期的一些龙母文化研究者曾认为，沈怀远的《南越志》为最早记载悦城龙母事迹的文献，其实，晋代在广州为官的顾微，也在其《广州记》中著录过悦城龙母的传说，可惜《广州记》一书也已久佚。此段有关龙母的传说后来为宋人乐史收辑在《太平寰宇记》程浦溪条中：

> 顾微《广州记》云：浦溪口有龙母养龙，裂断其尾，因呼其溪为龙窟，人时见之，则土境大丰而利涉。②

程浦溪，即悦城程溪，今德庆县之悦城河。唐人耿湋有《送友人游江南》诗"漠漠烟光前浦晚"即此。康熙《德庆州志》曾引此诗，注为"前浦，即康州程浦溪也，上有浦母（龙母），相传有神人骑三足鹿游悦城"③。

顾微、沈怀远两人先后在广州为官，沈怀远应能看到顾微的《广州记》，从记载的主要情节看，很明显后来的沈怀远《南越志》或是参考了顾微《广州记》的内容，并加上自己的见闻演绎而成，无疑顾微《广州记》是最早记

---

① （清）黄培芳等：《悦城龙母庙志》光绪十三年刻本，卷一，页4。
② （宋）乐史撰，王文楚等点校：《太平寰宇记》，北京：中华书局2007年版，页3016。
③ （清）谭桓修，梁宗典纂：《德庆州志》康熙十二年刻本，卷八，页37。

载悦城龙母传说的文献。

《太平寰宇记》在康州条下也辑录了沈怀远《南越志》温氏媪者条，核其文句，与《钦定渊鉴类函》载录的龙母条文本基本一致。但有一点要指出的是，《太平寰宇记》记载秦始皇"以赤硅礼聘媪，媪恋土，不以为乐，至始安江，去端溪千余里，龙辄引船还"[1]。而《钦定渊鉴类函》则记为"至始兴江……龙辄引船还"。"始安江"与"始兴江"一字之差，两地相差千里之遥。

考始安江，即今广西境内的桂江、漓水一段，汉时桂林设始安县，三国时设始安郡，因此，漓水古称始安江。溯始安江经灵渠进入湘江至长江水系，经汉水可直达京都咸阳，是秦汉时期中原沟通岭南的重要通道。始兴江则在广东粤北韶州（今韶关市），为北江上游主要干流浈江的古称。经始兴江越大庾岭到达江西赣江，进入长江后溯汉水至京师长安，为唐代沟通中原的主要通道。唐代诗人韩愈被贬潮州，道过始兴时，有《过始兴江口感怀》："南来今只一身存，旧事无人可共论。"[2] 即此。《太平寰宇记》成书比《钦定渊鉴类函》早七百多年，当以《太平寰宇记》辑录，即"始安江"为准。

唐代记载龙母事迹的还有刘恂的《岭表录异》，书中载曰：

> 温媪者，即康州悦城县孀妇也，织布为业。尝于野外拾菜，见沙草中有五卵，遂收归置织筐中。不数日，忽见五小蛇壳，一斑四青，遂送于江次，无意望报也。媪常濯浣于江边，忽一日，鱼出水跳跃，戏于媪前，自尔为常。渐有知者，乡里咸谓之龙母，敬而事之，或询以灾福，亦言多征应，自是媪亦渐丰足。朝廷知之，遣使征入京师，至全义岭，有疾，却返悦城而卒。乡里共葬之江东岸。忽一夕，天地冥晦，风雨随作，及明，已移其冢并四面草木，悉移于西岸矣。[3]

可惜的是，沈怀远、刘恂等只是记录了"萦浪转沙以成坟"的建墓年代，对祠庙的始建年代，则没有任何确切的记载，留下了千古之谜。

---

① （宋）乐史撰，王文楚等点校：《太平寰宇记》，北京：中华书局2007年版，页3135。
② 《全唐诗》横排标点本，石家庄：河北人民出版社1997年版，页1815。
③ （唐）刘恂著，鲁迅校勘：《岭表录异》，广州：广东人民出版社1983年版，页11。

二、 建庙之始

文献记载，龙母有"拾卵豢龙，造福乡里"之仁恩，五龙子有"荐鱼养母、卜地移坟"之孝报；龙母"却聘嬴秦"，五龙子"去端溪千里、辄引船还"；龙母"风送转运兵甲粮馈，海不扬波"，助大宋郭公军征战交趾，大胜班师；西江扬帆、舟人往来，讫无覆溺之患。郡守、使者具奏龙母有功于国，有德于民，实能御灾捍患，宜在祀典。历朝累封为"护国通天惠济显德灵济崇福圣妃水府元君昭显溥祐广荫龙母娘娘"。

那么悦城龙母立庙始建于何时？众说纷纭。《德庆州志》谓龙母庙"始建无可考"①。有的资料说，因汉高祖刘邦敕封龙母为"程溪夫人"，庙宇应该在汉代就有了。余按：秦汉时建有龙母庙只是后人的推测，并无文献和实物的支撑，刘邦封"程溪夫人"赐"御葬"，也是清代以后才有的记载，并未能支撑何时建庙。以下兹根据散存各地的历史文献、残留碑刻，追溯重构这段建庙历史。

（一） 唐李景休 《新修龙母庙楼碑》

悦城龙母祖庙旧有两通唐碑，为李景休、赵令则在唐代重修龙母庙时留下的碑刻，即李景休《新修龙母庙楼碑》，赵令则《重修龙母庙碑》。主讲肇庆端溪书院的乾隆进士冯敏昌（1747—1806），曾专门到悦城龙母祖庙寻访两碑，但两碑久佚，因有"年代既渺茫，征召谁曾听？嗟嗟李赵刻，已作漂流萍"②之句。冯敏昌对秦始皇征召龙母的传说并不感兴趣，自注征召一事"无识可哂"，只是一再叹惜"李赵"两刻的佚失，感慨年代久远，很多事情已无从考究了。虽无法得知两唐碑所载何事，但至少可以说明，悦城龙母庙在唐代已有重修，只要知道立碑时间，就可知道重修时间。

李景休，唐人，生平失考。南宋王厚之著《复斋碑录》时，收录了李景休碑的碑目："康州德庆府，新修龙母庙楼碑李景休撰，郭齐正书，太和六年正月一日记。复斋碑录。"③ 可知南宋时该碑仍存，虽未能窥知碑文内容，但留下了新修龙母庙楼的准确年月，据此可判定，唐太和六年（832）前，康州悦城已有龙母庙建置。

---

① （清）杨文骏等修：《德庆州志》光绪二十五年刻本，卷五，龙母庙，页26。
② （清）杨文骏等修：《德庆州志》光绪二十五年刻本，卷五，冯敏昌《悦城龙母庙》，页28。
③ （宋）陈思纂：《宝刻丛编》，北京：中华书局1985年版，页473。

（二） 唐卢肇 《阅城君庙记》

唐会昌三年（843），江西状元卢肇（818—882）有《阅城君庙记》，文内记载康州悦城龙母事迹，以及江西袁州昌山渡，唐代建"阅城君庙"（龙母庙）始末，该庙为时任袁州宜春县县令卢崿所建。卢崿于唐开成中（838）代理康州（今德庆）录事参军一职（一说元和中）①，在任时经常参拜悦城龙母，祈祷能回老家江西宜春出任县令。乐史《太平寰宇记》有载其事：

> 袁州龙姥庙，郡国志云：在州东六十里，其庙宇元在康州悦城县，唐开成中，县令卢崿常游宦南越，假康州录事参军，至是祠姥见梦，曰：子当为此官，今宜北矣。旦占之，得见龙之贞，遂祠其形像。太和六年，崿理县有善政，郡守缺，摄司马、知州。岁大旱，遂祈焉，以响应，置祠宇昌山渡，往来祠之甚验。②

卢肇《阅城君庙记》则记曰：

> 元和中，故宜春县令卢府君（卢崿）尝游宦南越，乞灵于龙，契乎其旨，尝梦龙伯谓之曰：君将宰邑江西，其致我焉？许之，及太和五年，岁在壬子，府君来宜春，遂立祠于邑东昌山津右……③

乐史《太平寰宇记》于宋代成书，迟于唐卢肇《阅城君庙记》，且卢肇为卢崿的嗣子，其记载应更为准确。唐太和五年（831），卢崿如愿以偿出任宜春县县令。次年宜春大旱，卢崿祈祷龙母，保佑宜春风调雨顺，"故得不俶不病，不横不流，民从其化矣"。卢崿感恩龙母，在宜春水陆交通要口昌山渡创建龙母庙，又称为昌山庙，祀龙母，江西状元卢肇撰文为之记。千百年来，每年农历八月十三日龙母庙鼓乐齐鸣，香客云集，热闹非凡，远至广东、广西、湖南、湖北等地的香客都来朝拜。谨按：《阅城君庙记》所载，宜春龙母庙源于康州悦城，建置年代与"李景休碑"记载的年代相差不远，若卢崿出任宜

---

① 《太平寰宇记》引《郡国志》云：唐开成中，卢崿尝游宦南越，假康州录事参军，同文又云太和六年卢崿"理县有善政，郡守缺，摄司马、知州"。唐卢肇《阅城君庙记》则云：元和中卢崿尝游宦南越。太和五年卢崿来宜春任职。乐史所载时间前后似有矛盾，附辨于此。

② （宋）乐史撰，王文楚等点校：《太平寰宇记》，北京：中华书局2007年版，页2200。

③ （清）董诰等编：《全唐文（四）》，上海：上海古籍出版社2020年版，页3545。

春县县令后第二年，即太和六年（832）建龙母庙，与李景休新修悦城龙母庙楼时间相同，可证明在唐太和年间，龙母信俗已跨越梅岭，传播到长江流域。

（三）唐李绅书祷龙母

《新唐书》李绅传有一段文字，记载了悦城龙母庙在唐长庆年间（821—824）就已名传京师。李逢吉与李绅不和，一直想方设法在皇帝面前诽谤李绅，"帝初即位，不能辨，乃贬绅为端州司马"。长庆四年（824）李绅举家南迁，乘船由湘入粤，经贺州过封州出西江顺流而下至端州（今肇庆市）赴任。船至封州（今封开）康州（今德庆）间，时值秋季水浅，西江滩多险阻，船不能行，篙师遥指前方，谓康州有龙母祠，祷之能致云雨……史载："始，绅南逐，历封、康间，湍濑险涩，惟乘涨流乃济。康州有媪龙祠，旧传能致云雨，绅以书祷，俄而（江水）大涨。"[①] 官船遂顺利抵达端州。

李绅（772—846），字公垂，安微亳州人，元和初擢进士第，官至宰相。岭南道途艰辛，李绅别家到任之后，打听到家属已过湖南衡阳，便作了一首七律《移家来端州先寄以诗》，以报平安：

> 菊花开日有人逢，知过衡阳回雁峰。
> 江树送秋黄叶少，海天迎远碧云重。
> 音书断绝听蛮鹊，风水多虞祝媪龙。
> 想见病身浑不识，自磨青镜照衰容。[②]

诗中"风水多虞祝媪龙"句，"媪龙"即指龙母。肇庆七星岩有宝历元年（825）李绅题名石刻。按此时间推算，在1200多年前唐中期的长庆年间，民间就已为龙母立祠，龙母声名远播至长安，并写入史书。此比李景休新修龙母庙楼的时间要更早一点。

（四）"赵李"两碑年代的争议

前述已经知道，《复斋碑录》著录了李景休修庙立碑的确切年代，但并无记载赵令则的《重修龙母庙碑》。很明显，这应该是先后两次重修，两次立碑。那么，是李景休重修（龙母庙）在先，还是赵令则重修在先呢？这是一

---

① （宋）欧阳修、宋祁撰：《新唐书》，北京：中华书局1997年版，页1368。
② （明）郑一麟修，叶春及纂：《肇庆府志》万历十六年刻本，卷十七，名宦，页14。

个有争议的历史话题。

文献记载，对两碑的刻立年代谁先谁后的问题早有争论。摘录光绪版《德庆州志·金石》载：宋吴揆《赐额记》谓赵令则碑在李景休先，"故列于太和之前"。而宋张维《重修永济夫人行宫记》（简称《永济行宫记》）"乃先李后赵"。元揭傒斯亦云"先李后赵"。因《永济行宫记》撰于宋元丰朝，早于吴揆《赐额记》40多年，因此"未可据《吴记》遂先赵也"。但《永济行宫记》统言"二碑皆太和时刻"，也没有"实证其孰先"，附辨于此。① 故两碑谁先谁后并无定论。讨论两碑孰先孰后其意义在于：如果能考定"赵碑"在"李碑"之前，则龙母庙建置年代还可向前推进。

考赵令则其人，现存嘉靖、康熙、乾隆、光绪版《德庆州志》均无记载，生平不详。后几经周折搜得道光版《广东通志·职官表》，载有"唐玄宗朝，赵令则，天水人，贬封州开建县丞"② 一语，虽记载简略，且未具被贬年月，但可初步断定，唐玄宗李隆基朝（712—755 年在位），赵令则在此期间任封州开建县丞。但时间跨度达 40 多年，范围太大。为进一步缩小范围，复搜道光版《肇庆府志》，果然，道光版《肇庆府志·谪宦》一门有赵令则传："赵令则，天水人，起家幽州蓟县尉。敏给强济，闻于河朔，以直道示人，忤幽州刺史张守珪，贬封州开建县丞，后官至虢州宏农令。"③ 可惜该条亦未系贬任年月。

考此条引自《全唐文》独孤及撰《唐故虢州宏农县令天水赵府君墓志》，其载曰：

> ……府君讳令则，字某，天水人也。……好古博学，涉猎百家之言，善属文，尤注意诗赋。外刚毅峭直，内温良而仁，率由天性，果于行已。起家幽州蓟县尉，敏给强济，闻于河朔。以直道事人，忤幽州刺史张守珪，贬封州开建县丞。遇赦，迁建州建安县丞，稍移湖州安吉县丞。天宝九载，选授虢州宏农县令……三年绩成，人无不均不安之患，虢人颂之。解龟后，贫无余资……至德二载某月日，遇疾终于某州，春秋若干，呜呼。④

① （清）杨文骏等修：《德庆州志》光绪二十五年刻本，金石上，页1。
② （清）阮元等：《广东通志》道光二年刻本，卷十二，职官表三，页17。
③ （清）屠英等修：《肇庆府志》道光十三年刻本，卷十七，谪宦，页30。
④ （清）董诰等编：《全唐文（二）》，上海：上海古籍出版社2020年版，页1764。

阅墓志大致可知，赵令则在幽州蓟县尉任上贬广东封州开建县丞，遇赦后迁建安县丞，后移湖州安吉县丞，于唐天宝九年（750）选授虢州宏农县令，终于唐至德二年（757）。但还是未能找到赵令则贬任封州开建县丞年月。

细审《唐故虢州宏农县令天水赵府君墓志》，赵令则是在幽州蓟县尉任上"忤幽州刺史张守珪，贬封州开建县丞"。我们不妨倒过来考张守珪何年任幽州刺史，以张守珪任幽州刺史的年限来推测赵令则任封州开建县丞的年限。

《旧唐书》："张守珪，陕州河北人也。开元初，守珪以功特加游击将军……十五年，以守珪为瓜州刺史。二十一年转幽州长史，二十六年左迁括州刺史。"[①] 开元正是唐玄宗李隆基的年号，开元二十一年张守珪转幽州长史，正是赵令则在幽州蓟县任县丞时的顶头上司。张守珪在开元二十一年至二十六年（733—738）中的某年贬赵令则，即为赵令则在封州开建任县丞的年限，范围缩小至五年。

封州开建县今已合并封开县，毗邻康州（德庆县），地域上属同一地区，历史上封州曾隶属康州，后分治。据此，可以确认，赵令则是在唐开元二十一年至二十六年贬任封州开建县丞的，时以官府身份参与重修悦城龙母庙并立碑。据此，吴揆《赐额记》"先赵后李"的结论是成立的。

余按：可以推定，龙母庙在唐开元二十六年（738）之前，就已"庙墓俱在"康州悦城，比李景休太和六年（832）重修龙母庙楼往前推一百多年，此为文献记载的最早一次官修悦城龙母庙，也是目前所知最早的一通重修龙母庙碑记。设若这是第一次重修龙母庙，考虑始建至重修应有几十年（约50年）的时间，据此可推断，康州悦城龙母立庙始建年代距今至少已有1340多年历史。

三、 敕封龙母之始

龙母庙"始建"年代初期，只是民间信仰习俗的庙宇，并未获朝廷敕封，庙宇要进入正统祀典体系，必须经朝廷的敕封、赐额，庙宇一经赐额始为正式祭祀场所。

敕封龙母之始，相传于汉代。康熙初，德庆知州陈世科《重建龙母庙序》中述及："披《晋康志》，知龙母温氏族于程溪，秦始皇时以豢龙著。汉高帝

---

① （后晋）刘昫等撰：《旧唐书》，北京：中华书局1997年版，页823。

封为程溪夫人，唐封为永安夫人、又封为永宁夫人……"① 陈世科撰序时所据之本《晋康志》，为宋人萧玠所撰，至光绪间佚亡②，没有宋代的文献可依据，其可靠性只能打折扣了。现存龙母受汉封最早的"刻石"文献为明洪武九年（1376）皇帝"敕命"：

> 奉天承运，皇帝制曰
>
> 荣名丰祀，惟圣与神，故有德于民者允受太牢之祀，有功于国者永膺至美之名。尔广东道肇庆府德庆州悦城孝通庙灵济崇福圣妃之神温氏者，拳龙为儿，却聘嬴秦，拥沙移墓，赫濯灵陵。汉初封为程溪夫人，……累封为灵济崇福圣妃……③

清重刻明代朱元璋《洪武诏书》碑（温爱民摄）

此碑为"清（同治年）重刻明代文件（圣旨）"，比各"版本"所载要可靠很多，是碑现存德庆悦城龙母庙碑亭内，供游客参观。此外，庙内还存乾隆四十七年（1782），德庆知州蒋如燕刻立的《秦龙母墓》碑，碑文亦载有"母

① （清）黄培芳等：《悦城龙母庙志》光绪十三年刻本，卷一，记序，页18。
② （清）杨文骏等修：《德庆州志》光绪二十五年刻本，卷十三，艺文，序目，页11。
③ （清）程起周纂，王士瀚重修：《悦城孝通龙母庙志》嘉庆二十一年重刊本，扬州：广陵书社2004年版，页21。碑存悦城龙母祖庙（清刻）。

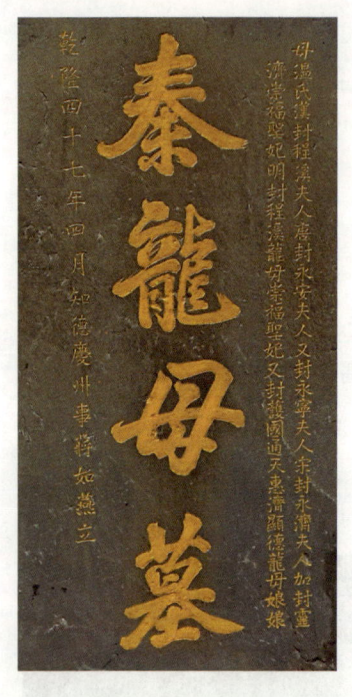

蒋如燕刻立《秦龙母墓》
碑（温爱民摄）

温氏汉封程溪夫人"① 等封号，想必也是依据朱元璋《洪武诏书》碑而录。

据新见史料宋靖康元年（1126）康州知军州吴揆《赐额记》碑（拓本）载："唐天祐初载（904）始封母温永安郡夫人，越明年（905），改封永宁夫人。"② 这是现存所见最早的一通记载龙母受朝廷敕封的碑刻（拓本，碑佚），但此碑并未提及汉封之事，因此，汉封一事应界定为明清后所加。

迨宋熙宁丙辰岁，龙母"风送转运（粮草）"，助宋军大败交趾兵于富良江，大胜凯旋，使者奏报朝廷，皆言龙母有功于国，龙母庙于宋元丰戊午（1078）获朝廷赐额曰"永济"，龙母受封永济夫人；大观戊子（1108），又赐"孝通"为额。至此，悦城龙母祖庙连获两次朝廷"赐额"，时称"永济庙"，又称"孝通庙"。

吴揆《赐额记》拓本释文：

龙王始末，图经与赵令则、李景休二石刻所载详矣。祠宇建立，其来绵远，唐天祐初载始封母温永安郡夫人，越明年，改封永宁夫人。国朝元丰戊午敕其额曰永济，封永济夫人。大观戊子诏以孝通为额，盖取卜地移坟意也，坟祠俱在悦城北岸，舟人往来躬洁祭亨，讫无惊波怒涛，覆溺之患，每以水旱疾疫祈禳，悉随叩随应。自秦迄今几二千载，康人得神之惠，愈久愈深，而庙食愈盛。出入变化显见示人，罔有常形，呜呼异哉。戊子赐今额，星霜凡一十九换，碑碣尚缺，揆代匮郡事，始请文以志，岂因循苟且，未遑暇耶，抑神意有待也，揆不敢默。靖康元年丙午八月望。朝散大夫、知康州军州、管句神霄玉清万寿宫、兼管内劝农事、借紫金鱼袋吴揆谨记。

---

① （清）蒋如燕《秦龙母墓》碑，碑存悦城龙母祖庙。
② （宋）吴揆《赐额记》碑拓本，温爱民收藏。

从政郎、就权端溪县令、管句劝农公事严祖洽书丹。

摄权司士曹事、兼司仪曹及管左推勘公事崔纳诲立石。①

《赐额记》的珍贵之处，是吴揆以其可见的资料刻碑记载了龙母受朝廷"始封"的准确年代，其载"唐天祐初载始封母温永安郡夫人"，为目前可见到的龙母受朝廷敕封年代最早的石刻文献。可以认为，唐天祐初即为龙母"始封"年代。

哲宗朝元祐初（1086），时任康州知军州邓桓显撰有《晋康郡龙母庙记》，大约比吴揆《赐额记》早40多年，他应该也未能看到"赵李"碑，遂有"因究修殿事，西庑下石碑岁久剥裂，无可读者，徒叹恨而去"②的描述。此可判断，早在宋代元祐年间，两唐刻已剥裂、缺泐模糊或已佚失，后才有吴揆的《赐额记》碑。

比邓桓显任职更早一点的康州通判张维（1085年任）撰《永济行宫记》，完整地记载了宋代龙母受朝廷敕封的缘由："大宋熙宁丙辰岁，交贼犯顺，皇师致讨，兵甲粮馈之运舟首尾相继，未尝有风波之虞，使者具言夫人有功于国，宜在祀典（记存碑佚）。"③记载了龙母信俗列为朝廷祀典的准确时间。道光二年（1822），阮元修《广东通志》时，在悦城龙母祖庙内发现元丰残碑"仆置草间"，经考辨认为此即宋元丰赐额龙母庙时所立之碑，吴揆撰《赐额记》正是依据元丰残碑，称元丰戊午（1078）赐额曰永济，封永济夫人，"此碑盖因是作也"④。

《永济行宫记》《晋康郡龙母庙记》曾由知军州邓桓显刻石，立于悦城龙母祖庙，可惜该碑今亦不存。元丰乙丑年（1085），张维作《永济行宫记》时距元丰戊午朝廷敕封只有7年时间，张维时任康州通判，记载应较准确。此为目前所能见到的悦城龙母祖庙受朝廷敕封、赐额年代最早的文献资料。

可互证"祠宇建立，其来绵远"的碑刻、文献列载于后：

唐开元二十一年至二十六年间，封州开建县丞赵令则主持重修康州悦城龙母庙。据此，龙母庙的"始建"年代还可以向前推。

唐长庆四年（824），端州司马李绅"书祷"悦城龙母庙，留诗，《新唐书》有记。

---

① （宋）吴揆《赐额记》碑拓本，温爱民收藏。
② （明）陆舜臣纂修：《德庆州志》嘉靖十六年刻本，卷十一，秩祀，页10。
③ （清）谭桓修，梁宗典纂：《德庆州志》康熙十二年刻本，卷九，艺文，页7。
④ （清）阮元修：《广东通志》道光二年刻本，卷二百八，龙母庙元丰残碑考记，页2。

唐太和六年（832），江西宜春县令卢崿，在宜春昌山渡建龙母分祠，江西状元卢肇有《阅城君庙记》，记存，今庙存。

唐太和六年，李景休重修悦城龙母庙楼，碑目存，碑佚。

宋元丰戊午，朝廷赐悦城龙母庙额曰"永济"，封"永济夫人"。元丰乙丑年康州通判张维增修悦城庙，撰《永济行宫记》，知军州邓桓显撰《晋康郡龙母庙记》并刻碑，碑佚记存。

靖康元年（1126），康州知军州吴揆撰《赐额记》并刻碑，记录宋大观二年（1108）朝廷诏赐龙母庙额曰"孝通"。拓本存，碑佚。

德庆悦城龙母祖庙历唐、宋、元、明、清，历代都有增修、重修，最近一次大规模的重修是清光绪三十一年（1905），集中了两广能工巧匠进行了大规模重修。光绪乙未年（1895）四川状元骆成骧手书"龙母祖庙"四个大字为额。重修历时数年，使之"重为大壮之观"。

龙母祖庙"庙墓俱在悦城"，敕赐历史悠久，祖庙地位不可动摇。至今，前来龙母祖庙拜祭的游客络绎不绝，一股无形的力量把人们凝聚在一起，这种中华民族的凝聚力历久不变，这才是龙母文化传承长盛不衰的历史根源。

结　语

经上述资料梳理，我们可以得出如下结论：

（1）唐开元年间（733—738），封州开建县丞赵令则主持重修康州悦城龙母庙。设若这是第一次重修龙母庙，考虑始建至重修应有几十年（约50年）的时间，据此可推断，康州悦城龙母立庙始建年代至今已有1340多年。

（2）稍后于唐天祐初，悦城龙母获朝廷敕封"永安郡夫人"，为龙母的"始封"年代，至今已有1120多年历史。关于龙母受汉封一事，现存只有明清时期的资料，用于宣传无可厚非，但用于历史研究，仅有明清资料则不足下结论。

（3）悦城龙母庙最早获朝廷赐额在北宋元丰元年（1078），赐庙额曰"永济"；大观二年（1108），赐庙额曰"孝通"。从而确立了龙母司辖西江流域"水府元君"的地位。

（原载王敏主编《德庆悦城龙母文化研究》，广州：暨南大学出版社2016年版）

悦城龙母祖庙《赐额记》碑考

德庆悦城龙母祖庙历代碑刻甚富，对研究岭南历史文化有很高的参考价值。但是，由于种种原因，龙母祖庙碑刻大多佚失。笔者近年搜得宋代碑刻吴揆《赐额记》拓本，经研究，该碑分上下两部分，分别刻《孝通庙尚书省牒》与吴揆撰《赐额记》，但不知何故断裂为上下两截，且已佚失。散藏民间的《赐额记》拓本失而复得，从而为研究龙母祖庙的历史及至岭南地区民间"拜龙母"习俗提供了重要史料。

千百年来龙母文化长盛不衰，被誉为"西江神源"。宋大观二年（1108），朝廷颁诏，赐悦城龙母庙额为"孝通"，敕龙母神正统祀典地位，本十分隆重之事，但北宋后期，时局动荡，州县无暇顾及，由是"星霜凡十九换，碑碣尚缺"。迨靖康元年（1126），时任康州知军州吴揆始"请文以志"，撰《赐额记》并刻朝廷诏令《孝通庙尚书省牒》，立碑于悦城龙母祖庙东廊，彰显龙母事迹及记载朝廷"赐额"始末，至今已逾900多年历史。

一、 悦城 《孝通庙尚书省牒》

古人访碑，多是人工抄录，难免会有脱漏，甚至舛误。加上古碑由于时间久远剥泐模糊，也难免会有阙字，遂形成了各种不同的版本，给后人解读、研究这类文献造成了一定的困难。

目前可见到的悦城《孝通庙尚书省牒》主要有三种版本，其一是清咸丰元年（1851），黄培芳等厘定《悦城龙母庙志》，卷一，《制诏》：

敕宜赐孝

通庙为额□（下缺）

至准（下缺）

敕□□（二字难辨，下缺）

大观二年八月七日牒

□□□□□□（押）（此行约六字难辨）

太师左仆射（押）①

其二是清光绪二十五年（1899）《德庆州志·金石》载：

敕宜赐孝

通庙为额□

至准

敕故牒

大观二年八月七日牒

奉大夫行左丞林（押）

太师左仆射（押）②

该版第六行增入了"奉大夫行左丞林"七字。考记称牒文"点划尚约略可辨"，可知其时该碑还存龙母庙，书志者是经过对原碑的辨审和参考道光《广东通志》得出的结论，所载牒文为所见文献记录最全者。

其实在道光初已有人发现、考证并著录了《孝通庙尚书省牒》。阮元《广东通志·金石略》载：

孝通庙尚书省牒，草书，存。

敕宜赐□

通庙为额□

至准

敕故牒

---

① （清）黄培芳等：《悦城龙母庙志》光绪十三年刻本，卷一，制诏，页1。

② （清）杨文骏等修：《德庆州志》光绪二十五年刻本，卷十四，金石，页10。

大观二年八月七日牒

□奉大夫行左丞林（押）

太师左仆射（押）①

道光十三年（1833）《肇庆府志》同。

道光二年（1822），时任两广总督阮元主修《广东通志》，收录该碑并做过考证："牒在德庆龙母庙，即《靖康赐额记》之石上段也，左丞林拰，左仆射蔡京，并见《宋史·徽宗纪》。"② 又注："《记》在德庆龙母庙，其石上截为尚书牒，已断裂矣。"③ 这两段话的意思很清楚，在德庆龙母庙发现的"尚书省牒"与吴揆的《赐额记》本同刻于一块碑上，道光时已断为上下两截。据此可以推断，时该碑并未佚失，我们可以得出是碑上半截刻"尚书省牒"，下半截刻《靖康赐额记》（即吴揆《赐额记》）的结论。

《悦城龙母庙志》脱字的第六行是牒文落款，道光《广东通志》根据《宋史》补全了落款，审为"左丞林拰，左仆射蔡京"两人。《广东通志》有对原碑的考证作为基础，按理此版本应为最全最可靠者。而后来的道光《肇庆府志》、光绪《德庆州志》均引用了道光《广东通志》的考证成果。唯同治年间黄培芳等修《悦城龙母庙志》时既没有引用，也没有注释，成为缺字最多的一个版本。

然笔者检索《宋史》，时任左丞并非"林拰（lǚ）"，应为"林摅（shū）"。史载，宋徽宗于"大观元年闰月丙戌，以林摅为尚书左丞"④，此处阮元《广东通志》有误，道光《肇庆府志》、光绪《德庆州志》并沿其误。

考林摅，字彦振，福州人。《宋史·林摅传》："摅用荫至敕令检讨官，迁屯田、右司员外郎。……赐进士第，擢起居舍人，进中书舍人，帝特命，遂为翰林学士。"⑤

道光《广东通志》原载"□奉大夫行左丞林"句，"奉"字上脱字应与林摅的官阶有关。宋代官制，朝官一般有与之相称的官阶冠其职务之前，曰某某

---

① （清）阮元修：《广东通志》道光二年刻本，卷二百一十，金石略十二，页1。
② （清）阮元修：《广东通志》道光二年刻本，卷二百一十，金石略十二，页11。
③ （清）阮元修：《广东通志》道光二年刻本，卷二百一十，金石略十二，页13。
④ （元）脱脱等撰：《宋史》，卷二十，徽宗二，北京：中华书局1997年版，页134。
⑤ （元）脱脱等撰：《宋史》，卷三百五十一，林摅传，北京：中华书局1997年版，页2833。

大夫之类。宋代文散官官阶，不同时期有不同的设置或增减，官品又随之变化，比较复杂。《宋史·职官九》载："大观初又增宣奉、正奉、中奉、奉直等阶。"① 对应为"宣奉"正三品，"正奉"正四品上阶，"中奉"正四品……林摅得宋徽宗赏识，"加秩二等，改兵部尚书，进同知枢密院，尚书左丞，中书侍郎，自大观元年春至二年五月，繇朝散大夫九迁至右光禄大夫"②。林摅任尚书左丞（正三品）签署《孝通庙尚书省牒》在"大观二年八月七日"，旧官阶对应为"右光禄大夫"，正三品。而"宣奉大夫"也是正三品，可知林摅此时用的是大观后新置的官阶"宣奉大夫"而非旧官阶"右光禄大夫"。据此，"奉"字上之脱字应为"宣"字，全称为"宣奉大夫行左丞林摅"。

另一位签署《孝通庙尚书省牒》的是北宋丞相蔡京。蔡京，字元长，兴化仙游人，登熙宁三年进士第。累官至左仆射、太尉、太师。其任内大兴"花石纲"之役，耗费巨万，民怨沸腾。《宋史》载："（蔡京）大观元年，复拜左仆射，躐拜太尉，受八宝，拜太师。"③ 即蔡京第二次任相后签署孝通庙尚书省牒。

悦城《孝通庙尚书省牒》由何人书丹，文献没有记载，但光绪《德庆州志》记录了"尚书省牒"的书写形式和字体，考记曰："孝通庙大观二年牒，在悦城龙母庙东廊，敕宜赐十三字草书，大观一行细字，正书，后二行大字，亦正书。"④ 可以确认，牒正文为草书，落款为正书。这一史料为今后恢复原碑提供了重要的参考。

余按：《孝通庙尚书省牒》有可能是蔡京手书。吴揆与蔡京是福建同乡，且吴揆与蔡京之子蔡攸是"同年"，都是崇宁三年特赐进士，应该有接触的机会。蔡京为北宋书法大家，且喜欢到处题字，尤善草书。"靖康元年，（蔡京）从上皇南下"⑤ 巡视，吴揆通过蔡攸取得蔡京手书并非不可能。

道光十三年（1833），肇庆知府屠英修《肇庆府志》时，对悦城《孝通庙尚书省牒》作了进一步的考证，对牒文钤印和押字（签名）的位置作了记录。同时指出了龙母庙就是"孝通庙"这个很多人并不十分清楚的问题。考记曰：

① （元）脱脱等撰：《宋史》，卷一百六十九，职官九，北京：中华书局1997年版，页1057。
② （元）脱脱等撰：《宋史》，卷三百五十一，林摅传，北京：中华书局1997年版，页2833。
③ （元）脱脱等撰：《宋史》，卷四百七十二，蔡京传，北京：中华书局1997年版，页3490。
④ （清）杨文骏等修：《德庆州志》光绪二十五年刻本，卷十四，金石，页10。
⑤ （元）脱脱等撰：《宋史》，卷四百七十二，蔡京传，北京：中华书局1997年版，页3492。

"孝通庙即龙母庙，七日二字上钤尚书省印。"① 至此，《孝通庙尚书省牒》阙
泐部分就基本完整了。

但该版本"额"字下还缺一字，不过这个字不算关键字。参考广州南海
神庙宋庆元四年（1198），朝廷赐南海神庙额《尚书省牒碑》的行文格式：
"牒奉勅：宜赐英护庙为额，牒至准敕，故牒。庆元四年五月（尚书省印）日
牒。"②。据此，"额"字下应为"牒"字。

考证补缺后的悦城《孝通庙尚书省牒》复原如下：

> 敕宜赐孝
>
> 通庙为额　牒
>
> 至准
>
> 敕故牒
>
> 大观二年八月（钤尚书省印）七日牒
>
> 宣奉大夫行左丞林（押）
>
> 太师左仆射蔡（押）

二、吴揆 《赐额记》

悦城《孝通庙尚书省牒》断碑下半截为吴揆《赐额记》，自明代以来，有
多个文字版本辑录在各地的方志中，各版本出入不大。最早的版本载于明嘉靖
《德庆州志》，而阮元《广东通志》所载最详，并有考记。因该碑已经断为两
截，损毁严重，至道光时部分记文已不全，共计缺八字。阮元《广东通志》
收录时补全了两字，把断石上段的"吴"字和"神"字补回到下半截的《赐
额记》中。考记曰："《赐额记》在德庆龙母庙，其石上截为《尚书牒》已断
裂矣。而'霄'字上'神'字，'揆'字上'吴'字，适在彼石中（上半
截），今据补。"③ 其余六字，根据本人收藏之《赐额记》拓本，均可一一补缺
校正。

---

① （清）屠英等修：《肇庆府志》道光十三年刻本，卷二十一，金石，页77。

② 黄兆辉、张荻晖编撰：《南海神庙碑刻拓片集》，广州：广州出版社2007年版，页31。

③ （清）阮元修：《广东通志》道光二年刻本，卷二百一十，金石略十二，页13。

考《赐额记》撰文者吴揆，福建漳州龙溪（今漳州龙海市）人，明嘉靖《龙溪县志》："吴揆崇宁三年（1104）特赐进士出身。"① 吴揆于靖康初官朝散大夫，代理康州（今德庆）军州事、管句神霄玉清万寿宫、兼管内劝农事。福建《龙溪县志》未载吴揆在何处任职，唯《德庆州志》依据悦城龙母祖庙《赐额记》碑刻，记录了吴揆在康州的职务，此可补《龙溪县志》之阙。

吴揆知康州军州，还有一个特别的职务"管句神霄玉清万寿宫"，这是宋代一个特有的官名。宋徽宗笃信道教，《宋史·徽宗纪》载："政和七年，改天下天宁万寿观为神霄玉清万寿宫。……重和元年五月诏诸路选漕臣一员，提举本路神霄宫。"② 并规定各州府长官"管句神霄宫"，即兼管本州府道观事务。德庆三洲岩摩崖石刻群有郑良题记："重和二年正月四日，真阳郑良少张奉檄西江，瞻视神霄宫宇。"③ 郑良为广东英州（今英德）人，宋洪迈《夷坚志》载："郑良，字少张，英州人，宣和中，仕至右文殿修撰、广南东西路转运使。"④ 是刻正是"漕臣"郑良奉命"提举本路神霄宫"，巡视西江沿线修建神霄宫事，在德庆三洲岩留下的题记。查文献虽然康州没有建"神霄宫"的记载，但康州龙母庙为道教系统，历史悠久，且有朝廷赐额。吴揆"管句神霄玉清万寿宫"，当然不敢怠慢，撰《赐额记》勒石记载朝廷赐额龙母庙这一重大事件。

今存《赐额记》（拓本）落款还有"借紫金鱼袋吴揆谨记"一语，这是吴揆的一个荣衔。在宋代，"紫金鱼袋"是一种朝廷恩宠，官吏中若任职高于其原品级的，其任职就需借"紫金鱼袋"荣衔。吴揆官品为朝散大夫（从六品），康州为康王赵构的封地，配军额，是为军州（正五品），跳了两级，吴揆必须佩"紫金鱼袋"才够格任职。"紫金鱼袋"由朝廷赐予，可俱四品以上的待遇。

《赐额记》书丹者为严祖洽，广东惠来人。大观三年（1109），严祖洽中己丑科正奏三甲进士。⑤ 郭棐《粤大记》称进士严祖洽为"潮州府人"⑥。靖康元年（1126），严祖洽以从政郎（从七品）就权端溪（今德庆）县令，职位

<hr />

① （明）刘天授修，林魁等纂：《龙溪县志》嘉靖十三年刻本，卷七，选举，页3。
② （元）脱脱等撰：《宋史》，中华书局1997年版，页138、139。
③ （宋）郑良题记，存德庆三洲岩。
④ （宋）洪迈撰，何卓点校：《夷坚志》，卷十，《南山寺》，北京：中华书局1981年版，页85。
⑤ （清）周硕勋纂修：《潮州府志》光绪十九年重刊本，卷二十六，选举上，页7。
⑥ （明）郭棐撰：《粤大记》万历二十二年刻本，卷四，科第，页19。

虽低，但他书法了得，尤其楷书写得非常好。楷书始于汉末，成熟于唐代，到宋代发展到高峰，产生了以苏轼、黄庭坚、米芾、蔡襄为代表的"宋四家"。严祖洽虽不是书法名家，但其楷书形体方正，笔画工整，实为难得的宋代书法碑帖。

需要指出的是，黄培芳等修《悦城龙母庙志》载《赐额记》首句为"龙母始末……"而其他各版本包括拓本，首句均为"龙王始末……"记文之内容又实为龙母事迹，与龙王毫无关系，或是黄培芳等纠正吴揆之笔误？时至今日，虽百思不得其解，唯据拓本，则当以"龙王"句为正确。

《赐额记》释文：

> 龙王始末，图经与赵令则、李景休二石刻所载详矣。祠宇建立，其来绵远。唐天祐初载，始封龙母温永安郡夫人，越明年，改封永宁郡。国朝元丰戊午，敕其额曰"永济"，封永济夫人。大观戊子，诏以"孝通"为额，盖取卜地移坟意也。坟祠俱在悦城北岸，舟人往来，蠲洁祭享，迄无惊波怒涛覆溺之患。每以水旱疾疫祈禳者，悉随叩随应。自秦迄今几二千载，康人德神之惠愈久愈深，而庙食愈盛。出入变化显见示人，罔有常形，呜呼异哉。戊子赐今额，星霜凡一十九换，碑碣尚缺，揆代匮郡事，始请文以志，岂因循苟且，未遑暇耶，抑神意有待也，揆不敢默。靖康元年丙午八月望。朝散大夫知康州军州、管句神霄玉清万寿宫、兼管内劝农事、借紫金鱼袋吴揆谨记。
>
> 从政郎、就权端溪县令，管句劝农公事严祖洽书丹。
>
> 摄权司士曹事、兼司仪曹及管左推勘公事崔纳诲立石。

斯石无存，唯拓片存焉，今县政府要恢复龙母祖庙历史碑刻，笔者献拓本以恢复原碑之面貌。

吴揆《赐额记》碑拓本，高 132 厘米，宽 141.5 厘米。
据残碑尺寸，原碑应在两米以上（拓本原件温爱民藏）

结　语

德庆悦城龙母事迹肇于周秦，封于汉唐，迨宋之兴，与宋代三位皇帝和宋代的几件重大历史事件有关。

宋神宗赵顼，北宋第六位皇帝。熙宁九年（1076），交趾（今越南）李乾德反宋，连陷大宋钦、廉、邕三州，朝野震动，急遣安南招讨使郭逵率军征讨。宋军水陆路并进夹击交趾，经西江运送兵甲粮草，途径悦城，谓龙母"风送转运，未尝有风波之虞"，大军所到之处海不扬波，一举收复邕州、廉州、钦州等地。史载：

郭逵败交趾于富良江（今越南境内），获其伪太子洪真，李乾德遣人奉表诣军门降，逵遂班师。① 使者具言夫人有功于国，宜在祀典，戊午诏赠龙母为永济夫人，委官增修悦城庙。② 元丰戊午（即元丰元年，1078年），赐其额曰永济，封永济夫人，此碑盖因是作也。③

宋徽宗赵佶，北宋第八位皇帝。登帝位前为端王，封地端州（今肇庆市）。徽宗酷爱艺术，雅好诗书，其独创的"瘦金体"书法至今独步天下无人超越。在位期间，于大观戊子（即大观二年，1108年），赐额康州悦城龙母庙，额曰"孝通"，与其笃信龙母"有功于国，有德于民"不无关系。

宋高宗赵构，南宋开国皇帝，登帝位前为"康王"，封地为康州（今德庆县）。宋高宗于绍兴元年（1131）诏升封地康州为府，改称德庆府，"德庆"一名沿用至今。吴揆撰《赐额记》即于此时流传于世。

（原载《岭南文史》，2013 年第 2 期）

---

① （元）脱脱等撰：《宋史》，卷十五，北京：中华书局1997年版，页112。
② （清）谭桓修，梁宗典纂：《德庆州志》康熙十二年刻本，卷九，艺文，重修永济行宫记，页7。
③ （宋）吴揆《赐额记》碑拓本，温爱民收藏；（清）阮元修：《广东通志》道光二年刻本，卷二百零八，金石略十，页2。

唐宋龙母行宫分布与龙母文化传播研究

西江流域孕育了龙母文化，在岭南地区可为家喻户晓。龙母生于周秦之世，在岭南一方"保境安民，泽润苍黎，有功于国，有德于民"，得朝廷敕封于康州悦城，确立了龙母司辖西江流域"水府元君"的地位，而最早获得朝廷赐额的康州悦城龙母庙也因此成为"龙母祖庙"。早在唐宋时期，在岭南地区的西江流域就形成了一条以康州"悦城龙母祖庙"为中心的龙母信俗文化带，"拜龙母"已成为岭南地区重要的民间信俗，形成了绵延千百年的龙母文化。

在岭南的两广地区，分布有数以千百计的"龙母行宫"，龙母行宫又称"龙母分祠"，亦指龙母"出巡保苗、护祐年丰"时停留各乡的寝宫，龙母岁时出巡，并"许人请归供奉"。各地建置龙母行宫，是龙母信俗传播所形成的一种文化现象，因此，梳理、考察、研究龙母行宫的分布情况，可直观准确地反映出龙母文化的传播路径和"拜龙母"民间习俗的覆盖范围，是研究龙母文化不可或缺的重要组成部分。

2001年，悦城龙母祖庙被列为全国重点文物保护单位；2011年，龙母"民间信俗（悦城龙母诞）"由国务院公布为第三批国家级非物质文化遗产，成为全人类共享的文化瑰宝。

2011 年，"民间信俗（悦城龙母诞）"
由国务院公布为国家级非物质文化遗产（温爱民摄）

一、 康州龙母"永济行宫"

古之两广及越南北部地区，自秦至两汉，地域上均属同一区域，统称岭南地区。德庆"州据岭西之上游，扼广右之门户，邕、桂、贺三江州实绾其口，山川雄固，诚锁钥要地也"①。从地理上，德庆集三江之水口，扼两广之咽喉，处于"交广道适中位置"，自古就是"岭西舟车之会"②。而这一便利交通，加速了龙母信俗在唐宋时期两广地区的广泛传播。

德庆古称康州，离悦城龙母祖庙有一百多里水路，古时虽有船艇往来，但州人往返拜祭龙母多有不便，因此，众人在州治西建置龙母行宫，以方便州人岁时拜祭，此可视为龙母信俗早期沿西江水路向上游延伸传播之例。

康州龙母行宫，又称西庙，"西庙，即永济行宫，在城西五里白石泉，今毁，有记（存）"③。州志载，康州有"化龙桥，在州西五里孝通庙（龙母庙）

---

① （清）顾祖禹撰，贺次君、施和金点校：《读史方舆纪要》，卷一百一，德庆州，北京：中华书局 2005 年版，页 4659。

② （清）杨文骏等修：《德庆州志》光绪二十五年刻本，卷五，页 51。

③ （清）谭桓修，梁宗典纂：《德庆州志》康熙十二年刻本，卷六，建置，页 12。

前，下有白石泉流注于江，昔宾兴饮饯于此"①。位置即今德庆城西白石涌口，其居高爽、面临西江，东西往来者皆通于祠下，为东西行旅通道。昔应举之士、行旅商贾如取水路，多把盏钱饮于此，焚香拜祭龙母，保佑科举得心应手、在商生意兴隆。

这个地方当地人又称"西湾石角"，一巨石凸出江心，江水受束，漩涡暗涌，水势湍悍，每岁数坏舟楫，州人将龙母行宫设于此，以压水患。往来船家每经此处，必先燃放鞭炮奉龙母，祈求龙母保佑行船平安。

西湾石角，今德庆自来水厂前西江河边（温爱民摄）

宋元丰年间，龙母行宫由于"年久失修，栋宇颓坏"，时郡人徐晓、王恩、陈京等率众重修，由于工程浩大，未能完成。众人求助于康州判官张维，张维有感于龙母事迹，欣然捐俸牵头发起募修龙母行宫善举，"卒得钱五十六万，鸠工聚材，逾月告成"。时逢北宋元丰征交趾大胜凯旋，使者谓龙母有功于国，是年朝廷有封赠，敕封悦城龙母为"永济夫人"，康州龙母行宫因改称"永济行宫"，州判张维于元丰乙丑撰《重修永济夫人行宫记》刻于庙：

永济夫人龙母温氏者，晋康郡之程水人也，其先不可得考记。秦始皇时夫人浣于江岸旁，得卵如斗，异焉，持归藏于器中。后有物如守宫，破

① （清）谭桓修，梁宗典纂：《德庆州志》康熙十二年刻本，卷六，建置，页11。

卵而出，长数尺，性喜水，投之江，嬉游自适。每夫人往观，辄以鱼置其侧而去。一日，夫人治鱼，误挥刀斩其尾，遂不复见，久之复来，遍身生鳞，文有五色，头有两角。夫人与邻里始以为龙。郡守以上闻，秦始皇遣中使尽礼致聘，将纳夫人于宫，夫人不乐，使者敦迫上道。数旬至始安郡，一夕龙引所乘船还程水。使者复还，龙复引归，凡数四。夫人果以疾殒，既葬西源上。后大风雨，其墓忽移江北，即今悦城也。阖境畜乘，皆汗而疲困，昼夜号哭，有声如人，远近神之，共立龙母庙于墓傍，祈祷应答如响。唐太和中李景休，会昌赵令则刻文于碑详矣。大宋熙宁丙辰岁，交贼犯顺，皇师致讨，兵甲粮馈之运舟，首尾相继，未尝有风波之虞。使者具言夫人有功于国，宜在祀典。戊午诏赠龙母为永济，委官增修悦城庙貌，楼居宏壮。州之西南隅有夫人行宫，枕江干，下临石碛，其居高爽，而栋宇颓坏，风雨莫庇。郡人徐晓、王恩、陈京等议欲率众营构一新，众意未济。会维以罪来隶郡籍，因为文出钱以倡，率众皆奉行，辛得钱五十六万，鸠工聚材，逾月告成。祠堂深邃，殿阁巍裁，门厨廊庑俨然有序，制度不侈不广，而木石精悍，可以延永，望者莫不伟焉。张维乙丑春日记。①

碑文分述龙母事迹：

第一段介绍龙母的事迹，也就是盛传至今的"温女拾卵、豢龙为儿、却聘嬴秦、卜地移坟"等故事原型。《重修永济夫人行宫记》所记录、引述的内容，被认为是目前最接近两唐碑内容的碑记之一。

第二段记录了北宋时期一个重大历史事件：宋熙宁九年（1076），交趾（今越南）李乾德反宋，连陷大宋钦、廉、邕三州，朝野震动，急遣安南招讨使郭逵率军征讨。《重修永济夫人行宫记》记录了宋军水陆路夹击交趾，沿西江运送粮草，谓龙母护佑，未尝有风波之虞。一举收复钦、廉、邕三州，大败交趾兵于富良江，大胜凯旋。使者上表朝廷"具言夫人有功于国，宜在祀典"。元丰戊午（即元丰元年，1078 年），宋神宗敕悦城龙母庙额为"永济"，诏赠龙母为"永济夫人"。

第三段则是记录康州判官张维于元丰乙丑（即元丰八年，1085 年）捐俸发起重修康州龙母庙始末，重修后改名"永济行宫"，并撰记，为龙母信俗的

---

① （清）谭桓修，梁宗典纂：《德庆州志》康熙十二年刻本，卷九，艺文，页7。

传播留下了一段珍贵的历史记载。

一年后，署任康州知军州邓桓显"因究修庙一事，西庑下碑石岁久剥裂，无可读者。今蒙恩守土，古今之记述，不可以无传，命工并刻之行宫张君维所为记并镌于石，以垂攸久，使来者有考焉"①。邓桓显撰《晋康郡龙母庙记》并《重修永济夫人行宫记》镌石置悦城龙母庙左，可惜此碑已佚，庆幸的是两记的记文流传至今。记文内容丰富，文笔流畅，是不可多得的文献史料。

张维，浙江乌程人，进士，宋神宗朝以右承事郎于元丰末（1085）任康州判官。② 按：据李焘《续资治通鉴长编》载，张维于熙宁十年（1077），由原州临泾县令以罪谪岭南康州判。③ 据此，张维在康州任判官应以《续资论通鉴长编》所记，于熙宁十年任康州判官为准确。

记文落款为"乙丑春日"，即元丰乙丑年（1085），康州永济行宫至今已逾千年历史，沧海桑田，永济行宫旧址与化龙桥今已不存。

笔者走访原西湾白石涌居户张呀老人（75 岁），其叙述：听前辈讲，"西湾石角"龙母庙（西庙）很久前已迁到城内仁寿里（坊），在新中国成立初原址仅余"三坑瓦"盖头供奉龙母神，但船家经此循例必放鞭炮祈求平安，至20 世纪 60 年代，西江疏航工程将江心巨石炸毁乃止。又据西湾原住户陈汉生老人（85 岁）叙述：此地（西湾石角）系其祖上种植柚子的园地，其亲眼见"化龙桥"在民国时期还存，当地人叫"白石涌桥"，因旁有龙母庙，又叫"龙母桥"。大约在 1944 年，他看见有几个人拿着地图在此比画，老人当时十一二岁，小学四年级，略通文字，看见地图上标注有"化龙桥"三字，此亦可以证实此地就是永济行宫旧址。

化龙桥于新中国成立前倾圮，新中国成立后重建石桥，沿旧名。20 世纪70 年代初在白石涌山边建德庆石油库，在永济行宫旧址建德庆水泥厂等，化龙桥被夷平修公路，后两单位相继搬迁，今为德庆自来水厂前空地。

---

① （明）陆舜臣纂修：《德庆州志》嘉靖十六年刻本，卷十一，秩祀，页 11。
② （清）杨文骏等修：《德庆州志》光绪二十五年刻本，卷八，职官志，页 6。
③ （宋）李焘：《续资治通鉴长编》影印版，卷二百八十，页 6867。载张维于熙宁十年二月甲辰，由原州临泾县令贬任康州。

德庆县城仁寿南路口有龙母永济行宫，为康熙十年（1671）
悦城州绅梁正宸迁建于此，已有350多年历史（温爱民摄）

龙母永济行宫（西庙），约于明末圮毁，康熙间悦城人梁正宸及"州中绅
衿士民复卜地仁寿里建庙二座而奉祀焉"①。光绪《德庆州志》又载："龙母行
宫在仁寿里，康熙十年建，以悦城孝通庙距州城远，岁祀神于此，今亦名永济
行宫。乾隆三十三年、嘉庆九年、道光十年、十七年叠有增修。"② 该庙原在仁
寿里南临江高爽处，庙旁有一株巨大的榕树护荫全庙。1969 年修建德城大桥联围
时该庙被拆毁，信众将庙迁至大堤内今仁寿南路口，至今仍为群众岁时拜祭。

二、 广西藤县龙母庙

广西藤县龙母庙亦为龙母行宫，其建置年代最早载于宋乐史《太平寰宇
记》一书，该书撰于太平兴国年间（976—984），说明北宋早期龙母信俗已传
播至西江上游的广西藤县，但书中只简单记载了"龙母庙在州东，枕容州江

① （清）谭桓修，梁宗典纂：《德庆州志》康熙十二年刻本，卷八，护国通天惠济显德龙母娘娘
传，页 27。

② （清）杨文骏等修：《德庆州志》光绪二十五年刻本，卷五，坛庙，页 33。

口"① 十来个字，无法知道其准确的建置年代。从时间上来说，比南北朝时期记载的悦城龙母晚了 500 多年。

藤县的地方文献记载龙母传说的也比较多。考嘉庆《藤县志》记载龙母本传一节，则大部分采辑自《肇庆府旧志》及《孝通祖庙旧志》（原注）说明两志于嘉庆间在藤县有流传。嘉庆《藤县志》成书于嘉庆二十一年（1816），比《孝通祖庙旧志》成书时间晚了 140 多年。从所载资料分析，藤县龙母庙源于悦城龙母祖庙无疑。

值得指出的是，《孝通祖庙旧志》称龙母"其先广西藤县人"，坊间也有传说藤县为"龙母娘家"，谓龙母小时候被放在一个木盆随水漂流到了悦城。但《藤县志》并无此记载，也未能确认传说中"龙母祖籍"或"龙母娘家"在藤县的什么地方。嘉庆《藤县志》只是载为"龙母庙在水东街胜概坊，（龙母为）藤县二十一都籧竹村人，錾龙潭犹存；或曰一都水东街孝通坊人"②，这种模棱两可的描述并未能支撑龙母祖籍或娘家为广西藤县的说法。余按：二十一都籧竹村今属广西岑溪市地界，而一都水东街孝通坊今在藤县县城，这是两个完全不同的地方，因两地都有龙母庙，到底以哪个为龙母的祖居地？这就留下了一个不大不小的"龙母里籍"问题。关于这个问题，既然《藤县志》都未能确认龙母的祖居地址，那"龙母为广西藤县人"的说法就值得商榷了。

以目前学界比较一致的说法，龙母为端溪（德庆县）悦城人。沈怀远《南越志》曰："昔有温氏媪者（龙母），端溪人也。常居涧中捕鱼，以资日给……"③龙母姓温，"温氏媪者"即指龙母，这是记载龙母事迹最早的文献。《南越志》成书约在南朝宋孝武帝（454—464 年在位）时期，而至隋开皇三年（583）始有广西藤州建置。换句话说，沈怀远记载"端溪龙母"的时候，广西还未有藤州。明以后，藤州改为藤县。考嘉庆《藤县志》沿革所载："隋开皇三年平陈废郡置藤州……唐武德五年（622）以永平县为藤州。五代时以镡津县为藤州治。熙宁四年（1071）改南仪州为岑溪县，属藤州，隶广南西路……洪武十年五月改藤州为藤县。"④

《藤县志》记载有两座龙母庙，一座位于一都"河东街（水东街）孝通

---

① （宋）乐史撰，王文楚等点校：《太平寰宇记》，北京：中华书局 2007 年版，页 3044。

② （清）高攀桂修：《藤县志》嘉庆二十一年县衙藏版，卷五，壇庙，页 10。

③ （清）黄培芳等：《悦城龙母庙志》光绪十三年刻本，卷一，事略，页 4。

④ （清）高攀桂修：《藤县志》嘉庆二十一年县衙藏版，卷二，沿革，页 9。

坊，即古藤州故址"①，此即《太平寰宇记》记载的"容江口"龙母庙。该庙约建于宋太平兴国年间，距今已有一千多年历史，由于年代久远，原基址已无存。另一座在"二十一都三眼堡疍家司署前三合咀，乾隆十八年（1753），贡生霍士型、邑人钟明云等重修"②。三眼堡疍家司龙母庙地属藤县二十一都地界，但二十一都没有籓竹村，据《藤县志》载"籓竹村在藤县十都"③。此载与龙母本传记"藤县二十一都籓竹村人"有冲突，《藤县志》记载恐误。

那"容江口"又是什么地方呢？容江即北流河藤县段的古称，容江自南而北流经藤县，注入浔江的交汇处称容江口，因此，藤县人称容江口的东面为"水东"，前述胜概坊、孝通坊俱在水东街，原属附城街道，后划入一都地界。④

余按：藤县孝通坊因有"孝通庙（龙母庙）"而得名，悦城龙母庙迨宋大观二年（1108）始由朝廷赐额孝通庙，因此，水东街孝通坊的得名应是宋大观二年以后的事了，孝通坊的建置要比藤县龙母庙迟130多年。目前，藤县孝通坊龙母庙已移至藤县西江大桥下的胜西村，约在1993年冬，由村民自发重建。庙内两进，占地面积约500平方米，并不是《太平寰宇记》所记载的地方。

广西藤县孝通坊龙母庙已迁移至西江大桥下胜西村（温爱民摄）

---

① （清）高攀桂修：《藤县志》嘉庆二十一年县衙藏版，卷五，古藤州，页4。
② （清）高攀桂修：《藤县志》嘉庆二十一年县衙藏版，卷五，龙母庙，页15。
③ （清）高攀桂修：《藤县志》嘉庆二十一年县衙藏版，卷二，舆地，页20。
④ （清）高攀桂修：《藤县志》嘉庆二十一年县衙藏版，卷二，胜概坊，页15。

三、 广西兴业"博泉神庙（龙母庙）"

迄唐代，龙母信俗在康州悦城形成之后，借助"交广道"水路交通之便利，通过民间的口耳相传，逐渐形成了一条以"交广道"水路为主线的龙母信俗文化带，并迅速传播至西江上游的广西兴业县。

兴业县位于广西东南部，县以"兴业"得名自唐始。据考，兴业于唐初隶贵州（今贵港市），五代属郁林州（今玉林市），明后隶梧州府所辖[1]，地理位置处于今贵港市与玉林市之间，境内水网交织，山清水秀，自古就是广西富庶之地，曾为郁林郡治。

浏览一下兴业县地图，我们会发现，兴业县大部分河流水系均向南注入南海的北部湾，唯发源于兴业县北葵山的龙母江渐折而西，经翻车岭（地名）北流九十里，汇入贵港市将军江，注入郁江，与黔江合，汇流至梧州进入西江，也就是说，康州悦城龙母庙有水路可直达兴业县。

考《兴业县志》："县北二十里有葵山，峰峦耸秀、拔地数百丈，山半有岩，茂树交翳，烟云恒集其上。山顶有池，曰龙池，人迹罕到，龙母江、龙穿江、岑江、中新江诸水皆发源于此。"[2] 龙母江在兴业县北二十七里，源出葵山，汇白马鸣水渐折而西，经翻车岭，两岸林木森翳，一水旋西，北流至湛江。湛江亦称西水江，在县西北，距城五十里，龙母江诸水汇流至此，可通舟楫，再北行四十五里即通贵县（今贵港市）大江。[3] 大江即今郁江，由上游左江、右江汇合而成，为西江上游主要干流，常年可通大艑，水路交通便利。

兴业县有很多以"龙母"命名的地方。龙母江上有龙母桥，距城二十五里。[4] "为沟洫（水利），有龙母陂，龙母陂灌溉平一里良田。"[5] 兴业县水网交织，龙母陂灌溉农田，龙母桥则方便农人往来耕作。或许是河流交通的便利，兴业县约于唐代，便有龙母信俗流传。兴业县有博泉神庙，在县南，距城二十里，供奉龙母。王巡泰《兴业县志》博泉条曰："博泉以其博济故名泉

---

① （清）苏勒通阿修，彭焜基等纂：《续修兴业县志》嘉庆十六年刻本，卷一，沿革，页1。
② （清）王巡泰纂：《兴业县志》乾隆四十六年刻本，卷一，地理，页5。
③ （清）苏勒通阿纂修：《续修兴业县志》嘉庆十六年刻本，卷一，山川，页12。
④ （清）苏勒通阿修，彭焜基等纂：《续修兴业县志》嘉庆十六年刻本，卷二，桥梁，龙母桥，页12。
⑤ （清）苏勒通阿修，彭焜基等纂：《续修兴业县志》嘉庆十六年刻本，卷一，山川，沟洫，页14。

焉，旁有神祠，曰龙母夫人，后汉封。宋熙宁中又封博济夫人。"①

据考，此地供奉的龙母源于广东康州，"博泉神庙"原在康州悦城镇。②刘应麟《南汉春秋·龙母夫人庙》载：

> 庙旧名博泉神庙，在德庆州东一百里悦城之南。相传昔有浦媪于水浒得一卵，大如斗，将归置器中。经数日，忽有一物若守宫，长尺余，穿卵而出，能入水捕鱼，忽一日治鱼误断其尾，遂去后数年乃还，始知其为龙也。会媪死瘗江阴，龙尝鼓波至墓侧，萦浪转沙以成坟。一夕其龙将坟移于北岸，凡洪水淹没，周围皆浊，而近墓独清云。后主大宝九年封为龙母夫人。③

《南汉春秋》记载的龙母事迹虽属摘要性，但从主要情节看，源于广东悦城龙母无疑。但要指出的是，王巡泰《兴业县志》载龙母夫人为"后汉"封，而刘应麟《南汉春秋》则谓"南汉"封，一字之差。

后汉（947—950），指五代十国时期刘知远建立的政权。该政权只延续了四年，是五代十国中最短的政权。刘知远在山西太原称帝，岭南并非其势力范围，《兴业县志》所载恐误。

南汉（917—971）为五代十国时期刘氏家族割据岭南的一个政权，统治范围为广东、广西、海南及越南北部等地区，历四帝。唐末，刘谦任封州（今广东封开）刺史，拥兵过万。刘谦死后，其子刘隐袭父职，逐步统一岭南。刘隐死后，其弟刘龑袭封南海王，于后梁贞明三年（917）在番禺（今广州）称帝，次年改国号"汉"，史称"南汉"。南汉"大宝九年（966），是岁封博泉神曰龙母夫人"④。

考光绪《广西通志辑要》兴业县沿革："（五代时期）兴业县属郁林州，郁林州属南汉。"⑤而刘氏称王，实为在广东封州（今封开县）起家，离悦城不远，应该非常清楚悦城龙母事迹，为巩固其在两广的统治，由南汉王朝敕封

① （清）王巡泰纂修：《兴业县志》乾隆四十六年刻本，卷一，地理，页11。
② （清）阮元修：《广东通志》道光二年刻本，卷一八四，前事略，页15。
③ （清）刘应麟撰：《南汉春秋》道光三十年刻本，卷十二，龙母夫人庙，页7。
④ 梁廷楠著，林梓宗点校：《南汉书》，卷五，广州：广东人民出版社1981年版，页24。
⑤ （清）沈秉成、张联桂等督修：《广西通志辑要》光绪十五年刻本，卷十五，页37。

博泉龙母庙之举不言而喻。

刘应麟记载的"后主"又是谁呢?"后主"即刘铱(941—980),南汉最后一位君主,958年刘铱改年号"大宝",971年南汉为北宋所灭,刘铱投降。大宝九年即966年。

博泉神庙又是什么意思呢?《兴业县志》载:"博泉以其博济故名泉焉……"很明确,是以博济为泉命名,博济解释为"广泛救助",更符合龙母博济众生的事迹。因此,"宋熙宁中又封(龙母)博济夫人"。龙母在宋代封号有"永济、灵济、惠济",但未见"博济",此发现熙宁中又封"博济夫人"[1],为其他方志未载,可补阙如。

龙母历朝封典神衔为:

> 汉封程溪夫人[2];唐封永安郡夫人,又封永宁夫人[3];南汉封龙母夫人[4];宋封永济夫人[5],累封为灵济崇福圣妃[6];元封水府元君[7];明封护国通天惠济显德龙母娘娘[8];清封昭显、溥祐、广荫龙母娘娘水府元君。[9]

结论是,广西兴业博泉神庙源于广东德庆悦城龙母祖庙无疑,时间稍早于藤县龙母庙十多年,说明至唐后期,龙母信俗已延伸至广西兴业、藤州境内,成为唐代龙母信俗向西江上游传播的实例。

---

① 检广西各志书博泉条,关于何年敕封"博济"有多个版本:嘉庆《续修兴业县志》载:"龙母夫人后汉封,宋建宁又封。"考宋代无"建宁",应为"熙宁"(参见王巡泰《兴业县志》)。光绪《广西通志辑要》、嘉庆《广西通志点校本》均载"龙母夫人"为南汉封,但两志又载宋熙宁中封"济惠"夫人,与前述封"博济"不合,未找到依据,待考。

② (清)《洪武诏书》碑,存德庆悦城龙母祖庙。

③ (宋)吴揆《赐额记》碑拓本,温爱民收藏。

④ (清)刘应麟撰:《南汉春秋》道光三十年刻本,卷十二,龙母夫人,页7;(清)阮元修:《广东通志》道光二年刻本,卷一百八十四,前事略,页15。

⑤ (宋)吴揆《赐额记》碑拓本,温爱民收藏。

⑥ (清)《洪武诏书》碑,存德庆悦城龙母祖庙。

⑦ (清)李家栋:《仁化扶溪重修龙母庙志》雍正三年刻本,民国三十九年据咸丰重刻本,卷二,页4,温爱民藏书。

⑧ (清)《洪武诏书》碑,存德庆悦城龙母祖庙。

⑨ (清)黄培芳等:《悦城龙母庙志》光绪十三年刻本,附刻,页18–20。

四、龙母信俗向西江下游扩展延伸的支撑点

龙母信俗沿西江向下游延伸发展，则以宋代肇庆龙潭都龙母行宫、唐代东莞龙母庙为支撑点。

（一）肇庆龙潭都龙母行宫

唐宋时期，康州悦城龙母信俗向西江下游延伸的第一个支撑点为肇庆府高要县龙潭都龙母庙，龙潭都龙母庙距康州悦城龙母祖庙约一百里地。时肇庆府辖地广阔，东至广州府三水县界九十里；西至广西苍梧县界三百六十里；南至阳江县海岸界四百七十里；北至广州府清远县界四百二十里。[①] 肇庆府地处珠江流域中段，据三江之口，当五州之冲，水陆交通繁荣，境内一州八县，实岭南之要郡也。[②]

梳理文献记载，肇庆府宋以前建置的龙母庙在高要县龙潭都，"龙潭都在高要县云盖乡，距县西五里"[③]，即今肇庆城西龟顶山以东，江滨四路包公祠一带。"都"为明清时期的基层行政单位，大约相当于今管理区一级建制。据载："龙潭都龙母庙，宋建，以奉浦媪（龙母），居人相继修葺。"[④]

"龙潭都有白沙村"[⑤]，龙母行宫坐落在白沙村西江边上，因此，龙潭都龙母庙又称白沙龙母庙。1984 年，白沙龙母庙公布为肇庆市文物保护单位，该庙占地约十亩，2002 年重修，规模宏大。值得一提的是，庙前的"加封广荫"牌坊为清光绪八年（1882）所建，面宽 17 米、高 6.5 米，六柱五开间，时任肇庆知府绍荣撰联曰："圣世即今初膺旷典，黎民从此共庆安澜。"坊额上书"加封广荫"四个大字，这是西江流域现存敕赐龙母的圣旨牌坊之一。

① （清）屠英等修：《肇庆府志》道光十三年刻本，卷一，舆地，页 1。
② （明）郑一麟修，叶春及纂：《肇庆府志》万历十六年刻本，成化五年何乔新《旧志序》。
③ （明）郑一麟修，叶春及纂：《肇庆府志》万历十六年刻本，卷七，地理志一，页 6。
④ （明）郑一麟修，叶春及纂：《肇庆府志》万历十六年刻本，外志，寺观附，页 12。
⑤ （清）韩际飞、叶承基修，何元等纂：《高要县志》道光六年刻本，同治二年补刻本，卷三，舆地略，页 8。

肇庆府龙潭都龙母庙（今白沙龙母庙）"加封广荫"圣旨牌坊（温爱民摄）

悦城龙母"自秦而汉而晋而唐宋元明膺封数十朝"①，而"广荫"为龙母清代封号之一。清则例："各直省志乘所载庙祀正神，实御灾捍患有功德于民者，由各督抚题请封号交内阁撰议。"② 咸丰三年（1853）署广东巡抚柏贵、同治六年（1867）兵部尚书、两广总督瑞麟等，奏请朝廷敕加悦城龙母神封号，获敕"昭显""溥佑"两封号。③ 光绪八年八月十九日，三品衔肇庆知府绍荣，以光绪六年西江潦盛，府属危堤（景福围）获存，具详藩道转请督抚题咨礼部：敕加《白沙龙母神封号疏》奏曰：

> 广东高要县景福围内向有龙母神庙，祈祷必应。光绪六年五月间，西水涨溢异常，该围堤首尾五十余里，塌者溢者凡数十处，绅民抢护，风狂雨骤，人力难施，赴庙号祷，风雨顿息，水亦渐平，分段补救，率获无恙等因。

> 查则例，内开直省庙祀正神，实能御灾捍患，有功德于民者由该督抚题请敕封：

> 该省龙母神，载在志乘，国朝咸丰三年奉旨敕封"昭显"；同治六年奉旨加封"溥佑"，今灵应显著，保护全堤，实系功德及民，核与定例相

---

① （清）谭桓修，梁宗典纂：《德庆州志》康熙十二年刻本，卷十，艺文二，重建龙母庙序，页43。
② （清）黄培芳等：《悦城龙母庙志》光绪十三年刻本，附刻，署广东巡抚奏《敕封龙母疏》。
③ （清）黄培芳等：《悦城龙母庙志》光绪十三年刻本，咸丰三年署广东巡抚柏贵，同治六年兵部尚书、两广总督瑞麟奏疏。

符，请敕加封号，以昭显灵贶而顺舆情。

谨奏：

光绪八年十月二十二日奏，典籍厅撰拟封号字样龙母神封号奉：

朱笔圈出"广荫"，钦此。①

这就是肇庆白沙龙母庙"加封广荫"坊额的由来，也是西江流域少有的敕封龙母的圣旨牌坊。

（二）东莞龙母庙

东莞地处珠江三角洲腹地。"去广州府一百八十里，其疆界限自邑治起，东到惠州府城三百里，西至香山县治（今中山市）三百里，北到增城县治一百里，南到大洋里数难计……"②"自唐宋以来，人物寝盛，士尚淳厚，农力稼穑，工不求巧，商能致远，素称易治。"③东莞境内桑基鱼塘、河网密布，向为岭南富庶之地。水乡人擅用舟楫，为求平安，水神崇拜尤炽，因而龙母信俗文化早在唐中期已延伸至东莞，龙母成为水乡民众心目中的保护神。

考天顺《东莞县志》："东莞龙母庙唐至德二年（757）建，在县西二百步，梁开平元年（907）移至江口二里。"④东莞龙母庙至今已有1260多年的历史。沧海桑田，东莞现已发展为大城市，"江口二里"这个地方早已高楼林立，无半点当年景象。只能通过梳理现存文献以及参考民国时期县城地图新旧建筑物基址坐标，来确定东莞龙母庙当年的位置。

文献记载龙母庙在县衙西二百步，而"资福寺在县衙西一百五十步"⑤，也就是说，龙母庙在旧县衙以西300米左右，与资福寺大约相差"五十步"，基本在同一位置（古时以"步"为距，一步约等于1.5米）。迨民国时期修志，则引入了现代的经纬测量法，已经比较接近现代的地图，其标注的坐标可作为参考。查民国《东莞县志》，县城图虽已无龙母庙基址标注，但注有资福寺位置。资福寺在富贵巷东侧，福音堂以南、万寿里以北之间，约在旧城象塔

① （清）黄培芳等：《悦城龙母庙志》光绪十三年刻本，附刻，肇庆知府绍荣具详藩道转请督抚题咨礼部奏折。

② （明）卢祥纂：《东莞县志》天顺八年刻本（清重刊本），卷一，疆域，里至，缺页码。

③ （明）汪运光修，张二果等纂：《东莞县志》崇祯十二年清钞本，卷一，地舆志，页16。

④ （明）卢祥纂：《东莞县志》天顺八年刻本（清重刊本），卷三，祠庙，缺页码。

⑤ （明）卢祥纂：《东莞县志》天顺八年刻本（清重刊本），卷三，寺观，缺页码。

街三角市、柳屋巷一带。① "福音堂"今存，为基督教莞城福音堂，"万寿里"今改名万寿路，"三角市"则无存。据此，今东莞中学北门万寿路北一带即为唐时龙母庙旧址。

五代后，因城内地方逼仄，于梁开平元年（907），龙母庙移至江口二里。"江口"在县西，旧称"十二坊"，又称"西隅"，即今阮涌路、旨亭街、可园一带。至明代，南海王庙、天妃庙也相继建在"县西江口二里"。②

在莞城西隅有一块风水宝地叫圆沙："圆沙在县西江口二里，昔励（赖）布衣改迁邑基，留谶语云：三百年石龙过海状元出，又云：沙头圆，出状元。"大概是说这个地方的风水与读书有关，因此"永乐年间乡里众建圆沙书院"③。考民国东莞县城图，"圆沙"正好位于县西江口二里，称圆沙坊，昔有亭，称圆沙亭（原注：圆沙今已名坊）。圆沙亭在西城外水仙庙左，是邑人饮饯之所。明祁顺有《圆沙亭》诗：

> 绿杨芳草绕晴川，台枕平沙一望圆。
>
> 隔岸楼台烟雨里，谁家舟楫水云边。
>
> 光分曙色鸣鸡月，寒度秋声落雁天。
>
> 却忆故人相送日，一杯从此醉离筵。④

圆沙亭、水仙庙、龙母庙均在"县西江口二里"，里距相符，而水仙庙至民国时还存，且有地图可作为参考坐标。民国《东莞县志》城外街道图还有下关、阮涌等地名坐标，水仙庙周边则有圆沙坊、圆沙社学等⑤，均与记载位置相符，可以推断，当年龙母庙由城内移至此一带无疑。圆沙坊虽未出状元，却也人才辈出，聚居于圆沙坊一带的东莞名门王氏家族就出了进士。庆幸的是王氏家祠隐没于今莞城医院内得以保留，可以定位圆沙坊、旨亭街的坐标。⑥

值得一提的是，在旨亭街八巷，保存有中国近代名门容氏家族的三间青砖大屋。清中叶以来，容家世代书香，人才辈出，著名者有古文字学家、考古学

---

① 陈伯陶纂：《东莞县志》民国十六年铅印本，卷首，县城图；卷三，城内街道（列表），页10。

② （明）卢祥纂：《东莞县志》天顺八年刻本（清重刊本），卷三，祠庙，缺页码。

③ （明）卢祥纂：《东莞县志》天顺八年刻本（清重刊本），卷一，山川，圆沙，卷三，圆沙书院，缺页码。

④ 陈伯陶纂修：《东莞县志》民国十六年铅印本，卷八，圆沙，页3；卷三十八，圆沙亭，页10。

⑤ 陈伯陶纂修：《东莞县志》民国十六年铅印本，卷首，城外街道图；卷三，城外街道（列表），页11。

⑥ 陈伯陶纂修：《东莞县志》民国十六年铅印本，城外街道图专门有标注王氏家祠。

家容庚先生。其弟容肇祖则毕业于北大哲学系，为我国著名史学家、民俗学家，曾任教于中山大学等。容肇祖治学严谨，尤着力于民俗学研究，成为我国著名的民俗学大师。巧的是，1928 年，容肇祖撰写和发表了论文《德庆龙母传说的演变》，成为近代系统梳理研究悦城龙母历史文献第一人，拉开了研究龙母文化的大幕。

东莞旨亭街八巷容庚故居

五、 广东仁化扶溪龙母庙，龙母信俗跨流域传播的桥梁

唐以前的龙母行宫，还有位于珠江水系支流北江的发源地、粤北山区仁化县的扶溪厚塘村龙母庙，据载为唐仪凤元年（676）建置，历代有重修。

笔者得族人惠赠扶溪《重修龙母庙志》，得以窥知扶溪龙母庙始末。此为目前仅见的一种龙母行宫志，为龙母文化研究提供了重要的新资料，据庙志载：

> 庙创于唐代仪凤元年丙子岁，溯其由因，是年二月初二日风雨大作，漂流一木，其大连抱，搁于张公讳安主之田畔，砍之香喷入鼻，归以告公……乃祷之曰，尔系神木，我将竹杖插于木侧，若发生，尔即神。是夜张公寝息，梦一朱衣女子言于公曰：我乃龙母之神，爱此地山水清秀，无

异程溪，欲于此建庙，尔其勿吝。公于是遣仆邀通乡绅耆，备说砍木插杖并梦神语，爰议建庙塑像，创建是庙……①

扶溪龙母庙历史久远，但庙宇要列入国家正统祀典，必须有朝廷的敕封、赐额。据庙志载，扶溪龙母庙在宋代、明代有敕封，此源于："南宋绍定四年（1231），太庙失火，母往护救，天子命太史占之，始知是扶溪龙母，于是遣差敕封赠号：旨敕封母为督管天宫水府、显德夫人，赐额南台庙。……于永乐十一年（1413）加封庙宇，赠护国庇民。"②

扶溪龙母庙又称南禅台庙、惠济庙，祀龙母，历代有重修。"唐咸通十四年（873）癸巳岁，善僧敬宗见庙堂卑隘，不足以妥敕封之神，爰劝乡中父老各捐资财，恢宏庙制于仲冬吉日再造是庙……"③ "宋庆历四年（1044）宋士宁等重修，古碑尚存。"④ 宋士宁，北宋进士，有《南禅台庙记》载康熙《仁化县志·艺文》，备述龙母事迹。⑤ 南禅台庙又称"惠济庙（在）扶溪，有宋敕封，祷雨应"⑥。

《仁化县志》宋理宗《封龙母敕》：

> 敕　韶州府仁化县扶溪惠济庙龙母，龙之为灵大矣，水下土神变化，而夫人实为之母，庙食兹邑殆逾千年，水旱盗贼之祈禳，其应如响，御灾捍患，祀典为宜，故加二字之襃，用显一方之德，可特封显德夫人，奉敕如右，牒到奉行。绍定四年七月二十六日。⑦

绍定为南宋理宗赵昀（1224—1264年在位）年号，此与《扶溪龙母庙志》记载的获旨可互稽。扶溪龙母庙有唐、宋、明、清历代重修记录，有朝廷敕封、赐额，规模宏壮，实为难得。

---

① （清）李兴祚：《扶溪龙母庙志》雍正三年刻本，民国三十九年据咸丰刻本重刊，建庙，页2。
② （清）李兴祚：《扶溪龙母庙志》雍正三年刻本，民国三十九年据咸丰刻本重刊，封赠，页4。
③ （清）李兴祚：《扶溪龙母庙志》雍正三年刻本，民国三十九年据咸丰刻本重刊，建庙，页3。
④ （明）胡居安纂修：《仁化县志》嘉靖三十六年抄本，卷四，祠庙，缺页码。
⑤ （清）李梦鸾纂修：《仁化县志》康熙二十五年刻本，卷下，艺文，页46。
⑥ （清）李梦鸾纂修：《仁化县志》康熙二十五年刻本，卷上，礼教，页6。
⑦ （清）李梦鸾纂修：《仁化县志》康熙二十五年刻本，卷下，艺文，页47。

仁化扶溪龙母庙，宋代有敕封，明永乐年赐"护国庇民"匾（温爱民摄）

今存《扶溪龙母庙志》为重刊本，底本为雍正三年（1725）岁进士李兴祚所撰。全书分山川图、庙堂图、诞生、圣貌、神异、建庙、封赠、配享、灵显、报赛、庙田、庙器、词翰、附将军纪略，共十四门，严谨有序。今本在内容上"全篇照李兴祚先生原本，俱系实录，一切意语，不敢附会"，可知其体例及内容为雍正年间李兴祚始撰时所定。而"报赛、庙田、庙器"三门，《悦城龙母庙志》阙如，更显扶溪庙志文献价值。特别是"报赛"一门，收录了民间一年四季之元旦、清明、四月、六月、七月、八月、中秋、十月、腊月二十四至三十日"拜龙母"习俗，填补民间"奉神祈福祭礼"仪轨阙如。

据《扶溪龙母庙志》记载，最隆重的民间"拜龙母"习俗是"六月胜会"：恭迎龙母祈丰也，为保苗也，由来久矣。庙会期间，江西、湖广、福建等地寄旅客商、信众皆设香烛诣扶溪龙母庙奉神祈福："自五月二十七日至六月初九日半月间，邻省江西、湖广、福建各处货物船载肩挑，络绎不绝，不下南华胜会，士农工商咸获福利，凡有祷祝福善祸淫，感应如响，若求嗣、若决疑，随祷随应，历千古如一日焉。迎神建醮，扬幡放灯，虽大邑通都无过如此。"① 余按：大量往返岭南做生意的商贾行旅，如此一来一往，在江西的赣州、峡江、宜春等地的龙母庙，逐渐形成了一条以民间"士农工商"为主体的龙母信俗传播通道。在岭南一侧的广东粤北山区的韶关、南雄、始兴、仁化等地大大小小的龙母庙，则可视为龙母信俗跨过南岭，进入长江流域传播的桥

---

① （清）李兴祚：《扶溪龙母庙志》雍正三年刻本，民国三十九年据咸丰刻本重刊，报赛，页13。

梁，范围覆盖江西、湖广、福建等地（限于篇幅，另题展述）。

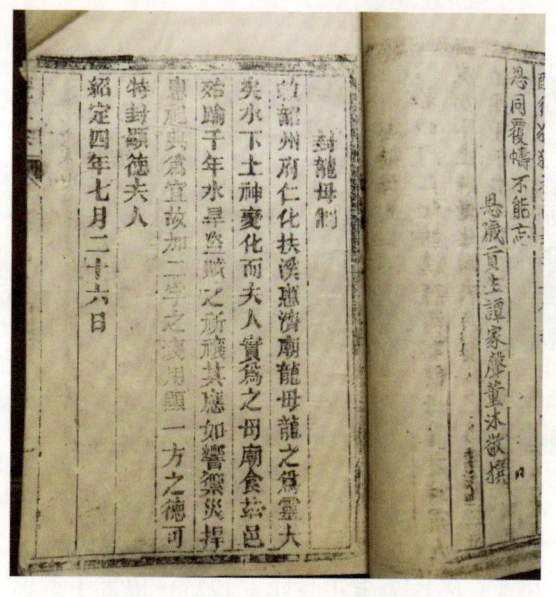

《扶溪龙母庙志》（温爱民藏书）

《扶溪龙母庙志》大部分内容辑自《悦城龙母庙志》。始撰者岁进士李兴祚称："余髫龄时阅我乡《龙母娘娘本纪》，粗知其大略。迨雍正元年（1723）及买舟游肇庆，直抵晋康程溪（今悦城），肃容诣庙，见其左有五龙祠像，右有灵陵御葬碑，因遍求《悦城纪略》览之，而龙母之义始晓然矣……"① 可知清初时两地有《龙母娘娘本纪》和《悦城纪略》两书流行，可惜两书今已佚亡，未能览其所载。

值得一提的是，《扶溪龙母庙志》提供了一个重要的史料补充。乾隆四十七年（1782），德庆知州蒋如燕在悦城龙母祖庙立"秦龙母墓"碑，碑文备载汉、唐、宋、明各朝龙母封号，唯缺元代敕封。而《扶溪龙母庙志》则明确记载"延祐元年（1314），封龙母为水府元君"②。"延祐"是元仁宗爱育黎拔力八达（1314—1320年在位）的年号，其在位推行"以儒学治国"、恢复科举，推崇汉文化，缓解社会矛盾，是一位较有作为的皇帝。此为元代唯一的一次敕封龙母。《悦城纪略》于清雍正时还在两地流传，蒋如燕立碑时应能看到此书，因何失载，待考。

120多年后，于咸丰二年（1852），仁化候选训导岁进士李家栋重修《扶溪龙母庙志》序："龙母德配坤元，职司水府，其御灾捍患，护国庇民，当不在禹下矣。然使后之人得以考溯原委，昭垂万古，以续前人之志也。"③

① （清）李兴祚：《扶溪龙母庙志》雍正三年刻本，民国三十九年据咸丰刻本重刊，李兴祚《原序》，页6。
② （清）李兴祚：《扶溪龙母庙志》雍正三年刻本，民国三十九年据咸丰刻本重刊，封赠，页5。
③ （清）李兴祚：《扶溪龙母庙志》雍正三年刻本，民国三十九年据咸丰刻本重刊，李家栋《重修龙母庙序》。

迨民国甲子年（1924），扶溪乡遭兵燹巨祸，庙志并焚无遗，遍搜难获。"是故有赣侨梁翼权与乡善士谭相铭、李德旺、李茂来、邓子仪、邓瑞麟、罗纯熙、罗德润、谭俊生、周梅生等，乃向合乡倡捐谷若干，以补刊板之残缺，及购纸料印刷百本，其捐三十斤谷以上者即赠一本，并芳名亦例得附志以广流传而垂永久。1950 年仲秋谷旦。"①

两广龙母行宫数以百千，著名者如龙潭都、兴业、梧州、藤县等龙母庙均无志乘，而《扶溪龙母庙志》流传有序，门类齐全，体例得当，选材精到，有碑、有记，并可与地方志互稽，文献价值、可读性、可信度相当高，是目前搜集到的唯一一种龙母行宫志。

结　语

（1）龙母行宫研究是龙母文化不可或缺的重要组成部分，但目前学界对此研究并不是太充分。其实，正是由于龙母行宫建置的不断扩展、延伸，龙母信俗有效传播到了各地，供奉龙母的庙宇增加了，说明龙母信俗的范围扩充了，崇敬龙母的人也在不断增多。早在唐宋时期，岭南地区就形成了一条以"交广道"水路为主的龙母信俗文化带，这是民间习俗成熟的一个标志，传承至今，"拜龙母"已成为岭南两广地区重要的民间信俗。

（2）通过对龙母行宫的分布以及建置年代的研究，我们可以知道，龙母信俗的传播、延伸路线是以西江流域中部地区的德庆悦城龙母祖庙为中心，经水路向上游发展至广西的东南部地区，覆盖了珠江流域上游两大干流郁江、黔江所流经的地区，在广西形成了以兴业、藤县为重点的龙母信俗文化圈；向下游发展，则以肇庆府龙潭都龙母庙（今白沙龙母庙）为支点，向下延伸至珠江三角洲的东莞、顺德一带，形成了一个以南海、东莞、顺德为重点的珠三角水乡地区的龙母信俗文化圈，从而覆盖了整个岭南珠江流域的大部分地区。

（3）在珠江流域的支流北江的发源地，即广东的粤北山区，亦发现有唐代建置的龙母行宫。以粤北山区的南雄、始兴、仁化等地大大小小的龙母行宫为重点，组成了岭南粤北山区龙母信俗的另一个文化圈，并成为跨流域传播龙母文化的桥梁。

---

① （清）李兴祚：《扶溪龙母庙志》雍正三年刻本，民国三十九年据咸丰刻本重刊，谭凤仪《重修龙母志序》。

（4）值得指出的是，目前关于民间祭祀龙母习俗的文献资料较少，此次首次公开发表的粤北山区仁化《扶溪龙母庙志》，为目前仅见的一种龙母行宫志，为研究龙母文化传播提供了新的宝贵资料，有待深入研究。

（5）百善孝为先，以"孝"为核心的龙母文化是当今建设和谐社会的重要人文资源，龙母信俗的"孝"文化与社会主义核心价值观一脉相承。从图腾崇拜到水族神灵崇拜，再到"拜龙母"习俗的形成，龙母文化以一种无形的凝聚力、一种与中华民族血肉相连的情结，流传千百年如一日，母仪龙德，泽及同人，国泰民安。

本文关于龙母信俗经粤北山区跨流域传播的问题，囿于篇幅和文献资料所限，仅做了一些初步的探讨，权作抛砖引玉，祈各位专家、读者不吝赐教，亦盼能挖掘出更多相关资料，共同推而广之。

（原载林有能主编《广东德庆龙母文化研究会论文集》，北京：新华出版社 2019 年版）

悦城龙母传说演变与龙母文化传承

　　悦城龙母传说故事在两广地区广泛流传，在长期的民间口耳相传的过程中，各地会根据自己的地域特点、文化认同加工取舍而产生演变，分析梳理龙母传说演变的轨迹，我们可以发现，这些流传于各地、各种版本的龙母传说，并不妨碍龙母文化的传播，相反，还丰富了龙母传说的内容，客观上扩展、延伸了龙母文化的覆盖范围，这是研究龙母文化传承的重要组成部分。龙母传说最早可以追溯到秦始皇时代，传说中的龙母姓温，为广东康州悦城人，也就是今天的德庆县悦城镇。在有文献记载的南北朝至宋明一千多年的流传过程中，龙母的身世、故事梗概大同小异，由民间口耳相传的形式演变为史官的文字形式传播，龙母传说内容不断丰富，也加快了传播的速度，并逐步形成了两广地区"拜龙母"的民间习俗。

　　龙母传说最大的变异出现在明末清初，此时龙母的里籍演变为广西藤县，本姓也由"姓温"演变为"姓梁"。表面上，这可能是一个籍名之争，但并不妨碍龙母文化的传播，正是因为龙母传说有了广西藤县这个落地点，客观上加快了龙母信俗向西江上游地区（广西）的传播速度，扩大了龙母文化的影响范围。演变至今，每年的农历五月初八日，悦城"龙母诞庙会"的主事者都要到广西藤县，礼请龙母娘家来人主理龙母（神像）"沐浴更衣"仪式，成为悦城"龙母诞庙会"一项重要的贺诞仪式。分析梳理龙母传说的流传和演变，是研究龙母文化传承的重要组成部分。龙母文化历千百年而传承至今，各种版本的龙母传说成为岭南两广地区传承龙母文化的纽带！

一、　早期龙母传说的发生地和故事梗概

　　龙母传说最早见载于晋顾微的《广州记》、南北朝时期沈怀远的《南越志》，以及唐代刘恂的《岭表录异》和宋明时期的一些碑刻史料。各种早期的

文献记载说明，龙母传说的发生地在康州悦城，即今天的广东德庆县悦城镇。唐宋时期，康州悦城龙母已获朝廷的敕封，因此也确认了龙母为康州悦城人这一定位。至少可以说明，在1500多年前的晋代，龙母传说最先在广东悦城一带口头流传。后来引起了顾微、沈怀远等史官的注意，他们以传说发生地"端溪悦城"为龙母里籍，并收集这一时期龙母传说的主要情节，整理成文字，在西江流域地区流传。顾微《广州记》云："浦溪口有龙母养龙，裂断其尾，因呼其溪为龙窟。人时见之，则土境大丰而利涉。"欧阳询《艺文类聚》引文略同。① "浦溪"又称"程溪浦"②，即今德庆县之悦城河。唐人耿湋《送友人归南海》："漠漠烟光前浦晚"即此。康熙《德庆州志》引此诗，注为"前浦，即康州程溪也，上有浦母，相传有神人骑三足鹿游悦城"③ 此即龙母"养龙"的地方。南北朝沈怀远《南越志》曰："昔有温氏媪者，端溪人也，常居涧中捕鱼。忽于水侧遇一卵，其大如斗，乃将归置器中，经十许日，有一物如守宫，长尺余，穿卵而出，因任其去留，稍长二尺便能入水捕鱼，……媪后治鱼，误断其尾，人谓之掘尾龙。"④ 端溪县为德庆县的古称，汉元鼎六年（前111），汉武帝设端溪县，因此沈怀远记载龙母为端溪人。唐刘恂《岭表录异》："温媪者，即康州悦城县孀妇也，织布为业。尝于野外拾菜，见沙草中有五卵，遂收归置织筐中。不数日，忽见五小蛇壳，一斑四青，遂送于江次，无意望报也……渐有知者，乡里咸谓之龙母……"⑤ 晋穆帝升平五年（361）立晋康郡，领端溪、都城、悦城、乐城……十四县，治端溪。⑥ 因此可知在晋代康州即有悦城县。沈怀远、刘恂在这一时期所记载龙母传说的发生地均为"端溪悦城"。

北宋元丰间，张维《重修永济夫人行宫记》成为龙母传说的集大成者，增加了不少情节，但龙母的传说故事梗概大同小异。其载曰："永济夫人龙母温氏者，晋康郡之程水人也，其先不可得考记。秦始皇时夫人浣于江岸旁，得

① （宋）乐史撰，王文楚等点校：《太平寰宇记》，卷一百五十七，程浦溪条，北京：中华书局2007年版，页3016；（唐）欧阳询：《艺文类聚》，卷九，浦条，北京：中华书局1965年版，页177。两书所引稍异，欧阳询曰"浦母养龙"，顾微曰"龙母养龙"。

② （唐）虞世南著，（清）孔广陶校注：《北堂书钞》光绪十四年影印本，卷一百五十六，顾微《南海记》云："程溪蒲口，有蒲母养龙，斫断其尾，因名龙掘，人时见之，则土境大丰也。"

③ （清）谭桓修，梁宗典纂：《德庆州志》康熙十二年刻本，卷八，前浦条，页37。

④ （宋）乐史撰，王文楚等点校：《太平寰宇记》，卷一百六十四，程溪水条引《南越志》，北京：中华书局2007年版，页3135。

⑤ （唐）刘恂著，鲁迅校勘：《岭表录异》，广州：广东人民出版社1983年版，页11。

⑥ （清）谭桓修，梁宗典纂：《德庆州志》康熙十二年刻本，卷一，沿革，页7。

卵如斗，异焉，持归藏于器中。后有物如守宫，破卵而出……一日，夫人治鱼，误挥刀斩其尾，遂不复见，久之复来，遍身生鳞始以为龙……张维乙丑春日记。"① 晋康郡为德庆古称；程水又称程溪，即今悦城河。

张维，浙江乌程人，进士，宋神宗朝以右承事郎于熙宁十年（1077）贬任康州州判。② 元丰戊午（元丰元年，1078 年）朝廷赐龙母庙额为"永济"，张维主持增修悦城龙母庙。旋于元丰乙丑（元丰八年，1085 年），捐俸倡修康州城西龙母永济行宫，其在康州任职九年，对康州的风情风物、龙母传奇有深刻的了解。

此外，宋代还有康州知军州吴揆撰刻《赐额记》碑，列载龙母敕封年代、封号及朝廷赐额年代等。可知"拜龙母"民间习俗于唐代即已在康州悦城形成，此后朝廷又赐以"孝通"为庙额，坟祠俱在悦城，从而确立了龙母司辖西江流域的水神地位，并列为朝廷祀典。宋吴揆《赐额记》："祠宇建立，其来绵远，唐天佑初载始封母温永安郡夫人，越明年，改封永宁夫人。国朝元丰戊午敕其额曰永济，封永济夫人。大观戊子诏以孝通为额，坟祠俱在悦城北岸，舟人往来蠲洁祭享，讫无惊波怒涛，覆溺之患……"③ 即其事也。

宋代还有邓桓显《孝通庙记》碑载："晋康郡悦城之龙母，闻于天下久矣，自秦迄今，盖千数百年，其威神灵享如在，凡仕官之南北，商旅之往来者，靡不乞灵于祠……"④ 这一时期的传播形式，已由民间口头流传演变为文人史官以文字形式传播，龙母传说得以加快流传。

迨明洪武初，朱元璋认为龙母助其和平统一岭南，"有功于国，有德于民"，颁诏书敕封龙母为"护国通天惠济显德龙母娘娘"。《洪武诏书》载曰：

> 奉天承运，皇帝制曰：……尔广东道肇庆府德庆州悦城孝通庙灵济崇福圣妃之神温氏者，豢龙为儿，却聘嬴秦，拥沙移墓，赫濯灵陵。汉初封为程溪夫人……征南将军廖永忠下岭南……至德庆，何真率李质来归，海不扬波，用是封为护国通天惠济显德龙母娘娘……令世世遣官致祭，亿万斯年……洪武九年四月十九日。⑤

---

① （清）谭桓修，梁宗典纂：《德庆州志》康熙十二年刻本，卷九，艺文，页7。

② （宋）李焘：《续资治通鉴长编》影印版，卷二百八十，页6867。载张维于熙宁十年二月甲辰，由原州临泾县令贬任康州。

③ （宋）吴揆《赐额记》碑拓本，温爱民收藏。

④ （清）谭桓修，梁宗典纂：《德庆州志》康熙十二年刻本，卷九，邓桓显《孝通庙记》，页8。

⑤ （清）《洪武诏书》碑，存德庆悦城龙母祖庙。

至此，朝廷再以诏敕形式，确认龙母封号及里籍，龙母传说在西江流域地区进入快速传播时期。

综上所述，龙母传说发轫于秦汉，其发生地在今天的德庆县悦城镇。迨唐代，悦城已建庙祀奉龙母，龙母民间信俗形成。由于"坟祠俱在悦城"，且获朝廷敕封，康州悦城成为龙母民间信俗的中心地区。宋明间，龙母传说以朝廷诰敕文字形式出现，说明民间口头流传的龙母传说已演变为官方的记载，龙母传说发展到此已基本定型。总体来说，从沈怀远《南越志》成书到明中后期1000多年间，龙母的原型、里籍，以及传说故事梗概大同小异，并没有发生太大的变化。

二、 龙母里籍演变轨迹小考

龙母传说最大的变异出现在明末清初，坊间流传龙母为广西藤县人，藤县为"龙母娘家"，本姓也由"温"演变为"梁"，这是龙母传说的一个重要演变过程。

考黄培芳《悦城龙母庙志》辑录程鸣《孝通庙旧志》载："敕封护国通天惠济显德龙母娘娘温氏，晋康郡程溪人也，其先广西藤县人，父天瑞，宦游南海，娶悦城程溪梁氏，遂家焉。生女三，龙母其仲也。生于楚怀王辛未之五月初八日，时人目为神女……康熙庚寅桂月上浣新安程鸣敬书重刊。"[1] 康熙庚寅即康熙四十九年（1710），程鸣《孝通庙旧志》出现了"龙母温氏晋康郡程溪人也，其先广西藤县人，父天瑞"的说法，此说虽有点矛盾，好像也没有什么特别的不妥，巧妙地突破了宋代张维"其先不可得考记"的结论，但所据何本，并无说明。

黄培芳《悦城龙母庙志》还载有卢崇兴刻于康熙二十七年（1688）的《悦城龙母庙记》碑，记曰：

> 康熙丁卯之春，奉命执橐粤西，夏杪莅任桂林。……秋九月以公事诣制台吴公，返棹至悦城，两岸皆山也，间有民居，复叙步访问阁闾疾苦。见有蔚然深秀，奕然辉煌者，询之里（俚）民，则曰龙母庙也。尝稽古来立祠诸神，凡能为民捍大灾御大患、有功德于朝廷者祀之，并为封典。爰

---

[1] （清）黄培芳等：《悦城龙母庙志》光绪十三年刻本，卷一，事略，页9。

稽其所自始，而里民则曰：龙母之先粤西藤县□□人，姓温，□□□□□□□梁氏，遂家焉，生女三，龙母居其次，生于楚怀王辛未年五月之八日……康熙二十七年十月望日谷旦广西等处提刑按察使司卢崇兴谨识。[1]

卢崇兴于康熙丁卯（康熙二十六年，1687 年）莅任桂林，处理完公务之后回帅府复命，返至悦城，舣舟登岸"访间阎（民间）疾苦"。俚民告知，此地有龙母庙，龙母神之先系粤西藤县人，姓温，生辰八字俱全……次年，卢崇兴将坊间"俚民口述"的龙母传说刻碑立石于龙母庙。此碑比程鸣《孝通庙旧志》早 22 年，因此，龙母为"藤县人"的记载并非程鸣所新增，说明龙母为广西人之说于康熙初已在悦城一带流传。

考康熙《德庆州志》，在卢崇兴刻碑前，即有悦城人梁正宸撰《龙母娘娘传》，该传录入了康熙十二年（1673）刊刻的《德庆州志》，其中就包含龙母为广西人的记载，比卢崇兴的碑记早 15 年。摘录如下："敕封护国通天惠济显德龙母娘娘温氏者，晋康郡之程溪人也。其先广西藤县人，父天瑞，宦游南海，娶程溪梁氏，遂家焉。生女三，龙母其仲也。诞于楚怀王辛未岁五月初八日，甫生时发长竟尺，仪容瑰玮丰下……"[2] 按时间先后，梁正宸《龙母娘娘传》比程鸣《孝通庙旧志》早 37 年。

我们再来考察一下《孝通庙旧志》各时期流传版本的时序，进一步梳理龙母为广西人的传说演变轨迹和时段，从而辑理出龙母传说演变的年代。余按：《孝通庙旧志》有多个版本，在"程鸣版"之前有"程起周版"，再前还有个"初刊版"，通称为《孝通庙旧志》。由于前几版《孝通庙旧志》均已佚失，我们只能在现存的版本中推算各刊版的时序。

考王士瀚重修《悦城孝通龙母庙志》，辑录了乾隆五年（1740）叶宏智重刊《孝通祖庙旧志序》，序曰："孝通庙之在晋康，如日月之经天江河之行地，亘万古而不磨者也。则志孝通庙者，亦可与庙而并永。是志重刻于康熙壬申年，三刻于康熙庚寅年，迄今经三十载而枣梨磨涅，字划模糊，智因起而剞劂（刊行）之……乾隆五年庚申桂月天都叶宏智重刊敬序。"[3] 乾隆五年，叶宏智重刊龙母庙志距康熙朝不远，所用底本应是坊间刊行多年的康熙版本。在叶宏

① （清）黄培芳等：《悦城龙母庙志》光绪十三年刻本，卷一，记序，页 20。

② （清）谭桓修，梁宗典纂：《德庆州志》康熙十二年刻本，卷八，外志，页 22。

③ （清）程起周纂，王士瀚重修：《悦城孝通龙母庙志》嘉庆二十一年重刊本，扬州：广陵书社 2004 年版，页 41。

智《孝通祖庙旧志序》中，我们可以知道，《孝通祖庙旧志》重刻于康熙三十一年（即程起周版，1692 年）；三刻于康熙四十九年（即程鸣版，1710 年）。按：康熙三十年（1691），程起周莅粤，任泷州（今罗定市）州判，同年冬摄东安县（今云安区）令。适遇龙母庙司持《孝通祖庙志》一帙求见，志中述悦城龙母之纪略，程起周如获至宝，"焚香拜诵，惜未遍传，则历代威灵显赫湮没不彰，大为缺典。（于是）爰加删定，付之剞劂……康熙三十一年岁在壬申桐月望日天都程起周敬序"①。由此可以推断，当时庙司拿给程起周看的"庙志"即为最早的"初刊版"（头版）。程起周以此为底本删定后，付之刊行，即为"程起周版"（二版），时康熙三十一年，早于"程鸣版"18 年。

"初刊版"又刊于何年呢？此在"程起周版"有一点线索。程起周收录了《孝通祖庙志旧序》，即初刊版序，落款署"壬戌孟夏周奉"②，壬戌即康熙二十一年（1682），一般情况下，出序的时间即为成书时间，可以认为，此即《孝通祖庙旧志》"初刊"时间，比程鸣版早约 28 年。但按时间先后，"初刊版"成书还是比梁正宸《龙母娘娘传》晚了约 10 年。可以认为，《孝通祖庙旧志》初刊版辑自梁正宸《龙母娘娘传》所撰事略无疑。

明末兵燹频仍，悦城龙母祖庙致遭圮毁。清初，悦城人梁正宸、梁迪宸、陈志皋等牵头募捐，南海进士陈显忠、东莞进士莫梦吕、高明进士区简臣等先后出序，捐资重建悦城龙母祖庙。工费浩繁，请于知州秦世科出序募助，康熙七年（1668）始告成。梁正宸出身书香门第，世居悦城，康熙元年德庆州岁贡生，康熙十二年以贡生身份参修康熙版《德庆州志》③，"梁正宸详识《龙母娘娘传》"当是时矣。据此，龙母演变为"广西藤县人"的传说，首录者为梁正宸无疑。

明嘉靖《德庆州志》龙母本传条，并无龙母为广西人的记载④，此可界定，龙母演变为广西人的传说，约于明末清初始在广东德庆悦城一带流传，这是民间龙母传说的重要演变过程，由悦城贡生梁正宸首录，载于康熙十二年版《德庆州志》，至今已有 350 多年历史。

---

① （清）程起周纂，王士瀚重修：《悦城孝通龙母庙志》嘉庆二十一年重刊本，《孝通祖庙志旧序》，扬州：广陵书社 2004 年版，页 27。

② （清）程起周纂，王士瀚重修：《悦城孝通龙母庙志》嘉庆二十一年重刊本，《孝通祖庙志旧序》，扬州：广陵书社 2004 年版，页 27。

③ （清）谭桓修，梁宗典纂：《德庆州志》康熙十二年刻本，卷四，选举，页 20；卷一，职名。

④ （明）陆舜臣纂修：《德庆州志》嘉靖十六年刻本，卷十一，秩祀，页 9。

三、 龙母民间传说故事并无定本

龙母的民间传说故事一直流传至今，但故事版本各有取舍，并无定本。在德庆悦城一带的居民，包括大量往来悦城龙母庙的香客、信众，若提起龙母的身世来历，都会说龙母是"西江上游漂来"的一个女婴，这当然就是源于龙母的里籍在广西这个传说。

按目前一般信众相传：龙母是一个弃婴，被放在一个大木盆里，从西江上游广西藤县漂流而来，至悦城河湾，被打鱼的梁三发现，梁三看着木盆里的女婴，心想如今兵荒马乱，自家无隔夜之粮，又怎能养活你呢？于是三次推开木盆，但木盆又三次漂回梁三船边。梁三于心不忍，叹了口气说道，这也许是天意，这样吧，如果你保佑我这一网能够打到鱼，我就收留你。果然，这一网下去旋即捕到上百斤鱼，梁三高兴极了，遂将女婴抱回家中悉心哺养。小姑娘长大后"拾卵豢龙、造福乡里"，被乡人尊为龙母。著名民俗学家叶春生教授在其《民俗文化讲演录》一书中就采录了这段流传于民间的传说。[①] 早一点的则有丘均主编的《肇庆民间故事》辑录的《龙母的来历》一文，故事叙述的内容与叶文基本一致，但多了梁三回家发现女婴身上有"父温天瑞、辛未五月初八零时生"[②] 等文句（说明龙母姓温）。两篇文章有一个共同的指向，就是龙母是由广西漂来悦城河湾的一个弃婴，为悦城梁三收留。

更早一点的故事版本，是关汉、韦轩编的《广东民间故事选》。该书一共收录了三则龙母故事，其中一则是《悦城龙母》，其内容与"漂来说"大同小异，不同的是，这个版本说收留女婴的渔翁没有姓氏，"人们只知道叫他老爹，真实的姓名反被人忘掉了"。另一则故事《龙母》在珠三角一带流传，有龙母"拾卵豢龙、造福乡里"事迹的描述，但并没有"漂来"的过程。同书还有一则《龙母妈》传说，故事发生在粤东的潮州：说是潮州北门外埔头尾村有位无依无靠的老妈妈，她救起了一条遍体鳞伤的小青蛇……不久韩江发大水，百姓颠沛流离。忽一日，小青蛇长成了大青龙，对老妈妈说，这是白龙在作怪，我要为民除害！骤然电光闪闪，人们隐约看到一条大青龙和白龙在搏斗。不久江水恢复平静，但见浩瀚的江水一片殷红……大青龙战胜白龙，疲乏

---

① 叶春生：《民俗文化讲演录》，珠海：珠海出版社 2010 年版，页 8。
② 丘均主编：《肇庆民间故事》，广州：广东人民出版社 1989 年版，页 27。

地游回岸边，想用身体挡住江堤缺口，可是缺口太宽，这时龙母妈毫不犹豫跳进水中，一手拖住龙尾，一手攀住堤岸的木桩，缺口堵住了，民众得救了。霹雳一闪，大青龙背着龙母妈冲天而去。……后人就在龙母妈跳下去的地方建了一座龙母庙纪念她。① 说明龙母传说的民间版本并不一致。

关于悦城龙母的里籍问题，笔者最近搜得光绪二十八年署德庆知州赵承炳任职时的衙门笔纪一帙，记载赵承炳上任后未逾月，即专门晤见悦城廪生卢炳琦，了解悦城龙母事迹，"谈及悦城龙母，谨闻龙母系秦朝人，古时广西发大水，神随水流至悦城，遂居焉，豢养五龙……"② 赵承炳的记载，把民间口耳相传的龙母的弃婴身世传说故事往前推了一百多年，这是目前唯一能找到的记载龙母从广西"漂流至悦城"的文字版本。

著名的神话小说家袁珂在《中国神话传说》一书中也收录了龙母故事：

> 龙母的传说是这样的：据说有一个姓温的老太婆，是端溪县人，端溪县就是现在广东省的德庆县。老太婆平时全靠捕鱼来维持生活。有一天正捕鱼的时候，她忽然在水边看见一个蛋，有斗那么大，她就把蛋抱了回去，拿个盒子来装着。过了十多天，打开盒子一看，只见一条像蜥蜴般的东西，约有尺多长，已经破卵而出，在盒子边上爬行着。老太婆也不害怕，让它在屋子里爬进爬出，或留或去，一切听其自然。这家伙慢慢长到五尺多，便能够到水里去捕鱼，一天要捕十多条。又渐渐长到两丈多，得的鱼更多了，都衔来献给老太婆。从此它便不再上岸，一天到晚只是在波浪里游戏，徘徊在老太婆的身边。后来老太婆在岸边砧板上砍鱼，不小心一刀下去斩断了它的尾巴，人们后来就把这条龙叫做掘尾龙……③

很明显，袁珂采录的版本更接近《南越志》《岭表录异》等文献对龙母的描述，既没有女婴漂来的过程，也没有龙母成长等情节，故事一开始龙母就是一个老太婆了。

这就说明，在整个龙母信俗文化圈中，不同的地方有不同的龙母故事版本。这是由于地域文化差异，各地采录龙母传说故事大都会根据本地文化特点

---

① 关汉、韦轩编：《广东民间故事选》，广州：花城出版社1982年版，页233、236、242。

② （清）赵承炳：《康州署篆笔纪》光绪二十八年十一月二十日。温爱民藏书。

③ 袁珂：《中国神话传说》，北京：中国民间文艺出版社1984年版，页708。

加工取舍。通过梳理分析发现，龙母传说演变并不妨碍龙母文化的传播，相反，正是这些流传于各地的不同版本的龙母传说故事，使龙母文化能够历千百年而传承至今。

四、 龙母传说在广西藤县的演变

龙母传说故事，于清嘉庆间流传至广西藤县，但藤县并没有龙母"漂流至悦城"的说法。但《藤县志》记载了一个"龙母乘龙至悦城登岸得道"的故事，此可视为龙母身世传说演变的一个异文。

"乘龙说"出自嘉庆《藤县志·龙母本传》，审其内容，除龙母乘龙至悦城一段外，大部分辑自《肇庆府旧志》《孝通祖庙旧志》中刊载的龙母事略。从时间上来看，《藤县志》成书于嘉庆二十一年（1816），比《孝通祖庙旧志》成书晚140多年。《藤县志》载曰：

> 龙母庙在水东街胜概坊。按龙母嬴秦祖龙时之神也。温姓或浦姓，二十一都篍竹村人，豢龙潭犹存；或曰一都水东街孝通坊人，故其庙名为孝通。今考粤东《肇庆府旧志》及悦城《孝通祖庙旧志》咸以为藤县人，则无论毓于何都，其为藤之神固可考核而无疑者。然其墓独在悦城，何也？父天瑞娶悦城梁氏，生三女，龙母其仲也。少时每若望空应答，言福祸无不奇中。随其母至悦城，心喜其地，欲以为安厝所，因默识之。及归，于溪边得石卵，剖之出五物，如守宫状，喜水，母豢渐长，放之江遂去，越数年，鳞甲辉煌，复来见母。母知龙子之远迎也，别其父母曰：儿当乘龙至悦城。遂跨龙，薄暮抵江口（悦城河口），登岸得道，五龙以风雷相护，一夕地拥成坟，人以为异，因立庙祀，极显应，故至今香火独盛云。"①

审其文句，文中"咸以为藤县人"一说，盖书志者认为，既然《肇庆府旧志》及《孝通祖庙旧志》都说龙母是藤县人，就干脆把"拾卵豢龙"的地点（龙母传说发生地）也移去了藤县，演变为"于溪边得石卵，剖之出五物……"既为"藤之神"，为了说明"龙母墓独在悦城"这一事实，就附会了

---

① （清）高攀桂修：《藤县志》嘉庆二十一年县衙藏版，卷五，坛庙，页10。

一段"龙母别其父母，乘龙至悦城，登岸得道"的说法，这是龙母传说故事在广西流传过程中最大的变异，且载入志书，说明这一传说在广西流传甚广。

值得指出的是，《藤县志》有"父天瑞娶悦城梁氏"一语，也就是说，龙母的娘家在悦城，姓梁。但此传说后来在广西演变为藤县是"龙母娘家"，再后来又演变为龙母是藤县"梁族人"。至今，每年的农历五月初八日，广东悦城龙母诞庙会期间，都要派专人到藤县礼请龙母"娘家"来人，主理悦城龙母（神像）"沐浴更衣"仪式，这已成为悦城龙母诞庙会的一个重要贺诞仪式。

龙母是广西藤县"梁族人"的说法，见于德庆人梁伯超、廖燎的《解放前的悦城龙母庙》一文，文中详细记载了民国时期悦城龙母诞"沐浴更衣"仪式的细节：

> 因龙母系广西藤县梁族的女儿，每年一度的诞期前的"更衣事务"，须要由该族的妇女来庙主理。因此，每于诞期前半月，庙里便派出专使前往广西藤县礼请梁族推出妇女四人先期来庙担任这项工作。四位妇女到庙后，必须先向龙母像焚香膜拜，"称姑道姨"。接着，便以柚、柏、桂等木叶煎水沐浴三天，到了更衣时间，即穿上新鲜的封建时代的妇女礼服，来到正殿，摒弃庙祝杂工人等，紧闭各方门户，焚香点烛，三跪九叩，然后卸下旧袍，以"寝宫"里的精瓷面盆，盛取桂叶汤，以白丝巾轻轻地匀抹龙母像各个部分，才把新袍换上。退而再点起香烛叩拜如前，作为祝诞，并由她们宣告更衣仪式完成。此时，伫立于殿外的庙祝则燃烧爆竹致贺。当她们打开正殿门户出来的时候，庙祝们咸趋前揖拜称谢，并各奉上红纸封包的"更衣利是"一百元作为谢礼。[①]

这是目前能收集到的最早最完整的龙母"沐浴更衣"贺诞仪式。

综上两则史料说明，龙母传说的演变，盖书志者根据本地不同的历史背景、文化认同加工取舍而成。在各地皆想"援此以为重"等多种因素的作用下，此类民间传说变异多有生发，不足为怪。余按：籍名之争，并不妨碍民间"拜龙母"习俗的传播，正是由于有了藤县这个落地点，龙母信俗迅速向西江

---

① 中国人民政治协商会议广东省委员会文史资料研究委员会编：《广东文史资料（第16辑）》，内部资料，1964年版，页137。

上游地区传播，客观上扩大了龙母信俗在广西（西江上游）的影响范围。演变至今，由"（藤县）龙母娘家"来悦城龙母诞庙会主持"沐浴更衣"的贺诞习俗，已成为两广地区传承龙母文化的纽带。

广西藤县龙母娘家贺诞团参加悦城龙母诞庙会（温爱民摄）

龙母传说故事由母系氏族的图腾崇拜演变为水神崇拜，进而发展为两广地区重要的民间信俗，形成了我们今天能够感受到的颇具岭南特色的龙母文化。2011 年，"民间信俗（悦城龙母诞）"被列为国家级非物质文化遗产。

结　语

经过上述梳理分析，龙母传说的定型、演变与龙母文化传承归纳为以下几点：

（1）龙母传说的发生地在广东德庆，早期主要在悦城一带民间口头流传。南北朝时期，顾微、沈怀远等史官将这一时期的龙母传说的主要情节整理成文字，加快了龙母传说在西江流域地区传播。宋明间，龙母传说以朝廷诰敕的形式出现，说明此时龙母传说已被官方认可，民间的流传形式已演变为官方的文字记载，覆盖的范围迅速扩大。

（2）龙母在唐代得到朝廷的敕封，从而确立了龙母司辖西江流域的水神地位，位列祀典。总体来说，龙母传说发展至明代，已基本定型，这一阶段龙母的原型、里籍以及传说故事梗概大同小异，并没有发生太大的变化。

（3）龙母传说最大的变异出现在明末清初，悦城坊间流传的龙母传说称龙母为广西藤县人。嘉庆间传说传至广西藤县后，龙母的本姓也演变为"梁"，藤县成为"龙母娘家"，这是龙母传说演变的一个重要转折。本文注释了关于龙母传说变异的出处，界定了龙母被传为"广西藤县人"的时段出现在明末清初间，这是龙母传说演变过程的转折点。

（4）民间流传的龙母传说并无定本，盖因采录者加工取舍而产生变异。在各地皆想"援此以为重"等多种因素的作用下，此类民间传说演变多有生发。但籍名之争，并不妨碍龙母文化的传播。相反，正是龙母传说在广西藤县有了落地点，客观上扩大了龙母信俗在广西（西江上游）的影响范围，进而演变成为悦城龙母诞庙会的重要仪式——龙母神像"沐浴更衣"仪式，并流传至今，成为两广地区传承龙母文化的纽带。

悦城龙母诞"拜龙母信俗"（温爱民摄）

东坡题刻今何在

德庆三洲岩摩崖石刻是广东省文物保护单位，岩内宋、元、明石刻甚富，其中以苏东坡"北归题刻"最为珍贵。元符三年，苏东坡于儋州谪所遇赦，量移廉州（今合浦），旋取道容州（今容县）、藤州（今藤县）至梧州，出西江顺流而下至三水，溯北江度梅岭北归，沿途经三洲岩登岸小憩，留下千年题刻。历史上，三洲岩苏东坡"北归题刻"时隐时现，金石学泰斗翁方纲在广东督学八年，著《粤东金石略》，曾往返三洲岩寻找苏刻，竟也"遍搜不获"。

苏东坡虽在岭南多年，但留存下来的题刻真迹并不多见，唯三洲岩"北归题刻"独存，尤显珍贵，诚为研究苏东坡晚年行迹和书法艺术的重要史料。但历史上，三洲岩苏东坡"北归题识"曾一度消失，在粤东金石界引起广泛的关注和争论。本文根据历史文献梳理求证，及以三洲岩现存石刻、文献为线索，去伪存真，重构这段被湮没的历史。

一、 德庆三洲岩先哲留踪

德庆三洲岩取"蓬莱第三洲"之义为名，相传有"庞眉皓首者"修真于此，又有葛洪炼丹遗址，故又称"仙翁岛"，宋相李纲手书"玉乳岩"三大字，此后岩名载一统志、通志及州郡志，誉之绝美。岩内宋元明题刻甚富，且有苏东坡、周敦颐、李纲三公题识，名气之大，"岭海士大夫好异者往往能言之"。时与肇庆七星岩、英德南山、碧落洞石刻齐名。

三洲岩摩崖石刻（温爱民摄）

三洲岩风景秀丽，史称"缥缈若蓬莱神山"。

　　三州岩在德庆州东七十里，取蓬莱第三洲之名，一名玉乳岩，中有石室，室中有石乳苍绿色，间类佛像，钟磬玉麟，游鱼之属，相传有皓叟修真于此。宋周敦颐尝游，苏轼有题识及李纲书"玉乳岩"三大字，俱存。① 岩有石室悬乳，类佛像观音，有石钟，其地击之声如鼓，有丹灶、砚池、仙羊窝、石柱。岩畔旧有濂溪书院。岩后有穴，可登其顶，顶上有人居数家，天造石门，居人以木扉之，宛然仙境也，舜臣书"石门"二字，佥宪李古冲题"桃源别洞"，又书"昆冈积翠"四大字，入石门而西，有奇石古榕合生，宪副寅斋叶公题曰"榕峰"，又有人居数家，古冲题石壁曰"四氏村"。循山而北，有石奇而高，宪学默泉吴公题曰"寒玉峰"。又缘磴而北，排石而上，有石甚巍，而下窈深，宪副一山邹公偕默泉、古冲穷此，题曰"三客峰"，岩顶之游兹其始也。② 宋濂溪先生题识："濂溪周敦颐茂权，熙宁元年戊申季冬廿六日游。"苏长公题识："东坡居士自海南还来游，武陵弓允明夫，东坡幼子过叔党同至，元符三年九月廿

① （明）李贤等修：《大明一统志》天顺五年刻本，卷八十一，肇庆府，山川，德庆三洲岩，页6。
② （明）陆舜臣纂修：《德庆州志》嘉靖十六年刻本，卷六，提封志上，三洲岩，页6。

四日也。"古今题咏甚富，不能尽述。昔门在北，为石所压，南有小门，梯岭而入，更觉深邃，人常忽之近者，康人李逢升另劈一门，从西入洞，由洞至巅，亭台栏曲，磴道石梁，无不备置，堪供游览，外创大士殿，给田膳僧，为守护计，更便游人驻足。① 三洲岩，旧图经云："西江之三岛也，东西往来者，皆通出岩下。岩内空洞可容千人，宋元明题刻甚富，西涝盛时，岩复淹浸，题刻半湮沙土。岩旧有濂溪书院，今为观音庙。濂溪周子题名在岩北南向，旁有洗砚池，水不涸，相传周敦颐尝此著书。东坡苏公题名在岩前平石上。宋祖无择三洲岩序铭大篆悬壁、濂溪周子、东坡苏公、李纲、马寻题名，丘濬、韩雍、陈献章、湛若水题诗……"②

岭海士大夫，往来达官贵人、文人墨客、放臣迁客，取道古康州（今德庆），必游是岩。

鲜为人知的是，元符三年（1100）苏东坡于海南儋州"遇赦"北归，即取道廉州（今合浦）、容州（今容县）、藤州（今藤县）至梧州，沿西江顺流而下，经三水折入北江度岭北归。途经德庆，为三洲岩景色吸引，舣舟登岸，留下千年题刻，此题刻记录了其北归的行迹，成为苏东坡晚年唯一留存于岭南的书法真迹。但至明末，此刻突然消失，这又是怎么回事呢？关于三洲岩苏东坡题刻的佚失始末，我们通过梳理历史文献，还原重构这段历史。

苏东坡在三洲岩留有题刻一事的记载，散见于元、明后的通志、州郡志，以及文人笔记、诗词等文献。

从目前能搜集到的文献史料可知，自明代始，即有各种版本著录三洲岩摩崖石刻。最早详细记录三洲岩人文景观的是明人陈赟，其在《三洲岩记略》中明确点出了北宋前期及苏东坡题刻等著名摩崖题刻。记曰：

予与蒋胡二公旋舟登陆，御肩舆行数步，见巨石凿"云关"二字。少焉至岩所，下舆步入岩口，诗镌于石者甚多。入岩，遍观仰视，岩顶其高十余寻，其深约二十余丈，广数半之。岩上倒垂之石如衣摺之形，青绿之色，奇巧天成……濂溪周子题名在岩北，南向旁有洗砚池，水不涸，相

① （清）谭桓修，梁宗典纂：《德庆州志》康熙十二年刻本，卷二，山川，三洲岩，页3。
② （清）杨文骏等修：《德庆州志》光绪二十五年刊本，卷四，山川，三洲岩，页16。

传周子尝此著书。东坡苏公题名在岩前平石上。有祖无择者，岂宋时尝守袁州者耶，乃于岩前高石上篆书长篇，想亦好奇之士哉。①

陈赟，字维成，号稼轩，浙江余姚人，明代史学家，授翰林院待诏。景泰初年（1450）擢广东布政司左参议时到过三洲岩，所撰《三洲岩记略》当于其时。

康熙《德庆州志》则著录了苏东坡北归时在三洲岩留下的题刻全文：

> 苏长公题识，东坡居士自海南还来游，武陵弓允明夫、东坡幼子过叔党同至，元符三年九月廿四日。②

此外，光绪进士，著名诗人丘逢甲有《题东坡三洲岩题名石刻》曰：

> 东坡渡海归，游此玉乳岩。
> 曾题数行字，鬼神护镌镵。
> 古人弃我去，留我题名处。
> 何时我来游，亦刻数行字。
> 玉乳千年温，洞天散花雨。③

从"何时我来游"句，可知丘逢甲并未到过三洲岩，但他知道东坡北归时经过三洲岩"曾题数行字"，镌镵（题刻）得到神灵的保护而留存，他希望有朝一日能亲自到三洲岩瞻仰先生真迹。说明三洲岩苏东坡题刻已声名远播。

---

① （明）陆舜臣纂修：《德庆州志》嘉靖十六年刻本，卷六，提封志上，陈赟《三洲岩记略》，页7。
② （清）谭桓修，梁宗典纂：《德庆州志》康熙十二年刻本，卷二，山川，三洲岩，页3。
③ 黄雨等编注：《肇庆历代诗选》，卷八，《题东坡三洲岩题名石刻》诗，广州：广东人民出版社1986年版，页327。

20 世纪 70 年代三洲岩南洞口，旁为濂溪书院旧址（温爱民存）

　　而成书于天顺五年（1461）的《大明一统志》则有"三洲岩在德庆州东七十里，取蓬莱第三洲之名，……宋周敦颐尝游，苏轼有题识及李纲书玉乳岩三大字，俱存"① 的记载。可见在明初，此"三公题识"已经录入国家志书，这证明了三洲岩"苏刻"的存在。

　　参与纂修天顺《大明一统志》的海南籍大学士丘濬（1420—1495），为景泰五年二甲第一进士，官至礼部、户部尚书、武英殿大学士。丘濬学问渊博，对广东的山川、风物相当熟悉，尤其对西江一带的情况了如指掌。丘濬曾到过被誉为"奇绝景"的德庆三洲岩，并留诗曰：

> 谁云蓬莱洲，比名殊不佳。
> 我来恣清赏，疑是古仙家。
> 惜哉奇绝景，落此穷荒涯。
> 摹写浩难尽，归向凤池夸。②

---

① （明）李贤等修：《大明一统志》天顺五年刻本，卷八十一，山川，德庆三洲岩，页 6。
② （明）黄佐纂修：《广东通志》嘉靖四十年刻本，卷三十九，舆地志二，三洲岩丘濬诗，页 41。

丘濬叹惜三洲仙景落此岭表荒涯，洞内石刻之富"摹写浩难尽"。"摹写"即拓印，说明他是来收集石刻史料的。丘濬治学严谨，《大明一统志》所载应为丘濬等实地考察收集的第一手资料。

一百多年后，黄佐纂修《广东通志》时，亦采辑了陈赟《三洲岩记略》的记载，再次确认了"三洲岩苏轼有题识"[①] 这个大家都相当关注的史实。

事实上，不独陈赟、丘濬等在三洲岩见过"苏刻"，历史上，由于苏东坡名气大，还有众多官吏、文人墨客关注"苏刻"，专门到三洲岩拜观先生题留，撰诗刻石于三洲岩以作留念，我们可以通过这些古诗词的流传来见证"苏刻"的存在。

元顺帝至正年间（1341—1368），肇庆路总管府经历刘中孚（曾在德庆为官），往返肇庆、德庆间，途经三洲岩，缅怀坡公，留诗石壁，诗曰：

> 蓬莱夜失第三山，飞落城东锦水湾。
> 汹涌滩场朝雨后，参差岩影夕阳间。
> 野花隔岸自开落，仙子与人相往还。
> 坡老已归诗句在，空留名姓刻巉顽。[②]

元陈晔诗：

> 三洲岩洞胜，名里领东西，
> 拂拭濂溪字，摩沙玉局题。[③]
> …………

苏轼曾提举四川成都府玉局观（宋代闲职），自称"玉局散吏"，诗中"玉局题"即指东坡"北归题刻"。

明天顺五年（1461），时任广东按察司佥事张祚亦留诗三洲岩：

---

① （明）黄佐纂修：《广东通志》嘉靖四十年刻本，卷十四，三洲岩，页40。
② （清）谭桓修，梁宗典纂：《德庆州志》康熙十二年刻本，卷十二，艺文，刘中孚诗，页30。
③ （清）金光祖修，莫庆元纂：《广东通志》康熙三十六年刻本，卷二十七，艺文下，元陈晔《三洲岩》诗，页54。

> 仙岩古名胜，乘兴蹑奇踪。
>
> 葛灶已陈迹，坡词尚苔封。①
>
> …………

相传葛洪曾在三洲岩炼丹，因有"葛灶"之称。"坡词"此处指苏东坡题刻，只不过由于时间久远，题刻已被"苔封"而已。

苏东坡"北归题刻"见诸文献记载的还有明代大儒两广总督叶盛所著《叶氏箓竹堂碑目》，此书大约刻于成化十年（1474），著录苏刻条目："（苏东坡）三洲岩题名，德庆州，元符三年九月。"② 虽只录碑目，但时间、地点相符，当指苏东坡题刻无疑。

叶盛（1420—1474），字与中，江苏昆山人，正统十年（1445）进士，官至吏部左侍郎。天顺二年（1458），叶盛以右佥都御史巡抚两广。大明崇奉忠臣，天顺中，叶盛驻扎德庆，主持修复"忠景祠，祀赵师旦"③。其间到三洲岩搜拓石文，发现了宋皇祐五年（1053）元绛祭赵师旦题《悯忠诗》石刻真迹，叶盛自注云："按《方舆胜览》又误以为魏瓯作，亦伪数字，幸真迹石刻尚存三洲岩中，可考也，予既得石本，装裱之云。叶盛题。"④ 不难发现，叶盛搜碑必看石本，此行包括周敦颐、苏东坡、李纲三公题刻尽入拓印之列。

在历史的长河中，三洲岩屡遭大自然和人为破坏，大部分石刻今已无存，唯一幸存至今，提及"周子、坡翁"的石刻，是明代御史冯恩的《题三洲岩》诗，诗曰：

> 冲虚涵象此昆仑，天作浑无斧凿痕。
>
> …………
>
> 便欲餐霞为鹤友，披襟吹笛坐黄昏。
>
> 灵岩壮拱落洲边，石屋虚明小洞天。
>
> 周子高栖窥太极，坡翁远到悟奇缘。
>
> 容光几处能通月，玉树长生不论年。

---

① （清）谭桓修，梁宗典纂：《德庆州志》康熙十二年刻本，卷十二，艺文，张祚诗，页43。

② （明）叶盛：《叶氏箓竹堂碑目》民国二十五年版，卷四，东坡三洲岩题名，页33。

③ （清）谭桓修，梁宗典纂：《德庆州志》康熙十二年刻本，卷七，祀典，忠景祠，页24。

④ （明）黄佐纂修：《广东通志》嘉靖四十年刻本，卷三十，政事志三，悯忠诗按语，页63。

满目洪荒真太古，何须蓬岛更探玄。

大明嘉靖十五年九月十九日，华亭南洪冯恩书。①

冯恩《题三洲岩》石刻（今存）

冯恩（1496—1576），字子仁，松江华亭人。嘉靖五年（1526）进士。擢南京御史，因弹劾权贵，后免死被贬雷州，路经德庆，邑士皆从其游，于三洲岩神会坡翁，留诗刻石，并保存至今，可视为见证"东坡北归题刻"的实例。

由于陈贽、丘濬、叶盛、冯恩等在三洲岩发现苏东坡北归题刻，随之撰记、拓印传播于世，更有丘濬、黄佐、陆舜臣等将题刻著录于《大明一统志》《广东通志》《德庆州志》，三洲岩东坡"北归题刻"遂广为世人所知。

通过对上述文献史料的梳理，我们可以知道，德庆三洲岩苏东坡"北归

---

① （清）谭桓修，梁宗典纂：《德庆州志》康熙十二年刻本，卷十二，艺文，冯恩诗，页40。石刻今存德庆三洲岩。

题刻"直至明中后期还保存完好。但是，约在明末，三洲岩"苏刻"忽然消失了，一时引来各路文人墨客的关注。

二、 德庆三洲岩再现"苏刻"

元符三年，苏东坡在海南儋州遇赦北归，取道廉、容、藤、梧，在德庆三洲岩留下题刻毫无异议。至崇祯间，苏东坡"北归题刻"还存于三洲岩北洞。李逢升《三洲岩记》云："洞之北，峻壁词章，苔封剥落则苏文忠、祖无择之诗记也……"① 显然，这时苏东坡的题刻依然完好，只是年代久远被"苔封"而已。

但至乾隆年间，翁方纲著录《粤东金石略》，曾到三洲岩搜剔古刻，出乎意料的是，"苏刻"竟然"遍寻不获"，也不知"此段石崖何年劈去，其旁仅有东坡遗迹四字可辨"②。由于在三洲岩找不到苏东坡原刻，翁氏只能根据《德庆州志》版本所载，以版本著录"苏刻"，注明此段文字并非录于原本，并将其排在《粤东金石略》三洲岩诸石刻之末，以示区别。

明末清初由于战乱，民生凋敝，三洲岩沉寂了一段时间，乾隆间，翁方纲到三洲岩寻古刻时，三洲岩已破败不堪了。在漫长的历史长河中，三洲岩摩崖石刻发生了巨大的变化，原来记载有二百多通的诗词、题识，现仅存九十余通，而且还不断受到人为或大自然的破坏，更没有"十过九游观"的盛况了。

考其原因，主要有两方面：一方面是明末清初间，三洲岩曾遭暴雨雷击，刻有苏东坡、周敦颐、祖无择等题刻的北岩体为雷所震，发生大面积崩塌，岩体连同诸石刻悉数坠落北洞口而被掩埋。这和当年翁方纲看到北岩口的情况是一致的，北岩口被坠石所压，西江潦水淹至岩腹，题刻半湮沙土，翁方纲既未挖土三尺，故与苏刻失之交臂，仅能看到后刻"东坡遗迹"四字。

康熙《德庆州志》描述了三洲岩遭雷击崩坠后的情况："三洲岩，昔门在北，坠石所压……康人李逢升另劈一门，从西入洞……"③ 可见此时北门因坠石已全面堵塞，三洲岩大部分的石刻，尤其是北宋石刻，多集中在北岩口，因此，几乎所有北宋前期的石刻均遭掩埋。清举人梁修《三洲岩记》也描述过

① （清）谭桓修，梁宗典纂：《德庆州志》康熙十二年刻本，卷十，艺文，李逢升《三洲岩记》，页18。

② （清）翁方纲：《粤东金石略》乾隆三十六年刻本，卷八，页15。

③ （清）谭桓修，梁宗典纂：《德庆州志》康熙十二年刻本，卷二，山川，三洲岩，页3。

当时的情形："三洲岩西口可入，南口绝狭而险，北门洞若巨门，容旋马，今不见。或云康熙间雷起此岩，震石落，巨若屋，字当在石下。"①

另一方面是三洲岩属于石灰岩地貌，位于罗洪乡一带，乡民有凿石烧石灰的习惯。州志记载"土人伐石，临江结窑，燔灰为贩，曰罗洪灰"，这种情况会严重破坏三洲岩一带的地貌。因此，约在清中期，官府开始禁止在三洲岩、鸡冠石山体伐石。嘉庆二十年（1815），署理德庆知州章予之出告示"禁止乡民渔利凿石烧灰"②，但为时已晚，其时三洲岩已经被破坏得很厉害了。

三洲岩北岩口曾遭雷击坍塌及人为破坏（温爱民摄于 1992 年）

据此可判定，三洲岩在清初开始崩坠而使大部分岩刻湮没，导致北岩口堵塞。至光绪间，李永铨等凿开北门巨石，清理路洼，才重新开通北门。

嘉庆二十五年（1820），三洲岩东坡"北归题刻"被重新发现，民间拓碑高手仪克中功不可没。仪克中（1793—1837），字协一，号墨农，先世山西太原人。嘉庆二十五年，仪克中受两广总督阮元破格提拔，以布衣身份参修

---

① （清）梁修《三洲岩记》，原载于民国《德庆县事半月刊》。原件存广东省德庆县档案局。
② （清）杨文骏修：《德庆州志》光绪二十五年刻本，卷四，山川，鸡冠石，页20。

《广东通志》，任职采访。①

仪克中不辞劳苦，不负众望，奉阮元之命，于各地搜剔古刻，遍历岭南各府、州、县"缒幽跻险，剔苔扪碑，多录翁方纲金石略所未著录者"，广东连州大云洞、罗定龙龛岩均留有仪克中采拓古刻时的题识。

最近笔者整理三洲岩石刻拓片时亦发现仪克中在三洲岩留有题刻，始得知嘉庆庚辰五月，仪克中曾到三洲岩采访古刻。嘉庆庚辰即嘉庆二十五年，正是仪克中参修《广东通志》之年。

仪克中在三洲岩留下题刻（今存）

最终，仪克中在三洲岩掘土数尺，将掩埋于乱石中的苏东坡真迹拓出，三洲岩东坡"北归题刻"才得以重见天日。阮元《广东通志》著录如下：

> 苏东坡题名存。东坡居士自海南还来游，武陵弓允明夫、东坡幼子过叔党同至。元符三年九月廿四日。吴用之至此，此在题名之左。王元勋来观、黄期遇来观，此在题名之右。东坡遗迹，此在题名石旁。②

① （清）阮元等修：《广东通志》道光二年刻本，卷首，重修广东通志职名，页8。
② （清）阮元修：《广东通志》道光二年刻本，卷二零九，金石略十一，东坡题名，页19。

阮元加按语，谓苏东坡真迹独存于三洲岩，此刻仰刊石底，因岩石崩坠而得以保存，经党禁后独完，更显珍贵。

> 谨案：题名在德庆三洲北岩，石崩坠覆压岩口，外视石旁仅见东坡遗迹四字耳。俯身而入，此刻仰刊石底，因掘土三尺拓得之。东坡遗刻经党禁后辄遭磨灭，此刻独完或以崩坠故耳。①

光绪二十五年（1899），德庆知州杨文骏等修《德庆州志》，聘州人李永铨采访金石，李永铨再次命工发土，在三洲岩北岩口坠石处得数古刻，其中"东坡北归题识仍存"，翁方纲当年所见"东坡遗迹"四字，迨后人指刻云。②

结　语

直到民国时期，三洲岩这一带的乡民还一直靠挖山石烧石灰谋生，北岩口坠下的散石，正好方便了乡民取石，这种原始的取石方法对三洲岩的破坏力应该不会太大。破坏最厉害的是 20 世纪 70 年代末、80 年代初，那时已经用上炸药了。县里的水泥厂是年十万吨规模，每年需要十几万吨的石灰石。几年下来，三洲岩就已经被炸得不像样了，至 70 年代末，恢复经济建设时期需要大量的水泥，炸山取石益甚，其时经济建设排首位，文化建设自然要靠边站一站，包括"苏刻"在内的大部分北宋古刻就难逃劫数了。

据笔者所知，1983 年，州人梁中民（阮元《广东通志·金石略》点校者）曾多次写信给时任德庆县委张书记，力陈炸石破坏三洲岩文物的野蛮行为，力促务必尽快抢救三洲岩文物。后又去信《羊城晚报》投诉，《羊城晚报》将一封署名为梁中民的"群众来信"转给了德庆县委，县政府终于下令制止在三洲岩炸石。

关于题刻的最终去向，《中国书法大辞典》著录有苏东坡《三洲岩题记》（拓片局部）③，说明东坡题刻拓本还有存于世者。据当地挖石烧石灰的老人

---

①　（清）阮元修：《广东通志》道光二年刻本，卷二零九，东坡题名按语，页19。
②　（清）杨文骏修：《德庆州志》光绪二十五年刻本，卷十四，金石，东坡遗迹，页7。
③　梁披云主编：《中国书法大辞典（上）》，香港：香港书谱出版社，广州：广东人民出版社1984年版，页1370。

说，原刻清末民初还存，拓碑者众，流传民间的"苏刻"拓本应不在少数。

元符三年，东坡 65 岁，大赦，量移廉州（今合浦）安置，"留此（儋州）过中秋，或至月末乃行，作木筏下水，历容（容县）、藤（藤县）至梧（梧州），与迈约，搬家至梧相会"①。据此段史料分析，苏东坡遇赦后于谪所儋州过完中秋，于八月底渡琼州海峡先至合浦，后经容县、藤县到梧州与长子苏迈汇合，再沿西江顺流而下溯北江，度越梅岭北归。正是这段难得的行程，促成了三洲岩之行，并留下了这个见证其晚年行迹的"千年题刻"，诚为研究苏东坡晚年书法真迹的实例。

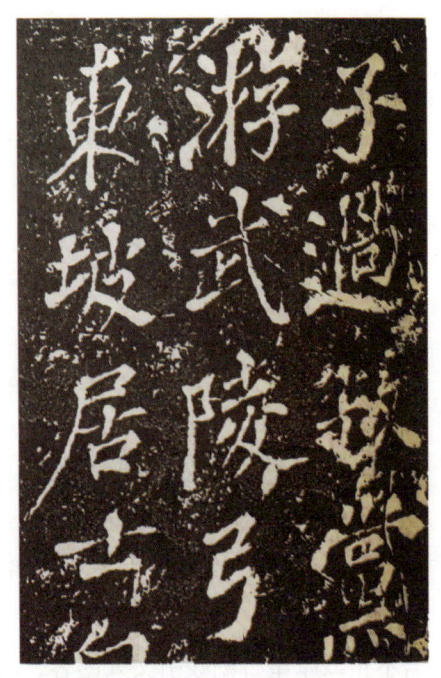

苏东坡《三洲岩题记》（拓片局部）

（原载肇庆《肇庆论丛》2017 年第 4 期）

---

① （清）杨文骏等修：《德庆州志》光绪二十五年刻本，卷十四，金石，页9。

三洲岩名胜古迹考述及保护

德庆三洲岩取"蓬莱第三洲"之义为名，岩名载一统志、通志及州郡志誉之绝美，尤以摩崖石刻闻名于世，虽亚于端州七星，然有周敦颐、苏东坡、李纲三公题识"岭海士大夫好异者往往能言之"，故往来达官贵人、文人墨客、放臣迁客，凡取道古康州（今德庆），则必游此岩，领略此间仙景。三洲岩不止以摩崖石刻吸引文人墨客，其耸立西江河边的特殊地理位置以及数量众多的名胜古迹，亦吸引着南北商旅、好游之士流连忘返。

三洲岩全景（温爱民摄于 1992 年）

一、 宋端溪令许鉴建三洲岩濂溪书院

三洲岩在宋以前皆荆棘荒翳、渺无人迹，相传古有"庞眉皓首者"修真于此，更谓葛稚川在此炼丹羽化升仙，洞内存"丹灶"绝似灶，可炊云云。

真正使三洲岩扬名于世者，是宋代理学的开山鼻祖周敦颐，周公于宋熙宁元年（1068）"游于岩，留下题识，尝此著书，开坛讲学"。一时慕名前来者甚众，三洲岩遂扬名于世。乾隆《德庆州志》载："濂溪书院，在三洲岩畔。宋熙宁元年，提点刑狱周敦颐游于岩，是年冬，端溪（今德庆）令许鉴因建书院，置田养士，并建五先生祠。宋元有书院山长，元季海寇来往不时，遂废，其址尚存。"据考，此为三洲岩第一批人文建筑。时书院外有连片荷塘为伴，盛夏之夜，莲花怒放，香气袭人，美不胜收，或助周敦颐在此悟出千古名篇《爱莲说》，其"予独爱莲之出淤泥而不染"之名句一直激励着后人无论在多么复杂的环境中，都要保持高尚的品格，以"廉洁修身"而立于社会。及后，苏东坡、李纲、陈献章、丘濬、湛若水、翁方纲等大儒，慕周元公（周敦颐谥号"元"）之英名，相继谒临三洲岩濂溪书院，三洲岩遂扬名于世。

20 世纪 70 年代拍摄的三洲岩畔濂溪书院旧址（温爱民存）

周敦颐为官，以"洗冤泽物"为己任，不慕名利，其一生最大的追求为"设书院开坛讲学"。周敦颐晚年有两个重要的治学居所，一个在江西定居点庐山濂溪书堂，其隐归后每日在这里读书劝学，手不释卷，诲人不倦，直至终老。另一个治学居所，就是德庆三洲岩濂溪书院。熙宁元年，周敦颐擢提点广南东路转运判官，是年游三洲岩，眼前荷花一望无际，西江河畔古木参差，缥缈若"蓬莱"之仙山，遂决定在此设坛讲学。时端溪令许鉴捐俸建置书院，此亦为德庆有史以来最早的一个官办书院。康人得人文风气之先，人才辈出，后先辉映。元丰五年（1082），离三洲濂溪书院仅十里之地的九市镇罗洪村士人石处道科举高中二甲头名进士，此亦为德庆第一个进士，一时轰动岭南州城。周敦颐启德庆"人文之先"，为德庆留下了一份宝贵的财富。

无奈公务在身，次年周敦颐奉命移知南康军，熙宁五年（1072），筑堂定居于江西庐山莲花峰下，居前有溪，取故居营道"濂溪"以名之，世称濂溪先生。熙宁六年（1073）卒于居所，终年 57 岁。

二、三洲岩"东坡亭"

宋元间，三洲岩有"东坡亭"，州人为纪念苏东坡"遇赦北归"，登临三洲岩拜谒周元公而建。北宋元符三年（1100），宋徽宗登极，大赦天下，时苏东坡在海南儋州获赦"量移廉州"（今合浦），后再"获赦北归"，历容（容县）、藤（藤县）至梧（梧州）与长子苏迈汇合，沿西江至三水，溯北江越梅岭"北归"。其间，苏东坡于九月二十四日游三洲岩，并留下游三洲岩题识："东坡居士自海南还来游，武陵弓允明夫、东坡幼子过叔党同至。元符三年九月廿四日。"此题识亦成为苏东坡留在岭南的最后印记。两广总督阮元谓苏东坡留在岭南的书法真迹"唯三洲岩独存"，奠定了三洲岩摩崖石刻群在岭南的历史地位，曾在金石界引起广泛关注。

迨元顺帝至正年间，曾任德庆经历刘中孚倡捐维修东坡亭，后升任肇庆路总管，往返德庆、肇庆间，至三洲岩，舣舟登岸，缅怀周、苏两位先哲，留诗三洲岩：

三洲岩诗

蓬莱夜失第三山，飞落城东锦水湾。

汹涌滩场朝雨后，参差岩影夕阳间。

野花隔崖自开落，仙子与人相往还。

坡老已归诗句在，空留名胜刻巉顽。

蓬莱：即三洲岩。锦水湾：德庆西江河段古称"锦水"。坡老：指苏东坡。巉顽：三洲岩峻峭的山石。

20 世纪 90 年代初三洲岩南洞口（温爱民摄）

三洲岩渐为人识，且在西江河畔，引无数达官贵人、文人墨客驻足。明时两广总督驻跸梧州，从广州帅府至梧州督衙往返间必经三洲岩，因有濂溪书院、东坡亭等古迹，望之古木参差、峭壁嶙峋，舍舟登临，一览此"超然尘外，人间洞天"之仙景，留下了数以百计的石刻，成为"十过九游观"之胜景。谨录明人陈献章诗《夜过三洲，访濂溪题名，示诸生》：

> 山容寂寞红叶老，江月照耀青天高。
> 题名夜半寻周子，秉炬相随爱尔曹。

广东新会有"苏公渡"，德庆三洲岩有"东坡亭"，清人王文诰以陈献章诗为据作过考证，载《苏海识余》云："予记《苏海识余》载东坡亭及苏公渡，引前明陈献章诗为据，其苏公渡已详于总案矣。"又据《白沙集·经坡亭》："……三洲岩在德庆峡中，坡公北还与弓允明夫同游，其题名犹在，盖指此也。"诗云：

> 水绕寒柯雾半笼，游丝轻曳钓船风。
> 三洲览遍题名处，间向坡亭说长公。

《苏海识余》成书于道光二年（1822），亦即东坡亭在道光间仍存于三洲岩，可惜又经两百多年风雨，东坡亭已毁于兵火，今仅余基址。若修复三洲岩景点，此景应为一大亮点。

三洲岩有东坡亭古迹（温爱民摄）

三、 明李逢升创建三洲岩"观音堂"

元末明初，德庆受海盗侵扰，三洲岩被冷落了一段时间，其间濂溪书院迁回州治，书院山长亦各奔东西。三洲岩仅余周敦颐读书台、葛洪丹灶等遗迹，值得一提的还有明崇祯初州人李逢升创建的观音堂。

崇祯三年（1630），国子监生州人李逢升自"南雍归康"，自谓"三洲岩主人"，命其子李见立、李见方兄弟二人督理修葺三洲岩各景，以永垂后人游玩云云。其间修葺三洲岩"南山庵"，并在濂溪书院旧址创建观音堂"供游人驻足，捐寺田五亩，募僧主之"。康熙《德庆州志》载李逢升《三洲岩记》：

余少雅慕名山，常思蹑履太华之巅，振衣匡庐之顶，遍宇内诸胜收之目中。奈幼稚之年不离党塾，及稍长，又以应选入南雍（南京国子监），矻矻一经，穷年株守，即三洲里闬（hàn，代指乡里）一大奇观，咫尺而未尝一到。今年归康，过黄湾，则见其悬崖千尺，峭壁嶙嶙，望之古木参差，淡烟浓翠，乃舍舟而从之。……余思夫天下之物，不遇乎人之物色，则物之精华不表；天下之人不能物色乎，天下之物，则人之襟怀不奇。余如是不揣绵力，创

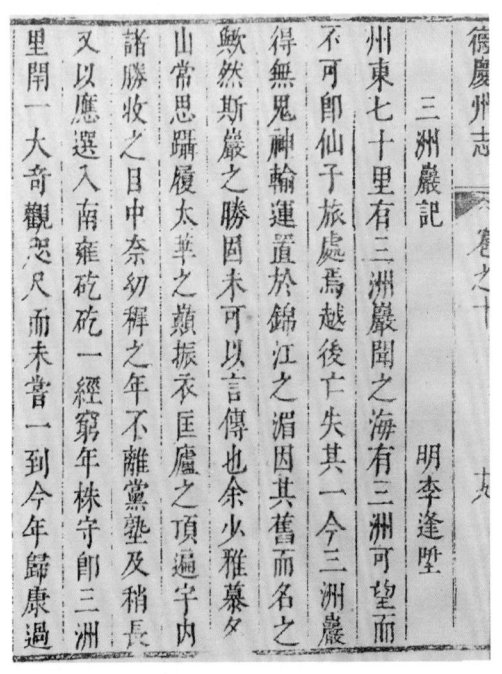

李逢升《三洲岩记》

寺三椽，寺之西复为一庵（南山庵），募慧僧以主之，捐近寺租四十石供其衣食。……室旁之窟，诛凿成池，植以锦莲。从池出岩外，下临千尺，拓道百寻，翼以雕栏，栏下遍栽花卉。越二十武，又为"星宿亭"。……更上"至人峰"，榜依林木怪石，而为"阅空亭"。回顾山翠如城，游云聚散，恍若身在霄汉间而忘所归也。噫嘻！太华、匡庐余虽未能策杖其间，而苟寓情于斯岩，斯岩即蓬莱一景，而又何必远有谋哉？故记之。

"太华"即西岳华山，"匡庐"即江西庐山，李逢升将三洲岩比之二山，虽有夸大之嫌，但其自"南雍归康"后，见多识广，以其家族雄厚的实力经营修葺三洲岩，李逢升是下过一番功夫的，自谓"物之精华不表；天下之人不能物色"。有这样好的自然条件，若不好好经营维护，表其精华于世，天下人又如何得知呢？于是捐田募僧，创建"观音堂"，修复"南山庵"。又另辟一门，从石入洞，由洞至巅，拓道并饰以雕栏，建"星宿亭""阅空亭"，由于亭台楼阁的位置均适，庙堂（观音堂）深邃、殿阁巍峨，俨然有序，配合远山近水，恍若置身"太华""匡庐"，环顾山翠如城，诚蓬莱一景区，世人又何必策杖远而谋哉。

李逢升，号含真，德庆州金定村（今九市镇辣头村）人，明天启国子监生，南京刑部尚书李质裔孙，李伯震嫡孙。李氏世称"金定世家"，为德庆望族。明崇祯初李逢升于南京国子监回家乡德庆，掌管家族三洲岩外四隅田地塘圩，自号"三洲岩主人"。崇祯四年（1631）命两子李见立、李见方兄弟督理修葺、扩建三洲岩各景点，有诗《崇祯三年冬至日题三洲岩》刻于是岩：

> 吾看三洲景，江山一望蘋。
> 白云村数点，绿树馆真人。
> 闲坐亭中石，静观洞里春。
> 青霄仰首近，竹杖欲飞尘。

可惜的是，时至明末清初，由于战乱，兵燹频仍，民生凋敝，至乾隆间，据翁方纲《三洲岩诗》可以判断，三洲岩观音堂已相当破败。诗云：

> 破屋樵人宿，坳堂古衲迎。
> 洞宁须户辟，灶漫以丹名。
> 荒秽斋厨具，喧啾虫雀鸣。
> 了然无梵呗，满洞木丁丁。

古衲：代指僧人。梵呗：僧人做法事的念经声。乾隆间，金石泰斗翁方纲到三洲岩寻访古刻，其时三洲岩已是"路迷迹稀"。造成这个情况可能有两大原因：一个原因是石灰岩地貌岩体疏松，受雨水冲刷经常会有山体坍塌，从而使景点遭到破坏。据州志载："或云康熙间雷起此岩，震石落，巨若屋，北门为石所压……"由于雷击北门，岩体发生大面积崩塌，刻有周敦颐、苏东坡、李纲等题刻的岩体悉数坠落，掩埋北洞口。北门为三洲岩主要入口，为大石所压，"巨若屋"，一时无法修复，游人渐少，以致景区荒芜。

另一个原因，三洲岩位于罗洪乡一带，乡民有凿石烧灰的习惯。"土人伐石，临江结窑，燔灰为贩"，这种情况严重破坏了三洲岩一带石灰岩地貌，原有的烟波缥缈、巨木参天的景象逐渐消失。嘉庆二十年（1815），署理德庆知州章予之曾"出示禁止乡民渔利凿石烧灰"，但为时已晚。清人卫淇诗：

> 不到三洲已十年，三洲幽趣不如前。
> 路迷荒草稀人迹，云翳朱崖失石泉。
> 碣断虫书文字改，僧逃猿啸薜萝悬。
> 山灵亦解伤寥寂，未晚枝头叫杜鹃。

而李逢升创建的观音堂则由乡人多次重修，香火延至清末更名为"观音庙"，载入光绪二十五年的《德庆州志》。三洲岩观音庙经民国一直至20世纪70年代民间还有人拜祭。

由于三洲岩位于州城与悦城之间，通常是由德庆州城之信众结成"堂口"，逢初一、十五或观音诞期，结队乘船，由州城出发，先至三洲岩观音庙拜祭观音大士，再诣悦城水口龙母祖庙拜祭龙母。其间，观音庙曾一度改为九市镇中学。至20世纪80年代初，县城办水泥厂，三洲岩石灰石遭大规模开挖，直至80年代中全面禁止炸石。至此，三洲岩观音庙被全部拆毁，仅留基址。

20世纪80年代初三洲岩遭大规模开挖，石刻暴露在外（温爱民摄）

四、三洲岩"五先生祠"小考

嘉靖《德庆州志》载三洲岩旧有"五先生祠",谓宋端溪令许鉴建濂溪书院时"并建五先生祠",祀濂溪、明道、伊川三贤。据考此载有误,康熙《德庆州志》、乾隆《德庆州志》并沿其误,许鉴并未在三洲岩建"五先生祠"。

资料所及,最早载此条为明嘉靖《德庆州志·提封志下》:"五先生祠,旧在三洲(濂溪)书院,城东六十里三洲岩畔,宋淳祐戊申(1248),端溪令许鉴建。"考嘉靖《德庆州志·秩官志》:"端溪令许鉴,熙宁年(1068)任。"两个时间相去 180 余年,此其误一。

"五先生"者,即濂溪、明道、伊川、朱文公、张南轩五人。明道、伊川为北宋理学家程颢、程颐兄弟。程颢(1032—1085),字伯淳,世称明道先生;程颐(1033—1107),字正叔,世称伊川先生。兄弟受学于理学创始人周敦颐,并建立起自己的理学体系,共创"洛学",为理学的发展奠定了基础,世称"二程"。朱文公即南宋理学家朱熹。朱熹(1130—1200),字元晦,世称朱文公,与"二程"合称"程朱学派",其理学思想对元、明、清三朝影响很大。张南轩即南宋理学家张栻。张栻(1133—1180),字敬夫,号南轩,学者称南轩先生,后世又称张宣公。绍兴三十一年(1161),张栻拜"二程"再传弟子胡宏为师,问程氏学,时间虽短,但胡宏对张栻理学思想的形成起到重要作用,时与朱熹齐名。综上所述,"二程"与周敦颐虽为同时代人,但为濂溪先生后学,且许鉴于熙宁元年任职端溪令时,"二程"还未最终形成自己的理学体系,受世人尊奉已是多年后的事了。而"程朱学派"的形成以及后来张南轩问程氏学,也已是百年后的事了。据此,许鉴"并建五先生祠"当为后人附会,志乘考核不严所至。此其误之二。

嘉靖《德庆州志》又载:"淳祐辛卯郡守陈梦龙创祠于明伦堂东,祀濂溪、明道、伊川先生。"(按:淳祐无辛卯,而有辛丑,为 1241 年)考光绪《德庆州志》:"陈梦龙,朝请郎,淳祐年任。"也就是说,宋淳祐辛丑年,郡守陈梦龙始创"三贤祠"于孔庙明伦堂东,祀濂溪、明道、伊川"三贤",此为"始创"。迨元"至正甲申(1344),郡守孙振武增祀朱文公(朱熹)、张南轩(张栻),谓之五先生祠"。可知,"五先生祠"迟至元代至正甲申年,郡守孙振武增祀朱文公、张南轩后,才最后建成,但地点不在三洲岩,而在州治孔庙明伦堂东。其时距许鉴建濂溪书院已事隔 276 年,许鉴何来在三洲岩建五先生祠？此其误之三。

至洪武九年（1376），"五先生从祀两庑"，即并入孔庙两庑，从祀孔庙，其祠今无存。

结　语

三洲岩是不可多得亦不可复制的历史文化宝库，必须认真加以保护。在保护的基础上，适当开发利用，促进旅游经济，此本无可厚非。然观今之三洲岩，其核心人文景观摩崖石刻并未得到妥善保护。经 20 世纪 70 年代末至 80 年代初大规模的开挖，摩崖石刻最集中的北门已遭严重破坏，原有 200 多通石刻现仅余 90 多通，且大部分暴露在洞外，任凭风吹雨打、日晒雨淋。

三洲岩摩崖石刻亟须保护（温爱民摄）

石灰岩的主要成分为钙，若暴露在高温、高湿的洞外必定会加速氧化，加之雨水的冲刷，前景堪忧，这就是古人将文字刻在洞内的原因之一。余在此呼吁有司尽快制订方案加以保护。另外，建议复刻北宋前期几通著名石刻，如北宋榜眼祖无择《三洲岩铭并序》，北宋名相李纲题字"玉乳岩"，理学家周敦颐、大文豪苏东坡题刻等，同时恢复濂溪书院、东坡亭等名胜古迹，可以期待，这将是德庆旅游的又一大亮点。

三洲岩的航拍图（温爱民摄于 2019 年）

肇庆七星岩与德庆三洲岩"东坡题刻"考略

明万历郑一麟修纂的《肇庆府志》在七星岩"古今题名"条目下辑录了"元符改元端午日眉山苏轼挈家来游"一条，在粤东金石界引起广泛的关注。乾隆间，翁方纲曾到七星岩寻找该刻而遍搜不获。本文通过对历代有关文献资料梳理分析，证明万历《肇庆府志》辑录的"苏刻"条为讹误。曹学佺《大明一统名胜志》，陆鳌《肇庆府志》，吴绮、韩作栋《七星岩志》等书皆沿其误。

北宋权相蔡京与苏轼不和，除在政治上打压苏轼外，还极力贬低苏轼在文学、书法上的成就，以"元祐党人"罪名，"诏毁"苏氏文集、碑刻，致使苏轼虽在岭南多年，但留存在岭南的题刻真迹并不多见。翁方纲著《粤东金石略》一书时，曾遍搜苏轼在岭南的题刻真迹，无得片言只字，留下"苏文忠九成台铭，以元祐党事碑毁台废"的慨叹。历史上，三洲岩苏轼"北归题刻"曾一度消失，在粤东金石界引得众说纷纭。概括起来有三种说法：一说此刻在德庆三洲岩，因"党禁"已遭磨灭；一说此刻在肇庆七星岩黑岩中；亦有说三洲岩、七星岩均有苏刻。嘉庆末，曾一度消失的苏东坡"北归题刻"在三洲岩被重新发现，至清末仍存。苏氏在岭南的书法碑刻等经党禁辄遭毁灭，此刻独完或因三洲岩地缘偏辟、岩石崩坠得以保留。

一、 郑一麟万历《肇庆府志》辑录"苏刻"条所据存疑

肇庆七星岩因有唐代李邕《石室记》摩崖石刻而名闻岭南，但因"沥湖"水浸、交通不便等原因，直至明代尚未广为人知。

嘉靖三十七年（1558），高肇参将钟坤秀邀广东参政吴桂芳游七星岩，众人"因念此岩僻在岭海之间，轩盖罕临，声称未著……缔观岩下，苔藓满目，

荒秽成丘……"① 于是，吴桂芳提议修葺开发七星岩，遂带头捐俸，"伐石于山，鸠工于肆，引石为梯，直抵岩所……凡旧所未备者益之，污漫不饰者除之"，谓七星岩之辟建"自余今日始"②。嘉靖四十三年（1564），吴桂芳任两广提督，同年将提督府由梧州迁至肇庆，肇庆成为两广政治、军事、文化中心。吴桂芳到任后整饬军务、发展农桑，大规模辟建七星岩景区。自此大批深藏岩洞中的珍贵石刻，如李邕、李绅、周敦颐、包拯等名人题刻得以为世人所知。

苏轼在肇庆七星岩留有题刻的记载，始见于明万历十六年（1588）郑一麟修的《肇庆府志》。其在"古今题名"条下，辑录"元符改元端午日眉山苏轼挈家来游"③ 一条，此在粤东金石界曾引起关注。一般情况下，著录金石首先是要据"原刻"或"拓本"，其次是据"版本"，那么郑一麟辑录该条所据何本？不得而知。

自嘉靖末吴桂芳辟建七星岩景区至万历间郑一麟修《肇庆府志》，民间搜碑拓印盛行，一些民间拓碑高手将石室岩洞中诸多珍贵石刻拓出，流传于世，这也为郑一麟著录金石、补阙郡志提供了大量的资料，众皆推测郑一麟辑录该条或有可能录自"原刻"。但翁方纲著《粤东金石略》时，曾往返七星岩寻找该刻，以翁氏团队之搜拓能力竟"遍搜不获"。由于找不到"原刻"，似也未获"拓本"，故翁氏并未正式著录此条，只是根据曹学佺《大明一统名胜志》"版本"所记，将其放在"七星岩诸刻"中作"附录"存留。④ 据此，郑一麟辑录"苏刻"条录自"原刻"存疑。

就"版本"而言，在郑一麟之前，尚有两部著名的地理类书可供分析参考。一部是嘉靖四十四年（1565）刊行的何镗所著《古今游名山记》。何镗（1507—1585），嘉靖二十六年（1547）进士，授广东潮阳知县，擢广东按察使，任职期间曾多次到端州，对七星岩摩崖石刻有较深的研究。据明陆鳌《肇庆府志》记载，何氏有《游七星岩记》存世⑤，但均未提及七星岩有"苏刻"的任何信息。

另一部是万历四年（1576）慎蒙所撰《天下名山诸胜一览记》。此书是在

① （明）黄佐纂修：《广东通志》嘉靖四十年刻本，卷十四，舆地志二，吴桂芳记，页30。
② （明）黄佐纂修：《广东通志》嘉靖四十年刻本，卷十四，舆地志二，吴桂芳记，页31。
③ （明）郑一麟，叶春及纂：《肇庆府志》万历十六年刻本，卷七，地理志一，古今题名，页7。
④ （清）翁方纲：《粤东金石略》乾隆三十六年刻本，卷八，肇庆府金石，附录，页8。
⑤ （明）陆鳌纂修：《肇庆府志》崇祯六年刻本，卷三十五，记碑八，何镗《游七星岩记》，页3。

何镗《古今游名山记》基础上"删繁削冗，复纂诸通志所未及者，以补记文之缺"①，如其在自序中述及："近得同年友何宾岩（何镗号宾岩）所辑名山一书，则自胜纪、名言以至先贤题名刻石巨细毕举。"② 并谓此书"本何宾岩名山记者十之六，而增通志及别集所得记文者十之四"③。由此可知，"慎本"是在"何本"基础上增补而成，其间正是七星岩景区辟建之初，碑拓大量流出之时，内容增加近半。值得注意的是，慎蒙在书中辑录了德庆三洲岩有"宋周敦颐尝游，苏轼有题识及李纲书玉乳岩三字，俱存"④ 等信息，说明慎蒙对苏轼的题刻比较关注，但书中并未提及七星岩有"苏刻"的片言只字。

综上所述，郑一麟《肇庆府志》辑录"苏刻"条录自"版本"存疑。

崇祯三年（1630），明代史学家曹学佺编撰《大明一统名胜志》，采录了郑一麟辑录的"苏刻"条目。曹氏所辑"苏刻"有两处：一处是该书"古今题名"条下辑录七星岩"元符改元端午日眉山苏轼挈家来游"⑤ 一条，另一处是辑录德庆三洲岩"东坡居士自海南还来游，武陵弓允明夫、东坡幼子过叔觉同至。元符三年九月廿四日"⑥ 一条。审其文句，曹氏版本明显受郑一麟的影响，抄录痕迹明显。曹学佺在《北直隶名胜志》序中述及：其收集资料为"沆观四库诸书，凡可为各省山川名胜资者悉标识其端"⑦。也就是说，他将各省通志、府郡志、文人笔记等文献定为收集资料的重要来源，但又未必"每景必到"，这就为误录留下了空间。因此郑一麟将王化清《游石室新记》误为李邕《石室记》⑧，曹学佺也照抄不误。⑨ 众所周知，李邕《石室记》在石室岩洞口外，而王化清《游石室新记》则在洞内。这说明曹氏确未到过七星岩，以致以讹传讹，为人诟病。这也说明郑一麟辑录七星岩石刻比较粗糙，条目未经详考。

---

① （明）慎蒙撰：《天下名山诸胜一览记》万历四年刻本，记序，页2。
② （明）慎蒙撰：《天下名山诸胜一览记》万历四年刻本，记序，页2。
③ （明）慎蒙撰：《天下名山诸胜一览记》万历四年刻本，凡例，页1。
④ （明）慎蒙撰：《天下名山诸胜一览记》万历四年刻本，卷十一，《名山岩洞泉石》，德庆州三洲岩苏轼有题识，页9。
⑤ （明）曹学佺撰：《大明一统名胜志》崇祯三年刻本，卷六，肇庆府，定山条，页6。
⑥ （明）曹学佺撰：《大明一统名胜志》崇祯三年刻本，卷六，宋苏轼题，页25。
⑦ （明）曹学佺撰：《大明一统名胜志》崇祯三年刻本，卷六，首册，《北直隶名胜志》自序，页2。
⑧ （明）郑一麟修，叶春及纂：《肇庆府志》万历十六年刻本，卷七，地理志一，唐李邕《石室记》，页7。
⑨ （明）曹学佺撰：《大明一统名胜志》崇祯三年刻本，卷六，《广东名胜志》，肇庆府，定山条，页5。

方志之讹误，影响甚远。崇祯六年（1633），肇庆知府陆鏊纂修《肇庆府志》，辑录"苏刻"条目时，不仅未订正郑一麟的讹误，反而将德庆三洲岩苏轼"北归题刻"条合并于七星岩"苏刻"条，凡增十五字，中段改为"东坡居士还自海南重游"，全句衍为：

> 元符改元端午日眉山苏轼挈家来游。东坡居士还自海南重游，武陵弓允明夫子过叔党同至，元符三年九月念四日也。①

值得注意的是，同书又将苏氏"北归题刻"记在德庆三洲岩条下。② 至此，苏轼"北归题刻"出处出现了重复。

很明显，"东坡居士还自海南重游"这个说法经不起推敲。陆鏊署"重游"时间为"元符三年九月念四日"，与苏轼游德庆三洲岩为同一天。德庆三洲岩至肇庆七星岩相距百余里，以当时的交通水平，并不具备一天游两地的条件。因此，一直有人质疑郑一麟所辑"苏刻"条的真实性。

崇祯五年（1632），南海人陈子壮游七星岩，所撰《游端州石室记》就明确指出"眉山挈家已疑傅会……"③，也就是说陈子壮否定了七星岩有"苏刻"的存在。陈子壮（1596—1647），万历四十七年（1619）进士，历官编修，累迁礼部右侍郎。而陆鏊既收录了陈氏《游端州石室记》一文，就应该知道七星岩并无"苏刻"或存疑，然陆鏊不仅未作订正，反而使之复杂化。

二、 肇庆七星岩专著梳理分析

为进一步说明七星岩有无"苏刻"这个问题，我们继续梳理历史上曾流传的几种七星岩专著，看有无"苏刻"的记载。

王泮《石室志》。万历八年（1580），肇庆知府王泮组织撰写七星岩《石室志》，并亲为作序。王泮在序中述及："而岩故无志，仅得学博梁君手录草本……于是以属别驾陈君，陈君乃参稽互考，因其草创而厘正之，删繁补略各得其宜，俟余还而授余刻。"④ 据此，王泮《石室志》应该是最早一部关于七

---

① （明）陆鏊纂修：《肇庆府志》崇祯六年刻本，卷三十五，艺文十，古今题名石刻，页48。
② （明）陆鏊纂修：《肇庆府志》崇祯六年刻本，卷三十五，艺文十，古今题名石刻，页56。
③ （明）陆鏊纂修：《肇庆府志》崇祯六年刻本，卷三十五，艺文十，记碑八，页14。
④ （清）史树骏修：《肇庆府志》康熙十二年刻本，卷二十八，艺文四，王泮《石室志》序，页27。

星岩的专著，可惜该书未能传世，所载内容不得而知。

李开芳《星岩志》。万历二十七年（1599），岭西分巡道李开芳在星岩四周树界碑，以杜民之伐石。以刘克平、朱完、苏景熙、区怀瑞四人重辑王泮《石室志》，改名为《星岩志》。修志之事，见于李氏《重修七星岩记》①。此为七星岩第二部专著，可惜该书亦未能流传至今。

吴绮、韩作栋《七星岩志》。康熙二十二年（1683），岭南屈大均、陈恭尹、梁佩兰等齐聚七星岩，商讨修订《石室志》之事，有题记刻于七星岩石壁，如录：

> 康熙癸亥仲冬十有九日，江都吴绮园次、秀水吴源起准庵、海盐曹燕怀石闾、顺德陈恭尹元孝、嘉善蔡鸿达去闻、嘉兴缪其器受兹、嘉善柯崇朴寓匏，凡七人，分韵赋诗于星岩之上……晋庵主僧寂隆真际，出《石室志》请共商订。观察郴州韩公作栋公吉，因受诸梓。嘉会难常，盛事不朽，题名石壁，与此山并存云尔。②

韩作栋时任分巡肇高廉罗道按察司金事，因重修《石室志》，改名为《七星岩志》，共十六卷。这次修志，虽群贤毕至，但实以岭南大家齐聚唱和、分韵赋诗为主，仅吴绮为之润色，也并未重新补阙考核，盖沿曹学佺《大明一统名胜志》所载增益，讹误较多。如道光《肇庆府志》引《四库全书提要》所论：

> ……志本明王泮所撰，作栋因而重修，吴绮又为之润色。然有关考核者寥寥无多，如石刻门于唐李邕石室记后乾道己丑秋一条，以后人题名之年月误为摹石之年月。又载元符元年苏轼正在儋州，安得有挈家至七星岩之事？盖据曹学佺名胜志所载，而不知为传讹之文也。③

乾隆间《七星岩志》仍传于世，但《四库全书》未录该书，今亦不存。此《四库全书提要》即翁方纲所撰。翁氏对苏轼题刻尤为关注，为获得一手资料，曾往返七星岩寻找苏氏真迹，冥搜不得，始疑之为传讹之文。因此著

---

① （明）陆鏊纂修：《肇庆府志》崇祯六年刻本，卷三十五，艺文十，李开芳重辑《星岩志》，页13。
② 《肇庆星湖石刻全录》编委会编：《肇庆星湖石刻全录》，北京：红旗出版社2005年版，页249。
③ （清）屠英等修：《肇庆府志》道光十三年刻本，卷二十一，艺文，《七星岩志十六卷》下，引《四库全书提要》，页18。

《粤东金石略》时并未正式采录"元符改元……挈家来游"条，只以曹氏"版本"作"附录"存留。

翁方纲对曹学佺《大明一统名胜志》和韩作栋《七星岩志》有关收录"苏刻"条目分别作过考证：

其一：

> 附录《名胜志》一条：元符改元端午日眉山苏轼挈家来游。按：元符元年戊寅，苏公在儋州，安得有端午日挈家游端州之事？且是时，公在儋州并无家室，亦不得云挈家矣。志书记载之讹，类如此，特辨正之。①

其二：

> 然此志亦载元符改元苏刻云云，则亦未尽足据也。《七星岩志十六卷》，国朝康熙癸亥关中韩作栋辑，附记于此。②

黎汉杰《星岩今志》。该志体例详略得当，考核精详，石刻、诗文、营建、方物尽括其中，而将吴绮、韩作栋《七星岩志》有关"苏刻"讹误条目删去不录。

刘明安主编《七星岩志》。1989 年，星湖管理委员会刘明安主持编撰星岩专著，由广东省地图出版社出版。是志共辑地理、风景、营建、文物、历史沿革等共十六篇，尤对摩崖石刻的搜集整理着力较深。该书"旧有可考，新有可观"，但并无辑录"苏刻"条目。

刘伟铿等编《肇庆星湖石刻全录》。该书 1986 年铅印出版，共收录唐宋至清七星岩石刻 500 通，但并无著录"苏刻"的任何信息。1994 年，刘伟铿校注《肇庆星湖石刻全录》，由广东人民出版社正式出版。该书设"附录"，将上述七星岩"苏刻"条列为"今寻未见石刻"，并指出"该（条）日期与仪克中在德庆三洲岩掘得的苏轼石刻日期相同，尤不可解"③。

综上著述，均不认为七星岩有"苏轼挈家来游……重游"题刻存在。

---

① （清）翁方纲：《粤东金石略》乾隆三十六年刻本，卷八，肇庆府金石，附录，页 8。
② （清）翁方纲：《粤东金石略》乾隆三十六年刻本，卷八，肇庆府金石，转运判官周敦颐条下，页 6。
③ 刘伟铿校注：《肇庆星湖石刻全录》，附录一，广州：广东人民出版社 1994 年版，页 339。

三、 德庆三洲岩"北归题刻"概述

元符三年（1100），苏轼于海南儋州获赦，"是月，以徽宗登极恩移廉州（今合浦）安置。……（又）诏苏轼等徙内郡居住"①。苏轼旋取道廉州、容县、藤县至梧州与长子苏迈汇合，沿西江而下，经三水折入北江度梅岭北归。途经康州（今德庆）时，在三洲岩登岸游憩，留下"东坡居士自海南还来游，武陵弓允明夫、东坡幼子过叔党同至。元符三年九月廿四日"题刻，记录了东坡遇赦北归时留在岭南的最后行迹。

明崇祯间，苏轼"北归题刻"仍存三洲岩。据清康熙《德庆州志》，明人李逢升有《三洲岩记》云："洞之北，峻壁词章，苔封剥落则苏文忠、祖无择之诗记也……"② 显然此时"北归题刻"依然完好，只是年代久远被"苔封"而已。

但乾隆间，翁方纲据此到三洲岩搜剔苏刻，竟又寻之不获，也不知"此段石崖何年劈去，其旁犹有东坡遗迹四字可辨"③。由于三洲岩苏刻神秘消失，翁方纲只能据《德庆州志》（版本）著录"苏刻"，注明此段文字非录自"原刻"，将其排在《粤东金石略》"三洲岩诸石刻"之末，以示区别。

明清时期，三洲岩屡遭地震、雷击的破坏，刻有苏东坡、周敦颐、祖无择、李纲等题刻的北岩口发生大面积坍塌，岩体连同石刻悉数坠落北洞口而被掩埋，此后仍不断受到人为或自然的破坏，原有两百余通诗词、题名石刻，现仅存九十余通。康熙《德庆州志》记载了三洲岩北岩口崩坠后的情况："三洲岩，昔门在北，坠石所压，南有小门，梯岭而入，更觉深邃，人常忽之。近者康人李逢升另劈一门，从西入洞。"④ 清举人梁修在《三洲岩记》中也描述了当时的情形："三洲岩西口可入，南口绝狭而险，北口洞若巨门，容旋马，今不见。或云康熙间雷起此岩，震石落，巨若屋，字当在石下。"⑤ 据此可推知，

① 孔凡礼：《苏轼年谱（下）》，北京：中华书局1998年版，页1323、1326。
② （清）谭桓修，梁宗典纂：《德庆州志》，康熙十二年刻本，卷之十，艺文二，李逢升《三洲岩记》，页18。
③ （清）翁方纲撰：《粤东金石略》乾隆三十六年刻本，卷八，肇庆府金石一，三洲岩诸石刻，页15。
④ （清）谭桓修，梁宗典纂：《德庆州志》康熙十二年刻本，卷十，艺文，李逢升《三洲岩记》，页18。
⑤ （清）梁修《三洲岩记》，原载于民国《德庆县事半月刊》。原件存德庆县档案局。

北岩口坍塌当在明末清初。此时北岩口堵塞，三洲岩大部分石刻，尤其是北宋石刻，多集中在北岩口，因此，几乎所有北宋时期的石刻均因岩体崩坠而被掩埋。虽然李逢升另劈一门入洞，但北岩口诸石刻压于巨石下已难寻踪迹。这与翁方纲当年看到的情况一致，北岩口被坠石所压，西江潦水每年淹至岩腹，题刻半湮沙土，使翁氏与"苏刻"真迹失之交臂，仅看到后人所刻的"东坡遗迹"四字。

值得庆幸的是，嘉庆间三洲岩东坡"北归题刻"被民间拓碑高手仪克中发现。仪克中（1793—1837），寄籍广东番禺，曾到德庆三洲岩采访古刻。嘉庆二十五年（1820），仪克中受两广总督阮元破格提拔，以布衣身份参修《广东通志》，任职采访。[1] 仪克中奉阮元之命，遍历岭南各府、州、县，缒幽跻险，剔苔扪碑。三洲岩今存"嘉庆庚辰五月既望平阳仪克中访揭古刻来此六日"[2] 岩刻，记载仪克中于嘉庆末年在德庆三洲岩掘土数尺，将掩埋于乱石中的苏氏"北归题刻"真迹拓出，使其得以重见天日。阮元《广东通志》著录如下：

> 苏东坡题名存。东坡居士自海南还来游，武陵弓允明夫、东坡幼子过叔党同至。元符三年九月廿四日。吴用之至此，此在题名之左。王元勋来观、黄期遇来观，此在题名之右。东坡遗迹，此在题名石旁。

阮元谨案云：

> 题名在德庆三洲北岩，石崩坠覆压岩口，外视石旁仅见东坡遗迹四字耳。俯身而入，此刻仰刊石底，因掘土三尺拓得之。东坡遗刻经党禁后辄遭磨灭，此刻独完或以崩坠故耳。[3]

道光十三年（1833），知府屠英修纂《肇庆府志》，其"金石"卷重新著录了仪克中在三洲岩挖掘出土成果，并在"苏东坡题名"条下加注，指出"苏刻"未出土前众皆疑在七星岩石室，盖因吴绮、韩作栋《七星岩志》沿曹

---

① （清）阮元修：《广东通志》道光二年刻本，卷首，重修广东通志职名，页8。
② 该刻现存三洲岩，拓片存广东省德庆县博物馆。
③ （清）阮元修：《广东通志》道光二年刻本，卷二百零九，东坡题名按语，页19。

学佺《大明一统名胜志》之误。如录：

> 右刻（东坡题名）在德庆三洲北岩，此亦仪克中掘土所获者。未出土之前，人皆疑在高要石室黑岩，冥搜不可得，盖由吴绮收入七星岩志，沿曹学佺名胜志之误也。①

结　语

历经 245 年后，道光《肇庆府志》终于订正了郑一麟《肇庆府志》、陆鏊《肇庆府志》有关"苏刻"条目之讹误，确认七星岩并无"苏刻"。

光绪《德庆州志》引苏东坡年谱：

> 留此（儋州）过中秋，或至月末乃行，作木筏下水，历容、藤至梧，与迈约，搬家至梧相会，则东坡至藤后或即至梧，由梧至康当在其时。②

据此分析，苏轼遇赦后于八月底渡琼州海峡先至合浦，后经容县、藤县到梧州与长子苏迈汇合，沿西江顺流而下，经三洲岩时作短暂停留，挥笔写下"北归题刻"，记录了他在岭南的最后行迹。而后由于三洲岩所处位置偏僻，又因岩石崩坠，苏东坡真迹最终得以保存。

可能有人要问：苏轼当年为什么不在端州停留？这的确是一个值得探讨的问题。但笔者并不认为苏轼遇赦北归时曾在端州停留，原因是多方面的，苏东坡当年北归度梅岭时曾有《赠岭上老人》诗：

> 鹤骨霜髯心已灰，青松合抱手亲栽。
> 问翁大庾岭头住，曾见南迁几个回？③

可以说，这首诗是苏东坡北归时的真实心境写照，也在某种意义上透露了

---

① （清）屠英等修：《肇庆府志》道光十三年刻本，卷二十一，苏东坡题名，页73。
② （清）杨文骏等修：《德庆州志》光绪二十五年刻本，卷十四，金石，页9。
③ （宋）苏轼：《苏东坡全集》，北京：燕山出版社 2009 年版，页1107。

他途经端州而未作停留的端倪。加上其他史料的分析，余按：苏轼未停留端州的主要原因有三：一是多次的流放不断给苏轼以沉重的打击，使之早已厌倦了官场逢迎，对朝廷也已心灰意冷；二是由于长期的颠沛流离、艰难的旅途跋涉，其不独生计困窘，健康状况也日益恶化，这时的苏东坡已筋疲力尽、百病缠身，归心似箭；三是苏东坡获赦只是宋徽宗赵佶登基大赦天下循例之举，其封邑端州于元符三年置"兴庆军"，端州成为军事重镇，戒备森严，且其时朝廷还掌握在蔡京等官僚集团手上，使得苏东坡途经端州，不想也不敢登岸，免得招惹是非。苏东坡在三洲岩作短暂停留后，便沿西江水路转溯北江度梅岭北归，"十月十四日已复在清远矣"①。

（原载《肇庆学院学报》2022 年第 4 期）

---

① （清）杨文骏等修：《德庆州志》光绪二十五年刻本，卷十四，艺文志三，页9。

德庆学宫（孔庙）建置沿革考述

一、 德庆学宫建置沿革及孔庙规制之完善

德庆位于岭南粤西地区，两汉时隶属交州苍梧郡管辖，汉武帝元鼎六年（前111）置端溪县，沿革几经变化。至"晋穆帝升平五年（361）分苍梧地立晋康郡"①。唐武德五年（622）分置康州，"康州，汉武帝平南越置苍梧郡，今州即苍梧郡之端溪县也"②。宋绍兴元年（1131）"以高宗潜邸升德庆府，治端溪"③。此为德庆得名之始，一直沿用至今。德庆学宫之建置，因德庆行政区域变更而变化，则于宋绍兴元年后有"德庆府学"之设。德庆府学旧称"儒学"，原址在州城紫极宫故基，久圮，位置大约在今城雕公园一带。

明洪武九年（1376），德庆降府为州，德庆府学亦随之降为州学。明嘉靖《德庆州志》载：

> 德庆州学初为德庆府学，旧建于子城东五里紫极宫故基，宋庆历三年（1043）郡守李仲求重修。元丰四年（1081）徙于府城之左，距子城六十步。庆元初（1195），郡守赵师璌置书买田。绍定庚寅（1230）郡守陈宿、淳祐初（1241）郡守冯光俱买田益之。至元甲子（1264）水圮，大德丁酉（1297），教授林舜咨筑基鼎建大成殿、东西庑殿，后建尊经阁，阁下建议道堂……④

---

① （明）陆舜臣纂修：《德庆州志》嘉靖十六年刻本，卷二，事纪，页4。

② （唐）李吉甫撰，贺次君点校：《元和郡县图志》，卷三十四，康州，北京：中华书局1983年版，页897。

③ （宋）祝穆撰，祝洙增订，施和金点校：《方舆胜览》，卷三十五，德庆府，北京：中华书局2003年版，页625。

④ （明）陆舜臣纂修：《德庆州志》嘉靖十六年刻本，卷十二，学校，页1。

至此，初步完善了德庆学宫（孔庙）之规制。

德庆学宫（孔庙）航拍（温爱民摄于 2019 年）

其时德庆行政区域是府级建置，学宫例应按"府学"级别建置，因此，是次鼎建学宫，扩大占地范围"五倍于昔"，形成了今天德庆学宫之规模。大德二年（1298）九月，元经历程准有《议道堂记》，记载了当年林舜咨"辟地崇址，扩建学宫"的过程：

> 皇帝诏修孔子庙之二年，余至古端幕府，谒先圣于宫，入其门，栋摧梁朽，惊怛不自已，乃与博士弟子谋更新之。咸屈于力，议弗合。独朔望过其下，相与唏嘘徘徊不能去。明年，丁酉十月，部使者聂公来，自晋康称郡，文学大新，礼殿庶仰副明诏者，端学弊乃尔，非吏责与！余承命愧汗，经营劝相，工材甫集，而移摄晋康……教授林君谓康人之庐，岁罹水患，不但夫子之居也，然而堂高不盈，天堂下地才方丈，莫谒骏奔，几不可以周旋，弗改为可憾。昔侵疆米廪，幸有余力辟地崇址，凡五倍于昔……大德二年九月朔日（略）。①

---

① （明）陆舜臣纂修：《德庆州志》嘉靖十六年刻本，卷十二，学校，《元经历程准记》，页 1 - 2。

"延祐丁酉（按：延祐无丁酉，《德庆州志》误。延祐有丁巳，即延祐四年），同知王荣祖、教授陈绍祖徙尊经阁于殿前为戟门，建明伦堂于殿后，知德庆军都潔有记。不录。"[1] 按：考嘉靖、康熙《德庆州志·秩官表》，知德庆军都潔、郑安恭在德庆任职皆列于宋代，距延祐百多年，不可能为元代学宫作记，《德庆州志》将《知德庆军都潔记》缀于元代恐误，且记文残缺难辨，待考。然"徙尊经阁于殿（大成殿）前为戟门，建明伦堂于殿后"与今之规制相悖。

甲申总管孙辅臣葺新之。洪武二年己酉通判孙文显重修。洪武九年（1376）定为德庆州学（德庆降府为州），知州介寿更教授厅为学正厅。永乐十四年（1416），知州毛添佐勒《乡贡进士题名记》碑，五经博士刘曾记：

> 为治莫先于得贤，求贤莫重于科举……德庆居广东上游，学者视列郡不多让，故其奏捷于场屋者亦累科不乏人，独题名碑至今未立……余惟士子之由科第致身者，自发解至于廷对，皆有以纪录矣，及其事功德业之足称者，史笔又书之矣……亦不负朝廷设科取士之意矣……吾于德庆之后学深有望焉。[2]（碑佚记存）

明"正统元年（1436），提学安城彭公琉命判官朱智修建大成殿及两庑，塑宣圣、四配、十哲像。废学正厅创云章阁，修戟门，甃（zhòu，砖砌）泮池，作棂星门。未几，知州谢必贤抵任，复作明伦堂及斋舍。正统六年（1441），知州周冕塑两庑贤人像，规制始备"[3]。

侍读学士江朝宗《重修儒学记》：

……德庆州古晋康郡，今属广东肇庆府，其学旧在子城东五里，宋徙郡治左，距子城六十步。洪武、永乐间重修。至正统初提调学校金宪、安成彭公琉视庙学颓圮，命州判朱智修葺。厥后知州谢必贤、周冕、李瑛、

---

① （明）陆舜臣纂修：《德庆州志》嘉靖十六年刻本，卷十二，学校，《知德庆军都潔记》，页2-4，记文残缺难辨。

② （明）陆舜臣纂修：《德庆州志》嘉靖十六年刻本，卷十二，学校，《乡贡进士题名记》碑，页4。

③ （明）陆舜臣纂修：《德庆州志》嘉靖十六年刻本，卷十二，学校，页5。

周俭相继以新。积岁既久，腐敝日滋。成化己亥，南陵管公淳来知州事，廉慎简正才通硕，进谒先师，退就学馆，乃慨然曰：庙学不修，奚以称朝廷崇圣育贤才之意，于是谋诸判官闽泉庄楷，命工市财为之，自礼殿、门庑、云章、泮池及会讲堂、肄业斋、庖廪、廨舍，故者易之以新，凋者易之以良，规模宏敞，视旧有加，彩绘焕然，不浮于度，经始于庚子之春，告成于辛丑之冬……①（碑佚记存）

明"弘治三年（1490），知州王淮重建尊经阁，列号房于学东。十五年（1502），知州杨㮮修饬贤像殿庑。后节因洪水泛滥，殿庑、斋堂、衙舍、乡贤、名宦二祠、四周垣址悉皆倾圮。嘉靖十五年（1536），知州陆舜臣申准重修文庙（孔庙），中为大成殿，两翼为东西庑，前为戟门，门之前为泮池、为桥，又前为棂星门"②。至嘉靖间，孔庙建置更定如制。

嘉靖间奉诏建启圣公祠及敬一亭，孔庙更名先师庙。"旧无先正祠，成化十五年（1479）判官庄楷建于戟门西，内作二龛，一祀名宦，一祀乡贤（庄楷有记）。嘉靖五年（1526），奉诏建敬一亭，在云章阁左，中竖御制敬一箴及御注、视、听、言、动、心箴，凡七碑。嘉靖十年（1531），更曰先师庙，门曰庙门，乃易封号，撤像而题以木主，制也。嘉靖十年奉诏建启圣公祠，在云章阁后。十六年（1537）知州陆舜臣视其规制狭隘撤而大之。"③ 按：云章阁、敬一亭两组建筑物今已无存，敬一亭所奉之敬一箴、嘉靖皇帝的御注及视、听、言、动、心箴等七碑亦不知去向。志云云章阁在明伦堂后，而明伦堂旧在今崇圣殿位置，据此，敬一亭约在今仰圣园头门位置。

明嘉靖"四十一年（1562），知州杨征以学卑下患水，改守备司（即今县图书馆位置）为儒学，其右元妙观（城隍庙）改先师庙，两庑、戟门、棂星门……续后以科第不如往昔，万历辛丑二十九年（1601），知州沈有严复迁旧址（即今址），仍归先师于旧殿……"④。郭棐《复建学宫记》：

……德庆，古晋康郡，宋绍兴初升为府。地连五管控三江，盖岭西上游也。其儒学旧在郡治左，东去数十步为城隍庙云。自创学至宋景定，自

---

① （明）陆舜臣纂修：《德庆州志》嘉靖十六年刻本，《侍读学士江朝宗记》，页6。
② （明）陆舜臣纂修：《德庆州志》嘉靖十六年刻本，卷十二，学校，页6。
③ （明）陆舜臣纂修：《德庆州志》嘉靖十六年刻本，卷十二，学校，页7。
④ （清）谭桓修，梁宗典纂：《德庆州志》康熙十二年刻本，卷七，学校，页3。

景定至明永乐，后先千百余禩士之登巍科跻朊仕者，代不乏人……迨嘉靖甲子春，当事者惑于时眼，谓城隍庙有笔架山峰，必利于儒学，而不计其座下稍空，遂奉先师神主与城隍之神更而易之，辞爽塏而就卑，塾士之以勋名显者几空谷矣。沈侯目击其非利……仍移城隍于原庙，复尊先师于旧殿焉……① （碑佚记存）

值得一提的是，迁复学宫者，为时任德庆知州沈有严，沈有严以德庆"科第稍衰"为由，力排众议，将学宫迁复原址（即今址）。

"沈有严，字士庄，号震阳，宣城人，万历己卯（1579）举人，万历二十七年（1599）任州事。为政知所先务，尝徙学建塔，诸所废坠，一时具举，务以正德厚生为本。祀名宦。"② 沈侯每逢初一、十五必至学宫，与诸生"讲经解传"，务以"正德厚生为本"。德庆州下游十里起一山，为"城之水口，而学之巽位也，（沈侯）复建塔于其上，飞甍峻嶒，实为兴起人文之兆"③。康人感（沈有严）

德庆三元塔（温爱民摄）

其德，祀学宫名宦祠。此塔就是我们现在看到的三元塔，雄踞江岸，距今已有400多年的历史了。

明万历三十一年（1603），学宫大成殿遭雷击圮坏，署州陈益谟重修。郭棐有《重修圣殿记》载其事：

---

① （清）谭桓修，梁宗典纂：《德庆州志》康熙十二年刻本，卷九，艺文，郭棐《复建学宫记》，页29。

② （清）杨文骏等修：《德庆州志》光绪二十五年刻本，卷九，《沈有严传》，页17。

③ （清）谭桓修，梁宗典纂：《德庆州志》康熙十二年刻本，卷九，艺文，郭棐《复建学宫记》，页29。

……万历癸卯春二月，雷震圣殿，圮坏。正值泰运更新之会，奉岭西兵巡道宪谕，通行合属，修整学宫，尊崇先圣，聿开文运，因得以议上就蒙批允修葺。……越岁甲辰夏四月朔，功竣告成……①

此事在当时引起很大震动，岭西道军事长官亦过问此事，派专人督办，州官逐级上报，终获专款"批允修葺……越岁次甲辰夏功竣告成"。

余按：德庆孔庙并非自元大德元年重修后就至今完好，而是经历朝州、县精心维护修葺，才能保存至今天这样的规模。其实，自洪武九年（1376）德庆降府为州，学宫定为德庆州学，大成殿即改为"六柱五开间"州级学宫建置。明代即有水毁、雷击等多次维修，又经移址复建。入清后，自康熙五年（1666）学正梁宗典倡修德庆学宫（孔庙）至光绪间，共有20多次官修与民间倡修（有记，不录）。

1996年，德庆学宫被列为全国重点文物保护单位。②

1997年国家文物局正式启动德庆学宫（孔庙）的总体维修工作，至2004年9月竣工。

2004年重修德庆学宫（孔庙）竣工重光庆典（温爱民摄）

---

① （清）谭桓修，梁宗典纂：《德庆州志》康熙十二年刻本，卷九，艺文，郭秉《重修圣殿记》，页33。

② 德庆县地方志编纂委员会编：《德庆县志》，广州：广东人民出版社1996年版，页667。

二、"庙学合一"建置的形成

学宫的建置要比孔庙早得多，最早可以追溯到山东省"稷下学宫"。稷下学宫为战国时的官办学府，为战国时期"百家争鸣"的学术讨论中心。

学宫又称儒学，自汉武帝提出"罢黜百家，独尊儒术"之后，儒家思想即成为传统文化的主流，从而形成了封建社会正统思想的基本格局，而儒学则成为官办学校的主体。

文献记载，德庆"儒学在州治东六十步，即宋元丰四年（1081）所迁之学，旧德庆儒学在晋为晋康郡学，建于子城东五星紫极宫故基"①，据此，德庆儒学的历史可以追溯到晋代，距今已有1500多年历史。宋绍兴初，德庆以康王赵构封地诏升为府，德庆学宫随之升格为"府学"，成为广东省现存最古老的学宫之一。

宋代李昴英《德庆府营造记》对这种"庙学一体"的建置有详细的描写：

> 高皇帝受命中兴，亿万载鸿业基于康州，得为府，宜与国初之应天府并，官府非壮丽，无以重龙……从祀序，讲堂宏宏，棂星崇崇，射有圃、童有校……著贡院数十间，由是青衿思乐乎！芹泮白袍，涌跃于戟闹，士气张百倍矣……②

北宋大中祥符四年（1011），宋真宗赵恒"诏州城置孔子庙"③，"庙学合一"成为定制，其特点是庙附于学，这种庙学合一的建置，就是希望天下读书人遵循先圣、先贤之道，接受儒学思想的教化。

1962年，德庆学宫大成殿被定为省级重点文物保护单位，广东省有关部门曾在1962年和1971年拨款维修。1997年，国家文物局正式启动德庆学宫（孔庙）的总体维修工作，"修复工程自1997年1月开始，至2004年9月完成。先后修复了东西两庑、尊圣义祠、名宦祠、乡贤祠、大成殿，重建了棂星门、泮池、大成门、尊经阁、崇圣殿、明伦堂等建筑，修复的工程项目13个，

---

① （清）谭桓修，梁宗典纂：《德庆州志》康熙十二年刻本，卷七，学校，页2。
② （清）杨文骏等修：《德庆州志》光绪二十五年刻本，卷五，廨署，页4。
③ （元）脱脱等撰：《宋史》，卷八，真宗本纪，北京：中华书局1997年版，页76。

修复总面积 10000 平方米"①。其主要建置分述如下：

1. 下马亭

为了表示对先圣的敬仰，在离棂星门外不远处设有"下马亭"。就算你功成名就，或为状元、探花、朝廷命官，到此必须下马、下轿步行，以表示对孔夫子的尊敬。

下马亭在今宋街口钟亭处，此处原是庙前街的十字路口，当年的下马亭横跨两街交会处，亭上设更鼓楼，东西南北、官商行人皆通于亭下，蔚为壮观。复建宋街，吸收了我国宋代传统建筑的特点，以石板铺路，两旁"青砖黛瓦马头墙，回廊挂落花格窗"，形成了"店、庙、街合一"的格局，成为德庆旅游的一个打卡点。

下马亭旧址（钟亭）（温爱民摄）

2. 棂星门

离开下马亭向西步行约 150 米，就到了德庆学宫（孔庙）棂星门。棂星门为 2004 年重建，部分石构件为原建筑石料，表明规制与原建筑尺寸一致。重建后的棂星门显得庄重、富有历史沧桑感。棂星门为德庆学宫（孔庙）中轴线上第一道大门，石牌楼式建筑，中门额书"棂星门"三字，为六柱三门冲天式石坊，三门之间嵌有牡丹石刻浮雕，柱头皆云雕，象征与天相通。

---

① 《德庆学宫画册》，广州：广州音像出版社 2004 年版，页 73。

修复后的德庆学宫（孔庙）棂星门（温爱民摄）

3. 泮池、状元桥

进入棂星门，就到了泮池。2004 年重修学宫时，工人发现了一个半圆形的池子，这个半圆形的池子用青砖砌筑，基本完好，此应为嘉靖十五年（1536），知州陆舜臣申准重修文庙时之建构，即明代学宫泮池原址。后按原址筑泮桥，四周环以石栏恢复原状。

泮桥又叫"月牙桥"，据说只有状元才可以在桥上经过，因此亦称状元桥。旧制规定，经过县试、府试、院试三考录取的生员（秀才），才可从桥上经过，谓之"入泮"，表示可正式进入官学，走上士大夫之途。如果是布衣或一般人要进入孔庙，只能绕池而行。

在科举时代，科考的第一阶段是"童试"，童试包括县试、府试、院试三阶段。县试在各县进行，由知县主持，三年两考，连考五场。通过后参加府试，由知府主持，连考三场。通过县试、府试的考生还未能称为秀才，只能称为"童生"。童生还要参加由各省学政（省级教育长官）主持的院试，通过院试的童生称为"生员"，俗称"秀才"。生员可以到官办的府、州、县学继续读书，经过学政的选拔可参加考取举人的"乡试"。

泮池、状元桥、大成门（温爱民摄）

走过状元桥，就来到了学宫大成门。大门前有石狮雄踞，但细看两狮子样子有点不一样，据专家考证为"宋代物"。笔者查证，此两狮子为明万历元年（1573），德庆知州杨士中由城北"石狮村"移至州治大门，不知何故，后来又移到了学宫大成门前，如此算来，两狮子已在此蹲守了450多年。

大成门前的宋代石狮（温爱民摄）

4. 大成门、丹墀、两庑

大成门为进入学宫的第二道大门，尊崇孔子"集古圣先贤之大成"而得名。大成门面阔五间，中间为正门，左右为持敬门。古时大成门内列戟，因此大成门又称"戟门"。两侧为"名宦祠、乡贤祠"。在科举时代，每逢朔望日（农历初一、十五）及春秋祭典，府、州官员、教谕、训导等可由正门进入，执事等则引导学子分走持敬门，不得越矩。进到大成门，下阶即为"丹墀"。

丹墀在大成门后，是拜祭孔子阵列行进的必经通道。通道两侧，有元经历程准《议道堂记》，侍读学士江朝宗《重修儒学记》，郭棐《重修圣殿记》，毛添佐、刘曾《乡贡进士题名记》等记载学宫历史的重要碑记。今仅存驮碑赑屃两件，按此赑屃尺寸推断，当年所驮之碑规格非小，可惜今碑已无存。

丹墀两侧为两庑，也叫做配殿，是古时候供奉对弘扬儒家学说有突出贡献的先贤、先儒的地方。

5. 大成殿

北宋大中祥符四年（1011），宋真宗"诏州县置孔子庙"，大成殿即成为祭孔的主要场所。德庆学宫大成殿于至元甲子年（1264）为西江洪水所毁。大德元年（1297），德庆儒学教授林舜咨重建大成殿及两庑，历朝有重修。北京、上海等地建筑专家考察今存大成殿后认为：德庆学宫（孔庙）大成殿设计独特，元代初期的木构建筑在岭南仅此一家，国内孤例。

大成殿为重檐歇山灰瓦顶，坡度平缓，出檐深远，殿高 19.4 米、面宽为 17.36 米，五开间，进深 17.53 米，平面几呈正方形，殿内建筑面积 304 平方米。殿前有月台，四周环以砖砌栏杆，整座建筑物庄严宏伟、高峻凝重。以"次间减柱、出昂特长、檐口无梁、四柱不顶"为其特色，"融唐宋时代构造风格与岭南地方特点于一体，独具一格，为我国宋元木构珍品。1962 年广东省人民政府核定公布为省级重点文物保护单位"。[①] 尤以"四柱不顶"之建筑特点享誉中外，被称为南国古建筑一绝。

---

① 德庆县地方志编纂委员会编：《德庆县志》，广州：广东人民出版社 1996 年版，页 644。

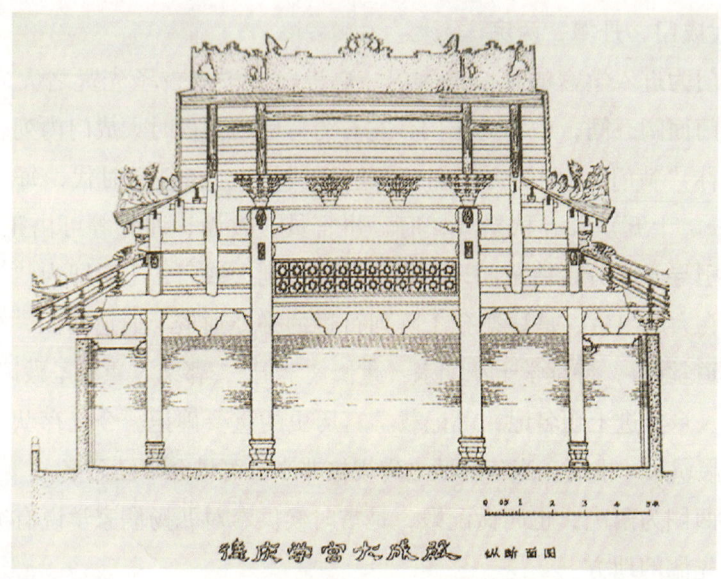

大成殿"四柱不顶"结构示意图

（图片来源：《德庆学宫画册》）

"四柱不顶"即大殿"明间四根金柱不到殿顶，由柱顶上横架坐斗枋，安放类枋鎏金斗拱承托压槽枋和井口天花板，在天花板上再立童柱支撑正梁，结构巧妙，为国内孤例"[1]。此外，殿内采用了"大丁栿"结构，形成殿内"次间减柱"的效果，省去了四根重檐金柱，使大殿空间完整开阔。

殿外还有两大结构特点值得称道，一是"大成殿下檐斗拱为七铺作单杪三下昂的出跳总长，在我国目前已发现的唐、五代、宋、辽、金的古建筑中，以122分°居全国之冠"[2]，甚为罕见。二是由于檐下出昂较长，为减轻檐口总重，采用了减去檐口梁的结构。"檐口无梁"结构给人一种美观、轻灵、举重若轻的感觉。总体结构以其丰富的艺术形式与严肃的礼制、严谨的规制相结合，使德庆学宫（孔庙）大成殿经历几百年的风雨，至今岿然屹立。

---

① 德庆县地方志编纂委员会编：《德庆县志》，广州：广东人民出版社1996年版，页644。

② 《德庆学宫画册》，广州：广州音像出版社2004年版，页28。

大成殿"出昂特长、檐口无梁"结构（温爱民摄）

6. 乡贤祠、名宦祠

两庑的南侧，分别设立"名宦、乡贤"两祠，一左一右，供奉对德庆历史发展有贡献的人物。"成化十五年（1479）判官庄楷建于戟门西，内作二龛，一祀名宦，一祀乡贤"①，此为设名宦、乡贤两祠之始。

> 名宦祠，旧名先正祠，明嘉靖时改今名，在文庙左，祀宋知府冷应澂，刘烆，元万户王良，陈文仲，明两广都御史张岳，左佥都御史杨信民，知州孙彬、黄广、李瑛、管淳、王淮、田惟祐、陈熺，同知熊文绥、钱萱、徐行，学正方立、谢回十八人。后增祀宋赞善大夫赵师旦，明知州毛添佐、沈有严、廉（缺名）同知箫。国朝总督李栖凤、李率泰、孔毓珣，巡抚朱宏祚、杨宗仁、杨文乾，又移祀元总管郭友。乡贤祠，在文庙右，祀宋朝请大夫李熙载，朝奉郎石处道，元同知梁全，总管郭友（今移祀名宦），明刑部尚书李质，刑部郎中张澜，孝子陈立、曹昌八人。后增祀明行人王制、处士梁普。②

7. 崇圣殿

崇圣殿今在大成殿后，原名启圣公祠，嘉靖十年（1531）诏建。祀孔子父亲叔梁纥，后追封孔子上五代祖先爵位，并予入祀启圣公祠。启圣公祠旧在尊经阁之后，康熙《德庆州志》则载"（大成）殿后为明伦堂、为尊经阁，阁

---

① （明）陆舜臣纂修：《德庆州志》嘉靖十六年刻本，卷十二，学校，页7。
② （清）杨文骏等修：《德庆州志》光绪二十五年刻本，卷五，坛庙，页25。

之后为启圣祠"①。可知康熙间启圣公祠原在学宫中轴线上建筑物的最末端。"雍正元年（1723）改启圣祠为崇圣祠，学正邱之澄倡捐重修（学使陈惪华有记）"②，"乾隆十六年（1751），副贡李珊捐修崇圣祠"③，崇圣祠至清末改名崇圣殿，即今名。

崇圣殿（温爱民摄）

8. 尊经阁

尊经阁今为学宫建筑群中轴线上最后一座建筑物，旧为藏书及教授、教谕办公的地方。元大德元年（1297）教授林舜咨重建大成殿时，在大成殿后即有尊经阁、议道堂之设，初步形成了"庙学一体"的基本建置。这也是孔庙与学宫的分界点，其结构以前孔庙、后学宫为特点。每月朔望，府、州学的生员，在执事的引领下，经泮桥、大成门进入大成殿拜过孔圣后，再到尊经阁、议道堂拜见老师，听训导宣讲。当时尊经阁及议道堂为学宫的主要建筑，今移置崇圣殿后。

"弘治三年（1490），知州王淮重建尊经阁……后因洪水泛滥，殿庑，斋堂衙舍，乡贤、名宦二祠，四周垣址悉皆倾圮。嘉靖十五年（1536），知州陆舜臣申准重修。"④ 迨清雍正八年（1730），学正邱之澄倡捐重修州学、重建尊

---

① （清）谭桓修，梁宗典纂：《德庆州志》康熙十二年刻本，卷七，学校，页3。
② （清）杨文骏等修：《德庆州志》光绪二十五年刻本，卷五，学宫，页15。
③ （清）杨文骏等修：《德庆州志》光绪二十五年刻本，卷五，学宫，页16。
④ （明）陆舜臣纂修：《德庆州志》嘉靖十六年刻本，卷十二，学校，页6。

经阁。学使陈熹华有《德庆州学记》：

> 德庆州学，重建于明万历之癸卯年，岁久摧剥，仅存故址。雍正八年，余奉命视学粤东，檄查郡州县学宫之有倾圮者。前牧王玉璿具牒以报，并述州人士乐输资以助修葺状。余甚题之，而以学正邱之澄董其事，又饬择州人之有德者协理之，鸠工于雍正九年三月，落成于十年四月，经营缔造，备极完好……有学舍、有讲堂、有经阁、有致斋之室，有会食休宿之庐……①

嘉庆二十二年（1817），署州章予之捐修尊经阁，道光十九年（1839），知州陈其昌重修尊经阁。②

德庆州学最后一次大修在光绪二十八年（1902），历时约一年。时署任德庆知州赵承炳在其笔记中写道："光绪二十八年十二月初八日，辰刻诣文庙会同学正、绅董查看大成殿修理工程，再至尊经阁查工程毕。"③ 光绪二十九年（1903）十一月二十五日又记道："恭修文庙落成，恭迎至圣先师孔子登位，致祭行礼"。④

尊经阁（温爱民摄）

---

① （清）杨文骏等修：《德庆州志》光绪二十五年刻本，卷五，学宫，页15。
② （清）杨文骏等修：《德庆州志》光绪二十五年刻本，卷五，学宫，页16。
③ （清）赵承炳：《康州署篆笔纪》光绪二十八年十二月初八日，温爱民书。
④ （清）赵承炳：《康州署篆笔纪》光绪二十九年十一月二十五日，温爱民藏书。

"清末废科举、兴学堂。光绪三十一年（1905），于州学尊经阁设立德庆州高等小学堂"①，德庆学宫延续了教书育人、培养人才的功能。

9. 明伦堂

今德庆学宫东线建筑物头座为明伦堂，为诸生岁见儒学、谈经论道、阐释儒教思想之所，也是教师上课讲学的地方。明伦堂原建于学宫中轴线大成殿之后，此为学宫的核心建置。元延祐丁巳同知王荣祖、教授陈绍祖徙尊经阁于殿前，创明伦堂于殿后，完善了元代学宫的基本架构。"康熙三十二年（1693），知州王基巩倡建明伦堂，四十一年（1702）署州蒋宋瑜重修。"② 至康熙末移至今址。

"康熙五十六年（1717），知州张安鼎修大成殿，五十八年（1719）复捐修，以（殿后）明伦堂改启圣祠（即今址），移建明伦堂于文庙东，并建义学"③，即今址。张安鼎撰《创建义学记略》：

今上御极之五十八年，余奉命牧康，下车三日，谒先师庙，询及书院义学故址，金云兵燹后倾圮无存，余慨然久之。岁己酉，与学正邱君德新，集众绅度文庙东崇圣祠，地深广，改建为宜，捐俸为倡。迁祠（崇圣祠）于大成殿后，明伦堂临街树大坊，颜曰"义学"，内连三座，以中座为明伦堂……④

可惜不久张安鼎调任，未及完成全部工程，深感"有志未竟"。至雍正十三年（1735），知州祖德宏到任，慨然捐俸，请广文邱君之澄董其事，自癸丑之秋，历甲寅之夏，始克告成。"乾隆十年（1745），掌教举人李为绍改坊为头门，以头门为中厅。道光二十年（1840），州绅何□□捐修，训导何汝龙有记（不录）。光绪七年（1881）知州余鉴海重修，十七年（1891）掌教举人梁修筑梅居于东偏。二十年（1894），知州邓倬堂改今名，从梁修之请也。"⑤ 清代创建义学，扩大了学宫的建置和范围。

---

① 德庆县地方志编纂委员会编：《德庆县志》，广州：广东人民出版社1996年版，页588。
② （清）杨文骏等修：《德庆州志》光绪二十五年刻本，卷五，学宫，页15。
③ （清）杨文骏等修：《德庆州志》光绪二十五年刻本，卷五，学宫，页15。
④ （清）杨文骏等修：《德庆州志》光绪二十五年刻本，卷五，学宫，页17。
⑤ （清）杨文骏等修：《德庆州志》光绪二十五年刻本，卷五，学宫，页18。

明伦堂（温爱民摄）

10. 历科坊、进士坊

德庆学宫（孔庙）除中轴线建筑外，还有东西轴线建筑物，即建于今朝阳路东西方向的两坊。东有"历科坊"，万历三十一年（1603），署州陈益谟为合州科第建，距今已有420多年历史。位置大约在今学宫明伦堂与宋街商铺交界处。西有"进士坊"，在州治东五十步，为明代进士张澜建。张澜，德庆人，成化二十三年（1487）进士，官至刑部郎中。进士坊距今已有530多年历史，"乾隆十六年（1751），副贡李珊（清远教谕），重修两坊"①，可惜两坊至清末废除科举后拆毁。

11. 仰圣园

2004年，政府花巨资重修德庆学宫（孔庙），在东轴线最后一个位置建"仰圣园"。仰圣园占地面积约1000平方米，内有孔子塑像等。最值得一提的是园内有一组"瓯塑"《孔子行迹图》，此图长61.2米，高1.8米。瓯塑又称"彩色浮雕"，是浙江省瓯江地区特有的民间传统美术工艺之一。它的原料是用桐油和泥碾细合而成，运用"堆塑工艺"进行创作，广泛用于建筑浮雕、壁画、装饰图案等。

---

① （清）杨文骏等修：《德庆州志》光绪二十五年刻本，卷五，学宫，页16。

仰圣园（温爱民摄）

12. 忠烈祠（节孝祠）

在德庆学宫（孔庙）的西轴线，历史上也有几组建筑物。在今尊圣义祠前面，旧有"节孝祠"。光绪《德庆州志》载："节孝祠，在学宫西偏，雍正

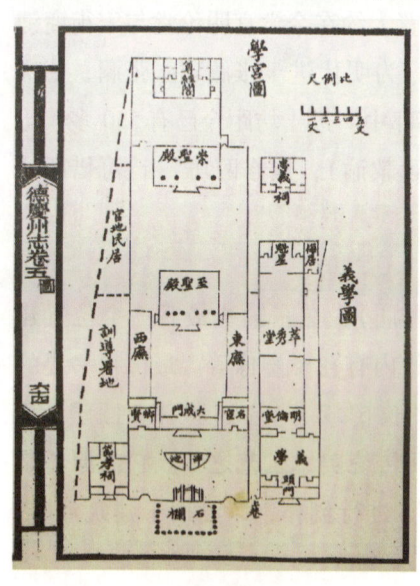

清代节孝祠位置

二年（1724）建。"[1] 节孝祠是专门供奉本县历代节妇、孝妇的场所，位置在学宫西轴线的头门，即现在学宫西轴线尊圣义祠前面的空地。在封建社会，按例女性是不能进入大成门之内的，因此专门在孔庙的西南角另建一祠。

民国时期，该祠逐渐荒芜。抗日战争爆发后，不少德庆籍的将士，为抗击日本侵略者，浴血奋战，光荣牺牲。民国政府为了安顿这些抗战英灵，就将节孝祠重新修葺，改名为"忠烈祠"，并规定每年七月七日（"卢沟桥事变"）举行公祭。是日各机关、学校、各界人士均会来此参加公祭仪式，历年不衰。

---

① （清）杨文骏等修：《德庆州志》光绪二十五年刻本，卷五，坛庙，页25。

据不完全统计，抗战期间，德庆籍战士约有两百人牺牲。"据民国三十六年（1947）12月联合勤务司令部抚恤处纂订的《中华民国忠烈将士姓名录》记载，本县立恤案的抗日牺牲忠烈将士有132人，惜资料不全，缺姓名。今据中国第二历史档案馆、县档案馆、民政局提供资料及采访仅得59人，记录于后（列表略）。"① 后因扩建朝阳路将该祠拆去。

13. 尊圣义祠

今学宫西轴线头座建筑物是尊圣义祠，该祠州志没有记载，但据题额者刘植卿所署年代为光绪癸卯［即光绪二十九年（1903）］推测该祠应为晚清时期的建筑物，今亦为学宫建置的一部分。刘植卿为德庆莫村人，光绪十七年（1891）举人，官刑部主事。其父刘志高道光十四年（1834）中举，任兴宁教谕（有传）。② 此父子双中举在当时轰动州城。刘植卿书法在圈内非常有名，悦城龙母祖庙即有其题写的楹联、记碑等。新中国成立后，该祠一直作为县教育局办公地点，至2004年重修学宫时搬离。

尊圣义祠（温爱民摄）

---

① 德庆县地方志编纂委员会编：《德庆县志》，广州：广东人民出版社1996年版，页794。

② （清）杨文骏等修：《德庆州志》光绪二十五年刻本，卷十，选举表，页18。

14. 试院

德庆州学还有一个重要的组成单元并不在学宫内，即科举考试的贡院。贡院又叫试院，德庆最早的贡院在"州北二里香山下侍郎岗（俗称猪头岗）之南，元丰年间（1078—1085）运使李熙载建，元初废，今址尚存"①。德庆学宫曾为府学，虽规制粗备，但试院日久失修，以城北青云书院（今孔竹根村位置）作为临时试院。入清以来，人口增加，文学日盛，考生逐年增多，"侧闻岁科两试，应考者八百余人。每试期，扃官廨为关防（以州署为试院）。五鼓集公门，各备几案，手有提、肩有荷，簇拥抵触，流汗喘吁，不得遽入，入则充塞堂阶，藉藉露坐，晴炎蒸，雨漂撼，士子苦之，皆由未建试院之故"②。至光绪十五年（1889），知州杜绍唐倡捐，在州署西旧箭道官地建试院，合邑士民捐输踊跃，竣工后，试院可容纳一千多人。杜绍唐《新建试院记略》：

> 试院在州署西，旧为仓地……遂谋诸同僚陈君秋浦、徐君植三，暨近城绅耆邓君翼堂、梁君梅生、温君蓝田、戚君竹筠、李君丽巢、李君紫垣、杜君俊卿、戴君燕林、徐君静轩、谢君鸣吉、李君文轩、戴君九图等广为劝导。余先捐廉金二百为之倡，阖邑士民，莫不输将踊跃，鸠工庀材，不数月工遂竣。南北修二十八丈，东西广七丈六尺，周以砖墙，高一丈二尺，辟东西辕门……费白金二千两有奇……③

十多年后，清廷迫于形势，于光绪三十二年（1906）颁诏"废科举"，新试院并未真正起到作用，延续了1300多年的科举考试制度也正式终止。

光绪三十一年（1905），在学宫尊经阁设立德庆州高等小学，在明伦堂一侧设立初等小学。民国四年（1915）两校合并，改称县立第一小学。至1949年，全县共有县立小学1所，乡中心小学（完全小学）25所，保校（初级小学）136所，私立小学23所，全县学生共12434人。④德庆学宫（孔庙）建置从儒学、庙学一体，再到废科举后设立学堂，一直担负着教书育人的功能。

---

① （清）杨文骏等修：《德庆州志》光绪二十五年刻本，卷五，义学，页21。
② （清）杨文骏等修：《德庆州志》光绪二十五年刻本，卷五，义学，页19。
③ （清）杨文骏等修：《德庆州志》光绪二十五年刻本，卷五，试院，页19。
④ 德庆县地方志编纂委员会编：《德庆县志》，广州：广东人民出版社1996年版，页588。

德庆县 2002 年高考庆功表彰暨文艺晚会在学宫举行（温爱民摄）

（原载《德庆历史文化》2018 年第 1 期）

清季署德庆知州赵承炳《笔纪》史料初步研究

《康州署篆笔纪》《圭山从事笔纪》两本笔记，出自清末光绪年间署德庆知州赵承炳之手。笔记对清末广东德庆的社会经济、衙门运作、司法审判、对外事务、创办新学、社会弊政、筹办保甲团练、城乡社会控制、风俗民情等有较详细的记录，是了解和研究晚清粤西城乡社会面貌的一手资料，有很高的文献价值和史料价值。

一、《笔纪》背景及作者

历史上《德庆州志》多次修编，现存嘉靖、康熙、乾隆、光绪四种州志。至民国间，梁芸等完成了民国县志史料辑稿《德庆县征访册》，但由于抗日战争爆发，未能付梓成书。① 因此，德庆"州册"尚缺清末至民国间史料。及至新中国成立，德庆县于1996年修县志时，由于档案资料缺乏，辑录此段历史比较简略。

《康州署篆笔纪（上下册）》《圭山从事笔纪（上册）》（以下简称《笔纪》）手钞本②，是清末署任广东德庆（康州）知州赵承炳，自光绪二十八年（1902）十月十二日"藩署悬牌委署德庆州篆务"③ 起，至光绪三十年（1904）十二月初四"是日知藩署悬牌委署陆丰县事"④ 止，在德庆州任内两

---

① 《德庆文史（第21辑）》，页179。另据香港大学马楚坚教授介绍，他曾在台湾见过《德庆县征访册》一套七册，为清末德庆州贡生梁芸等纂辑的手稿本，1930年完成编写，现珍藏于台湾"中央图书馆"分馆特藏部，成为孤本。

② 《康州署篆笔纪》《圭山从事笔纪》手钞本，封面不署撰人姓名。内页钤"广东人民图书馆藏书"印，应为该馆藏书。笔记无页码编排，下文注释皆以时间记事为序。

③ （清）赵承炳：《康州署篆笔纪》光绪二十八年十月十二日。

④ （清）赵承炳：《圭山从事笔纪》光绪三十年十二月初四。

年零两个月所记的衙门公务笔记。内容涉及清末德庆社会的重大经济事件以及衙门日常运作等手稿史料共190多页，约30000多字。资料为日记体，虽文笔简练，但信息量非常大，部分史料无疑可与州县志互稽、补阙，其史料价值和文献价值不言而喻。

《笔纪》封面无作者署名，唯文内《祭福德祠土地文》记有"署广东肇庆府德庆州知州赵□□昭告于土地尊神：窃惟尊神⋯⋯承炳去冬摄理州篆，自惟才疏德薄，常恐不胜其任，惟存克己爱人、怀法利民之心⋯⋯"① 一语，则《笔纪》作者为赵承炳无疑。另1996年版《德庆县志》也收录了"清德庆州知州赵承炳请督府暂免捐三成田税禀词"一文，文中有"光绪二十八年十二月初六日，奉宪台札开⋯⋯"② 等字样，也可确认赵承炳于光绪二十八年任德庆知州。

赵承炳生平缺载，笔记中也未明确提及，唯据《笔纪》中（赵承炳）"接常州家信"③ 等片言只字，另篇（赵承炳）"电致江西南昌府电报局，嘱新儿请假回常州，送家眷来德庆署"④ 之句，逾月"二十七日，家眷自江苏到署"⑤ 等语分析，推断赵承炳应为江苏常州人。

二、《笔纪》所涉清末德庆社会面貌及史料价值考略

（一）德庆"崩山积田"严重，已沦为广东最穷县

光绪末年，德庆各乡水土流失严重，"崩山积田"益甚，造成百姓"措纳无田之粮⋯⋯实属粤省所仅闻"⑥，德庆已沦为广东最穷县。据光绪《德庆州志》记载，德庆"崩山积田"始于道光年间：

> 道光十八年夏大雨，金林山始崩；迄年沙阜大半摧塌，田埋于沙，不可耕作，民多逃亡，力食于粤西（广西）者以万计。山氓多烧枫杉，淋

---

① （清）赵承炳：《康州署篆笔纪》光绪二十九年闰五月二十九日（补记），光绪二十九年二月撰。
② 德庆县地方志编纂委员会编：《德庆县志》，广州：广东人民出版社1996年版，页822。
③ （清）赵承炳：《康州署篆笔纪》光绪二十九年三月十八日。
④ （清）赵承炳：《康州署篆笔纪》光绪二十九年十月初十。
⑤ （清）赵承炳：《康州署篆笔纪》光绪二十九年十一月二十七日。
⑥ （清）赵承炳：《康州署篆笔纪》光绪二十九年正月初七。

灰作碱，烧都念树根为冶炭，木根尽则山枯，遇雨而沙随漂败，荒田亦日增。①

《笔纪》记录了崩山积田、水土流失最严重的中垌村"下新、上新（地名）至中洞白马塘等处，破碎之山十居八九，崩沙下注，所有稻田，皆成弃地。自道光以来，州境诸山崩裂不少，良田悉成荒陇"②。但就在赵承炳接任后的第十天，"省委孔善夫大令，催吏攒差到署面谈"③，催缴历年积欠官府粮税事。赵承炳这才发现，欠缴粮税并非官府催科不力，实为各乡水土流失严重，致"田埋于沙，不可耕作"之故，若按原州册田亩征粮已无可能，"民纳无田之粮"才是历年积欠官府粮税的根本原因。赵承炳禀报督抚时指出：

> 阜州处万山之中，……近年各处岗岭崩颓，溪潦涨发，山田平野，均被沙石冲压，从前麦黍芃芃，今则一望数十里，并无耕凿之区，其荒凉亦可想矣。……至是百姓之终岁辛勤，措纳无田之粮……非独富室无几，即小康之家亦不数觏（gòu）。……程牧前禀，谓居民每日仅能两粥，尚系指附城各乡而言……遇年节喜事，方始一饭，此等苦况，实属粤省所仅闻……故敢披沥上陈，为民请命……准将三成粮捐仍行从宽豁免……④

禀文上呈后，引起肇庆府多兴三太尊（知府）的注意，亲自到德庆查看"山崩、沙积、荒熟田亩"等情况，连续两天沿"马圩一路查看崩山沙积；至官圩，延见绅耆谈山崩沙积情形"⑤。此事还惊动了省署高层，"旋接专差来信，俟新藩宪胡方伯（布政使）过境后来德庆查看山崩沙积"⑥ 情况。虽然省署查核田亩损失数字《笔纪》未见记录，但德庆的"崩山积田"情况无疑已经到了非常严重的地步。此段史料可与《德庆州志》《德庆县志》互稽、补阙。

清末至民国时期，德庆的"崩山积田"问题一直未能得到解决，严重制

---

① （清）杨文骏等修：《德庆州志》光绪二十五年刻本，卷十五，纪事，页29；卷四，风俗，页45。
② （清）赵承炳：《康州署纂笔纪》光绪二十九年九月初九。
③ （清）赵承炳：《康州署纂笔纪》光绪二十八年十一月十二日。
④ （清）赵承炳：《康州署纂笔纪》光绪二十九年正月初七。
⑤ （清）赵承炳：《康州署纂笔纪》光绪二十九年十一月初一、初三、初四。
⑥ （清）赵承炳：《康州署纂笔纪》光绪二十九年十月二十一日。

约着德庆的农业经济发展。新中国成立后，"德庆县于 1957 年提出全面控制水土流失的工作方针，至 1958 年，赵承炳《笔纪》中提到的中洞乡，由于治理崩山成绩显著，从缺粮乡改变为余粮乡，被评为全省特等模范单位，受到国务院奖励……经过 30 多年的艰苦努力，德庆水土流失情况得到初步控制，获得了显著效益。（此事）引起海内外水土保持专家学者的关注，到本县考察和学术交流，在 50 年代有苏联和越南，随后有联合国粮农组、尼泊尔、墨西哥、泰国、德国、菲律宾、美国、加拿大等国家和组织"[1]。

1958 年 12 月国务院总理　　　　　1958 年 12 月国务院水土保持

周恩来签署颁发先进单位奖状　　　委员会颁发水土保持先进单位锦旗

（图片来源：德庆县档案局）

注：新新农业生产合作社即今中垌村委会。

（二）清末司法制度的积弊与改良

所阅赵承炳《笔纪》，记录了大量的清末司法审判案例，几乎"无日不判"。由地方行政长官一手包办审案、断案，是封建司法制度最大的特点。这种"司法行政合一"的审理制度，存在行政与司法权力不分的情况，极易导致审判的不公，这样的审理制度一直沿至清末。其间，朝廷也曾提出过一些改

---

① 德庆县地方志编纂委员会编：《德庆县志》，广州：广东人民出版社 1996 年版，页 274 – 280。

良措施，包括由异地州县官"会同查验、会同提审、交叉提审、府委会审"①等举措，在《笔纪》中都有体现，但收效甚微。光绪二十八年岁末，赵承炳"奉札"赴罗定州"会同查验翁永基毙命"一案，有助于我们了解清末"司法行政合一"制度框架下"官官相护"的积弊和朝廷对审理制度改良的用心，但效果乏善可陈。

《笔纪》记道，十二月二十五日"奉肇罗道周晓丹观察札委赴罗定州，会同查验粮户翁永基，被该州太平粮站司事江道福、粮差黎木火等，因追粮私押毙命一案"②。这是由官府粮差暴力征粮引发的命案，肇罗道启动"会同查验"程序，"札委"（委派）德庆知州赵承炳赴罗定州"会审"（异地官员司法介入）。

赵承炳二十七日"午后至罗定州，见熊三峰太尊（知州）晤谈一切。即日会审殷丁彭亚毛，粮差彭丙、黎木火，分别重责收押"③，赵承炳第一时间取得口供，办案可谓迅速。但是，此时粮站司事江道福（官差）已由殷丁彭亚毛顶替（不排除罗定州已做了调包顶替手脚的可能）。遇到本衙出命案这样的事情，由肇罗道委派异地官员司法介入，初衷是防止本衙枉法判案，但很明显，这是很难做到的。在"司法行政合一"审理框架下，州县枉法处理案件乃平常之事。

此时罗定州本应回避此案，但知州熊三峰并未这样做，且双方一见面即"晤谈一切"，突显清末司法审理制度有明显的"官官相护"嫌疑。而清廷律例州县官是不可以公然违反的，为了维护官府体面，于是就会找出各种办法来规避上峰的问责。而赵承炳还会考虑本次"查验"是否会损害同僚的利益，他要找出对自己、对同僚都有利的解决方案（不排除受贿），而最后的解决方案，其实在"晤谈"中就基本确定了，他的任务可能就是配合走个过场而已。

二十八日，赵承炳启行至事发地太平圩查验案发现场（验尸）。时值岁晚，这个由官府公差催粮引发的命案特别引人注目，以致"该圩士民老少以千百计，并有士子十余人、翁姓耆老数名迎于道左……"④ 奇怪的是，赵承炳并没有现场"查验"（验尸），到场后只是"传尸亲翁梁氏、梁南林反复抚慰，

① （清）赵承炳：《康州署篆笔纪》光绪二十八年十二月二十五，光绪二十九年十一月初六、八月十二日、十二月二十六日。

② （清）赵承炳：《康州署篆笔纪》光绪二十八年十二月二十五日。

③ （清）赵承炳：《康州署篆笔纪》光绪二十八年十二月二十七日。

④ （清）赵承炳：《康州署篆笔纪》光绪二十八年十二月二十八日。

曲为开导。旋据翁梁氏面呈拦验，具结而退"① 草草收场。清代司法重视口供和快速"具结"，州县官最怕绅民"健讼"，特别是命案，最好是想办法迫使原告尽快"具结了案"，赵承炳两样都做到了。此案最终以原告翁梁氏"面呈拦验，具结而退"，即由翁梁氏出具保证文书，主动请求官府免除验尸，也不追究被告责任了。结果，千百人瞩目的异地官员介入查验以"拦验和息"结案。

审结此案"申刻返至罗定州署，与熊三峰太守面商一切。复与汪希澄（熊三峰刑名席）商榷会禀肇罗道稿件（公文）"②，即匆匆起程回德庆。此命案前后两天即快速了结，赵承炳到底做了什么"开导"或罗定州做了什么疏通工作，《笔纪》肯定是没有记录的，但赵承炳记录了被告粮站司事江道福（官差）由殿丁彭亚毛顶替这个事实，这种大事化小、官官相护的操作方法已成为晚清官场的积弊。此案会禀肇罗道公文也是两州官"面商"的结果，至于如何处理三人，百姓也是无从知晓的。

在清代"司法行政合一"的积弊下，相对彰显司法公平的"会同查验"是司法审理制度的改良措施之一，客观上对缓和社会矛盾，预防错案、假案的发生有一定的抑制作用，但从此案例分析可以判断，清末司法的会同查验在"司法行政合一"的构架下有流于形式之嫌。这种查验在《笔纪》中还有多处记载，说明晚清时期的司法制度仍在不断完善改良，《笔纪》大量详略不等的案例成为研究清代司法制度很有价值的史料。

（三）西方强权下地方官员与洋人打交道缺乏经验

第二次鸦片战争打开了中美通商的关口，两国签订了不平等的《中美天津条约》。随后清廷成立总理各国事务衙门专门办理涉外事务，但在各省没有设立相应机构，州县一级官员更无办理涉外事务的经验。

《笔纪》记录了光绪年间美国兵船在德庆活动的情况。赵承炳五月初七至悦城水口淮堤阁验看新建学堂工程，并准备参加第二天（初八）的悦城龙母诞活动。有"美国兵轮船主（长）晏打臣、大副司多麟来晤、广安水军统带孙权之军门、肇庆协台履谦、悦城分司赵立之来晤"，晤谈何事，有何公干？《笔纪》无记录。赵承炳于次日（龙母诞）"午后邀美国兵轮洋人、广安水军

---

① （清）赵承炳：《康州署篆笔纪》光绪二十八年十二月二十八日。
② （清）赵承炳：《康州署篆笔纪》光绪二十八年十二月二十九日。

孙军门、肇庆履协台宴会。并往美国兵轮茶会，晚赴庙前观戏"①。赵承炳与洋人打交道，虽不至于手忙脚乱，但明显经验不足。时《中美天津条约》签订多年，按条约规定，外国兵船是严禁进入中国内河的，这则史料说明中美通商后，美国持续对中国内河进行武力渗透。德庆悦城虽设有巡检司及广安水军等，但并未对兵船进行阻拦。相反，地方长官及水军长官还宴请美国兵船船长、大副，并邀其在悦城龙母庙同台看戏，可能赵承炳并没有意识到这样做已经损害了国家的主权利益。

清政府特别惧怕洋人的"船坚炮利"，想尽办法阻止外船，特别是兵船进入中国内河。《中美天津条约》第九款规定，美国如有官船在通商海口游弋，只能"近至沿海各处，如有采办食物、汲取淡水或需修理等事，中国官员自当襄助购办"。外船若未经批准，一律不能进入中国内河，兵船更是严格限制。其第五款规定："大合众国大臣如有要事，不论何时应准到北京，……往来应由海口，或由陆路，不可驾驶兵船（进入），……至上京，必须先行照会礼部，俾得备办一切事款。"② 而美国兵船肆无忌惮深入西江内河至德庆，不论有无照准，兵船进入内河，这本身就是一种明显的武力挑衅，这说明当时清政府地方官接触外事比较生疏，同时也非常惧怕洋人。

《笔纪》记录了美国基督教教士陈安德在德庆"买受地基"建教堂的情况："十五日，美国教士陈安德来署，言伊在东门买受地基一块盖造医院。基内有旧坟二冢，闻系戚姓，请转饬戚汝霖迁移，该教士酌给迁费银两云"③。按《中美天津条约》规定，这种"买受地基"是不合法的。《中美天津条约》第十二款规定："大合众国民人在通商各港口贸易，或久居，或暂住，均准其租赁民房，或租地自行建楼，并设立医馆、礼拜堂及殡葬之处，听大合众国人与内民公平议定租息。"④ 也就是说，外国教会在中国通商城市设立医馆、礼拜堂所需用的土地只能租，不能买。

以德庆教区为中心的德庆传教团后来发展到罗定、都城两个教区，也有类似买受土地情况。据美国传教士 Alice Robb 的 *HOl MOON*《开门》一书记载："德庆传教团经过调查之后，接收了罗定地区的传教工作，用钱买下了罗定地

---

① （清）赵承炳：《康州署篆笔纪》光绪二十九年五月初七、初八。
② 王铁崖编：《中外旧约章汇编（第一册）》，北京：生活·读书·新知三联书店 1957 年版，页 90。
③ （清）赵承炳：《康州署篆笔纪》光绪二十八年十二月十五日。
④ 王铁崖编：《中外旧约章汇编（第一册）》，北京：生活·读书·新知三联书店 1957 年版，页 91。

区教会的地产，包括一座可容纳两百人的教堂，总共花了 8300 元……"① 书中还有该教团在郁南都城镇买地建教堂的记录。说明外国人在中国内地买受土地并非个案，这也为我们研究基督教进入中国内地传教的情况提供了珍贵的史料。

（四） "清末新政" 废科举创办新学

赵承炳在德庆任职时，正是封建科举制向近代教育制度的转折过渡期。时行"清末新政"，内容之一就是废除已历千年的科举制度，时朝廷诏各地书院改设学堂创办新学。赵承炳对创办新学比较积极，此可窥见一个基层封建士大夫配合朝廷创办新学的态度，也可视为各地创办新学的一个缩影。

光绪二十九年（1903）十月，德庆州开考州县试，这是赵承炳最后一次主持州县试。州县试与科举考试其他环节不同，一共要考五场，从命题、阅卷、录取均由州县官包办。是年德庆州县试，赵承炳在出题方面有了很大的变化。《笔纪》记道，十月二十二日"五鼓赴考棚，开考第三场，时务策题：《开办学堂（新学），使民间渐知学业，宜如何化民成俗、勤进于学策》"；二十六日"五鼓赴考棚，开考第四场，外国政治策题：《东西洋各国商务日新月盛，其要何在》"②。说明此时县官出的考题并非全部取自四书五经，还需考生了解中外时事政治等，是年为朝廷诏办新学的转折。《笔纪》所录大量此类资料，正是我们研究清末废除科举后兴办新学的珍贵史料。

（五） 清末社会 "弊政" 与基层社会控制模式

光绪二十六年（1900），李鸿章总督两广，借口以筹办"海防经费"为由"化私为公，由官厅收饷，准予公开承办番摊（赌博）"③。官府驰禁赌博，一时广东各州县赌馆林立，于是游民、赌徒日众，德庆社会治安环境恶化。《笔纪》记道：

---

① 爱丽丝·E. 罗布：《开门》，梁造，译，页54；中国人民政治协商会议德庆县委员会文史资料工作委员会编：《德庆文史（第16辑）》，选载，1997年版，页35。

② （清）赵承炳：《康州署纂笔纪》光绪二十九年十月二十二日、二十六日。

③ 政协广东省委员会办公厅、广东省政协文化和文史资料委员会编：《广东文史资料精编》，北京：中国文史出版社2008年版，页277。

查德庆三年打醮一次，本月九日适逢其会，东门外东豪街、东胜街演戏两台，灯彩通衢，弦歌不绝，颇形热闹。所可恶者，街面赌馆鳞次栉比，灯烛辉煌，赌徒拥挤如蚁。兼之河下（河滩）画船灯光如昼，亦是开赌，广东赌风甲天下，洵为风俗人心之害。①

清末德庆社会动荡，盗贼蜂起，社会矛盾日益尖锐，严重影响民众正常的生产生活秩序，这在《笔纪》中多有记载。其时清政府面临内忧外患，国防空虚，兵力分散，维持地方治安，若单靠肇府派营兵协办，实为杯水车薪，营兵所到之处，大多只是形式上宣示军威而已，州县一级的社会治安控制，主要还是靠动员地方士绅举办团练维持，这是清末社会控制的特点。

赵承炳举办团练的措施之一是纠集、收编掌握在地方绅耆手中的民团组织，并促请当地士绅出面举办团练。赵连续多次以官府名义下谕，屡传"城内团绅贡生李瑞中、廪生徐炳成面商办团事宜；又传城外团长陈荣堃、李永畛、欧杏秋等商办团练事务；再谕饬城内城外团总迅即筹办团练"②，重点是促请当地士绅面商收编民团，设立"团练公局"，由州县解决枪械及部分资金，办理由州县统一指挥的地方团练，实施城乡社会控制。

德庆所处粤西地区的广宁、怀集县盗匪猖獗，已威胁到与德庆接壤的内乡地区。面对急剧动荡变化的社会，官、绅共同的反应是加快办团的进度，在官府的倡导下，由地方推举一些正途出身的士绅出任"局绅"，再由州县下"谕单"确认，授予防卫、缉捕等权力，省署统一派发枪械，纳入官府统一指挥管理。《笔纪》记道："探闻粤西怀集县匪滋扰州属大肚塘，窥视荣阳、金林乡等处（均德庆境）"；又报"怀集本月十三日失守，二十日申刻广宁戒严，匪徒直下四会县石狗圩"；又"探闻土匪麇聚广宁古水圩，离莫村（德庆境）三十余里"③。形势紧迫，赵承炳立马赶"至播植圩（内乡），传团首区凤祥、谢镜溶赶紧齐团。谕该约首赴省请领毛瑟枪以资利用。并嘱播植王巡检承烈催促办团"④。

"光绪三十年十月初三，新任陈次叔刺史到州，（赵承炳）交卸篆务，收拾行装，料理交代事件。"上峰深知赵承炳办团有分寸，交接期间，赵承炳

---

① （清）赵承炳：《康州署篆笔纪》光绪二十九年九月二十二日。
② （清）赵承炳：《康州署篆笔纪》光绪二十九年闰五月初八、初九、二十日。
③ （清）赵承炳：《圭山从事笔纪》光绪三十年八月初十、二十五、二十九日。
④ （清）赵承炳：《圭山从事笔纪》光绪三十年九月初十。

"接肇府多兴三太尊在广宁县来信，邀赴广宁办理清乡事宜"①。清乡事毕，赵承炳才回至省署报到，往见藩宪胡揆甫方伯，因办团得力颇蒙奖许，又奉方伯"面委留办德庆州团防"差事。赵承炳马不停蹄，二十三日即返回德庆州署"晤陈次叔刺史，谈德庆团练事宜。（即）传康平局绅士徐炳成、李永畛等赶办附城内外团防事宜"②。在州县的授权下，其时赵承炳已完成德庆"康平公局"的组建工作，可以直接指挥公局加速齐团，开展全城布防工作。

内乡办团的情况如上所述，徐炳成、李永畛、刘植卿（举人）、区凤祥、谢镜溶等均为当地名士，有较高的基层威望，由士绅出面办理团练，官府出资（枪械）的方式，可在短期内齐团千人，足可解决地方治安防御问题。《笔纪》记道："高良绅耆张德堂、李兰瑞等有团丁四百余名；莫村团绅主事刘植卿有团丁六百余名；悦城团首冯星汉、卢淦琦等约团练共八十村，团丁计一千二百名。有事则齐团，无事各安耕种，此约章也。"③ 这种"有事则齐团，无事各安耕种"的齐团方式，既可大大减轻官府举办团练成本，也符合农村农业生产的实际情况，成为晚清德庆城乡举办团练的基本模式，为我们了解和研究晚清广东城乡基层社会控制提供了第一手史料。

（六）关于悦城龙母的"里籍"问题

《笔纪》还记录了大量的风土民情。

悦城龙母为德庆州之福神，是岭南两广地区重要的民间信仰之一。赵承炳上任后未逾月，即专门晤见悦城廪生卢炳琦，了解悦城龙母事迹，"谈及悦城龙母，谨闻龙母系秦朝人，古时广西发大水，神随水流至悦城，遂居焉，豢养五龙……"④ 每年五月初八为龙母诞庙会，这是龙母信俗、龙母文化的反映。2011 年，"民间信俗（悦城龙母诞）"被列入国家非物质文化遗产名录。

关于"龙母信俗"的研究，前人著述已有多项成果，但关于龙母的身世及里籍问题，学界与民间一直有不同的说法，学界着重于"文献说"，而民间则有"漂流说"，并拥有大量的信众。

关于龙母是何许人的问题，南北朝沈怀远《南越志》记载龙母为端溪人，

---

① （清）赵承炳：《圭山从事笔纪》光绪三十年十月初三、初五、十二日。
② （清）赵承炳：《圭山从事笔纪》光绪三十年十月十六日、二十三日、二十五日。
③ （清）赵承炳：《圭山从事笔纪》光绪三十年九月初八、初九、十一日。
④ （清）赵承炳：《康州署纂笔纪》光绪二十八年十一月二十日。

曰"昔有温氏媪者，端溪（今德庆）人也。常居涧中捕鱼……"① 也就是说，文献记载龙母里籍是广东德庆。

考康熙《德庆州志·龙母娘娘传》记载："敕封护国通天惠济显德龙母娘娘温氏者……其先广西藤县人，父天瑞，宦游南海，娶程溪梁氏，遂家焉……"② 此后民间开始流传龙母从广西藤县漂流至悦城的传说。民俗学家叶春生教授在其《民俗文化讲演录》一书中，也采录了这个"龙母自广西随水流至悦城"的传说，但民间传说始于何时，书中没有说明。③《笔纪》中，赵承炳则明确记录了传说中的龙母系"广西发大水，神随水流至悦城"的说法，把民间口耳相传的龙母身世传说故事往前推了一两百年，这是目前所能找到的记载龙母从广西"漂流至悦城"的文字版本。

结　语

赵承炳的《笔纪》，诚为清末广东德庆的重要地方文献。《笔纪》揭示并指出清末德庆"崩山积田、水土流失"，导致可耕地大面积减少，这是近代德庆农耕经济衰落的根本原因。书中对清季司法审理案件、"赌风甲天下"的社会弊政陋习的揭示，以及所述社会矛盾日益尖锐、筹办城乡保甲团练等情况，不仅可以帮助我们更为全面地了解或把握清末粤西城乡社会面貌，更为我们了解、研究清季的司法制度、保甲制度、乡村基层社会控制提供了史料依据。同时，对筹办新学、地方风土民情等的记录也提供了不可多得的历史资料。赵承炳的《笔纪》虽然算不上是真正的档案，但其记录的史料细节，是档案史料不可替代的，其文献价值尤显珍贵。

《笔纪》内容丰富，但由于是日记体，结构显得比较散乱、琐碎，不少事情是找不到上下文的，要在《笔纪》中梳理出头绪很费时间。本文只摘录了小部分片段进行初步研究，《笔纪》中有大量有价值的信息尚未得到充分利用，值得我们继续深入挖掘研究。

（原载《肇庆学院学报》2023 年第 6 期）

---

①　（宋）乐史撰，王文楚等点校：《太平寰宇记》，北京：中华书局 2007 年版，页 3135。

②　（清）谭桓修，梁宗典纂：《德庆州志》康熙十二年刻本，卷八，外志，页 22。

③　叶春生：《民俗文化讲演录》，珠海：珠海出版社 2010 年版，页 8。

此端溪非彼端溪兼论端州得名之说

区域地名是社会经济文化发展的产物，保留着非常丰富的历史信息和文化积淀，是一个地方历史文脉延续的载体，探讨区域地名的由来及演变，可以了解该地区的开发历史与文化发展轨迹之关系等多方面信息，是研究区域历史文化的不可或缺的组成部分。本文对"端州"这个古地名由来的查考，探索其起源及演变的过程，为研究西江流域的区域历史发展脉络提供参考。

肇庆古称端州，而端州因何得名目前没有一致的说法。端州之得名，坊间流传有多个不同的版本，而端州得名源于"端溪"一说，则鲜有提及，一般读者也可能容易混淆，皆因此端溪并非屈大均所描述的"羚羊峡产端砚石之端溪"。汉元鼎六年冬十月，汉武帝命伏波将军路博德、楼船将军杨仆灭南越，置端溪县，以源于境内端溪水为名，端溪县得名焉（今德庆县）。端溪水流经端溪桥注入西江，古人以此为起点，将端溪水流至高要段的西江统称为"端溪"。端溪，本出德庆，故汉以名县……下流肇庆，故又以名江。端州以此得名。

一、 端州得名之说

地域得名既有地理环境山川河流的因素，也有社会政治人文的因素，例如肇庆得名由来，源于端州为端王赵佶潜邸（封地），端王即位后，是为宋徽宗，从广东运判燕瑛之请，以潜邸诏升端州为府，并亲洒宸翰，赐名"肇庆府"。南宋祝穆《方舆胜览》载："皇朝平岭南，地归版图，以徽宗潜邸，升兴庆军节度。广东运判燕瑛奏：元系端州，今为潜邸，欲望亲洒宸翰，赐以美名，遂赐名肇庆府，治高要。"① "徽宗皇帝重和元年（1118）冬十月己亥改兴庆军为肇庆府"②，肇庆之名始此，一直沿用至今。

由于肇庆是宋徽宗赐名之故，名气非小，端州之名弃用后，时至今天，很多人竟不太清楚端州得名的由来了。1988 年，肇庆市设立端州区，这一古地名才又焕发了新的生命。

那么端州这个地名是因何得来的呢？我们知道，端州得名比肇庆要早 500 多年，更早时为高要县。唐李吉甫《元和郡县图志》载："端州本秦南海郡地，汉武帝置苍梧郡，则为苍梧郡之高要县也。梁大同中，于此立高要郡。隋开皇十一年（591）置端州。大业三年（607）罢为信安郡，武德四年（621）平萧铣，五年（622）重置端州。"③ 此为端州建置沿革之始。

端州得名由来目前似乎没有统一的说法。《人文端州》云："端州之说，一是起源于西江，意为西江第一州。……隋文帝于是把高要治所改名为端州，端就是开端、第一的意思。另一种传说是，隋文帝不喜欢陈霸先的为人，因陈霸先任过西江督护、高要太守，便引用汉朝贾谊的《治安策》，选天下之端士之句治州，命名为端州。"④ 这两种说法各有各的道理。坊间传说，没有历史文献的支撑，不具作为端州得名的依据。

还有一种说法是端州得名源于端砚。端砚因唐代诗人李贺《杨生青花紫石砚歌》"端州石工巧如神，踏天磨刀割紫云"⑤ 而名声在外，坊间言此即端州得名由来。端州地处岭表，历来被视为荒蛮贬谪之地，少为外界所知，世人了解端州或以认识端砚开始，谓端州以端砚得名就不足为怪了。

然唐时端州产的砚台远没有现在出名，亦不称为端砚。李贺向世人介绍端州出产的砚台，称之为"紫石砚"。宋人苏易简《砚谱》："柳公权尝论砚，言青州石末为第一，绛州者次之，殊不言端溪石砚。"⑥ 苏易简说柳公权（778—865）"论砚"竟未提及端溪石砚！可见至唐中期，端州产的石砚并未被中原

---

① （宋）祝穆撰，祝洙增订，施和金点校：《方舆胜览》，卷三十四，肇庆府，北京：中华书局 2003 年版，页 616。

② （明）郑一麟修，叶春及纂：《肇庆府志》万历十六年刻本，卷一，郡纪，页 13。

③ （唐）李吉甫撰，贺次君点校：《元和郡县图志》，卷三十四，端州，北京：中华书局 1983 年版，页 896。

④ 陈以良主编：《人文端州》，广州：广东旅游出版社 2011 年版，页 10。

⑤ 《全唐诗》横排标点本，石家庄：河北人民出版社 1997 年版，页 2086。

⑥ （宋）苏易简撰，曾敏华、耿纪鹏译注：《文房四谱》，卷二，砚谱，重庆：重庆出版社 2010 年版，页 100。

士人重视，而是后来一些贬谪或游历岭南的文人名士（李贺等）发现端州产的石砚"益墨而至洁"，质在歙砚之上，"端砚"才名扬岭表，渐至中原。因此，端州并非因产端砚而得名。

二、 此"端溪"非彼端溪

考乐史《太平寰宇记》云："端州，秦属南海郡，两汉及晋并属苍梧郡。宋、齐属南海郡。陈置高要郡。隋平陈郡废，置端州，取界内端溪为名。"①也就是说，端州以"端溪"得名。宋王存《元丰九域志》亦云："端州有端溪，州以此溪名。"② 端州取"界内端溪"得名，那么，能"以溪名州"的端溪是一条什么样的溪呢？上述两书并无说明。

1922 年拍摄记录的端溪

（图片来源：森清太郎《广东名胜史迹》，温爱民藏书）

---

① （宋）乐史撰，王文楚等点校：《太平寰宇记》，卷一百五十九，端州，北京：中华书局 2007 年版，页 3057。

② （宋）王存撰，王文楚、魏嵩山点校：《元丰九域志》，卷九，端州，北京：中华书局 1984 年版，页 697。

宋人苏易简《文房四谱·砚谱》云：

> 世传端州有溪，因曰端溪，其石为砚至妙，益墨而至洁。其溪水出一草，芊芊可爱，匠琢讫，乃用其草裹之，故自岭表迨中夏而无损也。①

很明显，苏易简把"端溪"指向了产端砚石的地方，但他应该未到过端州，因而用了"世传"一词。而稍后祝穆《方舆胜览·肇庆府·端砚》条引柳公权语曰：

> 端州有溪，曰端溪，其砚有赤白黄色点者，谓之鹳鸰眼，或脉理黄者，谓之金线纹。②

祝穆也是将"端溪"系于端砚条下，指向产端砚石的地方。

清人屈大均（1630—1696）曾亲到羚羊峡勘访砚坑，著《砚语》一文，其文开首即云："羚羊峡口之东有一溪，溪长一里许，广不盈丈，其名端溪。自溪口北行三十步，一穴在山下，高三尺许，乃水岩口也，匍匐而入，至五六丈为正坑。……从正坑左转十余丈为东坑，东坑外即大江矣。"③可见屈大均也是将水岩口边的一条"长一里许，广不盈丈"的小溪称为"端溪"。

《国初重开水岩老坑》引朱竹垞语曰："端石皆可制砚，为水岩最贵……其左折而北趋，有山曰朝天岩，端溪之水出其阴，溪长一里许，广不盈丈……"④《吴公重开大西洞记》亦云："肇庆城东三十里之羚羊峡，高数十仞，后坐东北朝向西南，左抱诸岩，右临江水，有端溪一道，前绕入江，砚坑洞门在半山之下……"⑤朱竹垞，即朱彝尊（1629—1709），与屈大均同年代人，亦到过羚羊峡，著《说砚》。"吴公"即吴绳年，乾隆癸酉知肇庆府，任内"奉檄开端溪（砚坑），得穷历三岩四洞诸迹"，有《端溪砚坑开采图记》，

---

① （宋）苏易简撰，曾敏华、耿纪鹏译注：《文房四谱》，卷二，砚谱，重庆：重庆出版社2010年版，页100。

② （宋）祝穆撰，祝洙增订，施和金点校：《方舆胜览》，卷三十四，肇庆府，端砚，北京：中华书局2003年版，页617。

③ 广陵古籍刻印社选编：《端溪砚考集成》，南京：江苏古籍出版社1999年版，端溪砚志，页76。

④ 广陵古籍刻印社选编：《端溪砚考集成》，南京：江苏古籍出版社1999年版，端溪砚坑考，页19。

⑤ 广陵古籍刻印社选编：《端溪砚考集成》，南京：江苏古籍出版社1999年版，端溪砚志，页19。

并主持编撰《端溪砚志》。

柳公权、苏易简、祝穆、屈大均、朱彝尊、吴绳年等都不约而同地将"端溪"系于羚羊峡产端砚石的地方，于是，后人皆误以为"端溪"就是羚羊峡水岩口"溪长一里许，广不盈丈"的小溪了。

乐史《太平寰宇记》、王存《元丰九域志》皆云："高要县有端溪山。"[1]那么这个"端溪山"又在什么地方呢？是否另有一条端溪呢？王象之《舆地纪胜》云"端溪山在废平兴县西一里"[2]，而《太平寰宇记》称"废平兴县在（高要）县东南八十里，本汉高要县地，宋元嘉十二年（435）置平兴县，……皇朝开宝五年（972）入高要县"[3]。按此方位，废平兴县在高要东南八十里，即今端州区东南方向的高明、新兴县"老香山"一带，与康熙《肇庆府志》的记载比较吻合："新兴县老香山与高要、高明接界……高明县老香山在布社塘华二都，与新兴县接界……有旧平兴县，刘宋置，宋开宝五年省入高要，遗址尚存，有民居。"[4]

对于废平兴县西一里的"端溪山"，王象之《舆地纪胜》还列了另外一个词条："老香山，在废平兴县西一里。"[5] 很明显，《舆地纪胜》记载的两山同指一个地方，因此我们可以断定，王象之所说的高要县的"端溪山"即新兴县的"老香山"，一山两名而已。据实地考察所知，新兴的老香山并不产端砚石，也没有端溪水。据此，《太平寰宇记》《元丰九域志》《舆地纪胜》云"高要县有端溪山"恐误。

三、 西江河德庆至高要段古称端溪

其实，"端溪"就是西江，亦称大江，准确地说，自德庆至端州（高要）的西江河段，古人通称"端溪"。

---

① （宋）乐史撰，王文楚等点校：《太平寰宇记》，卷一百五十九，高要县，北京：中华书局2007年版，页3058；（宋）王存撰，王文楚、魏嵩山点校：《元丰九域志》，卷九，高要，北京：中华书局1984年版，页414。

② （宋）王象之撰：《舆地纪胜》道光二十九年刻本，卷九十六，肇庆府，景物下，页6。

③ （宋）乐史撰，王文楚等点校：《太平寰宇记》，卷一百五十九，废平兴县，北京：中华书局2007年版，页3058。

④ （清）史树骏修：《肇庆府志》康熙十二年刻本，卷四，舆地一，页24；卷五，舆地二，页14、18。

⑤ （宋）王象之撰：《舆地纪胜》道光二十九年刻本，卷九十六，老香山，页5。

古人称西江高要段为"端溪"由来久矣。最早见诸文献的有唐代著名诗人沈佺期（656—714）的《峡山寺赋》。沈佺期于神龙初年（705）被贬，流放交趾驩州（今越南义安），遇赦，取道西江北归，神龙二年（706）经端州羚羊峡，有峡山寺临江，沈佺期撰《峡山寺赋并序》曰：

> 峡山寺者，名隶端州，连山夹江，颇有奇石飞泉……神龙二年夏六月，余投弃南裔，承恩北归，结缆山隅，周谒精舍，为之赋焉：峡山精舍，端溪妙境……若乃忍殿临岸，禅堂枕江。[1]

沈佺期用"端溪妙境，禅堂枕江"来形容峡山寺的位置，据"忍殿临岸"句，峡山寺当位于西江边，此"端溪"即指西江无疑。

考万历《肇庆府志》亦云：

> 大江，在府城南，源出夜郎豚水，迳牂牁郡为牂牁水，至郁林郡广郁县为郁水，合丽江至桂平，合柳江、龚江至藤州，合潇江至苍梧，合漓江至封川，纳临贺之水过德庆，至肇庆城南纳新江出羚羊峡，会胥江入海，亦名西江，以水自粤西来也，又名端溪，本出德庆，近于端山，故汉以名县（即端溪县），下流肇庆，故又以名江。[2]

明代端州八景有"端溪带绕"[3] 一景，从字面解释，当指端溪（西江）绕肇城而过的景象。欧大任有《夜次羚羊峡口》诗咏"端溪带绕"之景：

> 端溪泊舟处，今夕待秋风。
> 落叶江波上，啼猿峡雨中。[4]
> …………

"端溪泊舟"句，即可说明此端溪并非屈大均所描述的"溪长一里许，广不

---

① （明）陆鳌纂修：《肇庆府志》崇祯六年刻本，卷二十七，艺文二，页1。
② （明）郑一麟修，叶春及纂：《肇庆府志》万历十六年刻本，卷七，地理志一，南为大江，页20。
③ （明）郑一麟修，叶春及纂：《肇庆府志》万历十六年刻本，卷七，端州八景，页4。
④ （明）陆鳌纂修：《肇庆府志》崇祯六年刻本，卷四十六，页7。

盈丈"的端溪。欧大任（1516—1595）官至南京工部郎中，著述颇丰，有《百越先贤志》等，曾参修《肇庆府志》，对肇庆地理环境非常熟悉。

说明了"端溪即西江"这个问题之后，端州"取界内端溪为名"就容易理解了。而万历《肇庆府志》就说得更具体："端溪，本出德庆，近于端山，故汉以名县（端溪县），下流肇庆故又以名江，犹南海大川称郁水也，端州得名以此。"①

四、 端溪溯源

德庆县古称端溪县，汉武帝元鼎六年（前111）置。源于境内流经端山之水，汉武帝以"端溪"名县，端溪县得名焉。如此算来，端溪县得名已有2130多年的历史，其得名比端州早700多年。《元和郡县图志》康州条载："汉武帝平南越，置苍梧郡，今州即苍梧郡之端溪县也。"② 祝穆《方舆胜览》云："汉置苍梧郡及端溪县，隋废郡。唐高祖置康州。以高宗（赵构）潜邸升德庆府，领县二，治端溪。"③ 德庆之名始此。

自古西江各河段有不同的叫法。《大清一统志》云："西江即郁水也，自广西梧州府苍梧县流入封川县（今封开县）……在封川县曰锦水，在德庆州曰大江，在高要县曰端溪，异名而同源者也。"④ 德庆端溪水为西江一级支流，经端溪桥注入西江，古人以此为起点，将端溪流至高要的西江段统称为端溪。

端溪水因流经"端山"得名，而最早载录端山的是晋人张勃。张勃《吴录》曰："端溪有端山，山有五色石，石上多香水。"⑤ 清王谟《汉唐地理书钞》引《史记索隐》曰："张勃，晋人，吴鸿胪俨之子，作《吴录》。《隋志》云：晋有张勃《吴录》三十卷，亡。"⑥ 张勃著《吴录》以吴人记吴事，有很高的历史文献价值，为历代书家所重，评价颇高，唐《初学记》，宋《太平寰

① （明）郑一麟修，叶春及纂：《肇庆府志》万历十六年刻本，卷七，地理志一，南为大江，页20。
② （唐）李吉甫撰，贺次君点校：《元和郡县图志》，卷三十四，康州，北京：中华书局1983年版，页897。
③ （宋）祝穆撰，祝洙增订，施和金点校：《方舆胜览》，卷三十五，德庆府，北京：中华书局2003年版，页625。
④ （清）《嘉庆重修一统志》第二十六册，卷四百四十七，肇庆府一，页24。
⑤ （唐）徐坚：《初学记》，卷八，端石，岑珠，北京：中华书局1962年版，页193。
⑥ （清）王谟辑：《汉唐地理书钞》，北京：中华书局1961年版，页152。

宇记》《元丰九域志》等书都大量征引该书词条，可惜《吴录》早已佚亡。

值得指出的是，由于时代久远，古籍散佚情况严重，《吴录》并无版本传世，导致上列各书征引《吴录》词条时多有讹误，《太平寰宇记》对"端溪端山"条的征引讹误尤甚，以致后来《元丰九域志》《舆地纪胜》及各府州县志征引皆沿其误，给后人的阅读和研究带来不便。疏列如下：

宋《太平寰宇记》把此条辑录为"端溪山，《吴录》云：端州有端溪石，山有五色香水"①。较之《初学记》所辑已衍讹多字，竟不知晋时还未有端州之设。《初学记》为唐玄宗命徐坚等编，比上列各书要早两三百年，且为皇家修撰，按一般理解，当以《初学记》征引为正确。王谟《汉唐地理书钞》也是采录《初学记》的端溪条，并指出《太平寰宇记》征引此条有错。②

宋《元丰九域志》在康州条下言"《吴录》云：端溪山有五色石，石上多香草，俗谓香山"③，也衍讹多字。

宋《舆地纪胜》在肇庆府条下引为"端溪山，《吴录》云：端州有端溪石，山有五色香水"④，盖沿《太平寰宇记》"端溪山"条之讹。

当然，在没有《吴录》原本的情况下，孰是孰非谁也讲不清楚。但有一点可以肯定，《吴录》成书于晋，张勃著《吴录》时端州还未建置。结论是：张勃载录的"端山"当在端溪县，即今德庆县，端州得名之"端溪"源于德庆之"端溪"无可疑也。

（原载肇庆市《肇庆论丛》2014 年第 5 期）

---

① （宋）乐史撰，王文楚等点校：《太平寰宇记》，卷一百五十九，端溪山，北京：中华书局2007 年版，页3058。

② （清）王谟辑：《汉唐地理书钞》，北京：中华书局1961 年版，页156。

③ （宋）王存撰，王文楚、魏嵩山点校：《元丰九域志》，附录，卷九，康州，北京：中华书局1980 年版，页697。

④ （宋）王象之撰：《舆地纪胜》道光二十九年刻本，卷九十六，端溪山，页6。

岭南地区裹蒸粽溯源

一、粽子历史简说

粽子的历史颇古，目前学界一般认为粽子发源于我国长江流域的中下游吴越地区，其历史可追溯至春秋战国时期。唐欧阳询《艺文类聚》引南梁吴均《续齐谐记》曰："屈原五月五日投汨罗而死，楚人哀之，每至此日，竹筒贮米投水祭之……世人作粽，并带五色丝及楝叶，皆汨罗之遗风也。"[①] 吴均认为世人做粽是源于"汨罗之遗风"。清人富察敦崇在《燕京岁时记》亦云："屈原以五月初五日投汨罗江，楚人哀之，至此日，以竹筒子贮米，投水以祭之，是即粽子之原起也。"[②] 而屈原为战国时楚国人，那么，若以祭屈原的"竹筒粽"作为粽子的起源，则粽子有 2300 多年的历史。

又据闻一多先生的研究，粽子的历史或许会更早。其在《端午的历史教育》一文中指出：

> 端午本是吴越民族举行图腾祭的节日，而赛龙舟便是这祭仪中半宗教、半社会性的娱乐节目。至于将粽子投到水中，本意是给蛟龙享受的……将各种食物装在竹筒里，或裹在树叶里，一面往水里扔，献给图腾神吃，一面也自己吃……总之，端午是个龙的节日，它的起源远在屈原以前……它的起源恐怕至少在四五千年前。[③]

[①] （唐）欧阳询：《艺文类聚》，卷四，岁时中·五月五日，北京：中华书局 1965 年版，页 74。

[②] （清）富察敦崇：《燕京岁时记》，北京：北京古籍出版社 1981 年版，页 65。

[③] 闻一多：《神话与诗》，上海：上海人民出版社 2006 年版，页 197 - 198。

裹角黍（清代绘本）

端午吃粽子这个习俗大概在两晋时期逐渐定型流行。南北朝时期的宗懔在《荆楚岁时记》一书中载："夏至节日食粽，周处谓为角黍，人并以新竹为筒粽，练叶插五彩系臂，谓为长命缕。"① 古人描述"粽子"是一种用箬叶包裹黍米而煮成的食物，晋人周处在《风土记》里称粽子为"角黍"。《风土记》曰："仲夏端五，端，初也，俗重五日与夏至同。先节一日又以菰叶裹黏米，以粟枣灰汁煮，令熟，节日啖……黏米一名粽，一曰角黍……"② 可见迨至晋初，粽子已成为节令食物。

至明代，粽子不但用于祭祀，在民间已经演变为端午节互相赠送的节日食物。李时珍《本草纲目》曰："糉（zòng），俗作粽，古人以菰芦叶裹黍米煮成，尖角，如椶榈叶心之形，故曰糉、曰角黍，近世多用糯米矣。今俗，五月五日以为节物相馈送。"③ 此俗传入岭南后，南人每于端午节即"馕角黍、饮菖蒲、缚艾虎于门，男女戴朱书篆符曰辟邪，竞龙舟视先后为胜负"④。这说明岭南地区很早就已将粽子作为端午的节令食物了，此风俗一直传承至今。

粽子在各地还有很多叫法。宋人陈元靓《岁时广记》曰："端午糉子，名品甚多，形制不一，有角糉、锥糉、菱糉、筒糉、秤锤糉，又有九子糉……章简公端午帖子云：九子黏筒玉糉香，五丝紫臂宝符光。"⑤ 但其时主要的还是角粽，角粽即"角黍"，就是我们在端午节吃的三角粽。"端五，因古人筒米

---

① （南朝）宗懔著，谭麟译注：《荆楚岁时记译注》，武汉：湖北人民出版社 1985 年版，页 100。
② （宋）李昉等撰：《太平御览》，北京：中华书局 1960 年版（2021 年重印本），页 146。
③ （明）李时珍：《本草纲目》，北京：人民卫生出版社 2005 年版，页 1541。
④ （明）陆鳌等修：《肇庆府志》崇祯六年刻本，卷九，地理志·端午，页 38。
⑤ （宋）陈元靓撰，许逸民点校：《岁时广记》，北京：中华书局 2020 年版，页 419。

而以菰叶裹黏米，名曰角黍相遗，俗作粽。"①

三角粽在西江流域的粤西地区又分为两大类：一类是用植物灰汁（枧水）过滤后浸糯米，以芒叶包裹制作的粽子，称枧水粽，又称灰水粽。枧水粽也有包成条状的，叫条粽，枧水粽一般可蘸糖吃。还有一类是用芒叶或柊叶包裹糯米、绿豆、五花肉做成的粽子，谓之咸肉粽。

关于古代角粽的实物及外形尺寸，杨春俏先生在译注《东京梦华录》之"端午节物"一节，记载了这样一件事："2010 年 12 月，江西德安县一座宋墓中，墓主右手拿一根长 40 厘米的桃枝，枝上吊有两个菱形粽子，粽子长 6 厘米，宽 3 厘米，分别系于桃枝两边，外皮为粽叶，苎麻捆扎。这是我国目前发现的最早的三角粽子实物。"② 与今岭南端午角粽相差无几。

二、 粽子何时传入岭南与南北粽子之分

粽子何时传入岭南无可考，但早在东汉时期岭南即有关于粽子的记载。晋嵇含《南方草木状》载："建安八年（203），交州刺史张津尝以'益智子粽'饷魏武帝。"③"饷"有饷献的意思，因此，这可能就是岭南最早的将粽子作为贡品的记载。"益智子"为姜科草本植物，产于交趾、合浦、海南一带，"益智子如笔毫，长七八分，二月花色若莲，著实五六月熟，味辛……出交趾、合浦"④。按此，张津上贡曹操的"益智子粽"应该也算是正宗的岭南粽子了，至今已有 1800 多年的历史。

其实，粽子并无明显的南北之分，溯其源，粽子由长江流域中下游的吴越地区向中原一带（北方）传播是有可能的，也就是说，粽子有可能是从南方传到北方的。如前所述，"端午节最初只是长江下游吴越民族的风俗，自从东汉以来，吴越地域渐被开辟，在吴越文化与中原文化的对流中，端午这个节日才渐渐传播到长江上游以及北方各地"⑤。当然这也只是一家之说。北方粽子品种不多，总体是南咸北甜，都是苞苴物包裹黍米或糯米做成的食物，只是粽子在岭南，由于气候条件、物产的不同，所用材料不同而已，特别是用以包裹

---

① （宋）陈元靓撰，许逸民点校：《岁时广记》，北京：中华书局 2020 年版，页 418。
② （宋）孟元老著，杨春俏译注：《东京梦华录》，北京：中华书局 2021 年版，页 546。
③ （晋）嵇含：《南方草木状》，广州：广东科技出版社 2009 年版，页 27。
④ （晋）嵇含：《南方草木状》，广州：广东科技出版社 2009 年版，页 27。
⑤ 闻一多：《神话与诗》，上海：上海人民出版社 2006 年版，页 181。

粽子的材料有所不同，当由风土差别故也。

岭南之糯米出交趾，因此，岭南粽子多以糯米做粽，不像北方地区多用黍米做粽，这也是南北粽子的区别之一。南人以粘米为主食，李调元《南越笔记》曰："岭南之谷多粘，有青粘、黄粘、油粘……糯则有安南糯、斑鱼糯、白糯、黄糯、燕糯……金包银糯数十种。岭南以粘为饭，以糯为酒，糯贵而粘贱，其价倍之。"① 糯米因产量较低，罕得有大量种植，且大多用于做酒，因此并不能大量用于主食。

芦叶

箬叶

岭北以芦叶、箬叶裹粽较多。芦苇为禾本科芦苇属植物，广泛分布在长江流域地区，喜湿，叶片无异味，北方多以此叶作为裹粽的材料。

东汉许慎《说文解字》曰："糉，芦叶裹米也。"② 清《康熙字典》："糉，芦叶裹米，角黍也，今人作粽。"③ 而江南一带，则以箬叶作为裹粽的主要材料。箬叶为禾本科、竹亚科植物箬竹的叶子，叶面宽大光滑，质地柔软，广泛分布于江南一带，多用于包裹粽子。袁枚《随园食单》载："洪府制粽，取顶高糯米，检其完善长白者，去其半颗散碎者，淘之极熟，用大箬叶裹之，中放好火腿一大块，封锅焖煨一日一夜，柴薪不断，食之滑腻温柔，肉与米化。"④

① （清）李调元辑：《南越笔记》，上海：商务印书馆 1936 年版，页 199。
② （东汉）许慎撰，徐铉等校定：《说文解字》，北京：中华书局 2017 年版，页 568。
③ 黄薇决审：《康熙字典》，北京：北京燕山出版社 2006 年版，页 1758。
④ （清）袁枚著，王刚编著：《随园食单》，南京：江苏凤凰文艺出版社 2015 年版，页 314。

粽子在两广地区则多以柊叶或芒叶裹粽。柊叶为竹芋科植物，又称"冬叶"，因此，在粤西的德庆、云浮一带将用柊叶包的粽子称为"冬糍"，又称"粽糍"，大一点的叫"大粽糍"。柊叶有一股特有的清香味，叶面宽大、柔软坚韧，具有天然的抑菌、防腐作用。岭南天气湿热，食物容易变质，若以柊叶裹粽，则旬日不腐。

柊叶

岭南人很早就有用柊叶包裹食物保鲜的习惯。嵇含《南方草木状》载："冬叶，姜叶也，苞苴物，交广皆用之。南方地热，物易腐败，惟冬叶藏之乃可持久。"[1] 屈大均《广东新语》云："有柊叶者，状如芭蕉叶，湿时以裹角黍（粽子），干以包苴物、封缸口。盖南方地性热，物易腐败，惟柊叶藏之可持久，即入土千年不坏。柱础上以柊叶垫之，能隔湿润……计粤中叶之为用，柊为多。……广州竹枝词云：'五月街头人卖叶，卷成片片似芭蕉。'谓柊叶也。"[2]

芒叶也是岭南人常用的裹粽材料。芒叶，禾本科棕叶芦属植物，广泛生长于南亚热带、热带地区，也是两广地区最常用的裹粽材料之一。因为叶面较窄，所以多用以包角粽（枧水粽），构成了地道"广式粽子"的一大特色。当然亦有以柊叶包角粽者，以防食物腐坏，《广东新语》曰："……三角者曰角子粽，水浸数月，剥而煎食甚香。"[3]

岭南还有以荷叶包粽者，荷叶即莲叶，是常见的水生植物。时至今日，在广州茶楼供应的"糯米鸡"即为以荷叶裹粽的代表。而东莞的乡间则有"以香粳杂鱼肉诸味，包荷叶蒸之，表里香透，名曰荷包饭"[4]。又有粤西廉州的黎人、疍人习俗与之相近，明人王士性《广志绎》曰："廉州，中国穷处……

① （晋）嵇含撰：《南方草木状》，广州：广东科技出版社 2009 年版，页 19。
② （清）屈大均：《广东新语》，北京：中华书局 1985 年版，页 658。
③ （清）屈大均：《广东新语》，北京：中华书局 1985 年版，页 381。
④ （清）屈大均：《广东新语》，北京：中华书局 1985 年版，页 380。

芒叶

以采海为生，郡少耕稼，所资珠玑。以亥日聚市，黎、疍壮稚以荷叶包饭而往，谓之趁圩。"① 此亦岭南粽子之旧制也，传承至今，演变为岭南粽子的一种特色。还有"以新竹为筒粽"者，是专门用于祭祀的，近年在岭南已不多见，唯粤西一些少数民族的竹筒饭还保留着楚地"竹筒粽"的遗制。

三、 岭南地区食粽习俗演变小考

岭南人向来有五月食粽之习俗，与岭北地区端午节食粽之习俗一脉相承。屈大均《广东新语》曰："端午为粽，以柊叶裹者，曰灰粽、肉粽；置苏木条其中为红心，以竹叶裹者曰竹筒粽；三角者曰角子粽。"② 《广州端午风俗歌》云："五月初间斟艾酒，荔枝红熟可尝新。龙船花共菖蒲草，每扎街前卖数文。冬叶买来齐裹粽，蚊烟点着可驱蚊。"③ 说的就是岭南地区在端午节食粽子的习俗。广州地区称端午节为五月节，"主要节目有划龙船、吃粽子、挂菖蒲、饮雄黄酒、佩香包等，风俗与各地大同小异。"④

"肇庆据岭海上游，绾毂三江，控带百越……"⑤，又"当骆越之枢隩，层峦叠嶂，高出云表……州境民僚相杂，食稻与鱼……男事耕渔，女勤织纺……"⑥ 由于地近"交广道适中之地"，又有"潇贺古道"与岭北及中原沟

① （明）王士性撰，周振鹤点校：《广志绎》，北京：中华书局2006年版，页296。
② （清）屈大均：《广东新语》，北京：中华书局1985年版，页381。
③ 叶春生、施爱东主编：《广东民俗大典》（第二版），广州：广东高等教育出版社2010年版，页92。
④ 叶春生、施爱东主编：《广东民俗大典》（第二版），广州：广东高等教育出版社2010年版，页91。
⑤ （明）陆鏊等修：《肇庆府志》崇祯六年刻本，卷八，地理志一，页1。
⑥ （清）杨文骏等修：《德庆州志》光绪二十五年刻本，卷四，风俗，页41。

通之便，"衣冠文物，颇类中洲"，习岭外汉人之俗，粤俗大抵皆然。

粤西之肇郡素有"端午饮菖蒲酒、馕角黍，镂艾虎、书朱符为儿女佩，采莲竞渡"① 之俗，《肇庆府志》《高要县志》"风俗"篇备载甚详，此可与岭北长江流域以及岭南珠三角地区端午食粽子、赛龙舟习俗挂上钩。

粤西德庆则有端午"趁龙船圩"的古老习俗，其主要节目也是赛龙舟、食粽子。但德庆这个"赛龙舟"不是在水上赛，而是在陆上跑，当地人称"跑旱龙"，又称"陆地龙船"，时间为每年的五月初一至初八，至初八龙母诞转为水上赛龙舟。《德庆州志》云："五月二日，高良诸村，刻木为龙，鳞爪毕具，沿村张旗鼓，备仪采、角黍，延道士，迎木龙，唱龙船歌，赛龙母神，谓可驱螟螣（蝗虫）。"②

德庆高良"陆地龙船"绘画（温爱民摄）

这是一种古老的赛龙母神祭仪，届时各村都要准备"仪采、角黍"参加赛会，祈求风调雨顺、五谷丰登。其中要准备的"角黍"就是我们说的粽子（三角粽）。这个习俗非常古老，龙母是周秦时期的人物，殒逝后至今已有2200多年历史，也就是说此俗可以追溯到祭屈原赛龙舟、食粽子的习俗演变。又及"道光以还，浸变其制，每村各联十数人为一龙，前戴首，后曳尾，中者各挟鳞爪，皆片木为之，沿村戏舞，各迓（迎）其村龙母神齐集高良圩（今高良镇），谓之趁龙船圩，男女往观，商贩阗集，盖以娱龙母神云。其时以供神之余（角黍）相赠馈，谓之食龙船糍"③，这是岭南粤西地区特有的一项民间祭祀活动。以"食龙船糍（角黍）"见祭，与珠三角一带赛龙舟吃"龙

① （清）屠英等修：《肇庆府志》道光十三年刻本，卷三，风俗，页28。
② （清）杨文骏等修：《德庆州志》光绪二十五年刻本，卷四，风俗，页43。
③ （清）杨文骏等修：《德庆州志》光绪二十五年刻本，卷四，风俗，页43。

船饭"一脉相承，这或许就是粤西人端午食粽子最早的记载了。南海颜薰有《悦城竹枝词》云："漫天浊浪涌江间，竞渡年年夺帜还。羌有木龙鳞甲长，飞流一鼓转三湾（薰自注：青旗山旧有巨桂伐作龙船，从悦城水口至广州六百余里一日往还）。"① 说的就是德庆赛龙舟的盛况。

广州之俗，除端午食粽之外，岁晚则不以食粽为主，这一点与肇郡一年四季都食粽有明显的不同。李调元《南越笔记》曰："（广州）……岁终以烈火爆开糯谷，名曰炮谷，以为煎堆心馅，煎堆者，以糯粉为大小圆，入油煎之，以祀先及馈亲友者也……"② 唯无岁晚食粽子之载。

肇郡岁晚食粽的习俗始于何时无可考。据丘均等《肇庆岁时风情录》记载："冬至这一天，已有年的气氛了。古今农家习惯做糍、蒸糕、包粽，做冬至汤圆。"③ 这说明粤西肇庆地区一带有岁晚"食粽"的习俗，但所包的粽子与"五月粽、龙舟粽"是有区别的。以德庆为例，五月粽多以灰水粽（三角粽）、条粽等枧水粽为主，这类粽放在草木灰里堆贮，旬月不腐。而岁晚粤西人食的粽子，要比"五月粽"大得多。肇庆裹蒸粽有一斤左右，而德庆等周边区县包的粽子有大至两斤者。以其形状来分，肇庆裹蒸粽呈金字塔状，而德庆等地的粽子则是正方形，四角分明而扁平，状似行军背包。以其所包裹的材料来分，则大致一样，大概以十斤糯米、七八斤绿豆的配比，四角加一块腌制过的半肥瘦的猪肉，再以柊叶包裹制成。

后来发展到逢祭祀就少不了粽子，此俗可追溯到明代。肇郡坊间民俗，蒸糕、煎堆、粽子之类茶食（又称茶礼）除供五月节祭祀外，还用于其他礼俗，如聘"大礼"（传统婚俗订婚之礼）等民间习俗。《肇庆府志·饮食》载："饼饵之类，谓之茶食，祭祀享、聘大礼，恒以斗粉杂糖油煎之，谓为煎堆；斗米作粽，积糟秸火，复大瓮累日而后熟……"④ 说明粽子已不只是端午节才有的节令食物了，而是用于四时"供佛祀先"等礼俗。也说明肇郡饮食习俗"斗米作粽……复大瓮累日而后熟"的制作工艺特点，与今天肇庆"裹蒸"的做法一脉相承。但明代不称之为"裹蒸"，而称之为"粽"。这应该就是肇庆的"裹蒸"源于"粽"的文献记载了。此俗岭北地区亦然，《燕京岁时记》

---

① （清）黄培芳等：《悦城龙母庙志》光绪十三年刻本，卷二，诗赋，页18。
② （清）李调元辑：《南越笔记》，上海：商务印书馆1936年版，页200。
③ 丘均、叶旭明：《肇庆岁时风情录》，广州：广东人民出版社1995年版，页204。
④ （明）陆鏊等修：《肇庆府志》崇祯六年刻本，卷九，地理志·土俗·饮食，页39。

云："府第朱门皆以粽子相馈贻，其供佛祀先者，仍以粽子及樱桃、桑葚为正供。"① 德庆之俗，农村凡建屋上梁、新居入伙等，主人家必需包粽奉神，以图吉利。出嫁女三朝回门、婴儿满月等，娘家就要准备好一担"大粽滞"送到男方家，奉祀祖先、分发亲友，祝福外孙四季平安。古时"过大礼"往往选在春节前后或其他吉庆日子，因此，煎堆、粽子等类茶食就逐渐成为民间四时皆可制作、品尝的食品了。

如今食用的粽子所用的材料也发生了变化，主要的变化是在粽子里增加了绿豆一项，而且占比还达到 60% 以上。据传绿豆并非我国原产，约在北宋时期才传入中国，产量稀少。连美食家袁枚记载的"洪府火腿粽"也是没有绿豆馅的。考肇庆地区所见方志"物产"一门，也并无"绿豆"一项记载，可以推定，大量种植和食用绿豆是近代的事了，而再加一块五花肉，也肯定是生活改善、物质丰富后的做法。

四、 此裹蒸非彼裹蒸

《南史》有齐明帝分食裹蒸的记载，有学者就认为这是肇庆裹蒸粽的历史发源，对于这个观点，有值得商榷的地方。

《南史·齐明帝本纪》载："太官进御食，有裹蒸，帝十字划之曰：可四片破之，余充晚食。"② 从"余充晚食"以及原书上下文句对照分析，齐明帝是个节俭之人。史载齐明帝"……大存俭约，罢武帝所起新林苑，以地还百姓"③，这主要是说齐明帝是一位节俭的君主。

考北魏贾思勰《齐民要术》，对齐明帝吃的这个"裹蒸"有详细的描述，"裹蒸"其实是北方齐民（平民）平常所吃的一种蒸制食物。贾思勰在"裹蒸生鱼"一节云："方七寸准，又云五寸准。豉汁煮秫米如'蒸熊'。生姜、橘皮、胡芹、小蒜、盐，细切熬糁。膏油涂箬，十字裹之，糁在上，复以糁屈牖箬之。又云盐和糁，上下与，细切生姜、橘皮、葱白、胡芹、小蒜置上，糁箬蒸之，既奠，开箬，褚边奠上。"④ 翻译成现代文大概为：将鱼切成七寸或五

① （清）富察敦崇：《燕京岁时记》，北京：北京古籍出版社 1981 年版，页 65。
② （唐）李延寿撰：《南史》，卷五，高宗明皇帝，北京：中华书局 1997 年版，页 53。
③ （唐）李延寿撰：《南史》，卷五，高宗明皇帝，北京：中华书局 1997 年版，页 53。
④ （北魏）贾思勰著，李立雄、蔡梦麒点校：《齐民要术》，裹蒸生鱼，北京：团结出版社 1996 年版，页 328。

寸见方，像"蒸熊法"（书中上一节有"蒸熊法"）一样，用豆豉汁煮秫米做成饭，将生姜、橘皮、胡芹、小蒜等切碎，加上盐，放在秫米饭里做成"掺（方言发音为 sá）"。以膏油涂抹箬叶，放上鱼块，在鱼块的上面和下面各放上一层掺……十字交叉把鱼块包裹起来，用竹签别住箬叶。上席后，打开箬叶，即可供食。可见此"裹蒸"其实就是一种比较复杂的蒸鱼方法。余按：推而广之，凡以箬叶、荷叶等苞苴物"裹而蒸之"的食物，都可以称为"裹蒸"。

齐明帝与贾思勰同处北魏时期，御厨的烹饪方法和民间的烹饪方法不会有太大的不同。据此，我们可以推定，齐明帝当时食的"裹蒸"并不是用糯米、绿豆做的"裹蒸"。

其实，《南史》也有粽子的记载，说明南北朝时期的"裹蒸"和"粽子"是两种不同的食物。《齐民要术》还专门有如何做粽子的介绍。《南史·范云传》云："范云，永明十年（492）使魏，魏使李彪宣命，至云所，甚见称美。彪为设甘蔗、黄甘、粽，随尽复益，彪笑谓曰：范散骑小复俭之，一尽不可复得。"① 这记录的其实是一则外交逸事：范云出使魏国，魏使李彪以甘蔗、黄甘、粽子接待范云，范云一下就吃完了，吃完了又再添，李彪笑谓曰：范散骑（官职）慢点吃，这次吃完就不能再添了。永明年间，也正是上文记载齐明帝食"裹蒸"的时候。

结　语

"裹蒸"一词何时传入岭南无考，但至明末，肇郡并不称为"裹蒸"，而是称为"粽"。② 余闲收集了一些资料，谨以札记附录于后待考。

曾定夷《广东风物志》说"裹蒸粽"一词在清代已传入肇庆，书中引用了清人王士禛的诗："除夕浓烟笼紫陌，家家尘甑裹蒸香。"③ 这首诗说的是王士禛在某年除夕曾到端州，看到家家户户都在煮裹蒸粽，即兴而发写的。

王士禛（1634—1711），字子真，号阮亭，中年后又自号渔洋山人，山东济南新城人。顺治十五年（1658）殿试二甲进士，官至刑部尚书。康熙二十三年（1684），王士禛奉命入粤祭告南海，以往返所作诗文辑为《南海集》④。

① （唐）李延寿撰：《南史》，卷五十七，范云传，北京：中华书局 1997 年版，页 373。
② （明）陆鳌等修：《肇庆府志》崇祯六年刻本，卷九，地理志·土俗·饮食，页 39。
③ 曾定夷主编：《广东风物志》，广州：花城出版社 1985 年版，岭南粽子，页 439。
④ （清）王士禛：《王士禛全集》，济南：齐鲁书社 2007 年版，页 1、5、7、19、32。

王士禛入粤一行，除于羊城公干外，还到过端州游览，其游览肇郡之嵩台、七星岩石室等共辑录（留下）八首诗，分别为《羚羊峡》《羚山寺》《七星岩石室》《题嵩台》《上屏风岩磴道未及霄关而返》《登阅江楼二首》《端州别魏昭士因寄和公于广州》。① 此比《渔洋精华录集注》多了《登阅江楼二首》，《渔洋精华录集注》共收王士禛肇庆诗六首。② 查阅两书，唯独无王士禛"端州裹蒸诗"收录。该诗出自何本，待考。

考王士禛《粤行三志·南来志》云：

> 康熙二十三年（1684）十一月初五得旨：余以詹事府少詹事兼翰林院侍讲学士有事南海（祭南海）。十一月十九日发京师，康熙二十三年十二月二十九日，入湖广黄梅县界，是夕岁除（王士禛在湖北黄梅县过除夕）。康熙二十四年二月初八日达广州五羊门，诸文武将吏，迎拜诏旨如礼。初十日昧爽入庙（南海庙）即事。寺侧木棉花初开。③

王士禛《粤行三志·广州游览小志》记载：王士禛办完公事后在广州游光孝寺、六榕寺、五羊观、海幢寺、海珠寺，"三月初四日约同忍菴、谡园、元孝游蒲涧寺……"④ 也就是说王士禛三月份还在广州。

又据《粤行三志·北归志》记载：王士禛离开广州北归时，曾绕道到端州游览。

> 四月初一，出广州府南门登舟，藩、臬诸君饯于别舟。初五日微雨，过三水县入西江口。初六日，过羚羊峡，登峡山寺。初八日，同翁山、禹门、衍祖等登阅江楼。初九日，留村招饮七星岩，月出，饮古榕下，更余归舟。十一日，留村来舟相送。十二日，辞归，各有诗赠别。十三日，次清远县。⑤

余按：王士禛离开广州府到访端州为康熙二十四年四月初一至十三日，共十三天，并非于除夕到肇郡，引用王士禛"端州裹蒸诗"待考。

---

① （清）王士禛：《王士禛全集》，济南：齐鲁书社2007年版，页1212 – 1215。
② （清）王士禛著，惠栋、金荣注：《渔洋精华录集注（下）》，济南：齐鲁书社2009年版，页1172 – 1179。
③ （清）王士禛：《王士禛全集》，济南：齐鲁书社2007年版，页2601 – 2622。
④ （清）王士禛：《王士禛全集》，济南：齐鲁书社2007年版，页1751 – 1755。
⑤ （清）王士禛：《王士禛全集》，济南：齐鲁书社2007年版，页2623 – 2626。

人物轶事

陈頵与陈承亲墓志

陈頵，德庆县金林乡安仁里（今马圩镇诰赠村）人。"頵仕隋唐间，历时有功及民，乡人即其居金林乡立祠祀之，扁曰兴化。"[1] 隋末战乱，僻处岭南的"溪洞酋豪"竞长争兵，四方骚乱，生灵涂炭。陈頵率端溪乡兵保境安民，使西江一带赖以安定。之后，陈頵响应岭南溪洞首领冼夫人裔孙冯盎平定粤西俚洞渠帅的叛乱，后率全军归唐，为岭南和平归属大唐中央政权作出贡献。唐贞观五年（631），陈頵得旨随冯盎赴长安觐见唐太宗。"陈頵读书秉义，明练孙吴，洞达权变。隋末冯盎调兵瑞溪，頵率众赴之，事平，拜泷州刺史，抚循有方。听讼必集耆老咨询再三而后决，远近称平。后盎归唐，頵亦至长安与燕赉。历勤、白二州，谕峒俚输租赋，违令者以金赎罪，辑绥功多，进奋武将军。卒，乡人即其所居立祠祀之，见旧志通志。"[2]

陈頵有"和辑百粤、兴化粤西"之功，得诰授上柱国、安化郡开国公、银青光禄大夫。先后任康州（今德庆）、泷州（今罗定）、勤州（今云浮）、白州（今广西博白）刺史，子孙袭封勋爵，荣名著于岭南。诰赠村原名安仁里，因陈頵为康州得皇恩诰封第一人，清咸丰七年（1857），德庆知州吴赞诚重修兵马庙时，把陈頵的出生地安仁里改名"诰赠村"。为纪念其"兴化粤西"的功绩，乡人又在其故里兴建祠庙，曰"兴化祠"，又称"兵马古庙"。[3]

陈頵的生平事迹见于方志文献，唯其子孙封爵后皆不知去向。笔者曾去高赠村采访，甚至整个高赠村已无一户陈姓人。1992年11月，在郁南县南江口镇西坑村棺材岭发现一座唐代墓葬，出土墓志一通，才解开了陈頵三代人

① （明）陆舜臣纂修：《德庆州志》嘉靖十六年刻本，卷十五，人物，页1。

② （清）谭桓修，梁宗典纂：《德庆州志》康熙十二年刻本，卷八，人物，页1。

③ （清）杨文骏修：《德庆州志》光绪二十五年刻本，卷五，坛庙，兵马古庙，页36。

在德庆、罗定、云浮、博白等地任职的谜团。该墓志"长宽各66厘米、厚15厘米，青石质，保存完好。右上端阴刻'大唐故康州刺史陈君墓志'，志文约300字，楷书，笔画清晰工整，记载墓主人生平。据志文，陈君名承亲，字奉先，为康州（今德庆）金林乡安仁里人，卒于开元二年（714）二月，同年十一月二十九日葬于康州南叠洞（今郁南县南江口镇西坑村一带）。志文中记载陈君生前曾任'通议大夫，使持节康州诸军事，守康州刺史，袭封安化郡开国公、上柱国'。父俭为'游击将军、右武卫翊府郎将、朝散大夫、检校康州刺史，袭封安化郡开国公、上柱国'。祖父颟为'银青光禄大夫，使持节康州诸军事、康州刺史，安化郡开国公、上柱国'"①。陈承亲墓志的出土，对研究古代西江流域的历史文化有较高的价值，可补地方史志之阙。

1992年郁南县南江口镇西坑村出土的唐代墓志
（郁南县博物馆存）

---

① 肇庆文物志编纂委员会编：《肇庆文物志》，广州：广东省新闻出版局1996年版，页58。

大唐故康州刺史陈君墓志释文：

君讳承亲，字奉先，其先颍川，远祖因宦南迁，今为康州端溪县金林乡安仁里人也。祖颙银青光禄大夫，使持节康州诸军事、康州刺史，安化郡开国公、上柱国。父俭，游击将军、右武卫翊府郎将、朝散大夫、检校康州刺史，袭封安化郡开国公、上柱国。君以家承阀阅，代绍箕裘，爰在弱龄，擢升荣级，起家授通议大夫，使持节康州诸军事，守康州刺史，袭封安化郡开国公、上柱国。下车布政，仁风被于桂林，衣锦宣绤，爰日光乎荔浦。又奉恩敕，追授振武将军、行左屯卫翊府右郎将。方泛鹢舟，取驰凤阙，遽以忘服呈娭，膏肓构祸，降年不永，呜呼哀哉！以大唐开元二年二月寝疾薨于私第，春秋卅有七。即以其年十二月二十九日葬于康州南叠洞原，礼也。恐日月之代谢，惧陵谷之贸迁，敢书芳于贞础，庶无坠于徽烈。

陈颙事迹光照史册，为后世所景仰，民间流传的陈颙故事，更是被神化了。坊间耆老相传，在唐时有一伙强盗趁夜劫掠马圩，当贼迫近圩市时，忽然听到四面八方喊声震天，强盗发觉有堵御，正在惊疑，黑暗中隐约见一神将带领无数兵马冲来，群贼尽皆丧胆，四散遁逃，马圩遂得以避免一场劫难。乡人皆说这是陈颙显灵退贼，保境安民。后人感戴陈颙兴化俚民、保境安民的恩德，就在他的故乡马圩镇诰赠村建"兴化祠"以纪念。清道光间，兴化祠改名为"兵马宫"。咸丰丁巳年（即咸丰七年，1857），德庆知州吴赞诚重修兵马宫题额曰"兵马古庙"，庙门石刻鹤顶格榜书楹联：

> 兵略衔金瓯，李唐著迹；
> 马业平虎吼，梓里求庸。[1]

此联记载陈颙雄才大略，著迹金瓯，有功及民，受民众拥戴。兵马古庙自唐、宋以来，屡有修葺，香火不衰。

---

[1]　中国人民政治协商会议德庆县委员会文史资料工作委员会编：《德庆文史（第12辑）》，1991年版，页134。

马圩镇民间每年举行纪念陈頠诞辰庙会（温爱民摄）

光绪《德庆州志》对马圩兵马古庙及陈頠的事迹有详细的记载：

兵马古庙，旧为兴化祠，在麻墟，祀陈頠。頠，金林人，隋末泷州刺史，后随冯盎归唐，与燕赟。历勤、白二州，谕峒俚输租赋，有功及民，乡人即所居立祠祀之，颜曰"兴化"。明正统时，乡人姚昇募众重建。国朝道光时，改为"兵马宫"。咸丰七年重修，额曰"兵马古庙"。知州吴赞诚《重修兵马古庙碑记略》：马墟旧有兵马庙，祀先贤陈公。自唐、宋以来，屡有修葺，香火不衰。而庙近市鏖，日久剥蚀。岁丁巳，乡人捐资诹吉廓旧址而新之，土木毕兴，规模顿敞，落成以碑记请余。按：志称公生隋之季初，随越公冯盎勒兵端溪，后入唐。历勤、白二州刺史，读书通权变，所在辑绥功多。窃以功业之著，易代则湮，遗泽之留，称久斯替。公之庙祀历千有余年，胡犹赫赫如昨，岂乡人之阿所好欤？盖以公之保全兹土者大也。当隋末造，群雄竞起，岭南僻在海隅，为声教所不及。文帝时以溪峒辽阔之地，仅属之谯国。镇抚之功，越公藉锦缴余威，高凉世业，欲跨泷江而勤远略，炭炭乎有鞭长莫及之虞。藉非有精明干济大过人之才，左右匡襄，勤劳宣布，吾恐诸峒首竞长争兵，干戈不息，地方涂炭，尚可胜言。公以乡人而治乡兵，以良将而兼良吏，恩威并济，诚信相孚，使四方鼎沸，一境独安。迨大定以还，王师不烦再举。微公之绩，孰克致此哉！人第知元、明之际，备兵御寇，李右相之功实多，而不知拯生灵于将厄，消兵革于无形，公之开其先者，功尤伟也。血食至今，崇奉勿替，宜矣。而余更有进者，康州地脊民贫，屡经兵燹，方今邻氛未靖，正防维补救之时，使牧斯土者，式公之神明，而施其抚哉。生斯土者，奉公之模范，而作其忠忱。由是反侧不生，四郊安堵，亦倾否启泰之大机，而为余与州人士所共勉也。因述公之遗烈，俾泐石以志，钦仰云。一为兵马宫，在诰赠村。国朝咸丰时，知州吴赞诚征发练勇于此，贼扰村，神甚显应。①

岁月悠悠，兵马古庙在中华人民共和国成立初期尚存，1958 年，马圩镇基建扩路时将兵马古庙拆毁。诰赠村的兵马宫亦毁于"文化大革命"，陈頵家居后面的兵马古井也已填平，陈頵遗迹今已无存。只有那"陈兵马"的故事流传久远。

有心人将兵马古庙"咸丰丁巳"瓦脊保存了下来（温爱民摄）

---

① （清）杨文骏等修：《德庆州志》光绪二十五年刻本，卷五，坛庙，页 36。

锦石山与陆贾庙

秦末，赵佗趁中原战乱，割据岭南，自立南越国。中原初定，百废待兴，刘邦以休养生息治国，无意出兵征战南越，汉高帝十一年（前196），派陆贾出使南越"说赵佗归汉"。陆贾不辱使命，说服赵佗去"黄屋左纛"，归顺大汉中央朝廷，兵不血刃，实现祖国和平统一，这是岭南史上一重大历史事件。陆贾出使南越取道桂岭（今广西贺州桂岭镇），沿贺江出西江进入岭南，途经第一站就是德庆锦石山，尝"设锦步幛"登临祷神许愿："我若说南越王肯称臣，当以锦裹石为山灵之报。"使还，尝以锦裹石，锦不足，命人遍山植以花卉，以花代锦，锦石山因此得名，在粤西地区留下"以锦裹石谢山灵"的古老传说，佐证陆贾出使南越取道"潇贺古道"之史阙。

一、 锦石山有三个不同的名字

1. 锦石山

锦石山得名颇古，宋人王象之《舆地纪胜》载曰："锦石在端溪（今德庆）县，汉陆贾使南越时设锦绣帏幛于此因名。"[1] 屈大均《广东新语》云："汉大夫陆贾使南越，从桂岭取道至此，施锦步幛以登，尝祷山灵：若佗降，当以锦为报。"[2] 其后，陆贾终以三寸不烂之舌，说服赵佗去帝号，归顺中央朝廷。使还，赵佗不失臣礼，"与贾泛舟珠江，溯牂牁（西江古称）而上，贾因以锦包山石，锦不足，植花卉代之。遍岩谷间，望若霞绚，因名锦石山。至今异花甚众，终岁如春，采撷者多不识其名"[3]。每年五月，漫山遍野山花怒

---

① （宋）王象之撰：《舆地纪胜》道光二十九年刻本，卷一百一，德庆府·景物上，页3。
② （清）屈大均：《广东新语》，北京：中华书局1985，卷三，锦石山，页102。
③ （清）屈大均：《广东新语》，北京：中华书局1985，卷三，锦石山，页102。

放，黄菊、都捻、山丹红黄相间，尤以"五月黄菊"最为奇特，相传为陆贾当年所植花卉之孑遗。自陆贾至此，山名锦石、江名锦水（西江），这就是德庆锦石山的由来。

2. 和尚石

锦石山山形独特，高耸入云，雄踞西江边，夹江两岸皆土山绵亘，唯此石拔起，一石擎天。帆随江转，不同角度又有不同景象。舟行至罗旁口望之，又似胖僧箕踞（打坐），惟妙惟肖，上下船只，均能看到这一奇观，因此民间又称其为和尚石。明陈献章题《和尚石》诗曰：

> 舟楫行天上，斜晖卷浪花。
> 迴流忽吞吐，鸣橹极吚哑。
> 便可通星汉，还堪着钓槎。
> 云间僧一个，疑我不袈裟。①

3. 华表石

迨明万历年间，锦石山易名华表石。事因万历四年（1576），南京兵部尚书、两广总督凌云翼以十万大军征罗旁傜（今德庆、罗定、云浮、郁南一带），曾驻师锦石山下，"分道并进，破其巢，俘斩四万余人，罗旁平，州民始得保其家室"②。解决了自明初始西江流域的两岸傜患。凌云翼尝属舍人黎民表大书"华表石"三字刻其上，"为罗旁之镇也"，此后傜患渐息，民从教化。"华表石"三字每字大二丈许，旁列四衔，盖万历五年平罗旁后纪功之刻也，三大字舟行尚可指识。"粤东石刻，斯为巨观。"③（广东最大摩崖石刻）州人徐中运有诗云：

华表石（温爱民摄）

---

① （清）杨文骏等修：《德庆州志》光绪二十五年刻本，卷四，页5。
② （清）杨文骏等修：《德庆州志》光绪二十五年刻本，卷九，页16。
③ （清）杨文骏等修：《德庆州志》光绪二十五年刻本，卷四，页6。

华表名存空有石，陆公祠废不留颜。

凭栏绿水悠悠处，笑指轻鸥自往还。①

自此，锦石山易名"华表石"至今。

二、锦石山下陆贾庙

锦石山下"有陆贾庙"，其年代最早见载于王存《元丰九域志·附录》卷九康州条。②《元丰九域志》成书于元丰三年（1080），如此算来陆贾庙至今已有千年历史。陆贾庙又称陆大中祠，因"岁久倾圮"，知州陆舜臣于明嘉靖十五年（1536）重建于锦石江滨，明人陆时雍有《大中祠记》刻于碑（今碑存德庆县博物馆），记载重建大中祠于锦石江滨始末。

宋晋康郡守吴士彦有《大中祠》诗赞曰：

锦裹禅庐枕碧澜，铃风松韵几时闲。

千寻灵迹石长在，万里濯江人未还。

俗客维舟烟浪里，骄臣步幛世途间。

陆侯精魄知何处，雾霭年年锁莽山。③

此后历代官府有司岁时祭祀，今庙存，可考也。元德庆路总管府经历刘中孚有《大中祠》诗曰：

临江佛顶石巍巍，曾记当初衣锦时。

五岭云开天使下，九重恩重老臣知。

俎豆尚稽周典礼，衣冠复见汉威仪。

如今何限囊金者，难买人间去后思。④

---

① （清）宋锦、李麟洲纂修：《德庆州志》乾隆十九年刻本，卷十八，艺文下，页11。

② （宋）王存撰，王文楚、魏嵩山点校：《元丰九域志》，附录，卷九，康州条，北京：中华书局1984年版，页697。

③ （明）陆舜臣纂修：《德庆州志》嘉靖十六年刻本，卷十一，秩祀，吴士彦《大中祠》诗，页6。

④ （明）陆舜臣纂修：《德庆州志》嘉靖十六年刻本，卷十一，秩祀，刘中孚《大中祠》诗，页6。

康之为景，士民题咏，盛极一时。早在宋代，即有"锦石神祠"一景入选。明初，德庆八景有"绿水朝帆、锦石晴霞"两景入选。至明嘉靖年间，又以"锦石撑空"为德庆八景之一。明德庆知州陆舜臣题《锦石撑空》诗赞曰：

五岭南来孤柱撑，陆郎曾此驻云旌。

神功海外无人识，万古东南天不倾。[①]

陆贾"不烦一兵，不折一矢，顿举百越之地入汉封疆"[②]。赵佗深明大义，"去黄屋废帝号"实现祖国和平统一，越人免受锋镝（战争）之苦。州人念赵佗、陆贾两公有恩于粤，在锦石山下立祠祀之。陆贾"以锦裹石谢山灵"的传说在民间长期流传，陆贾的形象在民众的心目中已经神化，成为护佑一方的神灵。这是粤西地区唯一有陆贾、赵佗事迹流传的地方，弥足珍贵。可惜的是，今天已少有人知晓锦石山的故事了，多数人称其为华表石。

德庆和尚石（锦石山）与陆贾庙

（图片来源：森清太郎《广东名胜史迹》，温爱民藏书）

（原载肇庆市《炎黄大观》2022 年第 2 期）

---

① （明）陆舜臣纂修：《德庆州志》嘉靖十六年刻本，卷七，提封志下，陆舜臣《锦石撑空》诗，页14。

② （清）杨文骏等修：《德庆州志》光绪二十五年刻本，卷四，地理志五，山川，页7。

广州光孝寺敬为康州司马何宥卿立经幢

　　三国孙吴时期，交州析为交、广两州，随着政治文化中心的转移，广州继而成为佛教文化在岭南传播的重点地区，广州光孝寺等亦成为岭南佛教文化传播的重要道场。由于"交广道"维系整个岭南地区，得交通之便利，隋唐以降，德庆的佛教一直与广州光孝寺保持密切关系。广州光孝寺唐代宝历《大悲陀罗尼》经幢，为前守辰州都督府医博士、卢江郡何宥则为其亡兄守康州（今德庆）司马何宥卿所立。这是广州光孝寺与德庆佛教渊源关系密切的有力例证。

　　德庆位于粤西地区西江中部"州据岭西之上游，扼广右之门户，邕、桂、贺三江州实绾其口"①。从地理上，地集三江之水口，且可经封开贺江的"潇贺古道"与中原沟通，自古就是"岭西舟车之会"②，区位优势明显，水陆交通便利。由于区位的特殊，历史上此地得佛教文化传播风气之先，成为粤西佛教文化传播与中原文化交汇融合的重点区域。

　　广州光孝寺藏唐代宝历二年（826）造《大悲陀罗尼》经幢，为寺中最古的石刻文物。

　　　幢以青石为身，高三尺许，形如短柱，下石跌座高二尺许，上宝盖高一尺许，幢身八面，镌《大悲咒》，字多漫漶残缺。北面有款识两行，左一行云：同经略副使、将仕郎、前守辰州都督府医博士、卢江郡何宥则敬为。右一行云：亡兄节度随军文林郎、守康州司马宥卿造此大悲陀罗尼幢。东面款一行云：宝历二年岁次景午十二月一日，法性寺（今光孝寺）住持天德兼蒲涧寺大德僧钦造书。③

---

　　① （清）顾祖禹撰，贺次君、施和金点校：《读史方舆纪要》，卷一百一，德庆州，北京：中华书局 2005 年版，页 4659。

　　② （清）杨文骏等修：《德庆州志》光绪二十五年刻本，卷五，古迹，页五十一。

　　③ （清）顾光、何淙修撰，中山大学中国古文献研究所点校：《光孝寺志（上册）》，卷三，北京：中华书局 2000 年版，页 42。

康州即今广东德庆县，何宥卿为康州司马，考正史何宥卿事迹阙载，生平不详，唯光绪《德庆州志》据广州光孝寺《大悲陀罗尼》经幢记载，将何宥卿补入《职官志》。[①] 以其最终所署之官职来分析，何宥卿当卒于康州司马任上，其弟何宥则于广州光孝寺请大德造经幢，乃追悼亡兄之用。

唐时州司马为从六品官，其弟何宥则为守辰州都督府医博士，官职为从八品官，小小芝麻官何能劳动南宗首善广州光孝寺大德为其立经幢？其必与光孝寺有极深之渊源关系，或何宥卿在弘扬佛法方面有极大成就。何宥

广州光孝寺唐宝历《大悲陀罗尼》经幢
（森清太郎摄于1922年，温爱民藏书）

卿、何宥则兄弟与佛教因缘密切，当与修缮粤西香山乾明寺，倡导教化民众，弘扬佛法有关。这一点与何宥则在广州光孝寺为其兄立《大悲陀罗尼》经幢可相稽。

广州光孝寺由唐时乾明、法性二寺合并而来[②]，除广州外，唯粤西德庆香山有乾明寺建置，供奉观音菩萨，今大士殿基址仍存（香山中学校园内），是巧合还是有必然关系，限于资料，笔者未敢推测臆断。但从广州光孝寺为康州司马何宥卿立《大悲陀罗尼》经幢，则可析断：下限至唐中叶宝历年间（825—827），佛教观音信俗已在粤西德庆传播，香山乾明寺则成为佛教早期（唐代）在粤西溪洞地区的重要道场之一。

---

① （清）杨文骏等修：《德庆州志》光绪二十五年刻本，卷八，职官表，页3。
② （清）顾光、何淙修撰，中山大学中国古文献研究所点校：《光孝寺志（下册）》，卷十，北京：中华书局2000年版，页121。

周敦颐与三洲岩濂溪书院

一、 周敦颐在三洲岩开坛讲学

位于德庆三洲岩的三洲书院，为北宋端溪（德庆）县令许鉴所建，是康州第一所官办书院。志载："三洲书院在州东七十里三洲岩畔，宋熙宁元年戊申（1068），濂溪先生周敦颐擢广东漕观风（提点刑狱）游于岩，因立书院，是年冬，端溪令许鉴建院，买田养士，并建五先生祠。宋、元有书院山长（掌教），元季，海寇来往不时，书院遂废。"① 三洲书院因周敦颐曾于此著书讲学，故又称"濂溪书院"②，明末改为观音庙。

周敦颐，字茂叔，湖南道州营道人。熙宁初用赵抃吕公著荐为广东转运判官、提点刑狱，以洗冤泽物为己任，不惮劳苦，虽瘴疠险远，亦缓视徐按。……凡岩洞之胜，若端之石室、康之三洲、春（阳春）之铜石，皆常游览纪姓名岁月于石，历今犹存。因家庐山莲花峰下，前有溪合于溢江，取营道所居濂溪以名之，人称濂溪先生，今各邑多有濂溪书院。③

康熙初，三洲濂溪书院移至州城北青云岗之阳。知州王基巩《增建青云书院记略》："三洲岩旧有书院，为周濂溪先生宦游讲学地，后改创于州治，旋建旋废，落落数百年间，不长置皋比座。康熙五年（1666），知州秦君世科

---

① （明）陆舜臣纂修：《德庆州志》嘉靖十六年刻本，卷十二，学校，页10。
② （清）谭桓修，梁宗典纂：《德庆州志》康熙十二年刻本，卷二，故迹，页18。
③ （清）史树骏修：《肇庆府志》康熙十二年刻本，卷十八，名宦，页30。

始卜地重建于城北门外，榜曰青云书院，以其挹青云岗之胜……"①

三洲岩今存濂溪提名石刻，但剥泐模糊，已难辨别。光绪《德庆州志·金石》考记：

> 右濂溪提名，正书，在三洲岩。（叶盛）《箓竹堂碑目》著录为熙宁元年季冬，《旧志》《府志》载此刻，并作"濂溪周敦颐茂叔熙宁元年戊申季冬廿六日游"，今剥泐已甚，以《旧志》《府志》并载，故知为濂溪题名也……《宋史》本传：（周敦颐）熙宁初知郴州，用赵抃、吕公著荐为广东转运判官、提点刑狱，此始为"转运"时。阳春铜石岩、高要石室大岩皆书"转运判官"可证。②

三洲岩在宋以前皆荆棘荒翳、渺无人迹，相传有"庞眉皓首者"修真于此，更谓葛稚川在此炼丹羽化升仙，洞内存"丹灶"可炊云。

真正使三洲岩扬名于世者，为宋代理学的开山鼻祖周敦颐。周公于熙宁元年游于是岩，留下题识，并于此著书，开坛讲学，一时慕名前来者甚众，三洲岩遂扬名于世。端溪县令许鉴捐俸建书院，置田养士。此为三洲岩第一批人文建筑。

书院外有连片荷花为伴，盛夏之夜，莲花怒放，香气袭人，美不胜收，或为当年周敦颐在此悟出千古名篇《爱莲说》，其"予独爱莲之出淤泥而不染"之名句，一直激励着后人无论在多么恶劣复杂的环境中，都要保持高尚的品格，以"廉洁修身"而立于社会。周敦颐一生奉行"洁身自好"，直至今天仍有积极的意义。及后，苏东坡、李纲、陈献章、丘濬、湛若水等大儒，慕周敦颐之英名，相继至三洲岩谒临濂溪书院，三洲岩及濂溪书院遂扬名于世。

周敦颐为官以"洗冤泽物"为己任，不慕名利，而其一生最大的追求为"设书院开坛讲学"。其晚年有两个重要的治学居所，一个在江西庐山濂溪书堂，另一个就在德庆三洲岩濂溪书院。当年三洲岩矗立在西江河畔，古木参差、缥缈若"蓬莱"之神山，周敦颐在此开坛讲学，端溪令许鉴建置书院，成为康州有史以来最早的官办书院。康人得人文风气之先，人才辈出。

元丰五年（1082），离三洲濂溪书院仅十里之地的九市镇罗洪书堂村郡人

---

① （清）杨文骏等修：《德庆州志》光绪二十五年刻本，卷五，书院，页16。
② （清）杨文骏等修：《德庆州志》光绪二十五年刻本，卷十四，金石上，页5。

石处道科举高中二甲头名进士，一时轰动岭南州城。石处道后任松江知县，为官以清白著称。周敦颐开启德庆"人文之先"，为德庆留下了一份宝贵的财富。

周敦颐公务在身，次年奉命移知南康军，熙宁五年（1072）筑堂定居江西庐山莲花峰下，熙宁六年（1073）卒于居所，终年57岁，谥号"元"，世称周元公。

二、 三洲岩五先生祠小考

志载三洲岩旧有"五先生祠"，谓宋端溪令许鉴所建。余按：此载有误，康熙、乾隆《德庆州志》并沿其误。许鉴并未在三洲岩建"五先生祠"，梳理如下。

嘉靖《德庆州志·提封志下》载："五先生祠，旧在三洲（濂溪）书院，城东六十里三洲岩畔，宋淳祐戊申（1248），端溪令许鉴建。"[1] 考嘉靖《德庆州志·秩官志》"端溪令许鉴，熙宁年（1068）任"[2]，可知许鉴乃北宋时人，而淳祐（南宋）戊申为1248年，两者相去180多年，此其误一。

"五先生"者，即濂溪、明道、伊川、朱文公、张南轩五人。明道、伊川为北宋理学家程颢、程颐兄弟。程颢（1032—1085），字伯淳，世称明道先生；程颐（1033—1107），字正叔，世称伊川先生。兄弟受学于理学创始人周敦颐，并建立起自己的理学体系，共创"洛学"，为理学的发展奠定了基础，世称"二程"。朱文公即南宋理学家朱熹。朱熹（1130—1200），字元晦，世称朱文公，与"二程"合称"程朱理学"，其理学思想对后世影响很大。张南轩即南宋理学家张栻。张栻（1133—1180），字敬夫，号南轩，世称南轩先生，后世又称张宣公。绍兴三十一年（1161），张栻拜"二程"再传弟子胡宏为师，问程氏学，时间虽短，但胡宏对张栻理学思想的形成起到重要作用，时与朱熹齐名。综上所述，"二程"与周敦颐虽为同时代人，但为濂溪先生后学，许鉴于熙宁元年任职端溪令时，"二程"还未最终形成自己的理学体系，受世人尊奉已是多年后的事了。而"程朱学派"的形成以及后来张南轩问程氏学，更是百年后的事了。据此，许鉴"并建五先生祠"当为后人附会之说，

---

① （明）陆舜臣纂修：《德庆州志》嘉靖十六年刻本，卷七，提封志下，页4。
② （明）陆舜臣纂修：《德庆州志》嘉靖十六年刻本，卷四，秩官表，页4。

此其误之二。

嘉靖《德庆州志》又载："淳祐辛卯郡守陈梦龙创祠于明伦堂东，祀濂溪、明道、伊川先生。"① （按：淳祐无辛卯，而有辛丑，为 1241 年）考光绪《德庆州志》："陈梦龙，朝请郎，淳祐年任。"② 任期与创祠时间相合，也就是说，宋淳祐辛丑，郡守陈梦龙始创"三贤祠"于学宫明伦堂东，祀濂溪、明道、伊川"三贤"。约百年后，追元"至正甲申（1344），郡守孙振武增祀朱文公（朱熹）、张南轩（张栻），谓之五先生祠"③。可知，迟至元代至正甲申年，郡守孙振武增祀朱文公、张南轩后，五先生祠才最后建成，但地点不在三洲岩，改在州治学宫明伦堂东。其时距许鉴建濂溪书院已事隔 276 年，许鉴何来在三洲岩建五先生祠？此其误之三。

至"洪武九年（1376），从祀两庑，其祠（五先生祠）今无"④。

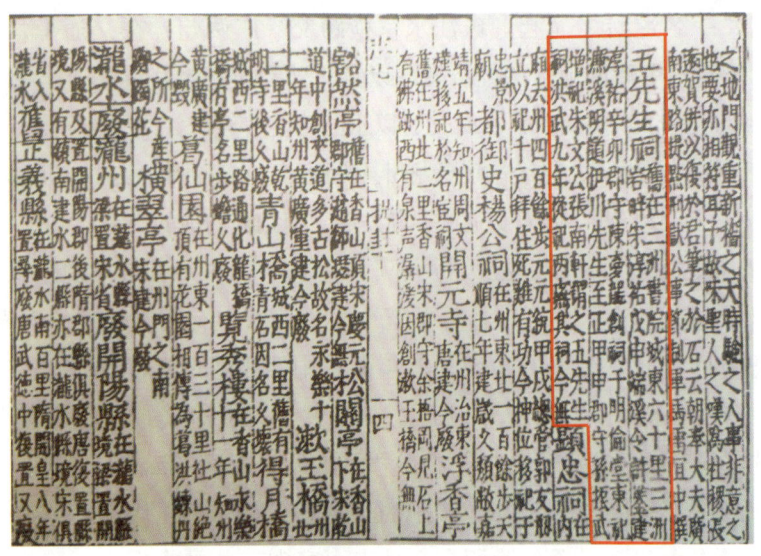

嘉靖《德庆州志》五先生祠之载

（原载肇庆市《炎黄大观》2023 年第 3 期）

---

① （明）陆舜臣纂修：《德庆州志》嘉靖十六年刻本，卷七，提封志下，页 4。
② （清）杨文骏等修：《德庆州志》光绪二十五年刻本，卷八，秩官志，页 8。
③ （明）陆舜臣纂修：《德庆州志》嘉靖十六年刻本，卷七，提封志下，页 4。
④ （明）陆舜臣纂修：《德庆州志》嘉靖十六年刻本，卷七，提封志下，页 4。

岭南"交广道"与三洲岩元绛《悯忠诗》

汉武帝略定岭南后，设交趾、苍梧、南海等郡，统隶于交州刺史，刺史部初治交趾龙编，后徙治广信（今梧州、封开一带）。三国"孙皓时，以交州土壤太远，乃分置广州，理番禺，交州徙理龙编"[①]。以珠江水系为交通干线的"交广道"一名遂沿之而起。珠江水系横跨交、广两州，在交通上，岭南的"交广道"对整个岭南地区的经济发展以及对外沟通有极其重要的作用。

粤西德庆一带水网交织，古时交通以水路为主，经珠江之干流西江，上溯至广西浔江、郁江、邕江，再经左江至龙州县平而河、水口河即可进入越南境内。往东，经西江可直达广州。随着交通的不断发展，交趾与内地的交流日益频密。

1975 年，德庆县新墟公社大桥大队大辽生产队在大辽山发现东汉墓，出土了一批文物，计有陶器、铜器等共五十多件。其中有铜洗两件，铜壶一件。"铜洗底径 11 厘米，刻隶书'元初五年七月中西于造谢著□'十三字；铜壶底径 9 厘米，刻隶书'元初五年七月中西于李文山治（造）谢著有'十六字。"另有五铢钱、铜镜等其他文物。"元初"为东汉安帝刘祜年号，元初五年即公元 118 年。结合铜钱、铜镜的特征分析，这座墓被断为东汉中期墓。[②]

考西于县："西汉置，治所在今越南永富省东英县古螺乡，隋废。"[③] 铜洗、铜壶的铭文说明打造这两件铜器的地方是交趾郡西于县，由西于县工匠李文山为端溪县谢著造。这批文物的出土，说明汉时交趾与粤西德庆一带经济往来频密、交通顺畅。

北宋皇祐四年（1052）四月，交趾广源州（今越南高平省广渊县）侬智

① （唐）李吉甫撰，贺次君点校：《元和郡县图志》，北京：中华书局 1983 年版，页 886。
② 徐恒彬：《广东德庆大辽山发现东汉文物》，《考古》1981 年第 4 期，页 372 – 375。
③ 复旦大学历史地理研究所《中国历史地名辞典》编委会编：《中国历史地名辞典》，南昌：江西教育出版社 1986 年版，页 282。

高起兵反宋，率众五千，在广源州一带，造战船经龙州县进入广西，“沿郁江东下，攻破横山砦，遂破邕州，执知州陈珙等……是时，天下久安，岭南州县无备，不知所为，智高所向得志，相继破横、贵、龚、浔、藤、梧、封、康、端九州，害曹觐于封州，赵师旦、马贵于康州……进围广州”①。逾月即兵临广州城下，可见当时水路交通还是比较顺畅的。

大明追崇忠臣，朝廷悼念封州曹觐、康州赵师旦。明天顺中，两广总督叶盛驻扎德庆，主持修复“忠景祠（祀师旦）”②。其间到三洲岩搜拓石刻，发现了宋皇祐五年（1053）转运使元绛《悯忠诗》石刻真迹，叶氏将其录入《箓竹堂碑目》一书，自注云：“按《方舆胜览》误以为魏矼作，亦伪数字，幸真迹石刻尚存三洲岩中，可考也，予既得石本，装褫之云，叶盛题。”③ 叶盛（1420—1474），字与中，江苏昆山人，正统十年（1445）进士，官至吏部左侍郎。天顺二年（1458），叶盛以右佥都御史巡抚两广。

元绛《悯封州守曹觐诗》亦刻岩中。余按：三洲岩摩崖石刻群（北岩）于明末清初间岩体崩塌，《悼赵师旦悯忠诗》《悯封州守曹觐诗》石刻真迹，包括北宋苏东坡题刻等多通石刻皆掩埋于北岩下。至2015年，政府计划开发旅游资源，在清理北岩下积石时，意外发现元绛石刻真迹，记载赵师旦、曹觐事迹之珍贵岩刻得以重见天日。

元绛题《悯忠诗》石刻释文：

> 皇祐四年夏五月，邕獠剑库兵称乱，陈船顺江，绝数郡。郡之守臣狃忲承平，弛武备，辄委符管避贼。独封、康二州将提罢卒数十，力战以死。明年春，予传车过二州，问其吏民，皆为出涕愀然，感之，作《闵忠诗》，书于康州三洲洞石。广南东路转运使、尚书司封员外郎、直集贤院武林元绛题。
>
> 赠光禄少卿康州赵使君　师旦
>
> 使君亲斗城谯间，二日矢尽，军吏请避，使君麾曰：士不死敌，非壮也。城门牡开，度必死，坚坐廷上。贼捽而害之，至绝诟詈不已。一子在褓中，其母拥树遁去，力屈蹬弃，三日还视，尚呱唬草间，闻者异之。

---

① （元）脱脱等撰：《宋史》，卷四百九十五，广源州蛮侬氏，北京：中华书局1997年版，页3613。

② （清）谭桓修，梁宗典纂：《德庆州志》康熙十二年刻本，卷七，祀典，页24。

③ （明）黄佐纂修：《广东通志》嘉靖四十年刻本，卷三十，政事志三，悯忠诗按语，页63。

转战谯门日再晡，空拳犹自冒戈殳。

身垂虎口方坚坐，命弃鸿毛更疾呼。

柱上杲卿余断节，绔间杵臼得遗孤。

于嗟天下英豪气，不愧山西士大夫。

赠太常少卿封州曹使君　觐

　　使君烈考季父，皆以谠言介节有名当世，予昔介江西刺举，使君方佐章模，尝以劲正有守荐于朝。贼之至州也，使君转战数□，杀伤大当，已而贼合围急攻。军吏潜遁，力穷被擒，贼使之拜，又诱以伪官，皆不屈。

仓卒蛮輋上水滨，使君忠愤独忘身。

平明戈剑摧城阃，俄顷衣冠落路尘。

志士一门能许国，老夫当日亦知人。

朝廷赠禭哀荣极，青骨千年合有神。

三洲岩《悯忠诗》石刻（温爱民摄）

"香山佛迹"摩崖石刻与达摩 "只履西归"的传说

　　"香山佛迹"摩崖石刻群位于县城西北香山南向山腰，由"佛迹"石和宋、元、明、清时期多通石刻组成，其中尤以北宋时期石刻最为珍贵。2001年8月23日被定为县级文物保护单位。

　　香山峰青林茂、流水潺潺、虬松交荫，素有"名胜之区，神仙之宅"的美誉。早在明代"香山古迹"即被列为康州八景之首。

　　香山不但风景优美，还流传着一个关于佛祖达摩"只履西归"的传说。相传达摩往来"交广道"传播佛法，途经端溪县（今德庆），被风景秀丽的香山吸引，驻足山上盘桓数天，在香山峭壁上留下了深深的"佛足迹"，因此香山又称"佛岭"。

　　关于这个传说，地方文献多有记载。明黄佐《广东通志》云："香山……其岭有佛足迹，迹长尺许，具趾肉纹，傍刻元祐诸贤姓名。"[1] 明初李穆《佛迹石》诗：

> 香山秀笋千寻壁，绝顶去天不盈尺。
> 达摩只履昔西归，蹑石犹疑留一迹。
> 使君览胜游招提，胡不邀我同攀跻。
> 凭高傲睨九州小，便欲乘此凌天梯。
> 两人相对掀长髯，指顾万里舒双尖。[2]

---

[1] （明）黄佐纂修：《广东通志》嘉靖四十年刻本，卷十四，舆地志二，页39。
[2] （明）陆舜臣纂修：《德庆州志》嘉靖十六年刻本，卷六，提封志上，页2。

　　无独有偶，同为粤西地区的阳春市，在春湾镇铜石岩也发现有达摩"只履西归"岩画，笔者专门去阳春看过。岩画初看似现代作品，但细看岩画被光绪乙酉（1885）益州傅从绳题字"歌台暖响"压刻，如此算来，此岩画至少已有130多年历史。看来"达摩只履西归"的传说不止德庆一例，在粤西流传的地区还是比较广泛的。

　　"香山佛迹"摩崖石刻始于何年无考，但旁刻宋元祐七年（1092）康州郡守成谔、郡佐贺理、端溪县令萧迪简等人同观佛迹字样，至今已有930多年历史。

　　石刻群因风化、压刻、凿损、涂刻，崩坏严重，今余宋刻四通、元刻一通、清刻一通，共六通，余无可辨，分别著录如下。

　　第一刻：由"香山佛迹"四字及"足印"组成，"足印"石刻年代无考。唐代注重佛教，"达摩西归"留下佛迹的传说亦由此而来。是刻"香""佛"两字已模糊难辨，"足印"下半部的石质也已崩坏。笔者于20世纪70年代初游览时已发现足印有修补痕迹，也不知何时所为，今只留上半部的"脚趾"还保留原样。

　　第二刻：宋贺理题名："成谔、贺理、萧迪简、陈讽、钟裕，元祐七年四月十四日同观。"据光绪《德庆州志》：成谔，康州知州；贺理，康州通判；萧迪简，端溪县令。是刻缺"成谔""同观"四字，为路人凿损，勉强可辨，今据版本补全。按：光绪《德庆州志》版本缺"简"字。

　　第三刻：宋贺理题名："胶西成谔，郡政之暇，同新龙城监兵，开封杜兢□□，眉阳贺理，端溪令赣州萧迪简，理掾四明陈讽，新临贺薄，祥符刘元芳，元祐七年五月十九日再至。理题。"此刻在"香山佛迹"之上，字体笔画较前刻稍细。

　　第四刻：宋廖蒙题名："熙平廖蒙、吉文董粹、临安钱师愈，同登晋康之香山，观佛迹于峭壁。崇宁元年□□□□辛□。"廖蒙题名在"香山佛迹"之上，"贺理题名"之左。缺字为岩石崩裂所致。廖蒙，康州知州。

　　第五刻：元姚贡夫题名："金宪姚贡夫至正壬辰（1352）季冬廿一日游此。从者朱良初、邓存善、姚士用、吴起宗。"末两行朱良初、邓存善等四人名压刻"贺理题名（二刻）"，可辨先贺后姚。

　　第六刻：清李一韩题名："同□诸绅是以援笔勒石而志不朽云，步□更哉访而得之，千古一时也。兹辟故道庶备游观，右□□学道如岁，□瞋子□一韩因登绝顶，命僧慧印遍出凡尘，慧斯迹沉埋于荒烟衰草间久矣。顺治壬辰。"

是刻各志无著录，特予录存。

德庆"香山佛迹"摩崖石刻距今已历千年，是德庆县现存最古的摩崖石刻之一，极为珍贵。康熙间，知州秦世科有《香山佛迹》诗曰：

> 不知佛去几多时，留得孤踪惹赋诗。
> 逼近云烟常带水，细生苔藓似拖泥。
> 依稀犹有西来意，仿佛除非到者知。
> 岂是凡夫能学步，铁鞋踏破乃如斯。①

"香山佛迹"摩崖石刻群（温爱民摄）

---

① （清）谭桓修，梁宗典纂：《德庆州志》康熙十二年刻本，卷十二，艺文四，页68。

香山乾明寺与城西光孝寺

一、香山乾明寺

唐时香山乾明寺自是供僧侣挂单习禅、信众礼佛之胜地。相传寺祀六祖，建年无考，《肇庆府志》云"唐宋间建"①。但历代《德庆州志》均将其列于唐开元寺之前，则乾明寺始建于唐无疑。迨明代，香山乾明寺载入《大明一统志》，列为正统祀典。②

康州耆老相传，广州乾明寺为六祖薙发出家之寺，而香山乾明寺则为纪念六祖在康州"卜创丛林，驻锡演法"而建，由于建在德庆香山之阳，故又名香山寺。清举人梁修《香山寺序》曰："（香山寺）光芒黄焰，仍腾法王之宫……"③ "法王"，佛家语，佛门中称佛祖为法王；"法王之宫"代指供奉六祖之香山寺，时与广州乾明寺齐名，规模当属匪小，在粤西寺庙中也首屈一指。

自唐至北宋，中国的佛教达到了鼎盛时期，但到了北宋末期，由于宋徽宗笃信道教，佛教自然受到打压排挤。宋元以降，兵燹频仍，昔之香山乾明寺已"岁月久而剥蚀深，时势迁而华丽改"。元末翰林学士刘三吾赴广西之任，路过德庆，曾专门谒临香山乾明寺，目睹乾明寺受战火之摧残已破败不堪，遂题诗而去，诗云：

香山壁立百余寻，积雨苔生太古阴。

但见悬崖踪迹在，欲询往事岁年深。

---

① （清）吴绳年修，何梦瑶纂：《肇庆府志》乾隆二十五年刻本，卷十五，页29。
② （明）李贤等修：《大明一统志》天顺五年刻本，卷八十一，肇庆府，页4。
③ 德庆县地方志编纂委员编：《德庆县志》，广州：广东人民出版社1996年版，页820。

胜游天與皇华使，空谷时闻伐木音。

尽道春来好游览，登临忽动故乡心。①

迨明清两代，朝廷大力弘扬佛法，各地佛教寺庙得到了空前的恢复。香山乾明寺被列为正统，于"明嘉靖癸卯（1543），知州吴汝新更新之，丙午（1546）州同钱萱复修。戊申（1548）知州涂铉重建会讲堂、览秀楼，与通判刘用章买田膳僧。隆庆六年（1572），知州杨士中重修。万历丙午（1606），知州欧阳东白又重修。鼎革以来（入清），兵燹频仍，寺宇多毁，仅存东岳神庙不致风雨损坏。国朝康熙五年（1666），知州秦世科鼎新重建，改名香山古刹，更建头门、二门、钟鼓二楼、东西配殿、十笏居、香积厨、两廊僧舍、石桥栏杆，将会讲堂移至山顶，作大士殿焕然更新。学正梁宗典重建香山寺碑记，记存"。②

其后历代有重修，至清代改名香山寺，举人梁修撰香山寺楹联悬于山门：

拔地两峰寒，问何时瓶钵西来，飘然声遏顽云，迹留危石。

怀人一水逝，叹当日衣冠南渡，剩此屏王潜邸，废相荒亭。

联中，"瓶钵西来"为佛教东传之意，"迹留危石"即指"香山佛迹"摩崖石刻。

二、 城西光孝寺

德庆州城西旧有菩提庵，始创无考，因有菩提树而创庵于树下得名。后州人在原庵址改建兴福寺，再后来改名光孝寺，规模逐渐扩大，明代官府设僧正司立为丛林，成为德庆一大梵刹。嘉靖《德庆州志》载："德庆光孝寺在州西七十余步，宋嘉祐二年（1057）建，初名兴福寺，崇宁二年（1103）改为天宁禅寺（余按：此与肇庆安乐寺改名天宁寺时间一致，与朝廷诏建天宁寺有关）。绍兴十一年（1141）改报恩光孝禅寺（光孝寺），绍兴十二年（1142）除报恩二字。景定癸亥（1263），推官赵时温重修。元延祐二年（1315），总

---

① （明）黄佐等修：《广东通志》嘉靖四十年刻本，卷十四，舆地志二，页40。
② （清）宋锦、李麟洲纂修：《德庆州志》乾隆十九年刻本，卷九，寺观，页1。

香山寺旧址，台阶后为大士殿基址（温爱民摄）

管刘保增建灵源阁于其右，观音阁于其左，有记（已佚）。"①

迨"明洪武六年（1373），僧智显重修。洪武十六年（1383），僧正道存于寺后创法堂一座为僧正司。洪武二十四年（1391）立为丛林。永乐元年，僧正宗募缘改造寺门。永乐十二年（1414），新建两廊，重修灵源、观音阁。正统四年（1439），僧宗得等重修三门。正统八年（1443），僧道真鼎建法堂，十三年又建各正殿与两廊"②。鼎革后于"国朝乾隆二年（1737）知州祖德宏重修，建坊，头门外曰万寿宫，为岁时祝厘之所（有记）。乾隆三十六年（1771），知州俞瀚修。嘉庆十一年（1806），知州罗德球定立寺田税额（有碑佚）。光绪元年（1875），寺僧应聪修。十六年州人谢维谦、戴杏春、徐炳成、梁芸等倡修"③。

德庆光孝寺于20世纪70年代县百货公司仓库初建时拆去，地点在西湾旧德庆船厂北，今利丰电池厂位置。

民国十五年（1926）秋，时德庆县县长严博球以香山寺为址，移佛像、迁和尚，创办德庆香山中学，"为县内有中学之始"④。

① （明）陆舜臣纂修：《德庆州志》嘉靖十六年刻本，卷十一，秩祀，页16。
② （明）陆舜臣纂修：《德庆州志》嘉靖十六年刻本，卷十一，秩祀，页16。
③ （清）杨文骏等修：《德庆州志》光绪二十五年刻本，卷五，页57。
④ 德庆县地方志编纂委员会编：《德庆县志》，广州：广东人民出版社1996年版，页549。

旧城古迹

德庆旧城范围不大，为 2 ~ 3 平方公里，人口也不多，主要集中在今人民医院（原府衙旧址）、学宫、十字街（图书馆）、机关幼儿园一带。这一带除集中了旧城的居民区外，也集中了旧城众多的古迹建置。

粤西一带有个风俗，就是在府衙前、庙宇前不能盖屋住人，认为这样会与县衙、庙宇相冲，住则不吉，因此，直至中华人民共和国成立后，州前街、庙前街以南，即今县第一小学及两则一带都是空地、菜地，以前也称为晒布地。再往南约 100 米，就是西江河边了。在府衙正南有城门曰"广惠门"，广惠门对出即大南门码头、东西水路、南北往来，皆通其下。这一带除州府衙、学宫等重要建置之外，还有众多的古迹、坊门等。

在学宫东至今图书馆一带，旧有城隍庙、金花庙、开粤陆大夫祠（祀陆贾）等古迹，还有十字街中心的下马亭（今宋街口），往西有历科坊等，都是民众经常聚集的地方。中华人民共和国成立后，在学宫前的晒布地建起了人民广场，广惠门也随之拆去，位置即今县第一小学操场，之后的群众集会、庆祝活动等均在此举行。

1950 年市民在人民广场庆祝国庆（温爱民存）

学宫以西，隔一石牛巷，为德庆府府衙旧址（即今旧人民医院、旧公安局位置）。府衙前有宋建"永庆军双门"。宋高宗赵构以康州为其封邑，绍兴元年（1131）推恩诏升康州为府，更名德庆，又于绍兴十四年（1144）赐军额，升"永庆军"。宋景定四年（1263），德庆知府程鸣凤建德庆府衙"永庆军双门"。永庆军双门高大雄壮，时称"岭西之最"（府级建置）。广东经略安抚使雷宜中有《永庆军双门记》载曰："复阁七门，广十丈，深五丈，其高三丈有八尺，桍楹之数四十，楹围之数六，（规模）映带苍梧，邦人惊未有也。"① 这在当时是很高的规格了，比同期建造的"广州清海军双门"还要高大许多，堪称粤西之最。

府衙前有尚书坊，为邑人李质建。李质，字文彬，号樵云，少年好学，精通经史，文武全才，元初官至正二品南京刑部尚书，有政声。府衙东五十步有进士坊，为邑人明进士张澜建。在学宫门左，明万历三十一年（1603）署州陈益谟为合州科第士子建历科坊。可惜这些建置均于中华人民共和国成立后被拆毁。

① （清）谭桓修，梁宗典纂：《德庆州志》康熙十二年刻本，卷九，艺文，页5。

20世纪50年代初市民在学宫棂星门前（晒布地）庆祝国庆（温爱民存）

府衙正南经广惠门可达西江大南门码头，江边设寿康驿，为西江著名水路驿站。两边有寿康亭等建置，为邑人宋进士陈序建。初名寿康亭，后避讳，额改"晋康"，因其亭俯瞰西江，寻更今名"锦波亭"。还有横翠亭，在府门之南，宋建。宋相李纲被贬岭南时，病寓康州，有《泊晋康横翠亭爱其山水秀丽斐然有作二首》：

（其一）上主疏封地，中兴启帝图。江山连肇庆，云物接苍梧。

秀气蟠南极，神功本禹谟。邦人荣望意，开府映番禺。

（其二）环抱大江流，层峦翠霭浮。神明扶王气，文物冠南州。

来值炎蒸日，去翻风雨秋。登高望不极，暮角起城楼。①

州西二百余步即西湾村，江边即本州著名渔场，产三黎鱼、嘉鱼等名贵河鲜。村中有光孝寺，宋嘉祐二年（1057）建，寺中有菩提树，据考由广州光孝寺传植于此。"光孝菩提""西湾渔唱"均列为晋康八景。②

明德庆知州陆舜臣《西湾渔唱》诗：

---

① （清）杨文骏等修：《德庆州志》光绪二十五年刻本，卷十三，艺文，页38。
② （清）谭桓修，梁宗典纂：《德庆州志》康熙十二年刻本，卷二，晋康八景，页22。

密密榕阴浅浅湾，渔舟几个得鱼还。

一声歌彻烟波绿，只作潇湘水国看。

清德庆知州秦世科《光孝菩提》诗：

者种灵根世所稀，婆娑两树最精微。

低临宝殿迴栏静，高插诸天众鸟飞。

贝叶书经成妙谛，琪花证果待皈依。

栽培不借人间力，福庇吾民月满扉。[1]

明洪武九年（1376），德庆府降府为州，端溪县并入德庆州，领三县，即泷水县（今罗定）、封川县、开建县（今封开）。端溪县之名，自汉至此始革。

中华人民共和国成立初期德庆县人民政府办公地址

（东豪东街天主教堂为其临时办公地址，1954年迁该址）

（图片来源：德庆县档案局）

---

① （清）谭桓修，梁宗典纂：《德庆州志》康熙十二年刻本，卷十二，艺文，页63、70。

香山名胜古迹

一、东岳庙

东岳庙又称东岳行祠，在州治北二里香山上，创自宋政和年间（约1114年），至今已有900多年历史，与乾明寺同为香山著名的寺庙。州志载："宋政和间，昔其地有黄气，郡守傅泰光异之，登北楼望拜，因置东岳行祠于其下。建炎间（1127）高宗即位，康为潜藩（封地），人谓此验"①。

宋教授黄适《重修东岳行宫记》曰："晋康东岳庙去城二里，在郡主山（香山）之南麓，政和间太守傅泰光始为之，历年既久，随葺随坏，无所考识。隆兴甲申（1164）夏，莆阳吴公来镇是邦，下车未几，百废具举，独是岳祠功用浩繁，方俟农隙。无何郴洞贼起，明年春，贼犯晋康（德庆）至城下，父老士民北向焚香再拜……贼退……越七日围解，是秋贼平……"② 明清间皆有修葺。明初，南京刑部尚书李质咏《佛迹石》诗云：

············

翕若黄云腾瑞气，跫然空谷继遗音。

十年赏识惟朝使，即此登临见佛心。③

"翕若黄云腾瑞气"即指香山有黄气升腾之祥瑞。

---

① （明）陆舜臣纂修：《德庆州志》嘉靖十六年刻本，卷十一，秩祀，页11。
② （明）陆舜臣纂修：《德庆州志》嘉靖十六年刻本，卷十一，秩祀，页12。
③ （明）黄佐纂修：《广东通志》嘉靖十四年刻本，卷六十五，外志二，页32。

二、 大中祠

大中祠，旧名陆大夫祠，祀汉大中大夫陆贾。原建于锦石山江岸，已逾千年历史，后"以祀不便，移于香山。明嘉靖十五年（1536），知州陆舜臣重建于锦石江滨"①。明陆时雍有《大中祠记》，存。"嘉靖二十六年（1547），知州袁株重建于香山东岳庙前，后圮。万历二十八年（1600），知州沈有严迁建于训导废署之西，即今祠。国朝道光元年（1821），知州朱有莱重修。光绪八年（1882），知州余鉴海修，改庙额曰开粤陆大夫祠。"②

宋洪迈《夷坚志》云："汉陆贾使南越，尉佗与之泛舟至此。贾默祷曰：我若说越王肯称臣，当以锦裹石为山灵报。使还，募人植花卉以代锦，后人因立庙祀之。"③

万历四年（1576），制府凌云翼以十万大军征罗旁傜，曾驻师于此，破其巢（清剿傜山），罗旁平，"云翼尝属黎舍人民表大书华表石三字刻其上，以比伏波铜柱"④，纪其功，因又称华表石。而陆贾大夫单枪匹马，不费一兵一卒，说服赵佗去帝号归顺大汉皇朝，和平统一中国，使粤人免受锋镝之苦。明梁梓有《大中祠》诗曰：

> 谩嫌无武共驱除，律在何人敢献书。
>
> 汉代谋臣帷幄亚，陆郎新语烬煨馀。
>
> 舌降粤尉推能事，屏拥南州藉永图。
>
> 千载祀君何处所，香山孤月伴窗虚。⑤

三、 漱玉桥与非庵

漱玉泉出香山，泉水飞流如玉，清浅可爱，因称漱玉泉。旧有漱玉桥跨其上，为明代建筑。非庵在其旁，则为"顺治九年（1652）李一韩建。康熙七

---

① （清）宋锦、李麟洲纂修：《德庆州志》乾隆十九年刻本，卷八，祠庙，页8。
② （清）杨文骏等修：《德庆州志》光绪二十五年刻本，卷五，大中祠，页29。
③ （明）陆舜臣纂修：《德庆州志》嘉靖十六年刻本，卷十一，秩祀，页5。
④ （清）杨文骏等修：《德庆州志》光绪二十五年刻本，卷四，地理志五，山川，页5。
⑤ （清）谭桓修，梁宗典纂：《德庆州志》康熙十二年刻本，卷十二，艺文四，页6。

年（1668）知州秦世科增饰之，有环翠阁，最上一层有雪坐，环以墙垣，画兰花石，次第布置……今圮，仅余环堵"①。位置即今荔枝园金龙亭一带。此为清初香山著名景点之一。漱玉桥旧为进山必经之路，名气非常大，在国家志书《大明一统志》里可以找到关于它的记载②，距今已有500多年的历史。漱玉泉发源于康王赵构的封地香山，因此又被称为龙泉，州人汲水，取之不竭。

清代德庆知州秦世科有《非庵龙泉》诗：

> 清且涟漪自浅深，涓涓岂肯共浮沉。
> 有时夜雨兼潮听，无数松涛覆壑阴。
> 曲绕画栏分隐见，怒吞危石似飞吟。
> 莫教洗耳来巢许，泽沛吾民作树霖。③

非庵原为藏书会文之所，并非佛教庵堂，因此称为"非庵"。1934年，邑人严博球发起集资，在非庵旧址建一座两层楼宇作为县立图书馆，仍用"非庵"旧名。今非庵旧址建有金龙亭，为1992年香港同乡会捐建。

金龙亭（温爱民摄）

① （清）杨文骏等修：《德庆州志》光绪二十五年刻本，卷五，营建志九，寺观，页59。
② （明）李贤等修：《大明一统志》天顺五年刻本，卷八十一，肇庆府·关梁，页11。
③ （清）谭桓修，梁宗典纂：《德庆州志》康熙十二年刻本，卷十二，艺文四，页68。

民国非庵图书馆有两副楹联非常有名，为刚落成的非庵图书馆增色不少。其一为何椒轩撰联：

> 非关与佛有缘，何劳说法沙门，住持供养。
> 庵岂命名无着，留与读书种子，游息藏修。

其二为严博球撰联：

> 馆藏图籍百千卷，手植梅花一万株。

馆前坡地，原有梅林一片，为建馆时所植，梅林既能点缀风景，又能以梅子收成所得补充馆内经费。

何椒轩即何嗣馨，前清廪生，邑中著名塾师，严博球系其学生，师生擅撰联语，有名于时。

四、豁然亭

豁然亭为香山著名亭阁之一，于"宋庆元年间（1195—1200）郡守赵师瑑建，明末久废。国朝顺治癸巳年李一韩重建"①。豁然亭至今已有820多年的历史。相传李纲为豁然亭题诗，余按：此诗应为建炎二年（1128）李纲被贬万安军（今海南万宁），途经康州病寓香山时所作，比庆元时建亭要早约70年，不可能为豁然亭题诗，拟李纲《题香山诗》为妥。

> 题香山诗
> 渺渺烟波叠叠山，玉簪罗带自回环。
> 雨余岚翠浓如滴，地险江流巧转弯。
> 磻磴迥临飞鸟道，片心聊与白云闲。
> 峤南有此佳山水，画在贤侯几案间。②

---

① （清）谭桓修，梁宗典纂：《德庆州志》康熙十二年刻本，卷二，故迹，页19。
② （明）陆舜臣纂修：《德庆州志》嘉靖十六年刻本，卷六，提封志上，页2。

自古有亭必有联，可惜的是，豁然亭久废，亭联已无从稽考。清末民初，香山寺已改为香山中学，前清贡生梁夒撰有一联，非常适合豁然亭的意境。联曰：

叠嶂皆春，看抱水环山，万树梅花堪入画。

全城在望，登崇楼峻阁，一窗明月好读书。

梁夒，号典韶，德庆州人，前清岁贡生，民国二年（1913）任德庆县知事。民国六年（1917）任海南儋县知事。民国十六年（1927）复任德庆县县长。[1] 其诗、联极佳，为邑中撰联之佼佼者。

五、 浮香亭

浮香亭创建于南宋，时"宋郡守余梧冈见石上有佛迹，西有泉声潺湲，因创其亭"[2]，至今有800多年历史。据余梧冈创亭时之意境，明德庆知州陆舜臣有《香山古迹》诗赞曰：

揽秀楼空护锦霞，短墙春引薜萝斜。

多情漱玉桥边水，岁岁东风送落花。[3]

六、 松关亭

松关亭，古为登香山览胜必经之亭。"宋乾道中（约1169）创，夹道多古松故名。永乐十二年（1414）知州黄广重建。"[4] 松关亭比豁然亭还要早30多年，在《大明一统志》中可以查到它的记载[5]，可考也，至今已有850多年的

---

① 《德庆古今人物录编委会》编：《德庆古今人物录》，2008年版，页59。
② （清）谭桓修，梁宗典纂：《德庆州志》康熙十二年刻本，卷二，故迹，页19。
③ （清）谭桓修，梁宗典纂：《德庆州志》康熙十二年刻本，卷十二，艺文四，页55。
④ （清）谭桓修，梁宗典纂：《德庆州志》康熙十二年刻本，卷二，故迹，页19。
⑤ （明）李贤等修：《大明一统志》天顺五年刻本，卷八十一，肇庆府，页11。

历史，为香山最古老的亭阁。古时从香山寺直上非庵的山道两旁多古松，时称松关径。清李长庾有《松关径》诗：

扑面涛声带女萝，层层苍藓锁云窝。

路边踯躅花如砌，归鹤鸣巢响满柯。①

"二二八"德庆武装起义纪念亭（温爱民摄）

---

① （清）谭桓修，梁宗典纂：《德庆州志》康熙十二年刻本，卷十二，艺文四，页76。

百岁亭与御赐百岁牌坊

德庆州城旧有"百岁亭"，该亭"在州治东二百步"[1]，位置约在今朝阳市场一带，为当时德庆州城标志性建筑。百岁亭为明"嘉靖间州同知杨汝丽为耆民黎起、陈铨等建。万历元年（1573）知州杨士中重修"[2]。至清末民初圮毁，算来已有470多年历史。

德庆历史上"民生敦庞，俗多骀耆（长寿者）"，素有长寿之区的美誉。自清乾隆十九年（1754）修纂州志设"耆寿"一门，至清光绪百多年间，共录得90岁以上长者共276人，其中，90岁至95岁者有89人，96岁至99岁者达132人，百岁以上高寿者有55人之多，有3人更高达110岁。"得旨建坊"者江伍氏107岁，为官圩珠江村（猪儿石村）人；赐秩、赐缎、给银建坊者8人（均百岁以上）；五代同堂者不可胜数。[3] 古时德庆物资匮乏，医护落后，但竟然出现如此多的高寿者，说明德庆山水宜人、宜居，自然条件优越，环境得天独厚。

官圩冲源河流域的猪儿石村，现存清道光皇帝御赐"百岁牌坊"。孺人江伍氏高寿107岁，时两广总督阮元及广东巡抚联名奏报朝廷，清道光七年（1827）江伍氏获旨旌表，准立"百岁牌坊"。该牌坊高5.5米，阔7.5米，砖砌灰批，四柱有前后抱鼓墙夹护，三拱门。牌坊顶饰以灰雕琉璃花鸟，线条花草工艺精致，整体浑厚清秀，前额塑"贞寿之门"四字，后额塑"一百七岁"四字，至今已近200年历史，为西江流域不可多见的御赐牌坊。

江伍氏生于清康熙五十九年（1720），至道光六年（1826）卒，历康熙、

---

① （清）宋锦、李麟洲等修：《德庆州志》乾隆十九年刻本，卷十，古迹，页13。

② （清）谭桓修，梁宗典纂：《德庆州志》康熙十二年刻本，卷六，建置，页10。

③ （清）杨文骏等修：《德庆州志》光绪二十五年刻本，卷十二，耆寿，页1-6。

雍正、乾隆、嘉庆、道光五朝，集家庆于百年，身见七代，曾元绕膝，四乡村民尊称其为"百岁太"。不仅如此，江伍氏一门竟有8人享寿90岁以上，其夫"江志林91岁，子江文礼95岁、恭礼90岁，恭礼妻陈氏92岁，佩礼妻李氏95岁。孙江宜一94岁、为一93岁"①。如此长寿之家，世属罕见。

道光皇帝御赐"百岁牌坊"（温爱民摄）

---

① （清）杨文骏等修：《德庆州志》光绪二十五年刻本，卷十二，耆寿，页1。

猪儿石村

"百岁牌坊"所在的猪儿石村，得名则缘于村边的一块大石头。这块大石头高三四米，围有十几米，四面陡斜，仅石头顶部有一小许稍平的地方。附近的村民每逢购得小猪苗（本地俗呼小猪苗为"猪儿"，"儿"读若"衣"，德庆俚语），经过此石时，都会随手拾块小石头抛向大石头的顶部，若小石头留在大石头的顶部没有滚下来，则预示所购猪儿易养、快大，据说非常灵验。因此，这块大石头就被称作"猪儿石"。这块神奇的"猪儿石"远近闻名，久而久之这个小村也就被称作"猪儿石村"了。

农耕时代的乡村，养猪是家家户户非常重要的一项副业收入，甚至关系到全家一年的生计、杂项开支等。如媳妇、小孩要添置新衣什么的，男主人就会说，要等卖了大猪才有钱置办。更有一些贫穷人家，一年中就只有卖大猪的那两天才能吃上几口肉。因此，养猪在农村是一件非常重要的大事，每家每户都相当重视养猪，也形成了很多有趣的习俗。

在粤西德庆一带，逢年过节，主人家都要在猪圈门贴上"六畜兴旺"字样的红纸，有的会加上一张平安符，祈求猪儿快快长大。过去农村养猪以猪草、潲水作饲料，一般要养十个月甚至一年才能出栏，非常辛苦。

大猪出栏时，在抬起猪笼起行之际，女主人就会高声叫道"大猪出，猪儿回"，并顺手在大猪颈部拔下几条鬃毛丢回猪圈，据说这样买回的小猪就会长得好。买猪人（劏猪佬）则要回应说："阿嫂喂猪好勤力，养猪大大只……"有的人家还会向买猪人要回一条猪尾，用来拜祭猪圈，祈求神明保佑年年有大猪出栏。

男主人得款后，一定不要忘记给小姑、媳妇一些零用钱，以感谢她们割猪草和喂猪的功劳。男主人则割回几斤上肉，沾上烧酒，让大人小孩也可以吃上几口肉，以慰劳家人一年来养猪的辛劳。

小猪买回来之后，并不急着放回猪圈，男主人先轻拍小猪的头，再拍拍小猪的屁股，表示到家了。然后用禾秆烧起一堆火，连笼带猪提起来，在火堆上方烟熏几下。现在想来，其实这也是一种消毒方法。女主人则在猪槽上吐上几口水，表示小猪很快就会食槽了，口中念道"日大八百，夜长千斤"，然后朝小猪揖拜几下，才将小猪放入猪圈。如果男主人属虎，这个仪式则要由另一个家庭成员操作，但不能是女性。

养猪人家最怕养到病猪或"石头猪"（一种养不大的猪），在科学不发达的农耕时代，这个愿望只能寄托神灵的保佑。因此，就有了前面说的"猪儿石"的故事了。乡俗如此，颇为有趣。

猪儿石（温爱民摄）

九巷十三街

　　不知什么原因，近几年经常有人问我德庆县城"九巷十三街"是哪几条街，又是哪几条巷？我是本地人，好像胸有成竹，开始时随便讲了几条，讲着讲着，竟没数出几条来。我马上意识到，这不但是一个考人的话题，而且是一个凝聚乡愁、思考城市发展脉络的严肃课题。于是我开始搜集资料，老老实实地做起功课来了。

　　"九巷十三街"这个概念是我在德庆文史老人梁挺先生那里听来的。梁先生很健谈，本人喜好文史，我经常到其府上请教文史方面的问题，梁先生不厌其烦，话匣子一拉开就是几个小时，我从中学到不少东西，也知道了很多民国时期的掌故。

　　早在 2012 年，梁先生赠送我一张梁以毅老师绘制的民国二十六年（1937）德庆县城街道图（复印件），得到这张地图后，我第一时间对比光绪二十五年（1899）《德庆州志》绘制的地图，发现在不同年代"街"和"巷"的数量是不一样的，有增加的，有消失的，因此"九巷十三街"并不是一成不变的。

　　据明嘉靖十六年（1537）《德庆州志》的记载，明中后期德庆州城只有"四巷五街"，分别是"州前街、十字街、北门街、东门街、仓前街；通津巷、隆兴巷、华严巷、放生巷"①。

---

① （明）陆舜臣纂修：《德庆州志》嘉靖十六年刻本，卷七，提封志下，页 6。

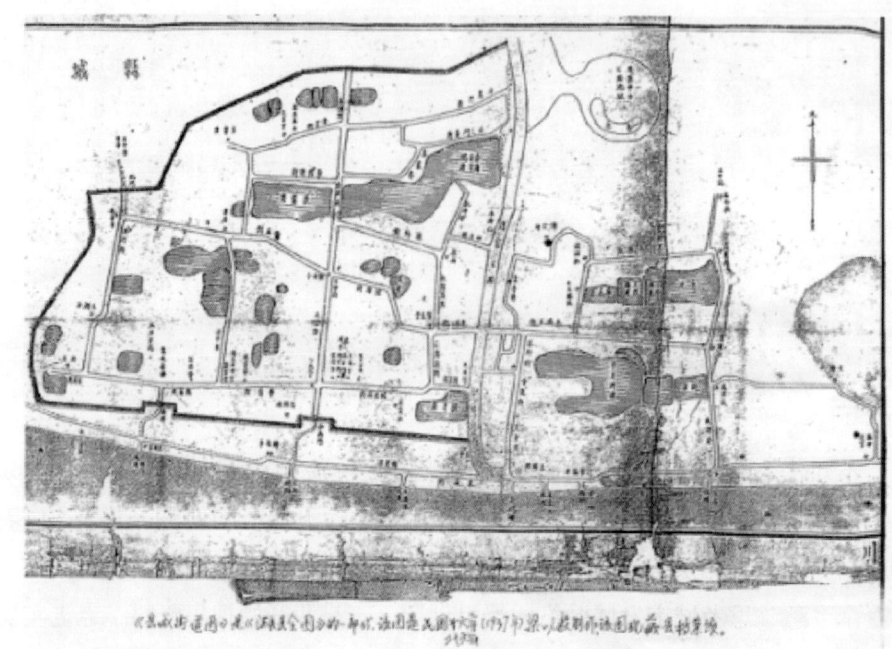

梁以毅绘制的民国县城街道图（温爱民存）①

130 多年后至康熙间，州城已发展到"八巷二十一街"，分别是"州前街、所前街、学前街、十字大街、奔马街、康帅街、关荐街、东门街、北门街、小东门街、余所街（沙帽塘街）、张衙街、仓前街、司前街（俱在城内），西门街、晏公街、东角街、横街、惠积街、墓前街、太平街（俱在城外）；（附巷）石牛巷、绵纱巷、蒌菜巷、上巷（城内），放生巷、华严巷、隆兴巷、通津巷（城外）"②。街巷的增加，说明城区已大大扩展，其时向东扩大至城外，经过百多年的发展，已奠定了城市的基本框架和街道的布局。

又经过 220 多年的发展，至清末光绪间州城已发展到"十一巷三十三街"③。这段时间街巷有增有减，原有西门街、晏公街、墓前街、奔马街已不可考，而在李氏祠堂后的绵沙巷、城西光孝祠东的放生巷也已废弃。新增有文阁巷、田屋巷、柴亭巷、朱紫巷、余家巷等。街道方面则增加东胜街、永宁街、深塘街、文昌街、萧庙街、仓背街、圭背街、龙母街、高镇街、东豪街、文会街、

---

① 图载民国时期拆城墙建"德—官"公路时归并了文昌街、华光街、关荐街、文阁巷四条街巷，还规划建设中山公园，位置与今龙湖公园一致。

② （清）谭垣修，梁宗典纂：《德庆州志》康熙十二年刻本，卷二，坊街，页19。

③ （清）杨文骏等修：《德庆州志》光绪二十五年刻本，卷二，坊巷，页3–4。

东阁街、谷圩街、回龙街、太平街等。城区进一步扩大，街道布局更趋完善。

除了不同年代的街巷有增减外，由于叫法不同，街巷的数量也会有变化。例如我们现在所说的"横街"就是由"谷圩街、会龙街、文会街"组成，时称"三街"，是明清时期德庆的商业中心，民国时期著名的《狮子舞三街》故事就出在这里，如今演变为"炮仗攻狮子"非遗项目。

德庆非遗项目"炮仗攻狮子"（温爱民摄）

旧城区主街位置一般变化不会太大，至今保留原位置的有学前街、府前街。所前街（又称城隍庙街），即县人民医院（旧址）至"好邻居"超市一大段，今称朝阳西路。当时为旧州府、学宫、城隍庙所在地，地段显赫，一直是州城经济文化中心，也是人口密集区域。

保留得比较完整的老街还有沙帽塘街（今儿童公园北侧），这里保留着十多间古老大屋。县级文物保护单位，明代"开国元勋"李质后人、道光十三年（1833）进士李翰昌的"大夫第"就坐落在这条街上，至今已有200多年的历史。

十字街、龟背街为旧城主街（今朝辉路）一段，还存留李氏大屋、潘家大屋等豪门深宅。其他主要的老街还有永宁街、康帅街、深塘街等，位置在今"好邻居"超市西侧的光明街、第三小学、胜利西街一带。位置虽变动不大，但由于街巷狭窄，几乎都掩映在新建的高楼大厦中了。而朝辉路今已跨过环城路，与新开发的西区连通。

沙帽塘街道李翰昌大夫第（温爱民摄）

永宁街（今光明路）李氏大宗祠（温爱民摄）

圭背街潘氏旧宅（温爱民摄）

值得指出的是，今解放路、环城路一段，是拆了古城墙而修建的。解放路由民国时期的"德—官"公路改造而成，建公路时归并了文昌街、华光街、关荐街、文阁巷四条街巷。德庆解放时，解放军就是经这条路进入城区的，因而命名为"解放路"。环城路则沿旧城墙而筑，拆城后再无城内城外之分，其时旧城区的面积约2.3平方公里。

圭背街李氏旧宅门楼（温爱民摄）

余塘（又称书院塘），填平后今建"康达市场"，远处为"蒌菜巷"房屋（温爱民摄于1991年）

20世纪60年代城郊农民在书院塘挑塘泥做肥料，远处为"蒌菜巷"陈家祠旧宅，为民国三十四年（1945）民国政府办公地点，新中国成立后曾改建为县印刷厂，背景是香山（温爱民存）

值得一提的是当年梁挺先生曾嘱我若有机会一定要寻找一下"康衢古埠"匾额。该匾额原嵌于东胜门的城楼上，位置在今胜利西路与解放路交汇处，为明洪武年筑城时的物件，距今已有600多年历史。至民国十八年（1929）拆旧城墙开辟"德—官"公路时将匾额卸下，在横街最南端的文会街（后文会街改名曙光路）南与东豪街交会处重建额坊，新中国成立后拆毁，匾额被卸在路边。直至20世纪80年代，该匾额还完好无损躺在路侧，后来横街（谷圩街、回龙街、文会街）改造水泥路面时不翼而飞，估计匾额被压于路下。至新建楼盘挖地基时，笔者每天都去蹲守，但终无所获。后朋友李铁先生专门来电告知，建德城大堤时，他亲眼看见该匾埋于三号闸引桥下。

文会街南端旧商铺，尽头处为原康州宾馆，即当年放"康衢古埠"匾额的地方，该段旧商铺今已无存（温爱民摄）

"康衢"指四通八达的大路，引申指显要的位置，亦指水陆交通发达。"埠"本义为停船的码头，又称为"埗头"，泛指利用江河转运上下旅客、装卸货物的地方。后引申为有水路码头的城镇，又特指商埠，谓客商交易货物的地方。因此，德庆有大动脉西江干流得天独厚的优势，早在明初已经是西江沿岸的一个大商埠，横街（三街）一带正位于德庆"大码头"即今三号闸位置，逐渐形成了繁华的商贸集散地。"康衢古埠"匾额就是一个实证，对我们认识了解德庆过去的历史地位和提高德庆的知名度有极高的历史价值，建议政府适当时候恢复这个匾额，打造一个旅游新地标。

清末西宁廪生叶少愚（1818—1893），宋桂车岗人，工诗书。为官圩志生公祖墓事，往留德庆，舟泊东门外西江河上，有竹枝词云：

> 大东门外达康衢，市上喧阗土物纾，
> 莫说侬家生意淡，银鲈卖却又嘉鱼。

原注：康衢：大路，"四达为之衢，五达为之康"。

可知至清末该匾额已移至大东门外，正对横街南大码头（今三号闸门）鱼市。

考"柴亭巷"为光绪德庆知州杨文骏为方便乡民挑柴进城交易而建，因此，最终形成"十一巷"已是清末，后来由于"绵纱巷、放生巷"废弃，至民国间余"九巷"，可以推定："九巷十三街"的说法应该是在清末民初时形成。计有：石牛巷、上巷、文阁巷、田屋巷、蒌菜巷、柴亭巷、通津巷、余家巷、朱紫巷。

今存比较完整的只余石牛巷、通津巷两巷。石牛巷在德庆学宫西侧与人民医院（旧址）之间；通津巷现改名为通津路，即县第二小学门前一带。时移世易，其他七巷已不复存在或已融入其他街道。而街则有二十六条之多，但很多都是街头接街尾，经归并，其实就是今天旧城区的基本格局。

县级文物保护单位谷圩街旧商铺（温爱民摄）

如：府前街、学前街、城隍庙街、张牙街归并为"朝阳路"；永宁前街、永宁后街、康帅街归并为"光明街"；深塘街、东胜内街归并为"胜利西街"；谷圩街、回龙街、文会街归并为"横街"；小东门街、文昌街归并为"解放路"；十字街、圭背街归并为"朝辉路"；东胜正街、惠积街归并为"胜利东街"；东阁街、介福街、侯王庙街归并为"东豪东街"；石桥头街、东豪街归并为"东豪西街"；原高镇街今称"高街"，原貌基本不变，"高镇社"尚存。而萧庙街今改称"朝辉四巷"。严格来说目前旧城区只余"九巷十街"，这说明德城的"九巷十三街"已成为历史的记忆。

（原载《西江潮》2022 年第 5 期）

石人、石羊、石狮村

石狮村位于德庆县新圩镇。村头有一小庙，庙前有石狮子、石羊各一只，体形硕大，显得与这小庙很不相配。在德庆学宫大成门前也有两只石狮子，"花岗石质，狮首稍仰，线条流畅，各部位比例协调，具宋代雕刻艺术风格。一只呈趴状，长102厘米，宽65厘米，高101厘米。另一只为坐式，张口伸舌，形象生动，长95厘米，宽75厘米，高110厘米"①。其无论是造型、材质、尺寸与石狮村的石狮子并无二致，应为同一年代、同一类型的石作。明万历元年（1573），知州杨士中命乡民将两石狮子移置于州治大门。② 其后，两石狮子又被移放至今德庆学宫大成门前。这些石狮子的来历，坊间各有说法。

石狮村小庙前的石狮子、石羊（温爱民摄）

---

① 中共肇庆市委宣传部、肇庆市文化广电新闻出版局编：《肇庆文化遗产》，广州：南方日报出版社2009年版，页264。

② （清）谭桓修，梁宗典纂：《德庆州志》康熙十二年刻本，卷八，石狮村，页37。

北宋皇祐四年（1052），广西壮族首领依智高起兵反宋，陈船顺江直下，绝数郡，沿江州县闻变多弃城逃跑。康州（德庆）知州赵师旦率数百羸兵力战而死，事平后朝廷赐御葬，北宋宰相王安石为赵师旦撰墓志铭，可见规格之高。根据这条线索，一种说法是，赵师旦墓在今石狮村后小山岗上，原墓道中的石人、石狮子散落在现村口小庙的位置，估计该处为原墓道及墓葬所在。另一说法是，赵师旦家人得旨后，将赵师旦遗体迁回家乡安葬，德庆"安得此物？"

石狮村村民多为莫姓，据莫姓族老的说法，先有石狮子后有石狮村，村因石狮子而得名。石狮村西道旁有一口古井，古井旁有一石人埋于地下，胸肩以上露出地面，当地人称其为"井头公"。应该也是墓道石像之一。

石狮村古井，井边有石人头像（温爱民摄于2007年）

井边另有碑石数块及花岗岩构件铺作井台。花岗岩构件有云纹，尺寸约1.6米×0.6米，厚0.3米，一共两块。另有两块为端砚石墓碑（已确认为元代）。从古井的井口磨损程度判断，该井已有很长的历史了，井深不盈尺，井水清冽，四时常溢。2016年由于城西区开发，古井今已无存。

2016年德城西区开发，古井已无存，"井头公"亦被弃之路旁（温爱民摄）

无独有偶，1992年，笔者在县城解放北路原粮食加工厂粮仓侧（即今粮食加工厂斜坡与环城路交界处）发现一具断头石人像：残高1.27米、座高0.3米（总高1.57米，连头高约1.87米），从该石像的石质、制作工艺、尺寸大小可判断，其与石狮村古井旁边的石人应为同一时期物件，且此出土地点离石狮村不足一公里。笔者稍作清理后即报县文化局，该石像今收藏在德庆学宫尊经阁后的杂物堆里。

关于这批石人、石狮、石羊始于什么年代，归属何人（墓主），一直以来有不同的说法，文献记载与民间传说并不一致，成为不解之谜。康熙《德庆州志》载曰："石狮村在州北四里，其地有大石人，石狮者四，不知始于何代，成于何人，旧志不传，故今无所据。居人因以名村，或谓宋皇祐间御葬赵公师旦之物？予曰：赵公已

1992年发现的断头石人像
（温爱民摄）

扶枢归葬山阳，安得此物?"①

考宋王安石《赠光禄少卿赵君墓志铭》载："……君殁之后二日，而州司理谭必始为之棺殓。又百日而君弟至，遂护其丧归葬至江山，江山之人老幼相携扶，祭哭，其迎君丧，有数百里者……"② 也就是说，赵师旦根本就没有在康州下葬，其棺枢百日后由其弟护送归葬家乡江山县。

如此尺寸之石像生，或应为更高级别的墓葬所属。德庆有2100多年的建城史，为南宋高宗皇帝赵构的封地。宋以前此地即有四人被封为"康王"，为大吉之地，并不排除有更高级别甚至王侯级别的人物在德庆下葬。据光绪《德庆州志》载："南汉白龙三年（927）冬十二月，汉主如康州。大有五年（932），汉主封其子龟图为康王。封（宋）太宗后仲惨为康国公，仲惨，汉恭宪王元佐曾孙，彭城郡公宗原之子，蒙谥敦恪。封魏王廷美后叔峤为康国公，叔峤，颍川郡王德彝曾孙，昌国公孝裕之子。徽宗宣和三年（1121）冬十二月壬子，进封广平郡王构为康王。"③

南汉王朝发迹于封州（今封开县），除在番禺小谷围发现刘隐、刘龑的德陵、康陵，以及在广州白云区石马村发现刘晟的昭陵外，并无其他墓葬被发现。据《南汉书》载："康王龟图，高祖第二子，殇帝兄也。大有五年与兄耀枢等同日并封。亦早薨。"④ 龟图早薨，墓葬或在封地康州？附此俟考。

20世纪70年代间，德庆县挖掘西湾大圳时，在钟山东侧（石狮村西侧）段出土两具持刀武士石像，该石像高约1.2米，形象粗犷，制作手法简练，似为更早时期的石作，由于当时未作科学考古挖掘，其年代与墓主人均无考。原来该石像同放在村口小庙两侧，后不知何故，今弃之荒草间。

石狮村西挖掘西湾大圳时发现的两具石像（温爱民摄）

① （清）谭桓修，梁宗典纂：《德庆州志》康熙十二年刻本，卷八，页37。
② （清）谭桓修，梁宗典纂：《德庆州志》康熙十二年刻本，卷十一，艺文，页3。
③ （清）杨文骏等修：《德庆州志》光绪二十五年刻本，卷十五，纪事，页2-4。
④ （清）梁廷楠著，林梓宗校点：《南汉书》，卷八，康王龟图，广州：广东人民出版社1981年版，页37。

德庆峡与罗旁水口巨藤的传说

德庆峡位于香山西二十里，一曰龟山，又曰峡山。志云"峡山在城西二十里，高百余丈，南北岸对峙，甚隘。江水中流，春夏水迅急，舟行最险。龟山挺枕江隈，与隔江西宁（今郁南）寿星石山斜峙，夹束江流"①。秋冬水浅，上游的锦石山下，江中可见三块石洲露出水面，石洲上有石纹，极似堪舆师的罗经，因此又唤作"罗经石"，这罗经石就是德庆与郁南两县的分界处（今已冲积成沙洲）。罗经石的南岸有一圩镇，因在罗经石之旁，得名"罗旁"，即今郁南县的罗旁镇。罗旁境内有一高山，雄踞西江边，曰大力山。大力山海拔800多米，周围峰峦莽莽，山下便是西江最险要的峡谷"德庆峡"。此处峡宽200～300米，山高水束，水深莫测。峡中有礁石名"瓜棚石"，每年洪涝时产生巨大漩涡，声如杀猪哀叫，故又名"猪仔峡"，此时行舟最为艰险，志云"过龟山，江心有石曰瓜棚，有大漩涡，潦盛时声如哀翵，俗呼猪仔减"②。明陈献章有《德庆峡诗》即描写此处景物：

> 客路一千里，羊肠十八盘。
> 时时行树杪，往往异人间。
> 竹缆牵江暝，稀衣入峡寒。
> 倚门应尽日，谁与报平安。③

又东五里至西湾石角，再过三里，即到州城西湾矣。秋冬之时，则山崖碧

---

① （清）杨文骏等修：《德庆州志》光绪二十五年刻本，卷四，山川，页4。
② （清）杨文骏等修：《德庆州志》光绪二十五年刻本，卷四，山川，页27。
③ （清）杨文骏等修：《德庆州志》光绪二十五年刻本，卷四，山川，页27。

秀，绿水回环，峡山景物倒映水中，锦石山、大力山、峡山（龟山）、猪仔峡一线，组成了西江这十多公里河段秀丽的自然风光。"瓜棚石"于20世纪60年代疏通航道时被炸去，时至今日此河段已通行无阻了。

德庆峡南北两山对峙，夹束江流（温爱民摄）

俗传德庆峡罗旁水口有巨藤，大数围，质坚黑，在水湄，舟行悉见，咸谓此即大藤峡之巨藤。"明成化年间，罗旁林木丛翳，水湄处有藤，大数围，头在江岸上，身沉水底，蔓生过江，昼伏夜起，傜贼缘此劫掠，州人时被其害。御史韩雍既平广西藤峡之贼，闻罗旁亦有此妖，乘势讨平之，截藤为鼓，分布诸州，藤头至今尚在。"[1] 此说虽多神话成分，但还是有一定的历史背景作依据。

大藤峡巨藤的传说颇广，《明史》韩雍传："广西傜、僮流剽广东，残破郡邑殆偏。成化元年正月大发兵……雍曰：贼已蔓延数千里，而所至与战，是自敝也。当全师直捣大藤峡……峡有大藤如虹，横亘两崖间，雍斧断之，改名断藤峡，勒石纪功而还……帝大喜……迁雍左副都御史，提督两广军务。"[2] 屈大均《广东新语》则云："万历间，剿灭大藤峡贼，以大藤为三鼓橾，橾围

① （清）覃乔芬、梁芸编：《德庆乡土历史志清本》（钞本）第十五课，罗旁傜贼。
② （清）张廷玉等：《明史》，北京：中华书局2008年版，页1228。

一丈，长三四尺，黑润若角沉然，一置广州都司堂，一置肇庆府门上，一置梧州总兵府，其声逢逢数百里亦时相应，皆灵器也。"①

屈大均说的大藤峡即"德庆峡"，与凌云翼万历四年（1576）于此平罗旁徭时间相合。云翼截大藤为三鼓，分置诸州。浙江钱塘袁枚在端州城楼见过此鼓，其在《小仓山房诗集·藤鼓》一诗记云：

> 端州城楼有藤鼓，以尺围量丈有五。
> 其色黝黝瑕环黑，其声逢逢音节古。
> 相传此藤能为妖，昼伏夜见浮作桥。
> 罗旁水口众徭贼，乘此渡河民驿骚。
> 前朝制府凌云翼，剪去渠魁扫萌蘖。
> 斩藤三段制鼓形，分置诸州此其一。②

制府凌云翼万历四年平罗旁徭，大胜班师，刻"华表石"三大字于锦石山纪功，今石刻存德庆锦石山之阳，而罗旁徭也是到了万历年间才最后平定。《广东新语》锦石山铭谓"大藤既诛，永清泷水"③ 者即言此也。《德庆州志》补充曰："（广西）藤峡之贼蔓延罗旁，自成化年韩雍诛大藤至万历，时凌云翼乃清泷水，殆归功于锦石山灵，不足援此为据也。也恐积非成是，故详辨于此。"④

韩雍，字永熙，江苏长州人，破广西藤峡后，又驻节德庆州追击余党，时韩雍提督两广军务，追杀罗旁徭应该也是其西巡公务之一。自成化年间韩雍诛大藤峡徭，至万历间制府凌云翼乃清泷水、平罗旁徭，时人评价殆归功于锦石山灵云。

成化二年（1466），韩雍与太监陈瑄、侍郎薛远，平两广班师回帅府，曾两次游览德庆三洲岩，并留下平徭诗石刻（今存）：

---

① （清）屈大均：《广东新语》，北京：中华书局1985年版，页434。

② （清）袁枚著，王英志主编：《袁枚全集·小仓山房诗集》，南京：江苏古籍出版社1993年版，页692。

③ （清）屈大均：《广东新语》，北京：中华书局1985年版，卷三，页104。

④ （清）杨文骏等修：《德庆州志》光绪二十五年刻本，卷十五，考异，页53。

题三洲岩

开辟分元气，陶熔属化工。一拳平地上，万象太虚中。

感古思羊祜，修真慕葛洪。登临动高兴，长啸海天空。

（原注）成化二年丙戌闰三月廿有二日，予与太监陈公瑄、侍郎薛公远平两广班师回，游此。是岁九月八日，予整兵西巡，复游此，因题以纪岁月。姑苏韩雍永熙书。

韩雍《题三洲岩》石刻拓片（今存三洲岩）

韩雍有无"斧断"德庆峡大藤，史无明载。但韩雍于成化年间往返两广"分兵击余党，……流劫至广东，钦、化二州（傜贼）皆应时破殄（消灭）"[①]则史有明载。

韩雍于成化七年（1471）驻扎德庆，有《登寿康楼诗》并序载于州册：

---

① （清）张廷玉等撰：《明史》，北京：中华书局 2008 年版，页 1228。

德庆州寿康驿岁久大敝，予令肇庆府通判李敏、知州周俭募工取材新之，数月告成，宏壮美丽。予至此暂驻，登楼纵观，诗兴浩发，因赋此记之。且识予私时，予总制两广几十年，至则成化九年夏六月一日也。诗云：

> 水驿层楼倚暮晴，登楼一眺眼偏明。
> 青山绿树见生意，白浪风帆嗟世情。
> 奔走十年成底事，滥叨二品总虚名。
> 何时得报乾坤德，归棹吴江自濯缨。①

---

① （明）陆舜臣纂修：《德庆州志》嘉靖十六年刻本，卷八，创设上，页13。

盘古氏与盘古庙杂谈

　　盘古，又称盘古氏，是中国神话传说中的创世神。他将"清浊二气"上下撑开，形成了天地，这就是盘古开天地的传说。"这个故事大同小异地流传在中国南方瑶、苗、黎等民族中。'盘瓠'这两个字，音转而为'盘古'。瑶族人祭祀盘古非常虔诚，称之为盘王。"① 任昉《述异记》曰："今南海有盘古墓，亘三百余里，俗云后人追葬盘古氏之魂也。桂林有盘古氏庙，今人祝祀。南海中盘古国，今人皆以盘为姓。昉按：盘古氏天地万物之主也，然则生物始于盘古。"②《述异记》成书于南北朝时期，这也说明盘古这一神话传说很早就在岭南一带流传，至今已有 1600 多年的历史。但在文中也可以看出，南海盘古墓是"后人追葬盘古氏之魂"，即衣冠冢而已，清代袁枚有《盘古冢》诗曰：

> 名字虚无姓渺漫，当年谁与葬衣冠？
> 能将莽莽乾坤辟，亦复萧萧丘陇寒。
> 数典更无前辈在，留坟似与后人看。
> 不将死例当头定，世上纷纷事更难。③

　　古代岭南的百越族没有文字，也没有姓氏，据说盘瓠生下来是用盘子装着的，故取姓为"盘"，后来子孙后代奉盘瓠为他们共同的祖先。"三国时徐整作《三五历记》，吸收了南方少数民族中'盘瓠'或'盘古'的传说，加以古代经典中的哲理成分和自己的想象，创造了一个开天辟地的盘古，填补了鸿蒙

---

① 袁珂：《中国神话传说》，北京：中国民间文艺出版社 1984 年版，页 74。
② （南朝梁）任昉撰：《述异记（上）》乾隆四十二年刻本，页 1。
③ （清）袁枚著，王英志主编：《袁枚全集·小仓山房诗集》，卷八，南京：江苏古籍出版社 1993 年版，页 152。

时代的这一段空白，（盘古）成为我们中华人民共同的老祖宗。"①

万历间罗旁之地，即今德庆、郁南、罗定一带，是大量傜民聚居的地方，土著之民多质悍，曰罗旁傜。屈大均《广东新语》曰："诸傜率盘姓。有三种，曰高山、曰花肚、曰平地，平地者良。岁七月十四拜年，以盘古为始祖，盘瓠为大宗……德庆有㙎傜山、㙎翁山（即今高良㙎雪岭一带），皆熟傜所居，曰㙎傜，傜之长曰㙎翁也。"②

光绪《德庆州志》修编时，修志者也对世居德庆的傜民有过比较深入的研究：

> 傜人种类不一，负山阻谷，依木为居，刀耕火种……自言其先盘瓠之苗裔也，产于湖北、湖南溪洞间，即古长沙、黔中五溪之蛮，其后生齿日繁，流衍两粤。其俗椎结跣足，斑斓布褐，言语侏偶，喜仇杀，虽至亲亦必相刃。出入常挟弩腰箭，暇则相聚捕猎，沉湎酒食，击长鼓，歌舞以为乐。男女配合，多因赛神聚会，歌唱适意而成。丧葬则作乐醰歌，谓之暖丧。所居巢穴，万山联络，小有激变，辄复为乱。攻盗剽掠，其天性然也。一种居近山洞中及金（林）、悦（城）二乡山峒者，曰平傜。衣服饮食，渐习齐民，听约束而不为盗；一种名僮，性粗悍，鸟言夷面，自耕而食，又谓之山人，亦出湖南溪峒，其后稍入粤西古田诸县佃作。后因傜贼劫掠村庄，各田主招徕相伴耕种，有司、田主颇赖其力以捍傜，后亦与傜交通，其结党为乱，与傜无异。一种居水，以舟楫为家，捕鱼为业者，名蜑。无冠履礼貌文字，见水色知有龙，故又曰龙户，齐民则目为蜑家。不与通婚，不许陆居。明洪武初，编户立长，属河泊所，岁征渔课。崇祯间，河泊所裁，隶于寿康驿。国朝驿裁，纳课于州。雍正七年，上谕准其在于近水村岸居住。今惟存蜑一种。③

也就是说，大征"罗旁"后，聚居德庆的傜、僮两支已灭或已西迁广西、云贵一带。唯存蜑家一种，即水上居民，还在原址聚居。

在今香山公园荔枝园金龙亭稍远一处山坳中，旧有盘古庙，今存，近年民间自发重修，庙虽不大，而香火颇盛，尤以每年农历六月六日（即盘古诞）

---

① 袁珂：《中国神话传说》，北京：中国民间文艺出版社1984年版，页74。
② （清）屈大均：《广东新语》，北京：中华书局1985年版，卷七，页236、239。
③ （清）杨文骏等修：《德庆州志》光绪二十五年刻本，卷十五，杂录，页42。

为最旺。游人驻足庙前，可远眺西江浩浩东去，也算是仅存的一点民俗的孑遗。庙侧有一山涧，流水潺潺，为漱玉泉一旁支。每逢诞日，进山游客多携壶或小桶汲水而归。庙于光绪乙未年（1895）重修，邑中举人梁修亲笔撰写《盘古考》，下图为梁修佚文原件，笔者有幸寻得原件并收藏。今公之于众，以飨读者。

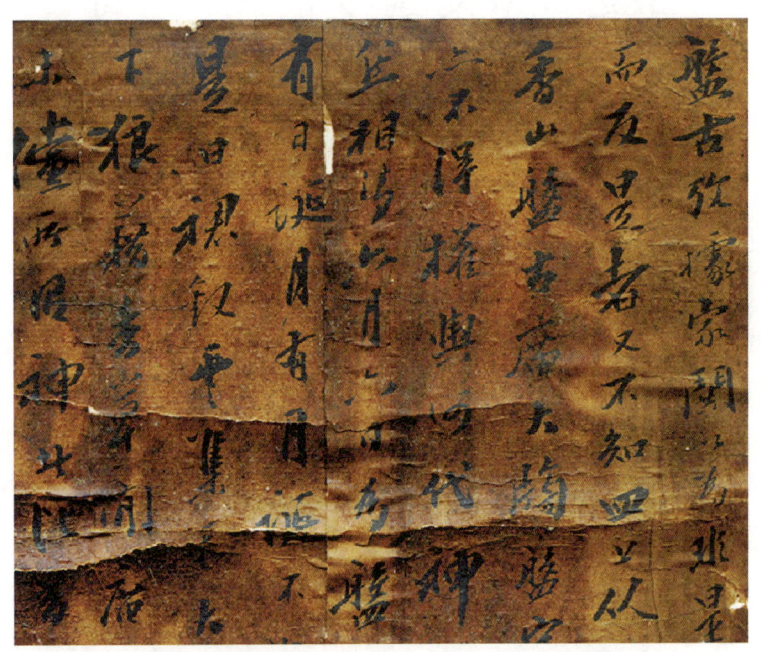

梁修《盘古考》书法原件（温爱民藏）

如录：

  盘古，考据家阅以为非是，执万言不休，而反是者，又不知皿上从般从船，如吾州香山盘古庙大榜盘字从船是也。庙亦不得权舆何代。神之有无，恶从知？然相传六月六日为盘古出世，犹之日有日诞，月有月诞，不如是，不成俗也。是日裙钗云集，天大暑，粉黛雨下，狼藉香草间。庙新于光绪乙未，倘所谓神者，比前弥胖鲙与？锦石山人作。

梁修不但对盘古诞的形成提出了自己的见解，而且记述了当年香山盘古诞日"裙钗云集"的景况，为我们留下了一段难得的民俗史料。值得一提的是，关于盘古诞日在德庆也有两种说法，一直传承至今的新圩、金林的盘古诞庙会是在每年农历五月十三日举行。

宋进士石处道与晋康石龙围

石处道（1059—1141）为康州（今德庆县）进士第一人，位列光绪《德庆州志·人物传》榜首。"石处道，字元叟，晋康（今九市镇）人。自幼聪敏，筑室笃志读书，乡人因其所居之村及水皆名书堂。元丰五年，登黄裳榜进士，时年二十四。后知松江县。以清白称，政事暇发为诗词，有松江集。官至朝奉郎。"① 光绪《德庆州志》补充曰："顾前志人物，首陈頵而次李谨微。然頵出入隋唐，谨微传语恍惚，今断自宋始。"② 即康州人物志断自宋代始，石处道位列榜首。

康州人文风气的崛起，应得益于周敦颐于三洲岩设书院讲学。周敦颐为官，以"洗冤泽物"为己任，不慕名利，而其一生最大的追求为"设书院开坛讲学"。"熙宁元年戊申（1068），濂溪先生周敦颐擢广东漕观风（提点刑狱），游于岩，因立书院，是年冬，端溪（今德庆县）令许鉴建院，买田养士"③，此为康州有史以来第一个官办书院。康人得人文风气之先，人才辈出。元丰五年（1082），离三洲岩濂溪书院不远的晋康乡（今九市镇）书堂村，州人石处道高中二甲头名进士，此亦为德庆第一个进士，一时轰动岭南州城。此后，有宋一代，康人"李熙载、谢文晏、陈说、陈致尧、陈珠、谢复生、谈文炳、梁畿、陈序"④ 等九人高中进士，康州科举达至鼎盛时期。周敦颐启康州"人文之先"，为康州留下了一份宝贵的财富。

---

① （明）陆舜臣纂修：《德庆州志》嘉靖十六年刻本，卷十五，人物传，页1。
② （清）杨文骏等修：《德庆州志》光绪二十五年刻本，卷十一，列传，页1、3。
③ （明）陆舜臣纂修：《德庆州志》嘉靖十六年刻本，卷十二，学校，页10。
④ （清）杨文骏等修：《德庆州志》光绪二十五年刻本，卷十，科目表，页8。

九市镇书堂村担水坑石处道墓，后为制诏碑（温爱民摄于1996年）

石处道"学问吏治精通，宰治有功，德重乡邻，有功乡井"，去世后，敕命入祀乡贤祠，归葬家乡书堂之原，今墓尚存。其墓葬制式规格与一般墓葬有所不同，目测占地面积有500多平方米，保存有宋代圣旨碑（制诏碑）为其最大特点。制诏碑由三道圣旨组成，记载朝廷敕封，以及石处道生平事迹、官衔、享祀乡贤祠等珍贵史料。

石处道在宋元丰、元祐、绍兴年间，连获三朝皇帝：宋神宗赵顼、宋哲宗赵煦、宋高宗赵构敕赐的三道圣旨，最早的一道圣旨为元丰八年（1085），距今已有939年历史，时大宋朝廷为广东康州进士石处道晋爵加官，并得旨入觐宋哲宗赵煦，康州能"幸近龙颜"者屈指可数，后又敕命享祀乡贤祠，轰动岭南州县。

"制诏"即皇帝颁发命令、文告的通称，俗称"圣旨"。圣旨行文多用皇家专用术语，为方便读者阅读，笔者试将石处道墓制诏全文句读如下，如有疏失，请读者教正：

奉

天承运皇帝

制曰：设官分职，昭器使之无遗，举才任贤，示铨衡之悉当。尔广东康州进士石处道，天资出众，文艺超群，道德发为英华，词章中选，事功原于学问。吏治精通，兹以覃恩特申诰令，敕命尔为江南苏州府松江县守令，厝社稷民人之寄抚，字殚心承朝廷纶绰之须，靖共尔位，于戏，丁命得以临民，恭承骏泽，庶政期于称职，永荷龙光。

宋元丰八年二月十八日

制曰：服政循宗伯，九命德懋懋官，论秀著司马，三升功懋懋赏。尔广东康州进士石处道，现任江南苏州府松江县守令，一邑宣猷，亿兆则咸怀父母，三年报最，群黎则默颂神明。兹尔宰治有功，敕命尔爵加朝奉郎，登皇路以驰驱，得依凤阙，奉简书而入觐，幸近龙颜，于戏，表政绩于一麾，嘉功封秩著奇勋于大邑，晋爵加官。

宋元祐六年九月十三日

制曰：禀资拔萃，行为景仰于当时，德泽及人，雅范流传于后世。尔朝奉郎前任松江县知县，广东康州府进士石处道，望隆山斗，德重乡邻，昔则乘时得位，留遗爱于棠阴，后则训俗型方，树风声于梓里，兹因乡绅奏请，麟座褒嘉，敕命尔有功乡井，享祀乡贤，德政达于明廷，遂厝旷典，德行孚于闾里，永享馨香，于戏，模范堪师万世，受牲牢之奉，风徽足式千秋，焕俎豆之光。

　　敕命

宋绍兴二十一年八月十六日

　　之宝

大清光绪四年岁次戊寅九月十五辛酉日　重镌

　　不知什么原因，此碑历代州志并无著录，遗草野间几百年，殊为可惜。这也可能与石处道后人低调处世有关，入祀乡贤祠之人物，竟无多少文字流存后世，《德庆州志》载石处道"政事暇发为诗词"，有《松江集》，但是书久佚，并未留存下来。但石处道与其子石羽白造福乡梓，出资建造晋康石龙围抗击西江洪涝，在当地广为流传，颇受百姓称颂和朝廷器重。

　　德庆自古水患严重，每逢洪汛，西水漫江，淹吞农田，摧毁房屋，乡民流离失所。在德庆县古代堤围当中，有一条历经数次大洪水都未崩决的"石龙围"，已历九百年沧桑，至今仍然起着重要的防洪作用。据《德庆水利志》载："石龙围旧称石龙基，基围分上、下围。上围位于悦城镇下荔枝村头，长280米，堤顶高程21.7米，顶宽4米；下围在悦城镇沙湾村西北约900米处，堤顶高程22.5米，长200米，顶宽3米。堤围保卫3700亩农田，2160人口。

1949 年，德城洪水位 21.01 米，当时石龙围比较薄弱，群众奋力抢救，终于化险为夷。"①

坊间传言，石龙围是石处道、石羽白用一斗斗大米垒成的，它能够随着西江洪水的上涨而升高，洪水涨 1 尺，堤围就会升高 1 尺，所以无论洪水多大，从来没淹过石龙围。

晋康石龙围（温爱民摄于 1996 年）

石龙围始建于何时？众说纷纭。清光绪《德庆州志》记载："石龙基在晋康罗洪邨，乡人石羽白、廖揆一、龙发高等筑以捍西潦，护田塘百余顷，有窦一，以时蓄泄。"② 有人据此便估计它始建于清代，新编的《德庆县志》载："石龙围始建于清中叶。"③《德庆水利志》则载"石龙围建于（清代）1899 年之前"④。因此，石龙围的始建年代一直是个谜。

1996 年，余与友人林瑞球先生在德庆县九市镇书堂村宋进士石处道墓碑中发现，石龙围的倡建者之一石羽白正是墓主石处道的长子，从而解开了石龙围始建之谜。碑载："公讳处道，字元叟，号匡世，乃始祖逸夫公之长子也。

---

① 德庆县水利电力局编：《德庆水利志》，1993 年版，页 86。
② （清）杨文骏等修：《德庆州志》光绪二十五年刻本，卷四，水利，页 40。
③ 谢富崇主编：《德庆县志》，广州：广东人民出版社 1996 年版，页 259。
④ 德庆县水利电力局编：《德庆水利志》，1993 年版，页 86。

生下三男，长羽白、仲羽翱、季羽翔。原命生于赵宋嘉祐四年（1059）三月，终于南宋绍兴十一年（1141）七月，寿享八十有四岁。"石羽白，州庠生，幼承家训，与人为善，造福乡梓，据石氏族谱："羽白在罗洪居住，见此处低洼，时受西江淹浸，于是倡议捐资，与乡人龙发高、廖撰一等创建上下基围以拒洪水，后人名为石龙基焉。"① 如果石羽白在40岁前筑堤，则石龙围始建于北宋末年，距今已有900多年历史。

石处道受敕封之制诏碑（温爱民摄）

石龙围的蓄泄窦口是一个宽2米、高2.8米、长36米的灰砂砌石拱形涵洞，旧闸门用德庆产上好铁力木制成，耐水耐腐，坚硬无比，沿用了数百年之后，铁力木窦门仍存，到1977年才改用钢筋水泥闸门。现在窦口上仍然刻着"石龙围"三个大字。新中国成立后，石龙围不断增高加固，并加建了二级戗堤。1995年，石龙围与新建的沿江321国道实现了"堤路结合"，堤面宽达数十米，历经900多年沧桑的石龙围仍将继续造福人民。

---

① 林瑞球：《西江风情》，肇庆：德庆县文联1998年版，页13。

李质与《三李集》

李质，字文彬，号樵云，德庆州晋康乡（今德庆县九市镇）金定人，即今九市镇甘力村一带，"其先自祥符来徙。质美风仪，有材略，器度宏伟，早知嗜学，博习经史，期明体以达诸用。值元季多故，与弟穆放情山水，以诗酒自娱。至正时，行省左辖东莞何真，知元运将尽，为守备计，辟质参军。悦城何国宾、金林张宗达倡乱，真以兵遣质归，募乡兵二万余，壁龙冈，与总管陈文仲筹防御。时官舍民庐焚毁殆尽，守令将帅委章绶于质，质亦挺身经画。十三年，湖南流贼来寇，质御却之……讨平国宾，擒斩宗达，余党溃散。及德庆路陷，士民皇皇，共推质入守，日夜浚城隍，缮甲兵，扼险要以遏他寇。上达苍梧、象郡，下接三山、九江、龙潭，皆藉其保障。……洪武元年（1368）二月，征南将军廖永忠等下岭南，四月，赣州卫指挥陆仲亨略地至德庆。质封府库，全城款附（归顺大明中央政府）。与何真同入觐，上慰谕之。旧志载上谕曰：天下纷争，所谓豪杰有三：易乱为治者上也；保民达变，识所归者，次也；负固偷安，流毒生民，身死不悔者，斯不足论矣。顷者，师临闽越，卿即输诚，可谓识时达变者矣（略）"①。

---

① （清）杨文骏等修：《德庆州志》光绪二十五年刻本，卷十一，列传，页6。

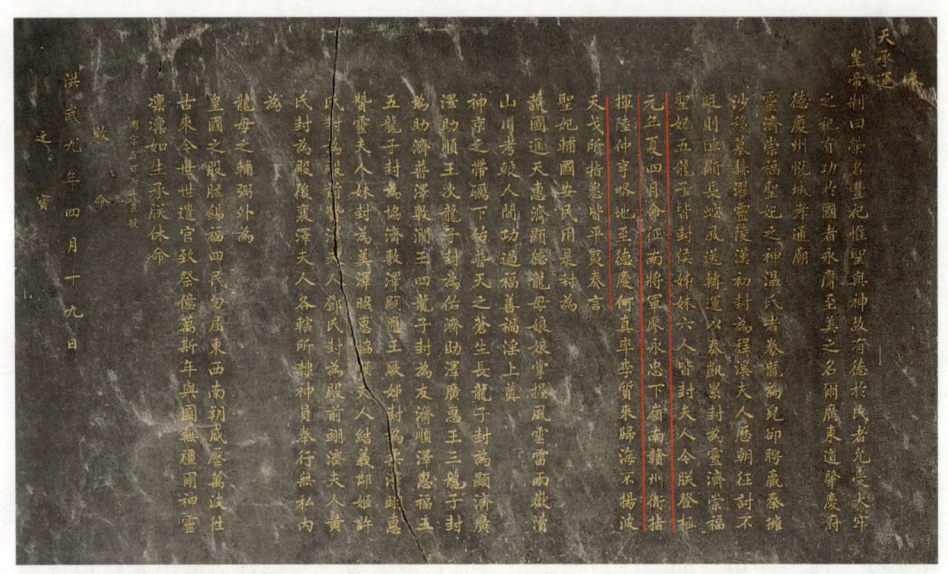

李质事迹记载于悦城龙母祖庙《洪武诏书》碑（温爱民摄）

李质于"洪武元年，从真降，授中书断事。明年，改都督府断事，强力执法。五年擢刑部侍郎，进尚书，治狱平恕。遣振饥山东，御制诗饯之。寻出为浙江行省参政。居三年，惠绩著闻。帝念质老，召还。尝入见便殿，访时政，质直言无隐。"① 李质擢刑部尚书，"治狱平恕，有名于时"。及后，朱元璋遣其赈饥山东，并赐诗为之饯行。诗云：

> 遣卿持檄按齐东，念尔贤劳苦厥功。
>
> 经国老臣勤抚恤，行天使者起疲癃。
>
> 官储有粟宜从振，囊橐无私任至公。
>
> 七十二城皆遍历，马蹄无处不春风。②

① （清）张廷玉等：《明史》，北京：中华书局 2008 年版，页 1034。

② （清）宋锦、李麟洲纂修：《德庆州志》乾隆十九年刻本，卷十五，人物，页 5。

御赐"开国元勋"匾,"元勋"两字缺。明宋濂书,并撰李质墓志
(德庆县博物馆藏,温爱民摄)

值元季多故,李质与弟李穆放情山水,尤好儒雅章缝之士,多往依之,"名士客岭南者,茶陵刘三吾、江右伯颜子中、羊城孙蕡、建安张智等,皆礼之。……拜靖江王右相。王罪废,质竟坐死"①。

李质性素冲淡,暮年尤工于诗,有《樵云集》,是编久佚。朱彝尊《明诗综》采其《玉台驿亭子》一首;谭友夏《明诗归》采其《重过广陵》一首。如录:

玉台驿亭子

春去台空迹已陈,危亭杰阁涧之滨。
清溪绕屋可濯足,好鸟隔江如唤人。
明月委波金潋滟,青山带雪玉嶙峋。
桃花流水非人世,应有渔郎来问津。

重过广陵

三十年前记此过,皆春楼下寄行窝。
十千一斗金盘露,二八双鬟玉树歌。

---

① (清)张廷玉等:《明史》,北京:中华书局2008年版,列传二十六,页1034。

自昔琼花祀后土，至今荆棘卧铜驼。

江都门外王孙草，怨入东风绿更多。①

李质《游三洲岩》诗：

海外三山隔弱流，凭谁移近锦江头。

天开混沌应重设，地拥穹窿不计秋。

岩溜储精凝玉乳，崖松笼月走金虬。

我来几度寻幽赏，谩把新诗纪胜游。

（原注）正统四年孟夏九日，樵云右相李质题，孙公瑊命刻。

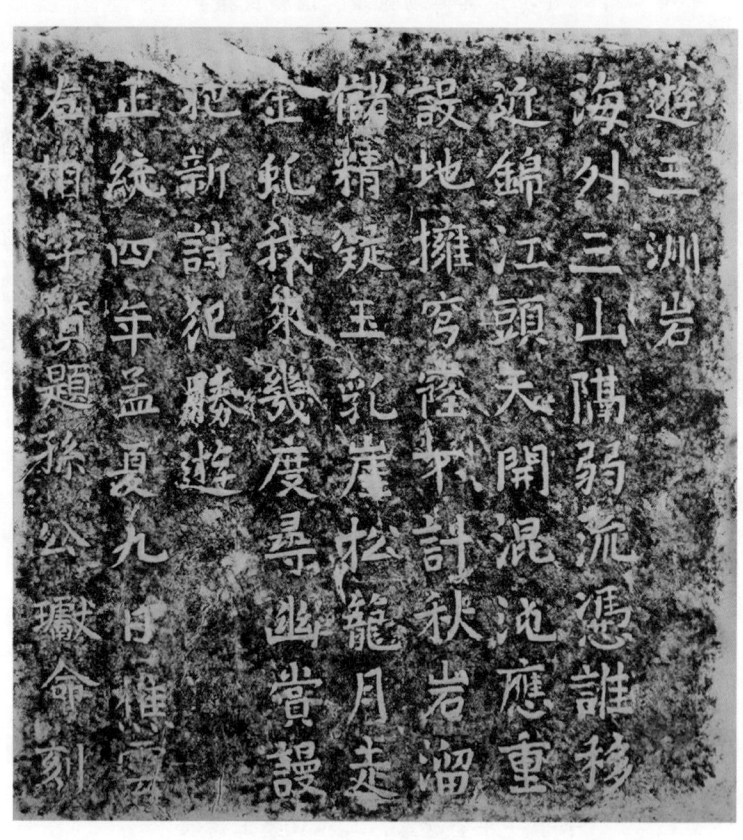

李质《游三洲岩》诗拓片（今存）

李穆，字文昭，质仲弟，读书谈道，学识优长，不乐仕进，尤有诗名。录李穆诗二首：

翠微清晓

轻岚作雾曙光微，翠湿高松露未晞。

天畔倚栏人乍起，一声山鸟近檐飞。

枕流琼响

桥下泠泠漱玉鸣，出山不似在山清。

有人高枕云根卧，何必沧浪在濯缨。[①]

李穆著有《牧隐集》（佚）。与其兄李质、侄李伯震，一时吟咏甚富。时人合而镌之，题曰《三李集》。

《三李集》作者之一李伯震，李质仲子，号巢翠，著有《巢翠集》（佚）。洪武初，举怀才抱德科试，博学，无所不通，能为诗歌。初授容县知县，永乐二年（1404）改顺天大兴知县。时肇建北京，卓有劳绩。后迁光禄寺丞。录李伯震《香山览秀》诗：

西康山色似芙蓉，亦有云巢向此中。

九垒屏风金开翠，千寻瀑布玉垂虹。

也知太白诗无敌，独美王维画最工。

待我结茅同晚岁，不须骑鹤上崆峒。[②]

《三李集》三卷本有同治丙寅重刊本存世。光绪《德庆州志》："明李质及弟穆、子伯震著，是集为当时合编，已久佚。康熙庚寅，其裔孙元英为重辑钞藏。同治丙寅，族人始锓板分三卷，《樵云集》一卷，《牧隐集》一卷，《巢翠集》一卷。元英自序云：五世祖樵云公工诗，弟牧隐公亦齐名，子巢翠公又出而嗣其音，褒为《三李集》。兵燹后，刻本无存。将钞本于荒残剥落之余，因与叔祖为绍考证于明诗诸选及《通志》《珠江志》各书，十存四五而已。"[③]

---

① （清）谭桓修，梁宗典纂：《德庆州志》，康熙十二年刻本，卷十二，艺文四，页53。

② （清）谭桓修，梁宗典纂：《德庆州志》康熙十二年刻本，卷十二，艺文四，页24。

③ （清）杨文骏等修：《德庆州志》光绪二十五年刻本，卷十三，序目，页2。

　　"张明先学使序云：阅德庆一州，列前茅者李姓居多，元英尤杰出。其子珊冲龄获隽，询知樵云先生后裔。试后，元英来谒，录其先世遗诗，将合刻，求余序。余卒诵知樵云先生应运而兴，抱经济长材湛深经术，发为歌咏，字字从忠君爱民，至性流露，韩范之亚也；牧隐先生衡泌自甘，孝慈友爱，蔼然笔楮间，由静养林泉，悟道有得，是林和靖一流人物；巢翠先生资厚学富，英气内敛，语见本原，大有东坡风味。艺苑推重，有金定三李之目。梁学源序曰：樵云公酷嗜诗，与孙仲衍、王彦章辈相倡和；牧隐公诗才横绝一世，与宋学士濂辈往来最稔；巢翠公才复博赡，有父叔风。三公值龙兴太平将开之运，故诗绝无牢骚不平之气，虽使寒酸之士，终日撚髭义手，卒莫能到。谓诗穷后工，岂其然哉。"① 可见《三李集》同治丙寅重刊本在光绪年间尚存。

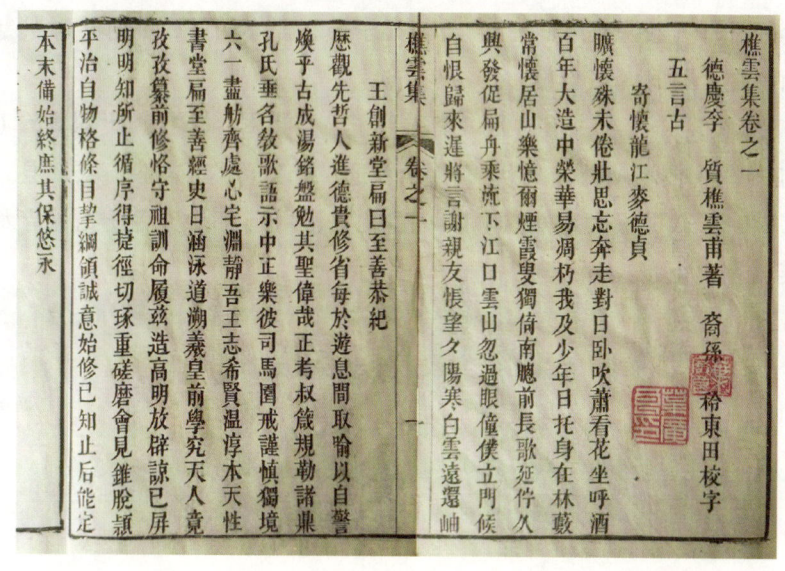

《樵云集》卷之一（温爱民摄）

　　文献之存，当其时不见可贵，求之而不得，有惋心矣。零缣片羽，摧剥于兵燹，蠹简之余，盖觑有存者。今搜罗遗帙，使以时代相续也。② 欣逢盛世，古本今现，弥为可珍，亦不负有心者多年之愿望矣。留心乡献，搜访逸文，钩稽地志之失载，揭其奎壁光而弘扬焉。

---

① （清）杨文骏等修：《德庆州志》光绪二十五年刻本，卷十三，序目，页2。
② （清）杨文骏等修：《德庆州志》光绪二十五年刻本，卷十三，类编，页18。

端溪县学与德庆学宫之迁建

德庆旧有两所学宫，一为建于今址的德庆学宫（州学），元丰四年（1081）由城东紫极宫迁至今址，已有千年历史。德庆学宫蜚声中外，以"四柱不顶"之木构建筑特点被列为国家级重点文物保护单位。鲜为人知的是，德庆还有一所官学叫"端溪县学"，旧县学"在州东城隍庙左，洪武二年（1369）建"①，位置在今县图书馆东。

宋绍兴元年（1131）康州"以高宗潜邸升德庆府……领县二，治端溪"②，此为德庆得名之始，下辖端溪、泷水（罗定）两县。"德庆之端溪县，附府为治，其地在广东上游，先是，县无学……乃即城隍庙基，构屋二楹，略具庙学之体。"③办学七年后，于洪武九年（1376），德庆行政区域再次变更，德庆降府为州，因"省端溪县并省学为民居"④。由于办学时间较短，与端溪县学有关的文献记载今只余《端溪县学记》而已，而撰记者徐一夔名气非常大。徐一夔，字大章，天台县人，号始丰，通经博古，擅名于时，一夔《明史》有传："明洪武二年诏纂修礼书，续修元史。未几用荐署杭州教授，召修《大明日历》。"⑤徐一夔著述颇丰，有《始丰集》《杭州府志》《艺圃搜奇》等传于世。

洪武六年（1373），知县秦诚更修端溪县学，既成，由时任浙江行省参知政事、邑人李质出面，请徐一夔撰《端溪县学记》，用以鼓励地方办学。徐一

① （清）杨文骏等修：《德庆州志》光绪二十五年刻本，卷五，废端溪县学，页20。

② （宋）祝穆撰，祝洙增订，施和金点校：《方舆胜览》，卷三十五，德庆府，北京：中华书局2003年版，页625。

③ （清）杨文骏等修：《德庆州志》光绪二十五年刻本，卷五，徐一夔《端溪县学记》，页20。

④ （清）宋锦、李麟洲纂修：《德庆州志》乾隆十九年刻本，卷十，古迹，页4。

⑤ （清）张廷玉等撰：《明史》，北京：中华书局2008年版，页1879。

夔《端溪县学记》序建学始末，其中牵及德庆历史名人李质倡建立记，还有朱元璋"制诏州县兴学……严立教条，限以岁月，务底成效"等诏令。徐一夔在记中还特别指出当时"为县者玩岁愒日，奠谒不事，弦诵不闻（谓当政者荒废岁月，不重视教育）"的社会背景。该记留存至今，已历650多年历史，实为一难得的明代科举教育历史资料。为方便读者阅读，兹试句读全文如下，如有疏失，请读者教正：

　　皇朝既一四海，乃洪武二年冬，制诏州县兴学，且鉴前代虚文之弊，严立教条，限以岁月，务底成效。于是天下风动，凡有民社之责者，莫不知兴学，而人亦莫不知务学矣。德庆之端溪县，附府为治，其地在广东上游，先是县无学，为县者玩岁愒日，奠谒不事，弦诵不闻，士率家自为学。广东既归，职方氏始来，为县者以为缺典，乃即城隍庙基，构屋二楹，略具庙学之体。六年夏，知县秦诚至，顾瞻叹曰：此何足以奉明诏，亟宜更作。时县丞江、主簿章议以克合白于郡守，赵公鼎题之。乃斥基址，审曲面势，鸠工庀材，属教谕王董其役。先作大成殿，翼以两庑，卫以戟门，作池形如半壁，架石为梁，以达棂星门。其后乃作论经之堂，肆业之舍，以及井灶湢溷，周垣则植松柏以荫之。既成，俯仰四顾，锦江流其前，香山倚其后，苍梧、九嶷诸峰，亦在眉睫之外。规制精壮，气象宏阔，昔无今有，莫不叹美，以为昉见。是役也，学有旧佃若干，访得之，蠲其余徭，俾之运输畚筑，故其事易集而民不劳。肇功于六年秋八月吉日，而明年春正月吉日讫工。邑人李公质今为浙江行省参知政事，以其邑建学始末，授余请记。余既序其事，且告之曰：人莫切于务学，而有民社者，亦莫先于兴学。古之人在畎亩，则学于畎亩，在山林则学于山林，在鱼盐版筑，则学于鱼盐版筑，固不皆待于上之人也。然而天之生人，不能家稷契而人游夏，为之上者必立学校以教之。故自三代而降，未有舍学校而为治者也。夫学校兴，则民不惑于他歧。诗书礼乐之教，可讲而明道德；性命之蕴，可求而知。人皆可至于成德达才之地，而后政成也。皇上龙兴慨然，欲以儒术为治，重念儒校不振，干戈甫戢，亟下兴学之诏，其虑深且远矣。广虽夐在南海之表，唐宋以来，若张文献公九龄，余文襄公靖，实生其地，声明文物，遂与中国等。圣明视四海犹一家，为守令者，何可以遐陬裔壤而鄙之，异时端溪之士，必有养材积学，以待用于明，如今李公者。矧今县大夫奉宣德意而为此，振起人心之具，则夫人材之盛，岂不十倍于前日哉。笔以俟之识，余言之不妄也。①

端溪县学在李质等乡贤的襄助下，"规制精壮，气象宏阔"，本应大有可为，可惜由于行政区域的变更，三年后学校亦终遭废弃，端溪县学从此退出历史舞台。

端溪县学再一次出现在文献中，则是180多年后的明嘉靖后期了。究其原因，德庆学宫（州学）曾在明中后期的嘉靖、万历间有过一次搬迁。明嘉靖四十一年（1562），德庆知州杨征以（学宫今址）地洼患水，迁建于城隍庙（即端溪县学基址）。

但是，直至万历二十九年（1601），德庆科举近四十年毫无动静。时知州沈有严以"科第稍衰"为由，力排众议，力主将学宫迁复原址（即今址），并声明此迁"不费官帑，不劳民力"。郭棐《复建学宫记》记录了复迁学宫始末：

> 古诸侯建设学校，大都莫先乎，□□莫尚乎，规制莫大乎，崇正学以端士风，三者建学大枢要也。余偶怪今之学校，不实修其政师，以经造顿悟为教弟子，以钓诡索奇为学，有司亦溺于其故而不知所以，提命之甚者，传舍其官，秦越其士，至于学宫倾圮，人民寥阒，漠然若无与于己者，比比而是，讵意当吾世而有德庆沈侯也者。德庆，古晋康郡，宋绍兴初升为府。地连五管控三江，盖岭西上游也。其儒学旧在郡治左，东去数十步为城隍庙云。自创学至宋景定，自景定至明永乐，后先千百余礼士之登巍科跻朊仕者，代不乏人。如开国李文彬以迄张东之后前辉映，尤烺烺乎，与金石并垂。议者以为地灵而人杰，谅矣。迨嘉靖甲子春，当事者惑于时眼，谓城隍庙有笔架山峰，必利于儒学，而不计其座下稍空，遂奉先师神主与城隍之神更而易之，辞爽磴而就卑，垫士之以勋名显者，几空谷矣。沈侯目击其非利也，议迁复郡治左之旧，白之院司、郡侯、金趣之。于是锐意修复，仍移城隍于原庙，复尊先师于旧殿焉。树之栋宇，饰之丹艧，新之笾豆簠簋。五乐六佾，靡不备具。其下则有两庑，有戟门，其祠则有乡贤，有名宦，门之前为泮池，池之前为棂星门，殿之后为明伦堂，堂之上为尊经阁，以尊所生则有启圣祠，以崇圣制则有敬一亭。堂之左为学正宅，宅之前为二训导宅，前临大街为儒学门，其地虽仍乎旧，其制什

① （清）宋锦、李麟洲纂修：《德庆州志》乾隆十九年刻本，卷十，徐一夔端溪县学记，页4。

百于初。不啻也，是役也，工费一由于沈侯之所经营，一出于通学之所义助，一仰藉于当道之赎锾。不费官帑，不劳民力，而规模制度倏欻维新矣。□日经之营之，不日成之，颂曰，思乐泮水薄采其澡，学宫之复殆兼美焉，或谓沈侯讵但迁复旧学哉！如地脉则培，如艮门则塞，如城垣、武亭则葺，如忠景祠宇则修，衙署则新，邮舍则易，规恢创建，焕然改观，诸不具论。至州治下流十里突起一山，则城之水口，而学之巽位也，复建塔其上，飞甍崚嶒，直逼星斗，盖为巽主文章，而巽之位有文笔，实为兴起人文之兆，此固千余年之所无，而实今日之始有也，其殆借人力以转移风气者耶，噫嘻，侯之有造于康州多矣，乃其心何日不兢兢为学术、为士风虑也。侯于朔望诣学，即至烦剧，必与诸生讲解经传，阐发奥旨，其所谆谆提示，一惟纲常伦理之大，孝友睦姻妊恤之行，诸凡不轨于道，所称惊世而骇俗者，一切以异端黜之，而士风翻然一趾于正异。曰者人士彬彬奋起，蜚英腾茂，如李文彬诸先达接踵而起，可预占已。夫教在一世者，有一世之功，教在百世者，有百世之功，此而兴学立教，且百世不朽，侯其贤乎哉，且吾闻沈侯宣城名族，其先大父少参，公以道学鸣世，尊人二州公以清白著声，诸大父魁公以节义高天下，诗书礼乐、世济其美，则其振起斯文，作兴士类，其用心弘达盖有本哉。沈侯名有严，字士庄，号震阳，由万历已卯应天乡进士。同事则判官闻君朝中，吏目李君一，本学司训吴君行健、张君应麟，各悉心殚力，不惮拮据，如国子李复允、陆可车，庠生谢光秋、甄龙光、李逢阳皆倡议效劳，共成厥务者，例得并书。①

沈有严《德庆州志》有传；

沈有严，字士庄，号震阳，宣城人，万历已卯举人。二十七年（1599）任州事。为政知所先务，尝徙学建塔，诸所废坠，一时具举，务以正德厚生为本。祀名宦。②

两篇文章均出自名家之手，记录了明代德庆学宫迁建始末，为研究德庆的科举教育历史提供了不可多得的文献史料。

---

①（清）谭桓修，梁宗典纂：《德庆州志》康熙十二年刻本，卷九，页29。

②（清）杨文骏等修：《德庆州志》光绪二十五年刻本，卷九，宦绩，页17。

温承恭与粤东诗坛的崛起

温承恭，字靖闻，德庆州人，岁贡生，《德庆州志》有传："承恭性倜傥，有大志，慕陈同甫之为人。九岁能读崔鸿《十六国春秋》，年十五，遂通诸史，学使李调元奇之，补诸生，能诗善为骈体文。嘉庆初，国家用兵，承恭慨然有从军志，妹婿徐念高为蜀华阳令，往依焉。途中两遇盗，皆以智脱。至华阳，念高方买补沉失军米赍（jī，送）大营，计无可任者。承恭请往，经夔州，贼将薄城，道梗不得进，又惧粮为贼有，承恭谒夔守周景福曰：孤城无援，非固守不可，宜截收所赍粮为持久计，从之，遂中道交割而还，夔藉以安。过荆襄间，与楚人张琼台倾盖吐衷曲，行至鹦鹉洲，为文祭祢衡墓，相与大哭，闻者莫不惊诧。还粤后，家益贫，敝衣疏食，门外乞贷，犹竭蹶应之。及论国家得失，古今成败，纵横上下，风发泉涌，一座尽倾。卒年五十有八。著有《补迁集》六卷，《随得录》二卷，《杂论偶记》一卷，《庄亭诗文集》二卷藏于家。黄乔松撰《传》。"[1] 温承恭生于书香门第，官宦世家，其诗才、文才有自来也。

其祖温可拔，字卓岸。康熙丁卯（1687）登贤书（中举），甲戌（1694），考取内阁中书，以母老归养，绝意仕进，因肆志山水，爱青云冈（今青云山）之幽绝，依山筑屋数楹，吟咏其间，自号青云主人，有《青云集》藏于家，《州志》有传。

其父温颐，字巽山，"乾隆丁丑（1757）进士，授湖北宜城县知县。器识高迈，临事不苟。相国刘文正公及少宰谢溶生、大史周龙官咸器重之。官军征缅甸，取道宜城，颐条陈支粮、供刍、备夫、设站四款，大府嘉纳，下其议于兵，过州县奉为法，故宜民不扰。去官日，父老遮道泣送，争致馈遗，颐不肯受。寻以兵竣起复入都，卒于道，年五十三。同年御史汪新哭以诗，有'菩

---

① （清）杨文骏等修：《德庆州志》光绪二十五年刻本，卷十一，列传，页22。

萨于今成过去'之句，盖当时有'温菩萨'之号云。据吴湘撰《传》"①。温颐著有《温雷斋诗集》一卷，《文集》一卷。

其子温飏，字仲道，号陶舟，"少负气岸，寡交与，人或目为狂。稍长，乃折节谦下，从其游者必导以根本之学，绳检甚饬。嘉庆二十三年（1818），举于乡。每岁修脯所入，求索必尽。有托故赠金者，置几上遽去，飏疾追还。道光十三年（1833）卒于京师，年四十。先是，承恭尝侨居高要，及飏卒，门人德庆谈应棠、西宁吴焜，高要陈旦奉其家还金林，合金为治恒产。飏于学至精笃，虽疾病未尝释卷，尤嗜研经，出入汉宋诸儒水火之说。外至列史百家，皆务旁罗贯通，探赜举要，尝言非深信古人，不能深疑古人。其成书《易系辞解》一卷、《古本大学解》二卷、《书序辨》一卷、《秦楚之际月表辨》一卷、《宜善堂集》六卷，未成书者尚多。彭泰来撰墓碣，陈旦梓其遗书，冠以承恭所著，题曰《温氏家集》，彭泰来撰《温氏家集序》。"②

清代德庆"附城分三厢，谓：温、何、李、谢、徐、梁、陆为七大姓，余姓类士族，贫不富耀，弱不强屈，比户安谧，狱讼尚少。……乾、嘉间，盛文学，甲科相继"③。继康熙二十六年（1687）温可拔中举人后，康州温氏一门共出一进士、七举人、十四贡生。

德庆县城康帅街温颐故居（温爱民摄）

① （清）杨文骏等修：《德庆州志》光绪二十五年刻本，卷十一，列传，页21。
② （清）杨文骏等修：《德庆州志》光绪二十五年刻本，卷十一，列传，页24。
③ （清）杨文骏等修：《德庆州志》光绪二十五年刻本，卷四，风俗，页44。

在文学成就方面，则是清代乾嘉时期以温承恭等为代表的德庆诗坛在粤东诗坛崛起为标志。时著名诗人、广东学政李调元（字雨村）在其力作《雨村诗话》中评价广东诗坛，谓：

> 粤东诗萃于德庆一州，而州中诗复萃于温氏一门，如温承恭及其从兄瑞柏、瑞桃、周翰是也。今年（承恭）自粤东复携乃祖《青云诗集》见示，嘱余定之，见其词醇而肆，味淡而腴，乃知诸温之渊源，有自来也。①

广东学政李调元以"粤东诗萃于德庆一州，而州中诗复萃于温氏一门"，此话高度概括和评价了乾嘉时期德庆州在粤东诗坛的地位。

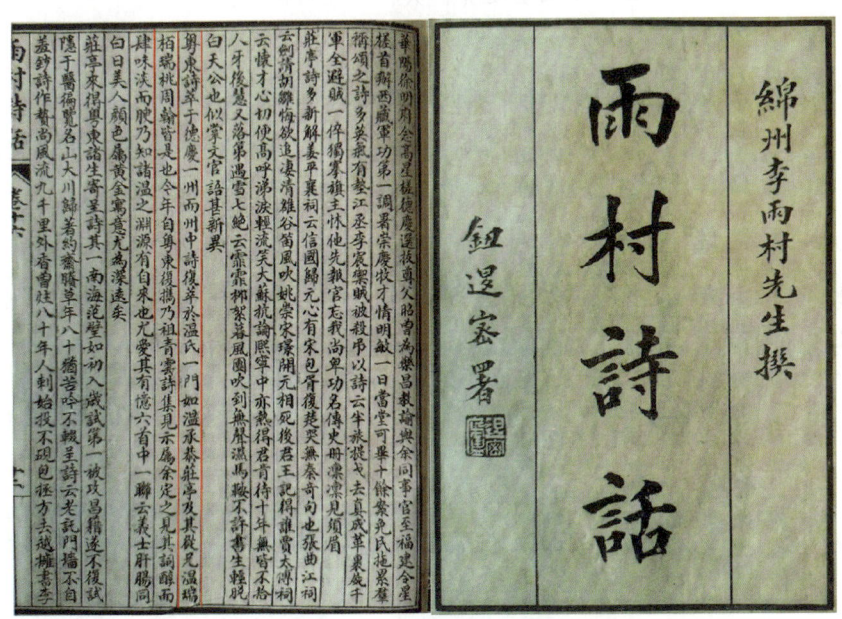

李调元《雨村诗话》，上海文端楼发行（温爱民藏书）

李调元在《雨村诗话》中提到的《青云诗集》，当即李雨村学使所定，可惜温可拨《青云诗集》已佚。今存温可拨《青云山居十咏》诗，谨录其一：

---

① （清）李调元撰：《雨村诗话》，上海文端楼发行（古本），卷十六，页12。

寄迹东郊一小邱，出城不远便登舟。

才临水际心先逸，渐入山房径自幽。

日午坐看烟树静，雨余卧听瀑泉流。

问谁识得忘忧诀，啸傲林间任白头。①

温承恭，年十五，遂通诸史，学使李调元奇之，补诸生，能诗善为骈体文。承恭有多诗收录在《雨村诗话》，谨录《寄呈李雨村师》：

只手扶轮大雅存，粤中英士尽承恩。

半生文字邀知己，一卷诗人领到门。

谢朓齿牙公论在，昌黎山斗士林尊。

廿年万里重趋赞，共把新篇质雨村。②

李调元在《雨村诗话》中提到的德庆诗人温瑞柏，字茂承，号汉台，温承恭从兄。《德庆州志》有传："瑞柏胸既超广，见于诗率洒脱，尤工文章，奇奥古质。尝偕州人温承恭游蜀，李调元、潘元音皆亟称之。嘉庆十一年（1806），卒于蜀。著有《游蜀日记》二卷，《温汉台诗集》二卷。"《温汉台诗集》亦经学使所定，可惜佚散，今仅存诗十首，附刻在温承恭《蜀游诗草》末得以流传。温瑞柏有《寄呈李雨村师》诗收录在《雨村诗话》：

老误青袍笑得名，吹嘘屡借马卿名。

试登旧选文兼赋，诗咏新传弟及兄。

凤字每嘲谁赏识，龙门得傍足生平。

素丝恨未青蓝近，错过他人早染成。③

李调元学使提到的德庆诗人温瑞桃，字灼坡，瑞柏弟，温承恭从兄。"乾隆丁酉（1767）举人，官夏津（山东省夏津县）知县。"著有《石耕偶存草》。温瑞桃有《寄呈李雨村师》诗收录在《雨村诗话》，诗中有"诗播鸡林

---

① （清）杨文骏等修：《德庆州志》光绪二十五年刻本，卷十三，类编，页19。

② （清）杨文骏等修：《德庆州志》光绪二十五年刻本，卷十三，类编，页22。

③ （清）杨文骏等修：《德庆州志》光绪二十五年刻本，卷十三，类编，页21。

曾选句”一语（“鸡林”古国名，指新罗。原注：朝鲜李德懋作本国诗话，名《清脾录》，选先生佳句极多），说明乾嘉间德庆州诗坛已有跨国影响。谨录其一：

> 芳声一代齿牙馨，海内文坛重典型。
> 诗播鸡林曾选句，身遭虎口仗明廷。
> 九重提案心方白，五岭衡才眼独青。
> 奇字十年思再问，何时携酒子云亭。①

德庆诗人温周翰，岁贡生，温承恭从兄。周翰“嗜古通经，旁及子史，靡不淹贯。尤精篆隶，工画梅”。周翰有《温岳山诗集》，亦为学使所定。周翰有《端州竹枝词》收录在《雨村诗话》：

> 踏青一队过横塘，鬓插山茶巧样妆。
> 恼却春来双燕子，郎家不见送槟榔。②

温承恭诗文具佳，才华横溢，善为骈体文。得知州章予之器重，受聘掌教德庆书院，撰《复章刺史聘掌德庆书院书》一文，文中谈古论今兴贤育才之道，谓“上追前人，亦穷士一生之事业也”，至今仍为师者之标杆，该文值得一读：

> 上古乡举里选，教起近民，故自五家为邻，积而至于五州。为乡无人无师，亦无处无学，真德秀谓敬敏任恤，同胥书之孝友睦姻，族师书之古法于近民者，教弥数也。后世选举不行，人才登于府州县，儒学官始教育民，在野者弗与焉。于是府、州、县别设书院，就民起教，仿古法邻有长、党有正、族有师，遗意然则书院讲学，无教化职守，有教化责成，任亦不易胜也。士君子读圣贤书，达则治人，穷则教人。承恭今穷在下，教应设于乡里。况衡毅扼步骛于高要峡口，陈颁应冯盎于高凉总管，李质附何真于金陵归命，勋绩忠义，皆本乡前代伟人。今日果能激励同志，上追

---

① （清）杨文骏等修：《德庆州志》光绪二十五年刻本，卷十三，类编，页21。
② （清）杨文骏等修：《德庆州志》光绪二十五年刻本，卷十三，类编，页22。

前人，亦穷士一时之事业也。数十年讲学外县，乡人时亦欲教。第赵德在潮州，无韩愈延聘，教不立，名不成，石汝励在英德，无王仲达延聘，教亦不立。此皆粤东前事，近日罕见。不意贤大夫知有穷士如承恭者，延聘倏及，凤愿竟幸获遂。聘书敬捧，感激实深。惟是大司徒以本俗六安万民，四曰联师儒，五曰联朋友，大冢宰以九雨系邦国之民，三曰师以贤得民，四曰儒以道得民。古人于近民之所以教者，今日责在书院。承恭才品平庸，深虑不称是选，然里胥坐右塾，邻长坐左塾，不怠所事，于近民起教勉裹，贤大夫兴贤育才之教化，窃亦自励而已。①

德庆诗坛至乾嘉时期达至鼎盛，德庆温氏一门有《温氏家集》刊本传世，国朝温承恭著。温承恭之子温飔嘉庆二十三年（1818）举人，乃肇郡高要陈旦的老师，"陈旦咸丰初元（1851），梓（出版）其师温飔遗书，冠以承恭所著，题曰《温氏家集》"②。

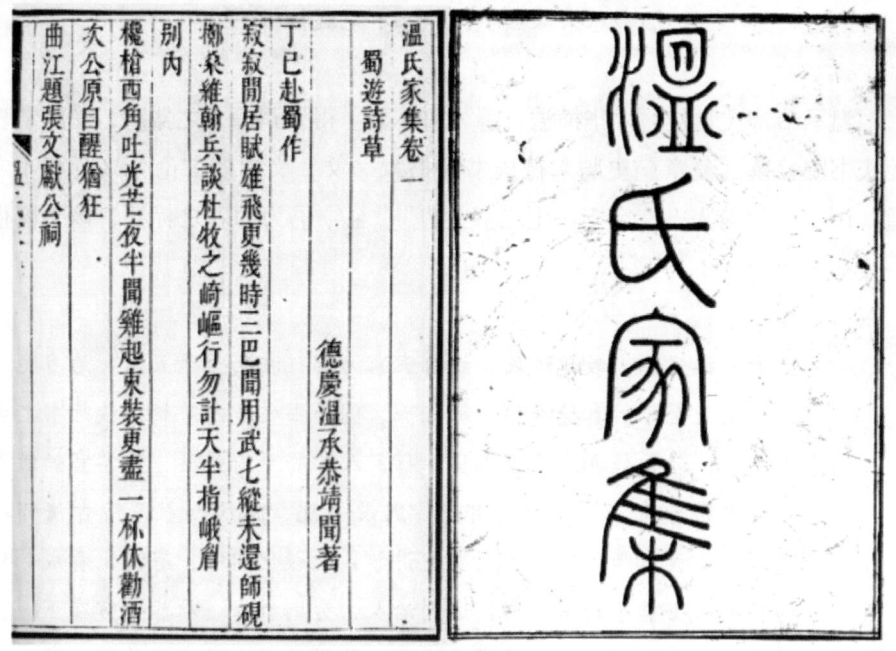

温承恭著《温氏家集》（温爱民藏书）

① （清）杨文骏等修：《德庆州志》光绪二十五年刻本，卷十三，类编，页29。
② （清）杨文骏等修：《德庆州志》光绪二十五年刻本，卷十三，类编，页6。

　　值得庆幸的是，欣逢盛世，早已佚散的温承恭《温氏家集》十二卷本失而复得。该集收录了德庆"温氏一门"的诗、文精品，计有"温承恭《蜀游诗草》一卷、《蜀游赋草》一卷、《庄亭文存》一卷。（温）飏《宜善堂诗钞》三卷、《文钞》一卷、《系辞说》一卷，《书序辨》一卷，《古本大学解》二卷，《经义》一卷，今悉分著于编，是编末附《汉台诗十首》。彭泰来辑《端人集》，录《蜀游诗草》二十二首，《蜀游赋草》一卷，《庄亭文存》一卷，是编文皆骈体，陈在谦撰承恭传称其善为骈体文；《府志》李云鸾传又称其从承恭习为六朝文；黄培芳《香石诗话》亦称其能为徐庾之文。承恭有《客蜀自序》《赠彭春洲序》《谭康侯诗集序》《上李雨村书》《上曾宾谷书》《吊王行人文》等篇皆骈体，不知何以遗之也。今采入类编"[①]，冀其有传也。

---

　　① （清）杨文骏等修：《德庆州志》光绪二十五年刻本，卷十三，序目，页6。

梁修"百花诗"与情人节

　　很多人都知道西方的情人节。在这一天，男女约会，互送巧克力或玫瑰花，向对方表达爱慕之情。不知从何时开始，此风也传到了中国，并逐渐被我国年青一代接受。但很多人，特别是年轻人，并不知道中国也有情人节，更不知道中国情人节的来历。

　　中国情人节首推传统节日七夕节，这来源于牛郎和织女的传说。唐杜甫《牵牛织女》曰："牵牛出河西，织女处其东。万古永相望，七夕谁见同。"[1]七夕节又叫"乞巧节"，在德庆叫"拜七姐"，又叫"拜仙"。相传每年农历七月初七这一天，天上的七仙女会下凡向人间的少女传授纺织和女红等巧艺，因此民间又称之为"乞巧节"。每逢农历七月初七，姑娘们都会备铜制七孔针，以五色线对月迎风穿针，祈求自己能够心灵手巧，像七仙女一样漂亮能干。可见早期的七夕节重在乞巧，并没有情人节的概念，只是到了后来（有专家考证约在战国时期）加入了牛郎和织女相亲相爱的神话故事，因此被赋予了情人节的含义。

　　中国还有另一个情人节，那就是元宵节。元宵节又叫"上元节"，诗人欧阳修《生查子·元夕》有脍炙人口的名句"月上柳梢头，人约黄昏后"，描写的是上元夜男女青年约会的情景。古代女子受封建礼教的约束，平日三步不出闺门，但到了元宵节这一天则可以相约结伴出门赏花灯，与意中人谈情说爱而不受约束，这个节日后来就逐渐演变为中国的情人节。

---

　　① 《全唐诗》横排标点本，石家庄：河北人民出版社 1997 年版，卷二百二十一，页 1105。

一、情人节与采青习俗

粤西德庆，旧有正月十五元宵夜"采青"之俗，也叫"偷青""拗青"。"拗"在德庆话中即"采摘"的意思。是夜，青年男女会相约来到附近的菜地偷摘青菜，实则利用这个机会与自己的意中人相会，彼此诉说相思之情。未有意中人的，也可以借此机会与异性相识，若双方情投意合便可相约来年再见，或请媒人上门提亲。封建社会中，青年男女多不能自由选择意中人，平日也不能与异性接触，但在正月十五元宵之夜，男女结伴"采青"、与异性交往，父母则不加以干预。

清光绪《德庆州志》记载了"采青"和"耍花灯"的习俗："十五夜，妇女出游谓之'采青'……摘邻园蔬（菜）煮食曰'偷青'，亦曰'拗青'。""上元夜，坊社各燃鳌山（由各种花灯堆叠成的山）、企角、人物、花草诸灯……妇孺游观，夜分始散归，谓之耍花灯。"德庆举人梁修《康中吟·荡花灯》诗描述的正是德庆州上元夜民众"耍花灯"的盛况："元宵四五六，人声喧宝亭。衣香杂老少，祠堂门不扃……遗簪复堕珥，万目钻娉婷……"①"荡"和"耍"在德庆话中都是"游玩"的意思。是夜，民间张灯结彩，男女老少穿着新衣，人山人海，聚集在宝亭周围观赏花灯，庆贺元宵灯节。宝亭即"宝盖亭"，旧德庆州城地标性建筑，位置在梁修家屋后的永宁坊，即今光明路与胜利西街交会处，为当时县城的中心地。

祠堂也是挂灯的去处，凡本族添丁者要到坊社或本姓祠堂"上灯"，请全族人喝酒贺灯。"灯"同"丁"谐音，取共贺添丁之意。德庆俗例，正月十二请灯（上灯）、十四试灯、十五贺灯、十六落灯，县城各处祠堂，日则开门迎神宴客，夜则唱戏放烟花。

年轻人则放弃观赏元宵花灯，选择结伴"采青"，利用这个难得的机会与意中人约会，甚至与意中人私订终身，追求婚姻自主。屈大均《广东新语》载："琼州风俗之敝，尤在上元。自初十至十五五日内，窃蔬者、行淫奔者，不问。名曰采青。"②"窃蔬"就是偷摘青菜，又名"采青"，"不问"就是不追究。《辞海》中，"淫奔"旧指男女违反礼教的规定自行在一起，一般指女

① （清）杨文骏等修：《德庆州志》光绪二十五年刊本，卷四，风俗，页43。
② （清）屈大均：《广东新语》，卷九，采青，北京：中华书局1985年版，页302。

方往就男方（女方追求男方）。① 这是违反封建礼教的行为，一般来说，如果有人告官，官府就要过问处理，严重者在族内要受"浸猪笼"之惩，但在正月十五前后几天则是例外，官府也不追究。

男女来到菜地"采青"也不必偷偷摸摸，菜地主人并不介意有人来偷自己家的蔬菜。人们认为，正月十五有人来自己菜地"偷青"是吉利的事，来年会行好运。因此，就算偶然碰上"偷青"的男女，菜地主人也会悄然避开，于是"偷青"也就顺理成章地成为情人约会的风俗，元宵节继而演变为情人节。当然，在旧社会封建礼教的桎梏下，男女自主婚姻不可能成为主流，多以失败而告终。

二、 梁修与 《百花诗》

梁修（1859—1898），字梅想，号端溪居士，又号锦石山人，广东德庆县德附城人。家境贫寒，唯年少好学，博览群书，过目不忘，尤嗜唐诗宋词及各家诗话，故能长于文而工于诗。光绪十一年（1885）中乙酉科举人，时年26岁，寄寓广州花埭（地）之纫香园，早晚攻读，准备来年进京会考。

元宵灯节将至，广州花埭（地）各名园皆摆设"花局"，以吸引更多游客。园主知梁修性爱花卉，特在园内设"百花诗坛"，请梁修为园内名花题诗。梁修欣然应允，三日内成诗百首，并各系小序。闻花埭纫香园举办百花大会，广州城里城外的文人雅士纷至沓来，观花赏诗盛极一时，梁修遂以"百花诗"名闻省垣。后梁修将"百花诗"稍作修改厘为百首，题为《花埭杂咏百首并序》，收入其《锦石集》（可惜未及刊刻）。梁修诗文受时人传诵，但多毁于兵燹或西江洪水，《锦石集》也未能幸免，遗篇只散见于方志、时刊及乡里抄本。②

1989 年，梁中民、廖国楣的《花埭百花诗笺注》一书由广东高等教育出版社出版，该书以德庆县亭底梁氏钞本为底本，并据其他几个本子校勘而成。③ 笺注者用功十足，旁征博引，对百花题咏中的花卉知识、典故详为注释，并附有百花图谱，对读者欣赏梁修的《百花诗》有很大的启发和帮助。

---

① 夏征农、陈至立主编：《辞海（第六版）》，上海：上海辞书出版社 2009 年版，页 2036。
② 梁挺编撰：《德庆亭底梁氏》，页 8。
③ （清）梁修撰，梁中民、廖国楣笺注：《花埭百花诗笺注》，广州：广东高等教育出版社 1989 年版，页 231。

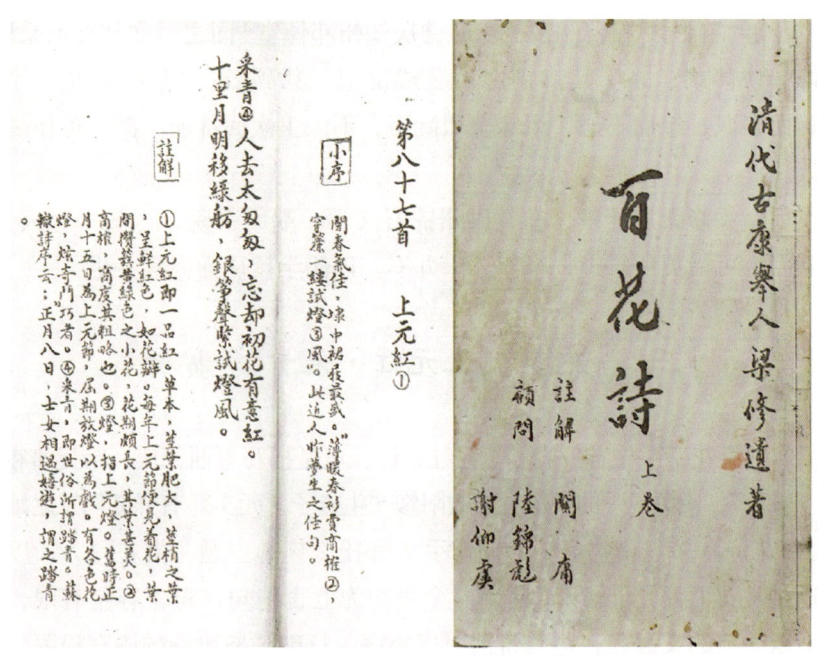

梁修《百花诗》，关庸注解、温继怡钞本（温爱民摄）

梁修《百花诗》当年轰动省城，相互传钞者众，坊间流传有多个版本。笔者最近发现梁修《百花诗》的另一个版本，是由关庸先生注解，陆锦彪、谢仰虞两先生为顾问，温继怡先生誊录的一个本子。据誊正本持有人温强（温继怡子）介绍，关庸先生于 1982 年完成《百花诗》的注解后交由其父温继怡誊正，并寄送香港《大公报》编辑龙葆洸先生协助出版，未果，龙先生遂将原稿寄回温继怡保存至今。

龙葆洸先生为肇庆人，1939 年肇庆中学迁金林村办学时与德庆人温继怡先生是同班同学，毕业后考入中央技艺专科学校，后进入重庆《大公报》任战地记者，1948 年调香港《大公报》任编辑，与温继怡先生一直保持书信往来。笔者核其文本，"关本"正文、排序、小序与"梁本"多有相异之处，应为另一不同本子。关庸（1908—2000），德庆县德城镇人，"国立"中山大学毕业。1935 年任德庆香山中学第七任校长，善诗，著有《百草诗》一卷，可惜已佚。其古文功底扎实，博古通今，颇有文采。"关本"分原文、注解和浅析三部分，学术性、可读性俱佳。

梁修中举时，榜列第四名，可知其有压榜之才。他中举之后，本应赴京参与会试，唯道途遥远，因家贫无以筹措盘缠，虽亲友资助，亦未能如愿成行，致怀才不展，深以为憾。回乡后，梁修将其平日所作及《百花诗》辑成《锦石集》十卷，自号"锦石山人"。时德庆知州邓倬堂①闻之，亦拄杖前来欣赏，与梁修畅谈甚欢，并于其诗稿之末题跋留记，其辞云："摹绘百花，才分际遇，婉而多讽，怨而不怒，风味全似阮亭，不入王次回纤丽一派，可作一部百花史读。"②

及后，梁修无意仕宦，掌教康州锦石义学、端山书院，以教书育人为乐，桃李满门，可惜英年早逝，卒年三十九岁，以儒学授徒而终其一生。

三、 梁修 《上元红·采青》 赏析

梁修《百花诗》中有一阕《上元红》诗，正是描写粤西德庆一带元宵夜情人相约"采青"、谈情说爱的风俗，与欧阳修《生查子·元夕》有异曲同工之妙。

《百花诗》多以借物言情的创作手法寄托深刻的主题，借花写人，以人喻花，通过赏花而评是非。《百花诗》全集均为七言绝句，每首容量有限，梁修巧妙地以简洁的文辞，在每首诗前冠以小序，打破了格律诗的语言局限，诗和序互作补充、相得益彰。

《百花诗》具有浓郁的岭南地方色彩，《上元红·采青》以"采青"为咏，描写去年上元夜一对相会的情人最终未能冲破封建礼教的桎梏。又至一年元宵节，十里流光，端溪明月依旧，心上人已匆匆离去，只余情窦初开的少女独自伤心落泪。尤为难得的是，梁修处身风雨飘摇的晚清时期，作为一个封建文人大声疾呼，抨击封建礼教扼杀婚姻自主，对"采青人去太匆匆"的悲惨结局深表同情。

上元红·采青

小序：开春气佳，球中裙屐最盛。薄暖春衫费商榷，穿帘一缕试灯风，此近人昨梦生之佳句。

采青人去太匆匆，忘却初花有意红。

十里月明移绿舫，银筝声紧试灯风。

"上元红"即一品红，茎叶肥大，茎梢之叶呈鲜红色，如花瓣，每年上元节便见着花，花期颇长，为德庆常见的花卉。宋《桂海虞衡志》云："上元

---

① （清）杨文骏等修：《德庆州志》光绪二十五年刻本，卷八，职官表，页49。邓倬堂，沔阳州人，庶吉士，光绪二十年（1894）以灵山县署任。

② （清）梁修撰，关庸注解，温继怡钞本：《百花诗》，1986年版。

红，深红色，绝似红木瓜花，不结实，以灯夕前后开，故名。"①

　　诗中"采青人"指去年上元夜幽会的情人；"初花"指始开的花朵，此句一语双关，代指情窦初开的少女。去年相会的"采青人"或因家庭压力，或因社会偏见已悄然离去。又到一年元宵夜，十里明月依旧，心上人为什么还不来提亲呢？"银筝声紧试灯风"：粤中风俗以正月十四为试灯日，各坊社、祠堂灯火辉煌，筝乐齐鸣。上元红花盛开，唯独不见心上人的身影，果真是"月与灯依旧""不见去年人"。

　　"十里月明移绿舫"句出自明嘉靖德庆知州陆舜臣"清溪明月浸梅花，十里流光上白沙。画舫往来银世界，一声铁笛在天涯"② 一诗。"清溪明月、十里流光、画舫往来"的地方就是著名的明德庆八景之一"端溪夜月"③，位置在今大桥村委会春牛亭村一带，此地有古端溪桥，端溪河绕村而过注入西江，河边有坊社曰"皆春社"，有亭曰"春牛亭"，有庙曰"北帝庙"。古时每岁元宵节，十里月明之夜，这里既是民众笙歌达旦、贺元宵灯节的"不寂之地"，也是青年男女相约结伴"采青"、谈情说爱的地方。而到了今时今日，"采青"之俗已逐渐淡出了人们的记忆。

大桥村春牛亭、皆春社元宵灯节上灯（温爱民摄）

（原载肇庆市《炎黄大观》2021 年第 2 期）

---

① （宋）范成大撰，严沛校注：《桂海虞衡志校注》，南宁：广西人民出版社 1986 年版，页 72。
② （明）陆舜臣纂修：《德庆州志》嘉靖十六年刻本，卷七，提封志下，页 13。
③ （明）陆舜臣纂修：《德庆州志》嘉靖十六年刻本，卷七，提封志下，页 12。

清末女子教育与香山中学女校长戚苏馨

封建社会重男轻女，认为女子无才便是德，因此女子极少有读书机会。直至来华传教的教会学堂开办，才开始有为数极少的女子公开入学接受教育。

1897 年，美国基督教约老会陈安德教士到德庆传教，于"清光绪三十一年（1905）十月十六日，办成爱理女子学堂（校）"①，正式敲开了女子公开接受教育之门。在教会学堂接受教育的温伟杰在其自传中说道："这里的伙食费，每月只收五角钱，学费免收，书籍及文房用品一律由学校供给，（母亲）就决定让我在爱理女子学校读书。"② 校长也是女性，这大约是在 1908 年。温伟杰其实不是第一批进入女学堂的学生，入学的女生多是基督教徒的女儿。

据戚苏馨口述、戚焕尧整理的资料："我县最早开设的女子学校，为美国传教士所办的爱理女子学堂。堂长为美国人，一般称她为孔姑娘，而没称她的全名。学堂规模不大，全校有学生三十多人。只有读、写、算、手工等科目。国文、算术都是用中国的教科书。教师除孔姑娘外，最初只聘有一位国文教师，叫覃乔芬，据说是前清的举人。那时一般家庭都少让女子读书，入学的女生多是基督教徒的女儿，思想比较开通的。城镇里来入学的，现记得最早为戚文懿、谢励文、谢雪琼、黄慕贞、温伟杰、戚苏馨等。谢励文、谢雪琼二人在爱理女子学堂毕业后被保送去广州协和女子师范学校学习，毕业后又回到爱理当教师。当我县由政府办了一间女子小学后，爱理就停招一般的女生。谢励文先生被聘到县办的小学任教，直至年老退休。她勤勤恳恳为我县小学做了一辈子教育工作，是值得我们后辈教育工作者学习的。"③

---

① 德庆县地方志编纂委员会编：《德庆县志》，广州：广东人民出版社 1996 年版，页 748。

② 温伟杰自传《主恩够用》第二章，页 13。

③ 中国人民政治协商会议德庆县委员会文史资料工作委员会编：《德庆文史（第 12 辑）》，1991 年版，页 147、148。

320

1913 年爱理女子学堂课室，右一为教员谢仲亮先生，右二为温伟杰（摘自温伟杰《主恩够用》插图）

　　1922 年，邑人李炯回县任县长，因感本县教育落后，尤其是女子教育全不为人们所注重，乃决心打破传统封建思想，于"民国十三年（1924），在县城金花庙创设县立女子小学"①，位置就在今图书馆大楼东侧。金花庙是奉祀掌管生育的金花夫人之神庙，以金花庙为校舍，容易为时人所接受。李炯还动用地方财政拨充经费，聘委郁南人李羡芬（女性）为校长，收受女子入学。这是德庆县由政府正式公开对女子进行文化教育的开始。

　　1926 年前，德庆县最高学府是高小，青年学子欲求继续深造，都需要到广州、肇庆中等学校学习，非较富裕人家无能为力，因此能读上中等学校的人不多。1926 年间，邑人严博球回乡任县长，有见及此，乃联合地方开明人士如梁孝勔、李少毅等筹办县初级中学，以香山寺为校址，毁神像，充寺产，"民国十五年（1926）秋，德庆县立初级中学（以下简称"德中"）创办于县城北郊香山南麓，为县内有中学之始"②。乡绅公推广东高等师范学校（中山

---

① 德庆县地方志编纂委员会编：《德庆县志》，广州：广东人民出版社 1996 年版，页 589。
② 德庆县地方志编纂委员会编：《德庆县志》，广州：广东人民出版社 1996 年版，页 594。

大学前身）毕业生陆文博任校长。招生对象以高小毕业生为主，还有一部分是读过私塾、教会学校的社会青年，择优录取一个班，其时已有数名女学生报考。

德中开始时只招初中一个班，均为男生，"第二届始招女生，共四人：李景昭、谢景芬（筱琴）、梁景芳（即梁修的孙女）、谢少雄，均为当时爱理女子学堂高小毕业，由该校女教师谢雪琼鼓励报考。谢雪琼为县城人，广州协和女子师范学校毕业，后曾一度由校长谢家燊聘到德庆县立一小任教，李景昭、谢景芬、梁景芳三人的名字，也是由她于三人报考时改定的……读至毕业者仅李景昭、谢景芬二人……她们的学习成绩均良好，李景昭尤经常能处于班中前列五名内"①。

戚苏馨是德庆最早一批接受现代教育的女子之一。她在爱理女子学堂读完高小，毕业后负笈省城求学，与其弟戚焕尧同为广州中山大学毕业生，先后回德庆担任香山中学校长，为德庆的教育事业作出贡献。戚焕尧于 1984 年还为《德庆文史》撰写文章，但戚苏馨则很少有资料存留。据戚焕尧《香山中学校史漫谈》："我离职后，接着由关庸任校长。其后为戚苏馨（1937—1938 年在任）……他们都是毕业于中山大学的。抗战期间我随中山大学搬迁，远离德庆，对家乡情况便不大了解了。"②

据笔者族兄温强先生回忆，戚家家境并不富裕，父亲是小学教师，母亲是家庭妇女，姐弟两人在德庆读完小学后，即离开家乡到省城以半工半读的形式读完中学，继而考进中山大学，又以优异的成绩争取到了助学金，直至大学毕业。两人大学毕业后留在省城中学任教。1937 年关庸辞去香山中学长职务，县政府请德庆留省同学会推荐一个合适的人接替香山中学校长职务。同学会考虑到戚苏馨为中山大学毕业，又在省城中学任教，即推荐她回乡任香山中学校长。戚苏馨抱着回乡办好教育事业的雄心壮志，辞去了广州待遇优渥的工作，接受了县政府的任命。她是从这个县城里走出来的第一位女大学生，也是至今为止香山中学唯一一位女校长。在这个县里，她可算是出类拔萃的女中之杰了。后因卢沟桥事变，战事日紧，中央军事政治学校（黄埔军校）第四分校、

---

① 中国人民政治协商会议德庆县委员会文史资料工作委员会编：《德庆文史（第 13 辑）》，1993 年版，页 29。东山堂（即谢仰虞，中山大学毕业）撰《香山话旧》。

② 中国人民政治协商会议德庆县委员会文史资料工作委员会编：《德庆文史（第 5 辑）》，1984 年版，页 30。戚焕尧（中山大学毕业）撰《香山中学校史漫谈》。

国民党第三十五集团军先后由广州迁来德庆，总部就设在香山中学，导致学校不能正常上课而几乎停办（后迁金花庙复学），无奈，戚荪馨只好辞去香山中学职务。

香山中学图书馆前的南洋杉已有 90 多年历史，为前任香山中学校长关庸所栽（温爱民摄）

风情风物

古代康州八景与八景诗

古时方志多陈八景杂载题咏，今搜宋代以降康州八景，附其名及诗于此，俾来者有参考，余皆所略。

宋晋康八景："康之为景，在昔有以香山精舍、锦石神祠、龙母佳城、葛仙丹灶、三洲春日、伍峒秋风、程溪祀猿、温江鸣鹿为题者；后又改香山兰若、三洲仙岩、南江晚渡、渌水朝帆、端溪夜月、锦石晴霞、西湾渔唱、佛岭樵归者。然时异世殊，景亦因之，固有昔是而今非者，亦有古晦而今显者，盖有不容于同者矣。故次为今（明嘉靖）八景云：香山古迹、三洲洞天、端溪夜月、笔架晴岚、锦石撑空、青旗拥翠，西湾渔唱、佛岭樵归。"① 此晋康八景，士民题咏，盛极一时。

后又有（明万历）八景云："香山胜迹、三洲洞天、端溪夜月、杉岭晴岚、锦石流芳、云岗拥翠、西湾渔唱、佛岭樵归。"② 昔贤篇咏备，今以嘉靖八景为题，每景录诗一首：

一、明代嘉靖晋康八景诗③

1. 香山古迹

明·陆舜臣

揽秀楼空护锦霞，短墙春引薜萝斜。

多情漱玉桥边水，岁岁东风送落花。

---

① （明）陆舜臣纂修：《德庆州志》嘉靖十六年刻本，卷七，提封志下，页12。
② （明）郑一麟修，叶春及纂：《肇庆府志》万历十六年刻本，卷九，页8。
③ （明）陆舜臣纂修：《德庆州志》嘉靖十六年刻本，卷七，提封志下，页12－16。

陆舜臣：横州举人，明嘉靖十一年（1532）任德庆知州。

2. 三洲洞天

明·邓辂

三洲奇绝古仙家，洞里乾坤万象赊。

玉乳倒垂流翠碧，岩门不锁放烟霞。

书台日上无飞鸟，丹灶春深炼落花。

把作蓬莱山亦得，更从何处泛仙槎。

3. 端溪夜月

明·张澜

溪水清澄漾碧涟，晚迎明月上初圆。

三秋影动鲛人室，半夜寒生贾客船。

水底鱼龙蒙覆照，沙边鸥鸟望婵娟。

我曾鼓棹穷源处，高仰余光问步蟾。

张澜：德庆晋康人，成化二十三年（1487）进士。祀乡贤祠。

4. 笔架晴岚

明·陈本义

秀挺笔峰当面立，春朝雾释画图开。

桄榔叶暗芭蕉绿，隔岸天香风送来。

5. 锦石撑空

明·刘魁

巨石巍巍插半天，太初景象自年年。

炎刘陆老曾帷锦，留得勋名万古传。

6. 青旗拥翠

明·伍云龙

青山天外俨旗形，扫尽岚烟紫翠凝。

龙母祠堂钟鼓近，程溪千古作云屏。

7. 西湾渔唱

明·邓墙

芦花深处水西头，乱泊沙湾几钓舟。

两手棹翻红蓼月，数声歌动白蘋秋。

余音缕缕飘清籁，高韵琅琅杂碧流。

闻道海滨消息好，羊裘不久坐矶头。

邓墙：德庆州人，嘉靖年间以贡生任高安县丞。享年九十五岁。

8. 佛岭樵归

明·梁东之

叠叠峰峦一径通，万夫樵采往来同。

崎岖不惮羊肠曲，旋转方知鸟道穷。

蓑笠长沾云气湿，斧斤远应谷声雄。

担头莫把书囊弃，道达还资辅世功。

梁东之：德庆州人，弘治十四年（1501）举人，仙居知县。

二、 清代康州八景诗[①]

清康熙年间，德庆"知州秦世科又有香山佛迹、书院莲塘、非庵龙泉、南江渔火、北门晚樵、东郊烟柳、光孝菩提、三洲岩洞"八景。清康熙八景吟咏颇多，唯书院莲塘诗未见。今每景录诗一首：

---

① （清）谭桓修，梁宗典纂：《德庆州志》康熙十二年刻本，卷二，景致，页22。

三洲岩摩崖石刻（温爱民摄）

1. 香山佛迹

清·秦世科

不知佛去几多时，留得孤踪惹赋诗。

逼近云烟常带水，细生苔藓似拖泥。

依稀犹有西来意，仿佛除非到者知。

岂是凡夫能学步，铁鞋踏破乃如斯。

秦世科：顺天大兴县人，康熙四年（1665）任德庆知州。

2. 书院莲塘（缺）

3. 非庵龙泉

清·陈登瀛

山头兰若白云游，景入祇园象外幽。

满径竹阴寒日色，一泓清浅照禅修。

朝环佛座昙花泛，暮绕仙台月影浮。

静听钟声生远韵，心持半偈俗缘休。

陈登瀛：江南吴县人，康熙三年（1664）任德庆知州。

4. 南江渔火

清·秦世科

也无耻辱也无荣，独有渔灯夜不惊。
明月疏星常作伴，斜风细雨惯知情。
依栖两岸嫌疑少，缔结浮鸥系累轻。
安得世人都似此，妻儿樽酒棹歌声。

5. 北门晚樵

清·陈登瀛

隐隐歌声动晚天，樵人争度绿杨烟。
腰间宝刃迎风吼，足底芒鞋带雾穿。
晓出洞云浮箬笠，暮归斜日引疏蟾。
担头挑得乾坤老，柯烂而今不记年。

6. 东郊烟柳

清·李扩

婆娑暗绿影长堤，暖日融融翠色迷。
浪静眉颦如舞倦，春阴露重欲眠低。
离宫密锁佳人恨，别浦轻萦骏马嘶。
仿佛黄鹂看不见，东风只许听声啼。

7. 光孝菩提

清·秦世科

者种灵根世所稀，婆娑两树最精微。
低临宝殿迴栏静，高插诸天众鸟飞。
贝叶书经成妙谛，琪花证果待皈依。
栽培不借人间力，福庇吾民月满扉。

光孝寺：在城西，今无存。

8. 三洲岩洞

清·陈登瀛

仙岩胜概写蓬瀛，峭壁悬瑛削不成。

玉乳巧妆翻浪鲤，丹炉新煮石头羹。

江云入洞眠僧榻，渔火分辉照客枰。

土鼓石钟敲岁月，俨然天竺小乾坤。

三洲洞天（温爱民摄）

迎芒神　打春牛

　　立春是中国二十四节气之一，一年之计在于春，立春是预兆一年农事光景丰歉的重要节气。因此，古时上至皇帝，下至州县官，都要在立春这一天于"东方之郊"举行迎芒神、祭春牛的活动，祈求一年风调雨顺、五谷丰登。相传芒神居位在东方，因此民间习惯于每年的立春日至本城东郊迎接芒神。

　　芒神，即句芒，又称"春神"，是主宰草木生长之神，也是主宰农业生产之神。有关句芒的传说很早就有记载了，《山海经》云："东方句芒，鸟身人面，乘两龙。"① "句芒"就是传说中的芒神，后来演化为一个笑眯眯的赤脚男孩的形象。

　　春牛、芒神的形象及尺寸有明确的规定，体现了中国农历的特点："春牛"为官府劝农春耕的象征性泥牛，它是用泥巴、稻草等黏合而成，也叫"土牛"。《德庆州志》云："先立春日，各府州县于东郊造芒神、土牛……冬至后辰日，于岁德方取水土制造，以桑柘木为骨，牛身高四尺，象四时；长八尺，象八节；尾长一尺二寸，象十二月……芒神长三尺六寸五分，象三百六十五日，鞭长二尺四寸，象二十四气。"② 芒神、春牛做好后，由地方主官行香主礼，执鞭鞭打春牛，谓之"打春"，又叫作"打春牛"，这象征着一年春耕劳作的开始。

　　每年"交春"那一刻，家家户户供香案礼拜，燃放爆竹，迎春接福，祈求风调雨顺，此俗一直延续至今。春天到了，农事始，士民围观"打春牛"，随后，老百姓哄抢碎牛的散土，撒回自家牛栏桑地，寓意宜蚕桑、辟瘟疫。唐

---

　　①　杨淮译注：《山海经》，《海经》卷四，太原：三晋出版社2008年版，页212。
　　②　（清）杨文骏等修：《德庆州志》光绪二十五年刻本，卷七，典礼，页18。

代诗人元稹《生春》诗"……何处生春早，春生野墅中……鞭牛县门外，争土盖蚕丛"① 即描写了立春日"打春牛"的情景。

德庆立春日迎芒神、打春牛的地点在城东太平坊，即今端溪桥东侧春牛亭村。在过去，这是一个非常热闹的地方。春牛亭村有古迹曰"皆春社"，在社坛边有一亭曰"皆春亭"，旁有楼，楼下可通行人。县太爷每年"迎春"打春牛仪式即在此举行，因此这个亭又得名"春牛亭"，这个村就得名"春牛亭村"了。

立春的"打春牛"仪式非常隆重，立春前一日，县太爷即吩咐手下于岁德方取水土，在春牛亭侧造芒神、春牛像。

> 立春日，吏设案于芒神、春牛前，陈香烛酒果之属，案前布拜席，通赞执事者于席左右立。正官（知县）率在城文官丞史以下，朝服毕诣东郊（春牛亭）。立春时至，通赞赞行礼，正官一人在前，余以序列行就拜位，赞跪叩，兴，众行一跪三叩礼，执事者举壶爵跪于正官之左。正官受爵酌酒酹酒三，授爵于执事者。复行三叩礼，众随礼，兴。迺升芒神、土牛，鼓乐前导，各官后从，迎入城，置于公所。各官执采仗环立，乐官击鼓击土牛三，迺各退。②

民众沿途迎芒神、春牛入城之际，"幼者以豆掷牛，谓之稀痘疹"，即清除疫疾；把染红了的谷米撒牛身，以祈求五谷丰登。待执事者击鼓、击打春牛后，围观民众一拥而上，将春牛打碎，各人捧"春牛泥"回家涂灶或撒入牛栏、猪圈及自家田地，以求五谷丰登、六畜兴旺。

春牛亭今已不存，立春"迎芒神、打春牛"的习俗也不知什么时候销声匿迹了，只留下春牛亭村这个村名一直沿用至今。

---

① 《全唐诗》横排标点本，石家庄：河北人民出版社1997年版，卷四百一十，页2159。
② （清）杨文骏等修：《德庆州志》光绪二十五年刻本，卷七，典礼，页17。

今存春牛亭村"皆春社"社坛（温爱民摄）

元宵节 "炮仗攻狮子"

被誉为"岭南民俗一绝"的德庆元宵灯会颇有南国特色，而声振四方的德庆"炮仗攻狮子"更是元宵灯会的一项重要活动。旧时商会主事者为活跃灯会的气氛、吸引周边客商，也为了在自己的铺面聚集更多的人气，每逢岁末，即与狮队约定，在元宵节这天请狮队上门舞狮助兴。

元宵节一大早，狮队如约而至，摆开架势，按常规舞完套路，狮子收摘银牌（利是）之后，商家还要组织几十人（多者一两百人），以爆竹对狮子进行围攻，霎时间爆竹声轰鸣、烟火冲天，引来无数围观者。爆竹放得越多，说明老板的"利是"越丰厚，代表商铺越有面子、越有财力。商家兴高采烈，舞者勇往直前，祈祷生意兴隆、来年一帆风顺，观者亦沾其财气，不亦乐乎。

20 世纪 50 年代初德城舞狮巡游队伍（温爱民存）

德庆的"炮仗攻狮子"节目可以追溯到南宋初年。宋高宗于建炎元年（1127）即位南京，康州为其封地，从州民之请，于绍兴元年（1131）推恩诏升康州为德庆府，官民同庆，通宵达旦，燃灯放焰、鞭炮齐鸣、舞狮庆贺，"炮仗攻狮子"的习俗逐渐形成。直至民国时期，最为州人津津乐道的就是狮子舞"三街"活动。德庆人所称的"三街"指旧县城谷圩街、会龙街、文会街，即现时的横街。明清时期，横街为德庆商业中心，商铺林立。2016年城区改造，新建楼盘占去了会龙、文会两街，今仅余谷圩街、华光庙一段。

每年春节至元宵节期间，"三街"商铺的老板们为图吉利、聚人气，会事前约定狮队到自己的铺头拜年，以图生意兴隆。虽说"三街"在明清时为德庆县城的商业中心，但街道浅窄，一丈来宽的街面"仅容旋马"。因此，每个狮队舞进去，只能往前走，不能往后退。很多狮队顶不住商铺炮仗的攻击，舞不到中段便偃旗息鼓退在街边，随后的狮队马上替上。若有狮队能舞过"三街"，则证明该狮队功夫了得，能扛得住炮仗的围攻，商会则冠之以"狮王"称号。来年各商铺则以请到狮王为荣，狮队也会趁机向老板多讨"利是"。狮队过"三街"的确不容易，各商铺老板早就准备好一箩箩的鞭炮，居高临下，就等狮队过街，两边商铺的炮仗随即倾泻而下，少有能舞过"三街"者。此时此刻，鼓声、锣声、吆喝声、炮仗声一浪高于一浪，好不热闹。春节狮子舞"三街"的欢乐场景已成为德庆人的集体记忆。

老城区"三街"骑楼商铺，狮队皆从此经过，少有能舞过"三街"者（温爱民摄）

旧时舞狮子也有行规，若行进间有狮队迎面相逢，双方的领队（教打头）就会抓住自家的狮子角，摁住狮头，随即鼓手也会将鼓点转为"点鼓"，双方即礼让而过；如果鼓手不小心敲了"醒鼓"，则狮头就要随鼓点昂首起舞，这可不得了了，因为狮头里的舞者看不到外面的动静，他只能听鼓点而动。这样一来，那就是互不相让了，这是要打架（比武）的节奏。此时双方就要互递红纸，商定何时何地比武，那阵仗就大了。

也有专门"撩打架"的狮队，他们舞的是"黑狮"，狮头稍细而硬，仗着舞者人高马大而横冲直撞，一般的"瑞狮"不是它的对手，低首而避开。而它却专门找去年的狮王"过不去"。当然，也不是真刀真枪的打架，而是邀约对手摆擂台表演武术、娱乐群众而已。比武之日，各队都有多家商铺赞助，群众更是把比武擂台里三层外三层围得水泄不通。各队轮番出场表演节目后，再以炮仗围攻，此时看谁舞得潇洒、扛得住炮仗围攻，最后由商会评出本年度的"狮王"。至此，春节的气氛达到顶点，这是万民欢腾的日子，许多民众童年时期的春节就在狮鼓爆竹声中度过。

德庆"炮仗攻狮子"场景（温爱民摄）

　　"炮仗攻狮子"的习俗一直延续至今，但早就不在浅窄的"三街"进行了。政府为确保安全，规定在康城大道、德庆大道、朝辉路等宽阔大街上开展此项活动，并有公安、交警、消防车等维持秩序，确保安全。元宵节这天县城人山人海，最多时达二十多万人，"炮仗攻狮子"现已发展为西江流域吸引力最强、影响力最大、参与人数最多的民俗节庆活动。

龙母出巡（温爱民摄）

学宫祭孔与教师节

德庆孔庙祭孔有春秋两祭，尤以秋祭为隆重。因为每年的秋祭日为 9 月 28 日，是孔子的诞辰，因此又被称为"先师诞"。孔子是世界文化巨人，其倡导的儒家学说为中华民族的生存和发展提供了丰富的养分，体现了中华传统文化的核心价值观，对人类文明进步作出了重大贡献。

祭孔是弘扬中华优秀传统文化的活动，由官府祭祀官、孔子后裔、社会团体等社会各界人士参加，主要包括礼、乐、歌、舞四种形式。所有礼仪要求"必丰、必洁、必诚、必敬"。"必丰"主要体现在祭品上，孔子享太牢之祀，祭品应为猪、牛、羊三牲；"必洁"体现在服饰仪容上，祭祀前一天主礼人须沐浴更衣，礼仪开始前各参祭人员也有净手环节；"必诚、必敬"则体现在每一个参祭人员上，从开始的准备到最后的结束，所有参祭人员必须肃穆认真。

祭孔最重要的仪程是三献礼，主祭官朝服净手、恭读祝文，而后全体参祭人员对孔子像行三鞠躬礼，蒙童齐诵《孔子赞》。仪式分初献、亚献、终献三个环节，分别由主祭官献香、献酒，舞仪献舞。三献礼结束后，孔氏宗亲、社会各界人士分批献香、献酒，仪式大约持续一个半小时。

"先师诞"这天也是古代的教师节，选择这一天祭孔，可以体现人们对孔子的尊敬。中华人民共和国成立后，曾将五一国际劳动节作为我国的教师节，表示对教师辛勤劳动的尊重，但由于这一天缺少教师的元素，后来全国人大常委会通过决议，确定每年的 9 月 10 日为教师节，此后教师节成了一个独立的节日。

民间祭孔献香（温爱民摄）

德庆孔庙开笔礼

孔庙"开笔礼"仪式的活动对象是学龄前儿童，分为每年的春秋两期，经过多年的举办和完善，已成为少年儿童国学文化传播和体验的经典项目。

所谓"开笔"，就是学龄前儿童开始学写字，俗称"破蒙"。是日，到现场的学龄前儿童在启蒙老师的指引下，完成入学前的仪式。

第一步：正衣冠。学童换上传统的汉服，由自己整理衣服，谓之"先正衣冠，后明事理"，然后齐集棂星门外等待入庙。

第二步：赍笔入泮。当司仪高唱"赍笔入泮"时，学童捧着毛笔、宣纸等学习用具，在启蒙老师的带领下，排成双行，依次经过棂星门，步上状元桥，再缓步经过大成门、丹墀，进入大成殿。

第三步：拜先师。在启蒙老师的带领下，学童向孔子像行三鞠躬礼。代表献香、献花、献果，谓之"三献"。这时，启蒙老师会和学童讲尊师的道理。

第四步：朱砂启智。启蒙老师依次在每位学童的眉心间点一朱砂印，象征为学童启智。点朱砂，开天眼，期望学童从此心明眼亮。

第五步：开笔习字。学童归位坐好后，启蒙老师教写第一个字——"人"，谓之"先做好人，再写好字"。启蒙老师要端正学童的坐姿：头正、身直、臂开、足安，并教授握笔时笔直、指实、掌竖等正确动作和要领。

第六步：诵读经典。启蒙老师带学童诵读《孔子赞》《弟子规》等，在朗朗的读书声中，让孩子们感受传统文化的熏陶。仪式结束后，由德庆学宫颁发"开笔礼"证书。

德庆学宫（温爱民摄）

元宵节灯会

元宵节又称"灯节",各地都要举办非常热闹的灯会。正月为农历的元月,古人称"夜"为"宵",因此把一年中第一个月圆之夜称为"元夜"。传统的元宵节习俗有放爆竹、放烟火、猜灯谜、吃元宵等,而粤西德庆的元宵节灯会还有耍龙灯、舞狮子、划旱船以及"炮仗攻狮子"等习俗。

被誉为"岭西第一灯会"的德庆孔庙灯会始于南宋初,盛于明清。灯会主要在每年的春节至元宵节期间举行。"宣和三年(1121)冬十二月壬子,进封广平郡王(赵)构为康王"①,康州(今德庆)成为康王赵构的封地。至建炎元年(1127)赵构于南京登基,以康州为其潜邸,于"绍兴元年(1131)冬十一月辛亥,升康州为德庆府"②。德庆之名始此。为庆贺朝廷推恩之赐,德庆府官民于上元夜在府衙旁的孔庙张灯结彩,官民共庆,效仿南京夫子庙举办灯会,设鳌山、耍龙灯、舞狮子、放烟火,通宵庆贺,延续至今已有八百多年的历史。

迨明清间,德庆孔庙元宵灯会达至鼎盛,从正月十四日开始,连续三日,州城各坊社、孔庙一带人潮汹涌、锣鼓喧天,处处张灯结彩,男女老少纷纷出门观灯,一片欢乐祥和、繁荣热闹的景象。光绪《德庆州志》对元宵灯会有详尽的描述:

> 上元夜,坊社各燃鳌山、企角、人物、花草诸灯;幼童办戏剧为乐,以花筒烟火角胜;箫鼓喧阗,游人歌唱,童子手击小鼓,谓之拍鼓。十五夜,妇女出游,谓之采青。今时家祠悬纸灯,备诸花果、禽鱼之状,妇孺游观,夜分始散归,谓之耍花灯。举人梁修《康中吟·荡花灯》云:元

---

① （元）脱脱等撰:《宋史》,北京:中华书局1997年版,卷二十二,徽宗四,页141。
② （元）脱脱等撰:《宋史》,北京:中华书局1997年版,卷二十六,高宗三,页162。

宵四五六，人声喧宝亭。衣香杂老少，祠堂门不扃。尚书骨已朽，此时如有灵。一撮香炉灰，艳说生宁馨。遗簪复堕珥，万目钻娉婷。乡村妇贫苦，夜织灯如萤。次夜老妇出观灯，谓之送百病。①

德庆县城康城大道马年灯会
（温爱民摄于 2002 年）

梁修在诗中描述了德庆州城宝盖亭正月十四、十五、十六三天元宵节灯会的盛况。宝盖亭是旧城的标志建筑，位于州城东门入口不远处，即今胜利西路与光明路的十字交会处，正是梁修家的屋后。从每年正月十四日开始，四周乡民入城多在此亭上灯，求一香炉灰，祈求平安或来年添丁。尚书（李质）家祠堂离宝盖亭不远，照例是不关门的，因而有"祠堂门不扃（关）"句，州人都可以到这里上香，沾沾福气，这也是德庆元宵节的一个习俗。后四句突显了作者的观察力。我们可以看到，灯会中既有"遗簪堕珥"的大家闺秀，也有"夜织灯如萤"的贫苦村妇。该诗通过描写元宵灯会挂灯、赏灯、玩灯、送百病等活动，体现了民众对美好生活的向往与追求。

德庆县政府为了丰富群众的文化生活，自德庆孔庙重光后即恢复了孔庙元宵灯会，至今已举办多年。1996 年新行政中心搬迁后，灯会移至新建的文化广场及德庆大道一带继续开办，传承着这一民间习俗。

———————

① （清）杨文骏等修：《德庆州志》光绪二十五年刻本，卷四，风俗，页 43。

庙会的形成

庙会起源于远古时期的祭祀，是由中国民间祭祀、禳醮、游神等岁时风俗活动所形成的民间集市，因此又称"庙市"或"节场"，是我国集市贸易形式之一。庙会的形成和发展与地方的宗庙活动有关，因此庙市多设在宗庙附近，同时举行"赛神"等活动。由于人比较集中，精明的商家会兜售自家货物，小商小贩们也会在庙外摆起各式小摊，而各路香客则"娱神"、购物，乐此不疲。一时间百货云集，形成了大大小小的庙市。

庙会一般在农历新年、元宵节、庙诞等节日举行，除加强节庆的气氛之外，也促进了城乡土产、山货、生产物资的流通，因此各级官府长官都非常重视这一经济现象，视规模大小，或"遣官致祭"，或亲临现场参加活动，拉开庙会的序幕。

德庆有记载的大型庙会有五月初八悦城"龙母诞"庙会、州城孔庙"先师诞"庙会，还有五月初二至初八的"官、马、高"（官圩、马圩、高良）三镇的"龙船圩"等几个重要的庙会。庙会交易的商品五花八门，主要是适时的杂货、布匹、木屐、柴薪等生活用品；还有箩筐、筛箕、犁、耙、锹、锄、禾桶、秧盘、扁担、竹帽等生产工具。每至会期，附近地区群众纷至沓来，那真是人山人海，如悦城"龙母诞"庙会人数就有几万人之多。

著名民俗学家容肇祖先生对德庆悦城"龙母诞"庙会非常关注，他在《德庆龙母传说的演变》一文中附录民国期间德庆"龙母诞"（庙会）的热闹情况。

民国十八年（1929）六月十九日广州《民国日报》所载关于这年德庆龙母诞日的热闹附记如下：

顷据由悦城贺诞者归述，夏历五月初八日，是悦城龙母诞期，该庙司祝承商，除清洁庙堂外，在庙前旷地，搭一大篷厂，价约八百余元，布置五光十色，各种旗式灯笼，生花彩叶，高建牌楼，庙中搭下列各篷厂，有音乐部，斋醮场，售物场，售香烛处，售票处，签助香油处，接醮礼物处，纠察处，交际处，干事处，庶务处，茶水部，总理财处，售圣水处，售草席处，押借龙母首饰处，分发生菜处，贺诞者签到处，特设招待神棍处，临时雇用工作人员二百名，皆穿短袖笠衫，下御短裤，黑袜拖鞋，不准携带银包衣袋，以免从中作弊，此二百人工作之分配：（一）以能执笔售物品收支者一百名为一组；（二）用苦力招呼贺诞者一百名为第二组，每餐食饭，轮流分班食饭，免碍工作。初七晚二时，即燃香宝烛拜神，燃放串炮，鸣锣击鼓，中西音乐并奏，挤拥异常，浓烟四布，至初八晚二时止，方能休息。查此次各江各埠轮船，拖渡，紫洞艇，火船，电轮，帆船等三百余艘，各船面俱盖搭花筵篷厂，设备客位，包办福食，船头高搭牌楼，陈列各种旗式，生花盆景，两旁挂提灯百余个，临风招展，船中客厅，雇唱八音，或留声机等，上重下轻，幸无风雨，否则危险万分。悦城河面，布满贺诞船只，极一时之盛，查贺诞者，以四邑及南番顺中为最，其余省港澳及西江上游者间有。查沽出圣水八千余樽，此水之来源，是庙背田间有汶水一处，每年到诞期左右，一星期间，此汶水如自来水升射一样，人以为奇，故称之为圣水，每樽十二两，沽银二毫，贺诞者购回冲茶，泡药，视为珍品。参观梳妆楼者，售票每张二毫，闻售出一万一千余票，梳妆楼之布置，八仙桌十张，陈列龙母真金龙袍及电镀首饰，如手钏簪押戒指耳环，花球花灯花篮等，五光十色，一般富家少奶，用二三十元，按押龙母电镀首饰，取回自用，谓可添丁发财，下年购回真金之首饰奉还龙母，司祝权利，可见一斑。龙母床亦可获利，一般迷信者，购买草席，向龙母床展开，取回自用。闻此次发售肇庆连滩草席八千余张，价格高出平时三分之一，而且要买二毫票方能入内。贺诞者欲往龙床摩（摸）生果，又须购二毫入场票，方准到床摩取生果，获果后，即速离去。查售去荔枝甜桃五千余斤，此外灵符及药剂等物，约一千余元，签助香油，约值五千余元，德庆之首乌酒，素来驰名，此次沽出一万余樽，每樽六毫八毫不等。合计此次诞期，承商司祝收入，约一万余元。查去年承司祝捐三千元，获利八千元。今年加倍票投，以六千元承得，又加倍获利云。①

---

① 叶春生主编：《典藏民俗学丛书（下）》，哈尔滨：黑龙江人民出版社 2004 年版。容肇祖：《德庆龙母传说的演变》，《民俗》，附录《民国十八年……广州民国日报》，页 1994。

2011 年，"民间信俗（悦城龙母诞）"被国务院纳入国家级非物质文化遗产名录。

学宫宋街庙会（温爱民摄）

"趁圩"与庙会集市

圩市也称"集市"，在中华人民共和国成立初期，也有一段时间称为"自由市场"，与现在固定铺位摆卖的市场有点不一样。州人要上集市去买点东西自用或将自产的货物拿去卖，在北方叫"赶集"，在两广叫"趁圩"。

在明代，德庆的圩市主要集中在州城的两个地方，一为东城角市，每月三、六、九日朝集，位置在今朝阳市场至解放南路一带。更早的有驿前市，每月二、五、八日朝集①，位置在今镇一小校区一带。这两个地方十天内共有六天开市，四乡农民将城里人需要的柴、米、蔬菜挑到城里卖，保证州城居民的日常需求，同时也买点食盐、针线、布匹等日用品。"清乾隆十九年（1754），作为本地区经济中心的州城东角市、驿前市，为适应集市贸易的需要，改十日三圩为每日如市。民国期间县城在每日如市的基础上设重点行业圩期：以农历一、四、七日为猪仔圩期；二、五、八日为谷米柴炭圩期；三、六、九日为蚕茧圩期。"②

在农村，则设有"官圩、马圩、高良、永丰（金郡）、莫村、播植、悦城（水口）、凤村、九市、留村、回龙、小水、匝村、水声（武垄）、石头（古有）十五个圩市。建国后，城乡均沿用民国圩市旧制"③。由于工农业生产的发展，手工业、农副产品不断增加，集市贸易逐渐活跃。不少圩市具有地方特点，如高良、凤村、莫村的山货比重较大，高良还专设巴戟市场；官圩、马圩、播植的豆制品、竹木制品比重较大；马圩、永丰、凤村还专设耕牛市场等。而县城则有一个品种繁多、规模较大的农副产品、日用品综合集市。

---

① （明）陆舜臣纂修：《德庆州志》嘉靖十六年刻本，卷七，提封志下，页7。
② 德庆县地方志编纂委员会：《德庆县志》，广州：广东人民出版社1996年版，页405。
③ 德庆县地方志编纂委员会：《德庆县志》，广州：广东人民出版社1996年版，页405。

清末民初，靠近东角市的横街形成"前店后坊"街市（温爱民摄于 2005 年）

历史上，圩市贸易交流的物资主要有谷米薯类、丝麻布帛、木材山货、竹木制品、禽畜牲口、瓜果蔬菜、中草药、日常生活用品等。还有附近各县，如广宁木格、怀集诗洞一带的山货，封开杏花、渔涝各地的三鸟土产，以及隔江连滩、罗定的土特产，大批涌入县内集市。西江下游的南海、顺德、广州，上游的都城、梧州、八步诸大埠的商户看准了德庆这个物资集散地的商机，多以德庆县城东角市为中转站，逐渐发展到在东角市附近的横街一带设铺经营，形成"前店后坊"街市。集市贸易日益兴盛，素有"康衢古埠"之称。

与固定的每日如市的州城圩市不同，庙会集市则是由庙会期间举行的朝拜、祭祀、禳醮、游神等活动形成的商品交易场所，属于一种乡村民间集市，一般是每年诞期一圩。人们"趁圩"时，除了拜神之外，常常就地摆卖自产的农副产品、山货、竹木制品等，然后再购进自己所需的日用品、食物等，形成物资交易。这类市集是露天经营，以就地而设、时间短、人散圩散为特点。这种乡村民间自发形成的庙会集市在明清、民国间盛行，成为州城圩市的补充。历史上，德庆有定期的庙会十多处。最著名的有农历五月初八的悦城龙母祖庙庙会，五月初四的官圩圣井宫庙会，五月十三日的新圩、金林盘古诞庙会。

德庆在明代以前是大量傜民聚居的地方，傜人奉盘瓠（古）为其祖先。在岭南两广地区，盘古信仰形成得比较早。因此，农历五月十三的盘古诞庙会也可称为德庆最古老的庙会。还有六月初二的新圩戴洞村应天宫庙会，以及五月初二至初五分别于新圩、官圩、马圩、高良举办的龙船圩庙会等。文献记载：

> 五月二日，高良诸村，刻木为龙，鳞爪毕具，沿村张旗鼓，备仪采、角黍，延道士，迎木龙，唱龙船歌，赛龙母神，谓可驱螟螣（蝗虫）。道光以还，浸变其制，每村各联十数人为一龙，前戴首，后曳尾，中者各挟鳞爪，皆片木为之，沿村戏舞，各迓其村龙母神齐集高良圩，谓之"趁龙船圩"。男女往观，商贩阗集，盖以娱龙母神云。其时以供神之余相赠遗，谓之食龙船糍云。扬子方言"饵"谓之"糕"，或谓之"糍"是也。五日，乡间或沿溪涧戏龙船，以八日为龙母诞，帆樯舸舰，往来于悦城水口者，鳞集赛祝，醵（jù，凑钱）金演戏，岁以为常。①

中华人民共和国成立后，破旧立新，庙会废止。1978 年后，先后有悦城、新圩、金林等地沿用原有庙会会期举办集市活动，庙会成为农副产品、日用小商品货物的交易场所。

金林五月十三的盘古诞庙会集市，俗称"岭头圩"，每到圩期，客商云集，热闹非凡。庙会期间，有民间团体表演"上刀山、下火海"等"娱神"节目，村民亦可参与。

1997 年金林岭头圩，五月十三
盘古诞庙会（温爱民摄）

上刀山（温爱民摄）

---

① （清）杨文骏等修：《德庆州志》光绪二十五年刻本，卷四，风俗，页43。

德庆女歌

　　旧时在城隍庙、金花庙一带（今宋街图书馆一带），每逢秋后农闲时，经常会聚集一些悠闲乘凉的市民，或拉家常，或唱山歌，非常热闹。唱山歌者多为一些老妇，这些老妇虽目不识丁，但能出口成歌、出口成文，一口气唱一个小时不重复，且能押韵，歌词大都是临时编排的叙事、叙物、寄情寓意、针砭时弊的内容，唱起来有一定的韵调，抑扬顿挫，生动传神。这些技巧非人人都能掌握，只有少数人通过口耳相传、从小历练才能熟习驾驭，因此吸引大批的少女、少妇前来听歌学艺，传承这一珍贵的民间习俗。光绪《德庆州志》云："纳禾之暇，乘晚凉，妇女之慧者，能口号为韵语，颇寓劝戒，谓之唱山歌，今鲜习者。"[①] 可惜的是，这些"颇寓劝戒"的山歌，修志者未能记录下来，而那些能唱多种山歌的"慧者"也后继乏人。

　　德庆山歌多在妇女中传唱，因此又称"女歌"，有新娘歌、祷神歌、哭喃呢（音译）等类型，以德庆方言吟唱，由于连音、转音、俚语太多，很难完整记录。笔者是本地人，也录过几段祷神的女歌，反复听唱，也大概只能听懂十之五六，这一非遗项目，极需有心人去挖掘。本文节录了一段用德庆俚语唱的新娘歌，以飨读者：

怨娘嫁女

　　筋竹担挑，做过笋呀，老年做过后生人哑。

　　牛血茄生，难入口呀，门神贴错冇得收哑。

　　郁头鸡儿，凭壳死呀，几多泪流湿衫披哑。

　　茶饭不思，真郁气呀，痛哭流涕垂眼皮哑。

---

① （清）杨文骏等修：《德庆州志》光绪二十五年刻本，卷四，页43。

硬壳蕨草，心都软呀，瓦烧公仔有心肝哑。

盲眼鲮鱼，照眼串呀，不如送女到黄泉哑。①

　　这是一首控诉封建社会盲婚哑嫁的女歌。歌中用了很多德庆俚语，试释如下："担挑"即扁担，一般用筋竹做成。"茄"，德庆俚语，表示"这样"。"冇"，犹言"没有"。"郁头鸡儿"，未孵出死在壳里的小鸡。"郁气"，即伤心又不敢讲。"硬壳蕨草"句：蕨草，普生山中，外壳硬，里面的芯是软的。整句的意思大致是：就算蕨草也是皮硬心软，但是娘呀，你难道是泥头烧成的公仔？这样没有心肝！"盲眼鲮鱼"句就更凄惨了，"串"在德庆俚语里是"穿"的意思，德庆人旧时卖鱼是将一条竹篾从鱼眼穿过，穿成一串售卖。此句形象地揭示了这种不人道的盲婚哑嫁习俗，发出了"不如送女到黄泉"的呼号！

祷神歌（温爱民摄）

---

① 德庆县地方志编纂委员会编：《德庆县志》，广州：广东人民出版社1996年版，页640。

登云老社与登云社

社坛又称"坊社",为祭祀社神之所。旧时四邻百家为一社,各社均设有社坛,一直延续至今。社坛是本籍的根,因此也有人称为"社根"。社坛所奉的神像比较简单,多以一块石头贴上一张红纸作为社神像,讲究一点的会请石匠打一块石匾,刻上坊社之名、立社时间等。社坛都是无上盖的,为了躲避风雨,一般的社坛都设在村边大树底下。社神俗称"土地公",简称"社公",是守护一方土地的神祇,相传他管辖着一条坊里或一个村庄居民的大小事务,护佑里众身体健康、丰衣足食。社坛在每个村庄、城镇的每个街区均有分布,逢年过节坊里都要举行祭社、上灯仪式等,是历代传承的一种古老民俗。

社日,就是祭祀社神的日子,又称"土地诞",有春社和秋社之分,一般在立春、立秋后的第五个戊日举行。社公权力很大,主人间生死、岁月年丰。因此,民间祭社自古以来都是很隆重、很神圣的活动。民间有农历二月二行社日的习俗,祭社神常用猪、羊、鸡、茶果酒饭等。祭毕,同社之人围聚共享祭品,谓之"社饮",或是同社人共分祭品,祭品则冠以"社肉、社酒"之名。晋人宗懔《荆楚岁时记》云:"社日,四邻并结综会社,牲醪,为屋于树下,先祭神,然后飨其胙。"[①]

粤西地区逢年过节,家家户户奉以熟鸡、熟肉、果酒为祭品,拜祭社公,此习俗在农村非常盛行,一直延续至今。秋社一般在立秋后的第五个戊日举行,拜祭社公后,各以社糕、社酒相赉送或合坊聚饮。不过,秋社而今已不多见了。

德城著名的坊社有登云老社、高镇社、皆春社、太平社、大榕社、文兰社、惠积社、通津社等。

---

① （南朝）宗懔著,谭麟译注:《荆楚岁时记译注》,武汉:湖北人民出版社1985年版,页55。

登云老社（温爱民摄）　　　　　登云社新社（温爱民摄）

　　登云社比较特别，分登云老社和登云社（新社）两处，老社在今登云村内，新社则在余家巷村南。当这片土地还是荒芜的处女地时，登云村的开基先民就在这里立了一块石头，认定这块石头是保佑他们在这里安家乐业的保护神。如今这里已是一片开发区，由城中村发展为繁华的闹市区，周围都是高楼大厦，但社坛变化不大。虽然社坛与周边建筑不大协调，甚至有点阻碍交通，但在村民的心目中，无论外界发生什么变化，社坛都是他们心目中不变的地标。香火延绵不断，延续至今，祭祀社神已成为集体的记忆，体现了村民对神祇的尊敬和对土地的眷恋。

　　民间有"不出正月都是年"的说法，正月十五元宵节是一个盛大的节日，家家户户悬挂灯笼。添丁的人家还要去社坛旁的大树挂灯笼，谓之"上灯"，"灯"和"丁"谐音，即告知社神村里增加人丁了，和现在去派出所登记户口一样。

　　先二日，村里的"事头"（族老）就贴出红纸，云某某村民添丁了，要请里众聚餐贺灯。贺灯是个好意头，众人自然会随份子附和。按登云社的例规是初十上灯，十五贺灯，十六落灯，落灯谓之"罢灯棚"。有钱人家置办的灯笼特别大、特别漂亮，城里也有专门扎制灯笼的店铺可供选择。钱少的置办的灯笼稍差些，但也不能太寒酸。有些穷苦人家就干脆自己动手扎制灯笼，也各有特色。

登云老社元宵节贺灯（温爱民摄）

由于社坛是露天的，为了防雨，主事者要在贺灯前搭一个灯棚供里人挂灯。族人较多且富裕的坊社则建有专门的拜亭，供挂灯和摆放祭品。这与建庙不一样，因为社坛都是不能有上盖的，拜亭主要是用于祭品的摆放，不能遮盖社坛的神主和坊额。建造拜亭是全村人的大事，必须人人出钱，择日、出序、留记一样不能少。

登云老社是县城保留至今为数不多的建置比较完整的一个社坛，保存有嘉庆年间的《建亭碑记》。据碑记载，该社始建于明代，开始时是无拜亭的，至清嘉庆十三年（1808），由于村中人口增多，每年拜献时祭品无处可放，遇雨天尤甚，于是村中族老倡议建拜亭，扩大拜献时挂放灯笼及祭品的摆放地方，以迓（迎）神庥，并郑重地请来儒学训导杜大畅出序"述其原委，以彰美举"。又请州绅梁广进择日，"鸠工庀材、逾月告竣"，拜亭建成至今也已有两百多年的历史了。后来，由于人口的不断增加，又发展至余家巷村建登云社（新社）。这两个社坛非常重要，它们见证了登云管理区两百多年的发展历史。

贺灯是里坊的一件大事情，正月十五这晚，全村人齐聚社坛，杀猪备酒敬神，还要请戏班唱戏贺岁。从正月初一开始，"事头"就忙起来了。先选出去年正月第一个出生的男孩，称"灯头公"，随后出生的男孩们，谓之"灯公"。当得知本家是"灯头公"后，当事人（家人）自然满心欢喜，心甘情愿多出数倍的份子钱。然后“灯公”递次认捐若干。若遇当年出生人多，单此一项就够基本开销了，但事实上各家各户还会循例出份子钱，只不过是多少不等、贫富有别，村里人也不会多去计较。若有结余，则用于明年开销。逐年积累多了，大家就商量着是否请个戏班贺节。这个账本一般由“事头”的老婆掌握，她将各项收支包括购物、香烛、请狮队等细项列载清楚，人称“事头婆”。管这些事是非常烦琐的，但主事者也乐此不疲。据说“事头婆”一词始此。

从年三十晚开始，社坛前张灯结彩、人来人往，熟鸡、猪肉、香烛等摆放齐全，至社坛拜祭者络绎不绝，香火不断，表示对社公的虔诚，感谢一年来社神的眷顾。初七“人日”一大早，“灯头公”家人即迫不及待地将早已置办好的灯笼挂在拜亭上，祭品一应俱全，焚香叩拜。各“灯公”的家人递次挂上灯笼，祭拜如上。“灯公”家人捧来的果品当中，有一种用面粉制成的圆形、约笔头大小的油炸食品，谓之“春糍”，专门用来分发给来看热闹的小朋友吃，谓之“分春”。添丁人家还在每个灯笼里放入两颗椭圆形的小石子，谓之“灯春”（䞓，音 cūn，蛋，卵之意，粤西语睾丸），表示是男丁。有些结婚多年还未生男孩的青壮年甚至会在晚上偷拿灯笼里的小石子，谓之“偷灯春”，而主人家亦不介意，再放两颗石子进去就可以了，也寓意自己再生儿子。当然，如今生男女都同样上灯、贺灯，并无分别。

正月十六为落灯日，俗称“罢灯棚”，就是将所有的灯笼卸下来烧掉，烧剩下的两颗小石子则送给那些结婚后未有男丁的家庭，谓之“送灯春”，希望他家来年也能生个大胖孩子，收到“灯春”的朋友也会回礼送“利是”表示谢意。

至此，一年一度的民间祭社贺灯才算结束。

附录:

建亭碑记

登云坊建造社亭碑文

古者天子为天下立社,曰大社,诸侯为国人立社,曰国社,他如乡遂都邑之间各得置社,即今之里社是也,其制,树而不屋,然祀社必及稷,盖社以祀五土之祇,稷以祀五谷之神,不忘生养之德也。我州登云坊设立老社沿自前朝,由来旧矣,虽有石树以为凭依,惜无亭壝以伸拜献,春祈秋报,未获庄严。去岁,诸父老乃谋之坊众捐资建造拜亭,以迓神庥,鸠工庀材,逾月甫竣,坛坫既已堂皇,威灵自尔,显赫将见,祈谷报功,益昭诚恪,受厘介福,永沐盈宁矣。凡有乐助姓名,宜勒诸石。问序于予,余为之序其原委,以彰美举云。

丁未岁贡即用儒学训导杜大畅敬撰

梁广进　　择日

大清嘉庆十三年岁次戊辰仲冬吉旦立石

登云老社嘉庆十三年(1808)

《建亭碑记》(温爱民摄)

七月七"拜七姐"

　　牛郎和织女的传说故事在全国各地流传甚广，地处岭南粤西的德庆与各地一样，也有七夕拜牵牛星和织女星之俗。

　　农历七月初七的夜晚，天上繁星闪耀，白茫茫的银河横贯天际，两岸各有一颗闪亮的星星，古人相信那是牵牛星和织女星在天河相会，两星隔河相望、遥遥相对，诉说着牛郎和织女凄美的爱情故事。诗人杜甫《牵牛织女》："牵牛出河西，织女处其东。万古永相望，七夕谁见同。"① 古代女子没有婚姻自由，只能在这充满浪漫气息的晚上朝天拜祭，乞求姻缘巧配，祈求婚姻美满。

　　七夕节又叫"七姐诞"，在德庆叫"拜七姐"，简称"拜仙"。相传每年农历七月七日这一天，天上的七仙女会下凡向人间的少女传授纺织和女红等巧艺，因此民间又称为"乞巧节"。每逢七姐诞，姑娘们都会备七孔针，以五色线对月迎风穿针，祈求自己能够像七仙女一样漂亮能干、心灵手巧。

　　德庆风俗：

> 以七月六夕为七夕，粤俗大抵皆然。女儿罗酒果，祀牛女，谓之拜仙。（举人）梁修《康中吟·学拜仙》云：秋河耿天末，纤月悬针楼。裙钗赴大会，拜女复拜牛。……天街聚笑语，爆竹声波流。拜仙将学仙，鹊桥长悠悠。②

　　德庆旧俗，七月初六夜，各家姑娘三五成群，在州前街、金花庙、城隍庙一带（即今宋街图书馆朝阳路一带）的大屋里，摆开案桌数张，陈列她们巧

---

① 《全唐诗》横排标点本，石家庄：河北人民出版社1997年版，卷二百二十一，页1105。
② （清）杨文骏等修：《德庆州志》光绪二十五年刻本，卷四，风俗，页43。

手制作的剪纸、编织、刺绣、糕点等，以及各种工艺品，供人参观，谓之"摆七夕"。这些做工精细、花样奇巧的各式展品，引来大批市民围观、品评。

　　入夜，州前街、金花庙、城隍庙一带欢声笑语，热闹非常。到了初七夜零时，姑娘们换上新衣服开始"拜七姐"的仪式。月光下姑娘们一字排开，案桌上供石榴花、素馨花、满堂春、茉莉花、鸡蛋花、玉兰花、指甲花七种花，斟上七杯茶，插上七支香，然后遥向天上的牵牛星、织女星跪拜七次。未婚妇女向织女乞求巧艺，谓之"乞巧"，默祷自己的容貌像天仙一样美丽，能嫁个如意郎君；新婚妇女则祈求得到夫君的宠爱，早生贵子，翁姑和谐。德庆"拜七姐"相沿成习，至今仍存。

七夕"拜七姐"（温爱民摄）

中元节与"烧衣"风俗

  "七月半"原本是古时农历七月十五日民间上坟祭祖的日子，并未形成节日。《燕京岁时记》曰："中元不为节，惟祭扫坟茔而已。"[①] 后来，随着文化元素的不断增加，它才逐渐发展为节日，又称"中元节"。这个节日体现着中国人深入骨髓的孝道文化，也是儒释道传统文化充分融合、演化成民间习俗的体现。

  佛教称"七月半"为"盂兰盆节"。《荆楚岁时记》曰：

  七月十五日，僧尼道俗，悉营盆供诸佛。经曰：目连见其亡母在饿鬼中，即以钵盛饭往饷其母。食未入口，化成火炭，遂不得食。目连大叫，驰还白佛。佛言：汝母罪重，非汝一人奈何。当须十方众僧威神之力。至七月十五日，当为七代父母厄难中者，具百味五果，以著盆中，供养十方大德。佛敕众僧皆为施主，祝愿七代父母，行禅定意，然后受食。[②]

  这就是民间广为流传的"目连救母"的故事。相沿成俗，盂兰盆节此后就逐渐演变成今天纪念祖先的中元节了。

  古时中元节祭扫祖先比现在要隆重得多，《帝京岁时纪胜》曰：

  中元祭扫，尤胜清明。绿树阴浓，青禾畅茂，蝉鸣鸟语，兴助人游。庵观寺院，设盂兰会，传为目连僧救母日也。街巷搭苫高台、鬼王棚座，看演经文，施放焰口，以济孤魂。锦纸扎糊法船，长至七八十尺者，临池

---

① （清）富察敦崇：《燕京岁时记》，北京：北京古籍出版社 1981 年版，页 75。
② （南朝）宗懔，谭麟译注：《荆楚岁时记译注》，武汉：湖北人民出版社 1985 年版，页 112。

焚化。点燃河灯，谓以慈航普渡。①

关于中元节造法船、放河灯这个习俗，《燕京岁时记》也有记载：

中元日各寺院制造法船，至晚焚之。有长至数丈者。

中元日例有盂兰会，扮演秧歌、狮子诸杂技。晚间沿河燃灯，谓之放河灯。②

此可说明，原本"中元不为节"的民间祭祖活动，在儒释道等传统文化充分融合的情况下演化成了民俗节日。

说到"七月半"这个节日，还要提到一个特殊的习俗——烧纸，就是在七月十五这一天，阳间人为了让死去的亲人在阴间能够过上富裕的生活，以纸钱代替铜钱，烧给死去的亲人。烧纸是长江流域及中原地区对这个习俗的称呼，在岭南则称为"烧衣"。所谓"烧衣"，其实也是烧纸衣，或者说烧纸钱，意义差不多，只不过古人觉得过了七月十五，就要转入秋凉，多添件衣服也是顺理成章的事情。近年还有烧纸扎豪宅、豪车，配上纸扎保姆、司机等。

怀念先人，寄托哀思，必须有一种兼具仪式感与便利性、可操作性的祭祀方式。实际上，烧纸花费小、心意大，又可体现人们对亡者的孝心，毫无悬念地成为最具性价比的祭祀形式。因此，烧纸这个习俗能在南北风俗差异十分明显的中国达到普遍一致也就不足为奇了。

从《荆楚岁时记》《帝京岁时纪胜》《燕京岁时记》等文献的记载，我们也可以看出一些线索。早在南北朝时期的荆楚地区（南方），其习俗就非常接近帝京地区（中原）的风俗了。南方人烧纸，北方人也烧纸；清明节烧纸，"七月半"也烧纸，或许在具体的操作方式上有所差异，但是烧纸这件事在老一辈人的心中是必不可少的。

放河灯的习俗也一样，是有着千百年历史传承的德庆悦城龙母祖庙庙会（国家级非遗项目）的重点传承内容之一。龙母是西江河神，每年都会有大量的信众到悦城龙母祖庙上香、放河灯，寄托对先人的哀思，这是孝道的体现，表达的是今人对先人的追思之情。烧纸、放河灯的意义已远远超越了"迷信"。

---

① （清）潘荣陛：《帝京岁时纪胜》，北京：北京古籍出版社 1983 年版，页 27。
② （清）富察敦崇：《燕京岁时记》，北京：北京古籍出版社 1981 年版，页 75 - 76。

有一点不同的是，在长江流域及中原地区，中元节是农历七月十五日，岭南两广地区的中元节则为七月十四日，这是为什么呢？因为古人认识事物源自阴阳学说，有阴就有阳，有生就有死。在这种认知体系中，活着的人都在阳间，死去的人，即列祖列宗，自然就是在阴间。古人认为，"七"是一个变化的数字，是复生之数。人在天地之间的阳气灭绝之后，经过七天七夜可以循环复生。因此，民间选择在七月十四（二七）祭祖，与"七"这

悦城龙母祖庙的莲花河灯
（温爱民摄）

一复生数有关。还有一个说法是由于阳历对应阴历的时间并不固定，很多地方习俗会有些差异。岭南的两广地区一般会在七月十四过节，通常大多数人会认为农历七月十四半夜到七月十五属于道教系统的中元节，而七月十五是佛教系统的盂兰盆节。从传统民俗的角度来说，这就是今人祭奠先人、慎终追远的一种仪式，代表的只是一种传承。

悦城龙母祖庙水灯节放河灯、焚化"法船"（温爱民摄）

德庆疍家源流略考

　　德庆居西江中游，沿岸有一种水上居民，旧时称"蜑民"，蜑民世居水上，以舟楫为家，捕鱼为业，见水色知有龙，因此又称"龙户"，齐民则目为"疍家"。该族跣足而无履袜，不习齐人礼貌，不谙文字，不与陆人通婚，世传不许陆居，早期官府亦不录其户籍，不入民额。由于没有明确的文字记载，以至该族的起源，学界并无一致的说法。一种观点认为其起源于百越族，疍民或为百越西瓯一族之后裔："疍其种不可知，考秦始皇使尉屠睢统五军，监禄凿河通道，杀西瓯王，越人皆入丛簿中，与禽兽处，莫肯为秦意者，此即入丛簿中遗民耶？"① 若此说成立，西瓯疍民一族已有两千多年的历史。

　　历史上的西瓯与骆越是连成一片的，分布在今广东西南、广西东南一带，王文光《百越的源流与分布》："西瓯也称西呕，是百越民族群体中的一部分，……综上所述，西瓯大体上分布于汉代的郁林郡和苍梧郡，其东有南越、东瓯，北为五岭，西有骆越，约相当于桂江流域和西江中游一带，即今桂东南及粤西南这一片。"② 德庆旧属苍梧郡，居西江中游。据此，德庆疍民同属百越族的一个支系，或更具体一点，可上溯为百越西瓯族的一个分支。

　　更早的文献，如范成大的《桂海虞衡志》中也有关于广西疍户的描述："疍，海上水居蛮也，以舟楫为家，采海物为生，且生食之，入水能视，合浦珠池蚌蛤，惟疍能没水探取。"③ 范成大把讨海为生的渔民都列入了疍家。宋人周去非《岭外代答》亦云："以舟为室，视水如陆，浮生江海者，蜑（疍）也。……夫妇居短篷之下，生子乃猥多，一舟不下十子……儿能匍匐，则以长

　　① （清）谭桓修，梁宗典纂：《德庆州志》康熙十二年刻本，卷八，外志，页28。
　　② 王文光：《百越的源流与分布》，南宁：广西民族出版社1993年版，页13。
　　③ （宋）范成大撰，严沛校注：《桂海虞衡志校注》，疍蛮，南宁：广西人民出版社1986年版，页118。

绳系其腰，于绳末系短木焉，儿忽坠水，则缘绳汲出之。……蜑舟泊岸，群儿聚戏沙中，冬夏身无一缕，真类獭然。"① 著名历史学家罗香林先生在《蜑民源流考》一文中也持这个观点。他在文中引用了大量的史料，从疍民的图腾信仰、疍民擅用舟楫、疍民的地域分布三方面论证了疍民起源于百越族。他认为："唯古代越族擅于使用舟楫，故其一部分苗裔归宗于中夏系统之较迟者，亦以擅于操舟著称，如浮家泛宅之蜑民，即其显例。"② 亦有学者注意到，广西的疍民有从广东迁徙而至者，这其实就是说蜑民是一种在江河流域往返迁徙的水上居民。明王士性《广志绎》云："三江蜑户，其初多广东人，产业牲畜皆在舟中，即子孙长而分家，不过为造一舟耳，婚姻亦以蜑嫁蜑，州县埠头乃其籍贯也，是所谓浮家泛宅者。"③ 疍民起源虽扑朔迷离，难以稽考，然水居疍民起源年代甚早无可疑也。

而以州县埠头为其籍贯者，已是明代后的事了。在德庆，此类以舟楫为家水居者，属河泊所，课渔税。驿裁后改为纳课于州，入州册，始以州县埠头为其籍贯。光绪《德庆州志》载曰：

> 一种居水，以舟楫为家，捕鱼为业者名蜑。无冠履礼貌文字，见水色知有龙，故又曰龙户，齐民则目为疍家，不与通婚，不许陆居。明洪武初，编户立长，属河泊所，岁征渔课。崇祯间，河泊所裁，隶于寿康驿。国朝驿裁，纳课于州。雍正七年（1729），上谕准其在于近水村岸居住，今惟存疍一种。④

疍户获准上岸后，一部分置田地转为耕户或另谋他业，彻底告别浮家泛宅的水上生活；另一部分疍户虽在陆上有了定居之所，但不谙田地耕作，继续以捕鱼或水上运输为业。20 世纪五六十年代，德庆县政府拨出专款为水上居民兴建渔民新村，鼓励疍民上岸定居。从 1966 年起，政府分批安排建房用地，拨专款补助营建房屋，号召其到陆上定居。一般按每户建房约 20 平方米的标准，由政府补助 200～500 元，约占该户基建款的 50%，并按牌价供应建筑材料。自 1967—1969 年，全县先后拨款 5 万元。至 20 世纪 70 年代，德城、悦

① （宋）周去非著，杨武泉校注：《岭外代答校注》，北京：中华书局 1999 年版，页 115。
② 罗香林：《百越源流与文化》，台北：中华丛书委员会 1955 年版，页 142。
③ （明）王士性撰，周振鹤点校本：《广志绎》，北京：中华书局 2006 年版，卷五，页 309。
④ （清）杨文骏等修：《德庆州志》光绪二十五年刻本，卷十五，杂录，页 43。

城、九市、回龙、绿水等地的水上居民都到陆上定居。①

德庆出土的东汉时期的陶船（德庆博物馆存）

上图是广东省博物馆馆藏的一件东汉时期的楼舱式陶船。它于 1980 年出土于广东省德庆县高良官村汉墓。陶船分为头舱、楼舱、舵舱三部分，船头尾翘起，平底。该陶船各部分分区功能明确、结构合理，应为汉时西江内河疍民使用的舟楫原型。据此，德庆疍民可上溯为汉代百越族的一个分支。

（原载肇庆市《炎黄大观》2019 年第 2 期）

---

① 德庆县地方志编纂委员会编：《德庆县志》，广州：广东人民出版社 1996 年版，页 517。

德庆疍家婚俗——鸳鸯船

德庆西江沿岸有一种水上居民，旧时称"蜑（疍）民"，又称"疍家"。水居疍民起源年代甚早，至今还保留着特有的婚俗。

一、 鸳鸯船与斗歌

德庆水上居民的婚庆习俗"鸳鸯船"颇具特色。"婚期那天，新娘盛装打扮端坐在自家船上。男方则找来两艘大小一样的船用绳索连在一起做成鸳鸯船，也叫'花船'。鸳鸯船上彩旗招展、锣鼓喧天，新郎坐在中间，两边各有八位身强力壮的小伙子（伴郎）划着飞似的船驶向女方水域……"[①] 而新娘的女伴早已把新娘藏了起来，不让男方的花船靠近，于是双方隔水斗歌。斗歌时，男女双方都有出色的歌手互不相让，往往会斗上数个回合而难解难分。船上、岸上站满观赏的人群，场面相当热闹。清初屈大均《广东新语》记录了这种疍家的斗歌婚俗："疍人喜唱歌，婚夕两舟相合，男歌胜则牵女衣过舟也。"[②]

疍家人唱的是咸水歌，在西江流域、珠江三角洲一带流传甚广，又称"疍家渔歌"，是一种即兴创作、自娱自乐的传统民间艺术形式，多以口语、俗语入歌，曲调优美动听，富有南方水乡特色。咸水歌一般由上下两句或四句组成，有独唱、对唱等形式，而对唱后来就演变为婚庆时的斗歌习俗。《广东新语》描述了对歌的场面："其歌也，辞不必高雅，平仄不必全叶，以俚言土

---

① 叶春生、施爱东主编：《广东民俗大典（第二版）》，广州：广东高等教育出版社 2010 年版，页 498。

② （清）屈大均：《广东新语》，北京：中华书局 1985 年版，卷十二，粤歌，页 361。

音衬贴之，唱一句或延半刻，慢节长声，自回自复，不肯一往而尽，辞必极其艳，情必极其至，使人喜悦悲酸而不能已已……其娶妇而亲迎者，婿必多求数人……使为伴郎（唱歌）……总以信口而成……至女家不能酬和，女乃出阁。"① 斗歌者，即男女双方唱歌高手对唱，双方互不相让。斗歌结束，男方把花船靠向新娘的船边，两船靠拢，鼓乐齐鸣，众人欢呼雀跃，伴娘扶新娘过新郎花船，调头划回男家。新娘乘坐鸳鸯船时有很多规矩：如陆上新娘入门忌踩门槛，而水上新娘过船时脚不能触到船舷等。这种鸳鸯船婚俗流传至今，寄托着人们对白头偕老、琴瑟和鸣的幸福生活的祝愿和向往。有《水乡竹枝词》赞曰：

船头旗鼓闹江滨，闻说渔家子娶亲。

车辆不须迎客至，短桡长棹送新人。

二、 抢亲与棹旱船

以"男歌胜而牵女衣过舟"者算是比较传统斯文的了，还有一些为了搞气氛或者想多讨点"利是"的，会将"牵女衣过舟"演变成欢乐的抢亲活动。

吉时已到，迎亲队伍划着花船到新娘船边接新娘，男方自会请来最能唱的歌手与伴娘对唱斗歌。但新娘的伴娘除对歌外，还会"刁难"男方，迟迟不让新娘过船，男方失去耐心，往往就寻个借口"气势汹汹"地冲过来抢亲。新娘的伴娘们也毫不示弱，用早就准备好的戽斗戽水泼向抢亲队伍，还挥舞竹篙撑开对方的花船。男方则划着花船、顶着水花奋勇冲到新娘船边，一边用红包开路，一边笑着强行过船，直到把新娘"抢"到花船上，才扬扬得意、兴高采烈地鸣炮而归。

德庆的水上居民上岸居住后，还保留着一种奇特的婚俗，当地人称"棹旱船"。旧时水上居民举行婚礼时，船上张灯结彩，新郎新娘和参加庆贺的人都是划船参加婚礼仪式的。清雍正年间诏准疍户上岸定居后，水上婚俗也被带到了岸上，形成了一种奇特的婚俗——棹旱船。

旱船即以彩布竹篾等做成的一个船状道具；一些年轻貌美的姑娘扮成渔姑，置于"船"头、"船"尾，人数四、六、八人不等，成双数，持船桨作划

---

① （清）屈大均：《广东新语》，北京：中华书局 1985 年版，卷十二，粤歌，页 358。

船状；新郎新娘在道具中间，两边跟着的是伴郎、伴娘。旱船上的渔姑模仿着划船的姿势，舞动着船桨，按着八音节奏前行，还有舞狮、锣鼓、八音队伍等紧跟其后。棹旱船队伍自新娘家门口出发，棹至水边转一圈，象征此习俗源自水上，再转回新郎家中。自始至终，鼓乐不停，爆竹不断，群众则站在街道两边为之喝彩祝福。近年来，这一习俗已衍变成元宵节的民俗巡游节目。

棹旱船队伍边棹边歌，歌者操粤西俚语（属白话语系）演唱，唱词以土音衬贴，引物连累，委曲比喻，非常有哲理，也侧面反映出当地人民的生活状态。如《少女自叹》唱道："西江河水绿悠悠，难洗今朝满面羞，自愧妾身非织女，问君何时得牵牛……"不胜枚举，撷萃辑录《考新妇》① 如下，类如斗歌。

考新妇

问：何物出来独脚企②？何物出来面向天？何物生成红粉女？何物出街换得钱？

答：蕉树出来独脚企，蕉叶出来面向天，蕉荡③生成红粉女，蕉子出街换得钱。

问：何物出来尾拖拖？何物出来着绫罗？何物出来花衫领？何物出来唱山歌？

答：雉鸡出来尾拖拖，鹧鸪出来着绫罗，斑鸠出来花衫领，画眉快乐唱山歌。

问：何物有口不说话？何物无口说分明？何物有脚不会走？何物无脚走省城？

答：大瓮有口不说话，算盘无口说分明，台凳有脚不会走，大船无脚走省城。

问：什么郁郁④青又青？什么郁郁似雷鸣？什么郁郁沙沙响？什么郁郁不作声？

答：禾苗郁郁青又青，老虎郁郁似雷鸣，瓦面郁郁沙沙响，蚯蚓郁郁不作声。

---

① 摘自《德庆县民间故事集成资料本》油印本，1988 年版。《考新妇》在德庆有多个版本传唱，此为综合版。

② 企：站立。

③ 蕉荡：芭蕉蕾。

④ 郁郁：翻动。

问：什么放下喜心头？什么放下西水流？什么放下夏日尽？什么放下亲家留？

答：忧愁放下喜心头，黑心放下西水流，犁耙放下夏日尽，甜酒放下亲家留。

问：何物出世青卑卑①？何物出世有头皮？何物出世上元分？何物出世上胭脂？

答：西瓜出世青卑卑，苦瓜出世有头皮，冬瓜出世上元分，矮瓜出世涂胭脂。

问：何字有头也无脚？何字有脚也无头？何字头脚一齐出？何字头脚一齐收？

答：由字有头也无脚，甲字有脚也无头，申字头脚一齐出，田字头脚一齐收。

德庆西江沿岸，疍家往来其间（温爱民摄）

（原载《炎黄大观》2019 年第 2 期）

---

① 青卑卑：嫩青色。

回龙"六水"与"陆水"

　　回龙镇有六水村委会，六水既是一个地名，也是一条溪流的名字，位置就在德庆锦石山下。历史上，这条溪流有很多种叫法。文献记载，早在七百多年前的《舆地纪胜》一书已出现"硉溪水"[1] 一名。

　　迨明代，在锦石山（华表石）一带，由于有汉代陆贾路过此地"以锦襄石酬谢山灵"的传说，锦石山和六水成为康州著名的景点。明代晋康八景即有"渌水朝帆、锦石晴霞"[2] 两景入选。可见明时六水又称为"渌水"，此"渌水"即指硉溪水。

　　明嘉靖《德庆州志》载："陆溪水，其源自佛子岭东流四十里入于江，水口旧有陆贾庙故名。"[3] 也就是说，为纪念陆贾有功于粤，这条溪流就称为"陆溪水"了。其后，康熙、乾隆、光绪时的《德庆州志》均采用了这个说法，阮元的《广东通志》《肇庆府志》并同。屈大均的《广东新语》载："陆溪，在德庆西四十里，其源出佛子岭，东流四十里入于江。自陆贾至此，溪名陆、山名锦石、江名锦水……"[4] 据此，"陆溪水"这个称谓可以追溯到汉代刘邦派陆贾出使南越的典故。如此说来，陆溪水得名已有两千两百多年的历史了。

　　综上所述，陆溪水的得名最早源自陆贾出使南越的汉代，比"六水"一名的出现要早很多。而"硉""渌"两字在古代为通假字，不同年代有不同的书写形式，读音是一样的。而对于六水（村）这一地名，笔者认为明清后岭南人口增加，出现村落以后，以河流命名村名是一个通例，如端溪县（德庆

---

①　（宋）王象之撰：《舆地纪胜》道光二十九年刻本，卷一百一，景物下，页3。
②　（明）陆舜臣纂修：《德庆州志》嘉靖十六年刻本，卷七，提封志下，晋康八景，页12。
③　（明）陆舜臣纂修：《德庆州志》嘉靖十六年刻本，卷六，提封志上，陆溪水，页19。
④　（清）屈大均：《广东新语》，北京：中华书局1985年版，卷四，页141。

古称）因端溪水得名。此外，"六"字为数字"陆"的另一个写法，应比"陆"字出现的时间稍晚，古人开始时书写为"陆水村"，但为了简化笔画，改写为"六水村"后就一直沿用至今了。

锦石山下西江（锦水）（温爱民摄）

马圩斌山金林乡社学

金林乡社学坐落在马圩镇斌山之上、今马圩斌山中学校园内。清嘉庆庚申（1800），乡绅冯有源等在斌山建文武宫，祀文武二帝，兼为文人讲学授课、武师收徒练功之所。道光十二年（1832）乡绅梁维城中举后倡捐，改建为金林乡社学。[①] 自文武宫办学始，金林乡社学距今已有二百二十多年的历史了。

金林乡社学匾额，至今已有一百八十多年历史（温爱民摄）

社学之设，始于元代，盛于明清，为州、县一级地方政府在乡一级设立的学校，是朝廷"施引教化"的重要组成部分。明清两朝，朝廷诏令各州、县置办社学，大约每乡置办一所，社师择"文义通晓、行宜谨厚"者充补，凡近乡子弟年十二岁以上、二十岁以下皆可入学，是半官办的用于私塾启蒙后的一种教育组织形式，其在"教劝农桑、经史历算"的课程设置，还有培养少年儿童遵行"孝悌忠信、礼义廉耻"方面，起到了相当重要的作用。一般社学还带有义学的性质，因此朝廷颁令各道台、知府、州县等要经常视察、考核各县乡社学。朝廷规定社师不能"鞭挞绳缚"体罚学生，提出每日功课"先考德、次背书、次习礼……"等教学原则。为吸引学子进入社学就读，朝廷

---

① （清）杨文骏等修：《德庆州志》光绪二十五年刻本，卷五，学宫，页18。

规定不是社学出身的学生，不能直接进府、州县学学习。而社学中品学兼优者，经州、县官推荐，可免试补为童生。

金林乡社学民国时改为私立斌山中学，后经多次维修保存至今（温爱民摄）

金林乡社学由于"道里适均"，社师"行宜谨厚"，深得乡里父老推崇，在当时名气很大。《德庆州志》记载，金林乡社学落成之日，德庆知州黄金耀亲自到场主礼揭幕，谓"学校者，风化之本也。化民成俗，首在兴学……余承乏斯土，兴学之责，不容辞也"①。

金林乡社学之出名，还在于办学后在科举中取得的好成绩，从斌山走出去的学子连连中举，令德庆州为之震动。据梁维城《金林乡社学记》载，在清嘉庆至道光间的短短二十年内，前后共有七人中举，而且在嘉庆二十一年（1816），谢鹏起、谢元龙两人同科双中举人。② 道光十二年（1832），李犹龙、梁维城两人又"并宴鹿鸣"③。在此穷乡僻壤，短时间内竟有"五文二武"登科，实属罕见，正应了斌山文武全才之风水，一时震动四乡，实为一州之庆，难怪知州要亲临主礼。举人梁维诚《金林乡社学记》载：

> 金林乡（马圩）道里适均，为一乡都会。其后山为冈头山，嘉庆庚申（1800）前辈冯公有源等建庙于此，祀文武两帝……阅今三十年所，垂将倾圮，爰劝捐题，得白金八百有奇，相与诹吉鸠工，增建后楼祀魁星，余悉仍旧。是岁壬辰（1832），李君犹龙与不佞维城并宴鹿鸣。次科

① （清）杨文骏等修：《德庆州志》光绪二十五年刻本，卷五，学宫，页18。
② （清）杨文骏等修：《德庆州志》光绪二十五年刻本，卷十，科目表，页18。
③ （清）杨文骏等修：《德庆州志》光绪二十五年刻本，卷十，科目表，页18。

甲午（1834），陈公鸿安，又宴鹰扬。以视嘉庆丙子（1816）一科两贤书。戊寅、壬午，文武继起，后先辉映。维城弱冠，肄业于此，深悉颠末，因为之记。是役也，经始于道光庚寅（1830）落成于壬辰（1832），爰勒石以垂永云。①

碑中述及的"鹿鸣宴""鹰扬宴"为古代科举制度规定的庆功宴会的名称。古代科举庆功有四大宴，分别由主考官设宴或由朝廷赐宴：文科中举设"鹿鸣宴"，武科中举设"鹰扬宴"，由乡试主考官主持。文科进士赐"琼林宴"，武科进士赐"会武宴"，表示皇恩浩荡和对人才的器重，由朝廷赐宴。碑文中"并宴鹿鸣"指当年有两人同科中式。"又宴鹰扬"则表示有人中武举。而碑文中的"一科两贤书"，即同科两人中举，中举又称"得贤书"。此外，嘉庆戊寅（1818），谢贻谷（鹏起子）中文科举人；道光二年（1822），陈庆宗中武科举人；道光十四年（1834）陈鸿安中武科举人。② 此七人均出自斌山金林乡社学，真可谓"文武继起、后先辉映"，盛极一时。

倡捐建金林乡社学者梁维城为康州著名学长，长于乡里教育，晚年曾掌教本邑东城书院，成就后学者尤多，《德庆州志》有传：

> 梁维城，字沚沅，马鹿湖人。家贫劝学，性至孝，侍其父，艰苦备历，授徒以养。啬衣粮，蓄书数千卷，从其游者必导以根柢之学，道光壬辰举于乡，一试礼部，公车不再上，晚掌东城书院……维城之学，深于经史，下至诗、赋、词、曲糜不工，尤精骈俪。……年八十五卒。……成就后学尤多，人莫不称为沚沅夫子云（略）。③

清末废科举，金林乡社学于民国初改为金林乡高等小学堂，民国中后期改为第二区中心小学。1944年，邑绅李章荣、梁楚宸等创立德庆县私立斌山中学。中华人民共和国成立后，该校一直沿用斌山中学校名，期间曾改名为"东升中学"，后复名"斌山中学"。

---

① （清）杨文骏等修：《德庆州志》光绪二十五年刻本，卷五，学宫，页18。
② （清）杨文骏等修：《德庆州志》光绪二十五年刻本，卷十，科目表，页29。
③ （清）杨文骏等修：《德庆州志》光绪二十五年刻本，卷十一，列传，页26。

　　金林社学前古樟树据传为当年建文武宫时所植，至今已有二百二十多年的历史。此树高三十多米，胸围达六米多，枝条虬曲、气势磅礴，人称"将军树"（温爱民摄）

（原载肇庆市《炎黄大观》2017 年第 3 期）

端溪桥（太平桥）

德庆古称"端溪县"，因境内端溪水而得名。在城雕公园西侧，有一条溪流环绕，这就是著名的端溪，又称"端水"，本地人称为"大冲河"。端溪水"形势百折"，流经县城，经端溪桥（又称"太平桥"）入于西江。端溪桥俗称"大桥"，大桥村即因此桥得名。

端溪桥始建无考，历史上大桥因西江洪涝的原因，屡建屡毁。据记载，"太平桥，俗呼大埇桥，在州东十里，端水由此入江，知州朱议沇重建易石。乾隆九年，州人麦万箱重建易石"①。20世纪60年代也有过一次维修，并在桥洞旁建水轮泵站提水灌溉。端溪桥在沿江公路修建前是县城与九市、悦城两镇沿江陆路上的一个重要的连接点。

古时端溪水绕城而过，两岸古树参天、鸟雀交鸣，当年的端溪，清波潺潺、菱荷飘香，被文人墨客视为桃花源般的胜境。今站在重修的端溪桥头，人们仍有超凡脱俗的感觉。早在明代，"端溪夜月"已被列为康州八景之一。明德庆进士张澜有《端溪夜月》诗赞曰：

> 溪水清澄漾碧涟，晚迎明月上初圆。
> 三秋影动鲛人室，半夜寒生贾客船。
> 水底鱼龙蒙覆照，沙边鸥鸟望婵娟。
> 我曾鼓棹穷源处，高仰余光问步蟾。

张澜，字东之，晋康人，少颖悟治诗。成化二十三年进士，历官刑部郎

---

① （清）杨文骏等修：《德庆州志》光绪二十五年刻本，卷五，营建志五，页41。

中，清介明慎，贵戚之讼，守正不挠。居职十载，以病请归，行李萧然，始终一节。① 祀乡贤。

随着沿江公路的开通和德城大堤的修建，该桥的交通功能逐渐弱化，并逐渐被人遗忘。2008 年石桥因年久失修遭洪水冲击坍塌。2009 年由德庆县政协提出《重修端溪石桥建议案》，2012 年完成修复工程。

修复过程中曾挖出数根直径 40 厘米、长约 3 米的格木桩柱和一些木枋梁，且并无腐坏（存文广旅体局），证明大桥易石前是木构桥梁（明代），木桥有可能就是使用本地产的格木建造的，此可佐证德庆是岭南格木的主要产地之一。

端溪桥，2008 年遭西江洪水冲刷坍塌，2012 年重修（温爱民摄）

---

① （清）谭桓修，梁宗典纂：《德庆州志》康熙十二年刻本，卷十二，艺文四，页 58。张澜：《端溪夜月》诗，卷八，人物，页 7。

民国双桥

古时马圩河水量充沛，可通舟楫，至 20 世纪三四十年代，广州的粤剧戏班还可以乘坐"红船"直达马圩象市、社步、官圩、江村等地演戏。中华人民共和国成立初期，由于未通公路，县内要在官马地区调运粮谷，八成以上要靠船艇运送，经马圩河口出西江才能到达县城。笔者所存 1950 年落成的江村合水河福寿桥（当地人称为"民国桥"）的照片中清晰显示了有船艇靠泊河边，说明当时船运可直达马圩河上游的江村等地。

马圩河流域土地肥沃、适宜居住。据现有考古发掘成果，官圩地区早在新石器时期即有人类在此活动、繁衍生息，并定居此地。至东周时，该地经济已相当发达，有青铜器、陶壶等精美的物件出土。至清末民初，由于人口的大量增加，外出（两广）做生意的人越来越多，经济发展较其他地方快，孕育了梁村、江村、五福等大围村，连通县城及大鹏岭古驿道（至广西），交通日益频密。

至中华民国，当地有识之士纠集乡绅民众，集资引进当时先进的水泥钢筋混凝土技术，在冲源古驿道、大鹏岭古驿道上修建了两座钢筋混凝土桥梁。保存至今的江村福寿桥，桥高 3.8 米，桥面宽 1.4 米，长 26.7 米，为四墩单柱三孔钢筋混凝土结构，是冲源古驿道的重要交通桥梁之一，当地人称为"民国桥"。在 20 世纪 70 年代中后期，其仍为两岸民众的交通要道。自 20 世纪 80 年代初建冲源水库、公路及改河后，原河道回填复耕，该桥遂失去了交通功能。沧海桑田，昔日水深流急的河道，现已成为贡柑种植园，唯有那至今仍屹立在原地的福寿桥，还能勾起人们过往的回忆。

江村合水河（冲源河）福寿桥始建于民国，1950 年落成剪彩（温爱民藏）

改河后现存福寿桥（温爱民摄）

同时期在冲源河上游还建造了一座桥，叫"永寿桥"，因冲源水库建造被淹没于水库底。永寿桥又被称为"总源桥"，取总制上游水源之意，亦有集腋成裘（建桥）的意思。在当年兵荒马乱之际，同时建造两条钢筋混凝土桥，资金的筹集是一个很大的问题。于是，主事者想了一个办法：号召沿河外出（两广）做生意的人和大户有钱出钱、有力出力、共谋其成，因此该桥又称"总源桥"。

永寿桥与福寿桥的规模相差无几，是同时设计建造的姐妹桥。跨过此桥就到了冲源村（旧村），1973 年建冲源水库时该桥被淹没于水库底，冲源村亦迁往高处。过了冲源村再往北就进入沙旁小盘地，此为古时沙旁人出入县城的必经之路。此路经大鹏岭古驿道可进入封州（今封开）、广西贺州等地，当年人来人往，盛极一时。当水库的水位较低时，永寿桥还会偶尔露出水面，使人产生一丝丝的怀念之情，可惜此桥桥头已坍塌，不复原貌了。

大鹏岭古驿道永寿桥又称"总源桥"，今已淹没于水库下（温爱民摄）

德庆格木与故宫几案

　　格木，又名"铁木""铁力木"，树高有 20～30 米，胸径在 1 米以上，属常绿乔木，它主要分布于岭南的广东、广西、交趾（今越南）等地，喜生于山地密林中。格木纹理直，结构密致坚实，民间常用其做家具、造船、建房、造桥梁等。由于连年的砍伐，目前该树种正在逐年减少，处于濒危状态，今已被列入国家重点保护野生植物名录。

　　历史上，德庆为格木的主要产区之一，早在明代的州志就有记载德庆"多楠、多铁力、多杉、多樟、多榕"[①] 等珍贵树种。顾祖禹《方舆纪要》则具体记载了德庆的"高良山产铁笰木"[②]，高良山在今高良镇。至清代，州志还记载格木"今金林所在多产"[③]。古代所载"金林"范围较广，包括今新圩、回龙、官圩、马圩、高良一带。根据这条线索，经朋友带路，笔者在官圩镇金林村后的西山（地名）发现整片野生格木林，密密麻麻约有千株，最大的胸径约有 60 厘米。据朋友介绍，这片树林在 20 世纪 60 年代大炼钢铁时曾遭砍伐，目前看到的这批树是砍伐后重新抽穗长出的新树，已有 60 多年的历史。格木可用种子繁殖，但在自然环境下种子难以萌发，其自然更新繁殖比较困难。因此，人们常见的野生格木多为单株或数株生长，而金林西山有如此成片的野生格木林，实属罕见，也证明了德庆多产格木。

---

　　① （明）陆舜臣纂修：《德庆州志》嘉靖十六年刻本，卷十，物产，页 12。

　　② （清）顾祖禹撰，贺次君、施和金点校：《读史方舆纪要》，北京：中华书局 2005 年版，卷一百一，页 4660。

　　③ （清）杨文骏等修：《德庆州志》光绪二十五年刻本，卷六，物产，页 23。

金林村慈祥寺后的西山格木林（温爱民摄）

格木材质坚硬，极耐腐，芯材黑褐色，纹理直，素有"铁木"之称。木材干燥后无收缩变形、无开裂，一直为岭南优质的建筑用材。《广东新语》曰："铁力木，理甚坚致，质初黄，用之则黑，其性湿，赤手凭之令脉涩。黎山中人多以为薪。广人以作梁柱及屏幛。"① 德庆用格木建造木构建筑物最著名者，当数德庆学宫大成殿。大成殿重建于大德元年（1297），以木构建筑全榫卯营造为特点，其结构宏大，特别是大殿明间四根金柱直径达 70 厘米，柱高 655 厘米（柱础高 84 厘米），金柱的高度和直径之巨非常难得，从纹理、颜色辨别，可确认为格木。笔者经多年的调查，认为德庆本地即可提供所需建筑构件木料。德庆境内河网交织，运输也不成问题，在州城的郊区新圩、回龙一带即有充足的原木储备可供选择，无须舍近求远。学宫大成殿至今已有 700 多年的历史，经专家鉴定，在岭南仅此一座，国内孤例，诚为我国宋元木构珍品。1996 年，德庆学宫被列为全国重点文物保护单位。②

德庆的格木群落主要分布在九市、新圩、回龙、马圩、高良、永丰等镇，但目前胸径超过 90 厘米的古本母树（有结子）今仅余十来株，属于濒危物种，亟需加大保护力度。

---

① （清）屈大均：《广东新语》，卷二十五，铁力木，北京：中华书局 1985 年版，页 655。
② 《德庆县志》，文物，广州：广东人民出版社 2013 年版，页 667。

回龙镇古本母格木树，主干高约 7 米，胸径约 1 米，据林业部门估计，该树树龄约 460 年（温爱民摄）

古时，德庆格木被大量用于居室建筑。文献记载，德庆"作室侈构宏丽，楹柱多用铁力木为之"①。笔者在县城走访过一些古老大屋，一般 1.6 米左右宽的大门就是用两件 0.8 米宽的门板（独板）构成的，最宽的达到 0.90 米（独板），使用一两百年基本没问题。

德庆格木还被大量用于制作家具，现北京故宫博物院就收藏有一件用德庆格木制作的翘头案。该案长 343.5 厘米，高 89 厘米，原为明崇祯年间德庆州署用案，原件约于清末流转至北京，成为琉璃厂文物店论古斋之物，1950 年由故宫博物院收购。案底部有阴刻"崇祯庚辰仲冬制于康署"的字样，据此可知是 1640 年晚明所造，至今已有 380 多年的历史，已成为鉴定明代格木家具的范例。

此案台在北京一出现，立刻引起京城轰动，早在 1944 年就被收入德国人古斯塔夫·艾克（1896—1971）所著的《中国花梨家具图考》一书。② 1997 年，收藏家马未都先生曾著文描述、评价过该案台："铁力木大翘头案，尺寸之巨，非常罕见。此案做工讲究，独板为面，板厚 10 厘米、宽 50 厘米、长达 343 厘米。面板背面挖以凹槽，用以减轻分量。其做工很常见，夹头榫、底足加托子，档板中置独板镂成的如意云头，倒挂于腿部横枨之间；牙板纹饰采用象首纹，眼鼻可见，相背而对称，构成类似云头图案；腿部混面压边线，不事

---

① （清）宋锦、李麟洲纂修：《德庆州志》乾隆十九年刻本，卷十一，土风，页 5。
② （德）古斯塔夫·艾克著，薛吟译：《中国花梨家具图考》，北京：地震出版社 1991 年版，页 123。

雕工。大案板面背部阴刻楷书铭文十字：崇祯庚辰仲冬制于康署。康署今为广东省德庆县，崇祯庚辰为 1640 年，此件铁力木家具是最负盛名的一件……中国古代家具中带有明确纪年的本身就不多，铁力木家具目前仅发现这一件，而且又具有产地，弥足珍贵。"[1]

故宫博物院藏德庆铁力木翘头案

格木家具在明清家具中一直默默无闻，但其实此类家具的存世数量非常多，岭南常见的八仙台、凉床、中堂香案等格木家具目前在民间存量不少，笔者的老朋友徐向光先生就收藏有几件格木家具精品，在他的藏书中发现有关格木翘头案的信息。但是，在其他有关专著中，著录格木家具的次数并不多。尽管专家学者们对它不乏赞美之辞，可实际上，格木家具的地位一直很低，未得到应有的重视。

发现这个线索后，笔者通过时任县文化局局长江军辉先生向北京国家文物局修缮司函询，很快得到了明确的答复："江局长：您所嘱，查看一下故宫是否存有一件德庆产铁力木翘头案。经我院文物处同志协助查到，我院确收藏有如专家记述的文物，但是由于目前故宫大修，库房紧张，难以到现场考察。我请文物处把档案中的照片给你们翻印两套寄去，希望能对你们有所帮助。宏

---

① 马未都：《古拙淳朴的铁力木家具》，《收藏家》1997 年第 5 期，页 20。

遑，2006.8.1。"

题识是收藏家、鉴赏家或名人题在家具上的字迹，在收藏界具有非常重要的分量，有纪年款、购置款等。古家具上有无款识，其价值相差巨大，而明代家具中，有款识的家具更是少之又少，可以说是凤毛麟角。其中购置款是记载器物的购置地点、产地等，德庆铁力木翘头案，是购入定制家具时所置的款识。这种有年款、有产地、有收藏地点的家具，可谓价值连城，诚为世界家具艺术中的珍品。因此，此件格木家具一面世，即轰动京城。毫无疑问，早在明代，岭南德庆已大量使用格木打造家具了。

故宫博物院藏德庆铁力木翘头案（细部）①

在两广地区，格木家具用材还可分为粗丝格木与细丝格木两种。粗丝格木是建筑的主要用材，纹理会粗一些，常会有一些小皲裂，但裂纹一般很浅，不会影响使用。细丝格木存量相对较少，且从原树外观很难分辨，一般只能以产

---

① （德）古斯塔夫·艾克著，薛吟译：《中国花梨家具图考》，北京：地震出版社1991年版，页123。

地判别。德庆也出产细丝格木，当地人称为"油格"，这种格木更适合做家具。格木产于岭南，树种高大，大料易得。因此，格木家具的常见特点之一是独板宽厚无比，用材壮硕，厚重质朴，别具一格。用格木做家具，其质感不会比紫檀、黄花梨一类的家具差，其厚重感更值一赞，如故宫博物院典藏的翘头案一类的精品。以古拙淳朴为标志的格木家具值得我们深入研究。

（原载《炎黄大观》2023 年第 4 期）

德庆茶山琐谈

一、 德庆茶五百年前已列为贡品

德庆自古以来就是茶叶的产地,早在宋代,德庆的茶山就已名闻岭南。宋代著名的地理志书《舆地纪胜》中的"德庆府·景物"就有"茗山在端溪"①的记载,"端溪"为德庆的古称,"茗山"即茶山的意思,也就是说,"德庆茶"在八百多年前就已有了自己的地理标志。地理标志对于产品来说非常重要,不同地域的物产由于水土及所处自然生态环境不同,质量往往千差万别。明嘉靖的《德庆州志》更明确标注了"茗山"的地理位置在"(州)东北八十里"②,此地即今高良镇境内。明代黄佐的《广东通志》也确认了德庆州"茗山在州东北九十里,形势蟠曲,其上产茶"③的地理位置。结合近年在该地区发现原生古茶树品种,以及清末民初时期开发的残存小茶园,可以判断德庆地区很早(宋代)就有茶农以德庆原生茶品种培育茶园,并开始规模种茶,而后逐渐向人工种植茶过渡。

由于德庆茶质量非常好,德庆茶在明正德七年(1512)被列为"额办贡茶"④,上贡的茶称"芽茶",至今已有 510 多年的历史,"贡芽茶"一直列载至清末光绪年间。被列为贡品后,德庆茶名声大震,德庆一度成为粤西茶叶的主要产区之一。

---

① (宋)王象之撰:《舆地纪胜》道光二十九年刻本,卷一百零一,广南东路,德庆府,页3。
② (明)陆舜臣纂修:《德庆州志》嘉靖十六年刻本,卷六,提封志上,页5。
③ (明)黄佐纂修:《广东通志》嘉靖四十年刻本,卷十四,舆地志二,页40。
④ (明)陆舜臣纂修:《德庆州志》嘉靖十六年刻本,卷十,贡,页11。

二、 德庆古代茶山小考

德庆境内山高林密、植被丰厚、土地肥沃、雨量充沛，非常适合茶树的生长。德庆古代有很多有名的茶山，其中著名的茶山可以在《大明一统志》中找到记载："茗山在德庆州境内有多山，其有名者曰劳山、曰樝山、曰思耆、曰高良、曰平定、曰马鞍、曰礼岭、曰大力。"① 能够载入国家志书，说明德庆茶山在当时已经很出名了。《大明一统志》成书于明天顺五年（1461），据此，德庆大规模开发种茶至少已有五六百年的历史了。此后，德庆茶在两广地区名声大震。

由于年代的久远和行政区域的改变，上述产茶的地方有些已经找不到了，今有考者惟劳山、樝山、高良山、礼岭山，这四山在德庆境内；而思耆山、大力山则在今郁南县境内。历史上，郁南曾为德庆辖地，至万历五年（1577）才析置东安（云浮）、西宁（郁南）两县，因此志书也将之列为德庆的茶山。但平定山、马鞍山的资料不足失考，兹梳理如下。

1. 劳山

嘉靖《德庆州志》载："八十里曰茗山，又五里曰劳山。"② 道光《肇庆府志》又云："劳山在城东北八十五里，高百余丈，周三十里，形势峻拔，登者难之故名。"③ 按两志的描述，实际上劳山就位于高良地区的山脉范围内，只不过是不同的山峰而已。劳山比茗山更峻拔，非一般人能上去（采摘）。按：此地约在高良镇大都塘一带。

2. 樝山

有关樝山的记载要更早一点，王象之《舆地纪胜》也记载了"樝山在端溪"④ 的信息。"樝"通"楂"，即楂山，但王象之并未标注樝山的具体地理位置。嘉靖《德庆州志》补充："楂山距州五十里，古产楂梨（山楂），因名。"⑤ 其标注的位置大约在今马圩镇接壤高良镇一侧，其实也是在上述"茗山、劳山"附近，应为同一山脉的不同山头。

① （明）李贤等修：《大明一统志》天顺五年刻本，卷八十一，山川，页4。
② （明）陆舜臣纂修：《德庆州志》嘉靖十六年刻本，卷六，提封志上，页5。
③ （清）屠英等修：《肇庆府志》道光十三年刻本，卷二，舆地二，山川，页71。
④ （宋）王象之撰：《舆地纪胜》道光二十九年刻本，卷一百一，广南东路，德庆府，页3。
⑤ （明）陆舜臣纂修：《德庆州志》嘉靖十六年刻本，卷六，提封志上，页3。

3. 高良山

高良山位于"州东北八十里"①，载与"茗山"同一位置。嘉靖《广东通志初稿》云："高良山在州东北八十里，高百余丈，周围五十五里，山之下田高土肥，而上产铁力木。"② 黄佐《广东通志》、《德庆州志》三志并同，记载的都为同一地方，说明高良山应该就是王象之《舆地纪胜》记载"茗山"的位置，一山两名，都是德庆著名的产茶区。

4. 礼岭山

礼岭山在德庆县的西北方向，即今回龙镇以北一带，又名藜山。嘉靖《德庆州志》载"藜岭山距州西北四十里，多产藜竹，因名"③。《广东通志初稿》则称之为"藜头山，又名礼岭，在州西四十里，高二百丈，周围三百里，形势高峻，其上多产藜竹"④。历史上，这一带不但产藜竹，而且也是产茶的好地方。礼岭山以北，即今巢顶山茶场。

三、 德庆名茶

1. 车牛茶

20 世纪 70 年代，笔者在莫村（古有）黄铜降水电站工作过一段时间，知道当地车牛村有一个很出名的茶品种叫"车牛茶"，这种茶非常难得，知道的人极少，源于此茶产量低，是村民用入山偶尔采摘的纯野生茶炒制自用的一个品种。这可以说明，德庆车牛地区也是野生茶树的原生地。光绪《德庆州志》载："车牛山，城东北百二十五里，山深林密、人迹罕至，上有石寨，界广宁、怀集。"⑤ 凡有野生茶树出现，就说明此地非常适宜种茶，值得科研人员研究该茶的品种。

车牛村位于黄铜降水库库尾，德庆、广宁、高要三县的交界处，村中有株老茶树，至今已有百多年的历史。老茶树的主人出于保密秘而不宣，一般情况下很难看到。车牛茶由于产量少，至今市面上没有销售，因此鲜为人知。20世纪90年代初，通过当地人老梁带路，笔者和林瑞球等朋友专门去拜访该茶

---

① （明）陆舜臣纂修：《德庆州志》嘉靖十六年刻本，卷六，提封志上，页3。

② （明）戴璟修，张岳纂：《广东通志初稿》嘉靖十四年刻本，卷二，山川下，页10。

③ （明）陆舜臣纂修：《德庆州志》嘉靖十六年刻本，卷六，页3。

④ （明）戴璟修，张岳纂：《广东通志初稿》嘉靖十四年刻本，卷二，山川下，页10。

⑤ （清）杨文骏等修：《德庆州志》光绪二十五年刻本，卷四，山川，页23。

树的主人老岑。老岑非常纯朴、热情好客，听说我们的来意后，并不急于带我们去看树，而是招呼我们坐下，然后捧上刚沏好的车牛茶，一边品茶一边慢条斯理地讲起车牛茶的历史。

车牛人种茶已有很长的历史了，据老岑说，他的这株茶树是他祖上在大山里挖回来种在村边的，是本村最老的一株，传到他已经是第四代了，少说也有百多年历史（未计被发现前的树龄）。现在全村一百多户人，除种田外就是种茶，种的都是在大山里挖回来的本地原生大叶野生茶品种，已经形成了各家各户的小型茶园。

老岑拿出来给我们看的茶叶成品有十二三厘米长（芽梗长），褐色，看样子比较"粗"，这是车牛茶的一个特点。这种茶特别提神醒脑，先苦后甘，像我们这些有一定年资的老茶客，喝起来都觉得劲儿特别大。据说一般人喝后晚上会睡不着觉，甚至会有"醉茶"的感觉，这也是车牛茶的一大特点。这里山高林密，昼夜温差大，雨量充沛，终年云雾缭绕，生长在这个环境下的野生茶不作修剪，任其生长。老岑的老茶树基部直径有 28 厘米粗，树高约 8 米，为了不伤树，每年采摘茶叶时要

车牛古茶树（温爱民摄于 1992 年）

搭脚手架，一年能采 30～40 斤生茶。围绕这株老茶树，老岑还将近年在深山发现的原生茶树移栽到附近统一管理，已经形成了一个一定规模的小茶园。

这里离文献记载的"茗山"不远，老岑所种植的茶明显就是本地原生茶向培育茶过渡的茶品种，这一个有明确地理标志的原生茶值得科研人员认真研究。

2. 金山茶

德庆的"金山茶"则是另一个著名的茶叶品牌。1965 年筹建的地方国营德庆金山茶场位于高良镇替雪岭山脉，正是历史上记载的"茗山、劳山、高良山"的所在位置。该茶场引种的茶树品种为云南大叶茶和水仙等品种。由于地理条件优良，所产金山茶（绿茶）的品质极佳，味道醇厚、回甘快，耐冲泡，品质非一般茶叶可比，产品长期供不应求，远销肇庆、广州、梧州等地，是当年德庆茶极具竞争力的拳头产品。时至今日，虽有各地茶叶大量进入德庆，但很多老茶客说起德庆金山茶时还是津津乐道。而"近年来又生产红茶，这两种茶除少量供应本县外，大多直调广州，供应外贸出口"①。至今自梧州到广州沿线，金山茶在消费者中的口碑仍相当好，其已成为岭西地区茶客的集体记忆。

德庆的茶叶"主产于县境中部替雪岭山脉，高良北部古有乡的车牛，武垄乡的云楼、双象、豆岭、栗村和沙旁乡的庆安、定安，官圩镇的直安，建国前都有小型的茶园种植。1965 年兴办地方国营金山茶场，经营茶园 1200 余亩，成为茶叶生产的主要基地。50 年代年平均产量为 40.7 吨，1987 年年产量达 120.45 吨"②。金山茶场有"干部、职工和家属共 407 人，分 2 个工区，20 个生产作业组，经营茶园 1200 多亩。……年产干茶 100 吨"③。"1979 年，全县茶叶实有面积 4063 亩，干茶总产 78.55 吨，至 1989 年总产 171.4 吨，1995 年为 227 吨，2000 年 183 吨。金山茶场于 1999 年 6 月实施'公司＋农户'的改革方案，拟定以金山茶场为龙头，带动高良、永丰、莫村等镇周边农户发展万亩优质茶基地。"④

四、 德庆新茶山

近年来，德庆发展得比较好的两大茶山均位于历史上记载的产茶之地。

1. 大都塘茶山

高良镇大都塘茶山，位于高良大顶山南麓的江南管理区大都塘村，这里层峦叠嶂，植被丰厚，正是历史上记载的"劳山"一带，茶园选址得天独厚。

---

① 德庆县地方志编纂委员会编：《德庆县志》，广州：广东人民出版社 1996 年版，页 238。
② 德庆县地方志编纂委员会编：《德庆县志》，广州：广东人民出版社 1996 年版，页 222。
③ 德庆县地方志编纂委员会编：《德庆县志》，广州：广东人民出版社 1996 年版，页 238。
④ 德庆县地方志编纂委员会编：《德庆县志》，广州：广东人民出版社 2013 年版，页 308、326。

大顶山又称"大鼎山，在州北六十里，北界封川（今封开），为群山之祖，盘纡辣郁，支干四出，起伏若波浪，巅有磐石高广且大，自远望之，苍苍隐天，故俗称若戴顶也。石河出其左，沙河出其右，北与怀集、封川壤境牙错，谷莽深阻，盗（逃亡者）多逋聚"[1]。该地从20世纪90年代引进潮州单丛茶品种，开始了种植单丛茶的历史，由于地理条件优良，单丛茶在这一带发展得非常成功，成为村民脱贫致富的好项目。现在茶树越种越多，大都塘村几乎家家户户都种茶，全村总种植面积发展到1200亩。

2. 巢顶山茶场

茶场位于沙旁定安管理区林冲口村的大傍山（土名），正是前述"礼岭山"山脉以北一带，历史上也是产茶的地方。此地三面环山，有多座800～1000米的连绵高山，群山卓拔，山势险峻，昼夜温差大，终年云雾缭绕。

茶场的吴老板告诉笔者，茶场初开发时发现多株原生古茶树，树龄无可考，树干有20～40厘米不等。由于推土机操作的原因，未能全部保留下来，仅保留了一株基部直径达45厘米、高约9米的原生古茶树。之后，由当地人带路，又发现一个清末民初时期的小茶园，保留有几十株胸径20厘米左右的老茶树，据说是其爷爷辈（清代）种下的。采访时笔者还专门问过茶树是外地引种还是本生，他也说不清楚，只知道中华人民共和国成立前，因兵荒马乱无暇顾及而丢弃，少说也有120多年的历史了。

新茶场北靠1048米的巢顶山，其为德庆最高峰，沙旁水的发源地；西为旗杆顶山和937米的三叉顶山，茶场在两山之东麓，西南方还有825米的尖峰顶、510米的大鹏岭（大崩岭），青山绿水，生态良好。巢顶山旧称金钗大山，州志载："茶坪岭在州北五十里，有坳通封川。又东五里曰金钗大山，高三百五十丈……在州北五十里，峦障层郁，北界封川（今封开），沙旁水出。"[2] 一过茶坪岭坳即封开地界，此处人迹罕至，远离喧嚣，更无工业污染，实为建设茶园的极好选址。

巢顶山茶场成立于2001年，该场规划面积3000亩，已开发种植面积1300亩。引进的品种有台湾的软枝乌龙、金宣、翠玉；福建的红心铁观音、金观音、金牡丹、水仙等；还有广东的茶英雄九号、单丛等优质品种。茶场全部安装喷淋设施，上山道路全部实施硬底化。现已建好茶叶加工厂房面积共2700

---

① （清）杨文骏等修：《德庆州志》光绪二十五年刻本，卷四，山川，页13。
② （清）杨文骏等修：《德庆州志》光绪二十五年刻本，卷四，山川，页9。

平方米，安装红茶生产线和绿茶生产线各一套。计划在未来的五年内将其打造成集生态茶园、农业观光、科研示范于一体的现代化茶叶生产基地。

巢顶山茶场的原生古茶树，基部直径达 45 厘米、高约 9 米（温爱民摄）

（原载《炎黄大观》2020 年第 2 期）

三洲古渡木棉红

德庆三洲岩是一个历史文化宝库，岩内的宋元明题刻甚富，且有周敦颐、苏东坡、李纲三公的题刻，名气很大，时与肇庆七星岩，英德南山、碧落洞及阳山贤令山齐名。千百年来吸引了无数达官贵人、文人雅士、谪臣迁客慕名蹑履。三洲岩摩崖石刻于 2002 年被列为广东省文物保护单位，然与三洲岩近在咫尺的三洲古渡却鲜为人知，随着陆路交通的改善，三洲古渡已逐渐淡出了人们的视线。

其实三洲古渡早在唐代就有记载，比三洲岩的记载还要早。康熙《德庆州志》载："唐李谨微，晋康人，天祐年进士，授番禺令，之任，舟泊三洲，夜半月高，作歌吟声，有一渔父挐舟而来，长揖谓曰：……世将乱矣，宜高尚云林以保天年，言讫不见，谨微晤，遂隐不仕。"[①] 迨宋一统天下，始知其言之验云云。

唐末正是黄巢农民起义之时，渔翁预言天下大乱不足为怪，但这则史料留下了"三洲古渡"一名的记载。李谨微生逢乱世，通过个人的努力，成为德庆进士。三洲岩今存宋代端溪令萧渊言石刻载："图经云，古老相传，有庞眉皓首者隐是洞。"[②] 李谨微所遇渔夫或此修真者？

后来，好事者渐多，皆因慕神仙名而来。其实"岩当宋以前皆荆棘荒翳无人迹，果有隐君子避地于此与否未可知，必实为稚川且侈神仙事，则凿矣"[③]。但有一点可以肯定的是，凡到三洲岩寻访仙迹者，皆以水路为主，因此必从三洲古渡上岸。

真正令三洲岩及三洲古渡名闻天下的是宋代周敦颐。周敦颐，字茂叔，号

---

① （清）谭桓修，梁宗典纂：《德庆州志》康熙二十年刻本，卷八，人物，页 2。
② 三洲岩端溪令萧渊言石刻拓片。
③ （清）梁修《三洲岩记》，原载于民国《德庆县事半月刊》，原件存德庆县档案局。

三洲岩端溪令萧渊言石刻拓片
（德庆县博物馆藏）

濂溪，湖南道县人，北宋著名理学家，"予独爱莲之出淤泥而不染"为其不朽名句。宋熙宁元年（1068），周敦颐出任广东提点刑狱，取道贺州桂岭，经贺江出西江，于三洲古渡登岸，在三洲岩留下题刻。一时慕名前来者众，三洲岩及三洲古渡遂名声大振。

大文豪苏东坡曾被远谪海南，遇赦北归，量移廉州（今合浦），经广西容县、藤县，至梧州进入西江，闻三洲岩之名，亦不惜长途跋涉，至三洲古渡登三洲岩拜谒诸贤，并留下题刻。后宋相李纲被贬海南，途经德庆，于建炎庚戌（1130）经三洲古渡登三洲岩，留下石刻"玉乳岩"三个大字。迨明代，经三洲古渡登临三洲岩的文人墨客数量达到了顶峰，因此今存大部分的岩刻题留均刻于明代。著名的有明代理学家、书法家、诗人陈献章，他曾多次登临三洲岩，留下的诗作有六首之多，录其一："我行苍梧野，息桨荒江湄……徘徊北壁下，目击元公遗……"① 诗中"息桨"句可证其由水路而来。

值得一提的是，三洲古渡旁边有一棵高大的木棉树，树高三十多米，胸围达五米多，堪称西江流域最大的一株古木棉树。每年三四月木棉花开时，满树红光，影照天表，因此古人又称木棉树为火树。木棉树为我国南方最早人工种植的乔木之一，粤人以木棉为棉絮，做棉衣、棉被、枕头等，织之为毯，洁白如雪，温暖无比。

木棉树在岭南各地均有生长，长于水际者尤盛，可供欣赏。清代岭南大家屈大均曾游历德庆，舟溯西江而上，夹岸多是木棉，因留咏木棉诗：

---

① （清）谭桓修，梁宗典纂：《德庆州志》康熙十二年刻本，卷十二，艺文，页35。

西江最是木棉多，夹岸珊瑚十万柯。
又似烛龙衔十日，照人天半玉颜酡。①

可以想象当年西江"夹岸珊瑚十万柯"的景象是何等壮观。

三洲古渡木棉树长于西江边的石壁之上，早已是合抱之木，但始植于何时，无人知晓。问及村中老者，说其爷爷辈时此树已有现在这样大，如此说来，少说也有两三百年的历史了。

最近，笔者整理三洲岩的诗刻拓本，得一咏木棉诗：秋日侯可亭清□及翁偕子《游三洲洞次韵》诗曰：

隔岸潇潇芦苇花，洞口深锁一溪斜。
河边火树江中绿，□服吴□鼎内砂。
石壁通云寻锦绣，藤萝垂户满烟霞。
呼客击石闻钟鼓，疑荡仙人碧海槎。

该诗的署名为古洪李逊。诗中有"河边火树江中绿"句，应该是描写三洲古渡木棉树的景色。若知该诗的创作年代，木棉树的树龄岂不就有线索了？可惜此诗不系年月，州册亦未著录，一时难以确定是何时所作。

三洲岩古洪李逊诗拓片（德庆县博物馆藏）

① （清）屈大均：《广东新语》，卷二十五，木棉，北京：中华书局1985年版，页615。

审李逊诗是以"次韵"格律创作的一首和韵诗，与之对应的应该还有原韵诗。找到原韵诗，或许可以知道李逊诗的创作年代。"次韵"又叫"步韵"，是和韵诗中限制最严格的一种，和韵诗必须按原诗的原韵、原字，韵次相和。根据这个线索，在一大堆拓片当中，笔者发现魏良贵诗与李逊诗同韵。魏良贵时任广东行省左丞，嘉靖丁巳秋七月七日，偕督学李逊、阃帅可亭侯公同游三洲洞，有《追和司马蒙溪张公韵》诗曰：

秋入仙源满眼花，盘空石磴倚云斜。

岩虚自发钧天响，洞古犹存丹鼎砂。

树色半含青嶂雨，山光遥带赤城霞。

海堧东去蓬莱近，我欲从君泛斗槎。

两诗原韵及韵次"斜、砂、霞、槎"一字不差。魏良贵与李逊、侯可亭既是"同游"三洲岩，即同日赋诗刻石无疑。嘉靖丁巳即明嘉靖三十六年（1557），如此算来，李逊、侯可亭、魏良贵的诗刻至今已有四百六十多年的历史了！若李逊诗中的"火树"是指三洲古渡旁边的这棵木棉树，此雄踞西江之畔的古木棉树，已风风雨雨地见证了三洲古渡五百多个春秋矣。

三洲古渡木棉红（温爱民摄）

德庆贡柑琐谈

一、 贡柑述略

明嘉靖《德庆州志》载："德庆多橘多橙。"[1] 说明德庆早已是粤西"柑橘"类水果的主要产地。柑乃橘之属，我们常说的"柑橘"类水果，其实是橘、柑、橙、枳等的总称，"橘"是基本种，在岭南分布较广。

德庆贡柑既不是橘子，也不是橙子，而是由本地的"橘"和"橙"经天然杂交、不断嫁接提纯而产生的一个特异品种，其果实类柑，色金黄者为佳。由于德庆气候、土壤的特异性，橘与橙经过嫁接、优化后，成了今天的贡柑。因其味道甘美、皮薄汁多、清甜爽口，占有岭南柑橘市场一席之地。

德庆为宋高宗赵构的封地，因此，早在宋代德庆柑橘已被列为朝廷专属贡品，名闻京城临安（今杭州）。历史上，民间传说以及文献记载了很多关于柑橘的故事，辑录一二，以飨读者。

二、 橘官

自汉代始，朝廷就非常重视岭南"柑橘"的生产和栽培，在粤西一带，"橘"已有两千多年的栽培历史，并被列为贡品，设专门的官员管理。晋嵇含《南方草木状》载："橘白华（花）、赤实，皮馨香，有美味。自汉武帝，交趾有橘官长一人，秩二百石，主贡御橘。"[2] 早期橘官的主要职责是在各地搜罗"御橘"，上贡朝廷。后来，橘官的另一个职能是收"橘税"。《述异记》载："越（粤）多橘园，越人出橘税，谓之橘户，亦曰橘籍。"[3] 各州县将橘户编橘

---

[1] （明）陆舜臣纂修：《德庆州志》嘉靖十六年刻本，卷十，物产，页11。
[2] （晋）嵇含：《南方草木状（下）》，广州：广东科技出版社2009年版，页40。
[3] （清）诸匡鼎：《橘谱》中国国家图书馆藏本（复印本），页6。

籍，纳税于府，每年所获果实必须先上贡，才能上市售卖，橘户所部州："橘未贡，先鬻者死！"[①] 有了这条严苛的律例，橘官在各地严格巡查，橘户不敢越此红线，无形中统一了柑橘的上市时间，保证了柑橘的品质。

三、 献橘

"士燮，字威彦，苍梧广信人（今封开县）也……避地交州，六世至赐，为日南太守……迁交趾太守。"[②] 橘官于苍梧郡端溪县（今德庆）觅得一株异橘，"吴黄武中，交趾太守士燮献橘'十七实同一蒂'"[③]，士燮八百里加急，赴京城建业（今南京）进贡，孙权闻之大喜，以为瑞异，群臣毕贺，命为"御橘"。

汉武帝建上林苑扶荔宫，专门搜罗岭南佳果植于园中，有橘树百余株，仅二株结实，皆因"南为柑北为枳"，此地气使然也。

岭南柑橘虽多，但畏霜雪，每霜时亦不甚收。唯德庆贡柑，因西江水暖，水气升腾，尤能合霜，沿江一带果树不为霜雪所侵，其质尤佳，多出异果，岁收不耗，正为此耳。

四、 千树橘

陆郎，失其名，端溪陆水人也，年十四，代父戍边交趾。太守士燮怜其年幼，命橘官出橘食之。其怀三枚（偷藏怀中）去，拜辞时橘堕地，燮谓曰："陆郎作宾而怀橘乎？"跪答曰："欲归馈病父。"燮赞曰："陆郎幼而知忠孝，大必成器。念其父病，遂终其边戍。"

陆郎回乡后栽千树橘，无岁不贡，与千户侯等。或谓不仕之人自有田园收养自给，若家有"千树橘"，其利比于封侯云。

五、 仙橘

交州刺史何敞行部回京，路遇一少妇，泣曰："妾端溪籍人氏，家住锦石

① （宋）欧阳修、宋祁撰：《新唐书》，卷一百六十四，薛戎传，北京：中华书局1997年版，页1292。
② （明）欧大任撰，刘汉东校注：《百越先贤志校注》，卷四，士燮，南宁：广西人民出版社1992年版，页97。
③ （晋）嵇含：《南方草木状（下）》，广州：广东科技出版社2009年版，页41。

山下陆水村，远嫁交趾，路遥未能尽孝。"说罢，取怀中橘三枚与敞，托其道过端溪时交与陆水村陆姓人家埋于橘树下，俄而不见。

何敞一行至端溪锦石山下，果见小桥流水，橘林连片，有人家数户耕作其间，遂命人将橘交与村人埋于橘树下。递年橘林奇花异果，结实与众不同，诚为极品，民获厚利。

六、 橘蚁

康人很早就掌握了以生物治柑橘病虫害的技术。《太平寰宇记》载："苍梧（按：德庆旧属苍梧郡）土谚云，郡中甘橘多被黑蚁所食，人家买黄蚁投于树上，因相斗，黑蚁死，甘橘遂成。"[1] 此蚁"赤黄色，大于常蚁，南方柑树若无此蚁，则其实皆为群蠹所伤，无复一完者矣"[2]。古人用生物防治病虫害的方法启发性很大，值得今人研究。

七、 一蒂二十五实

宋高宗赵构登极，定都临安（今杭州），康州为其潜邸，推恩诏升康州为府，赐名"德庆"。德庆地贫，无以贡，遂以特产柑橘充贡。

橘官偶在锦石山下搜得一株"双橘连理树"，所结柑橘"一蒂二十五实"，遣快马送至京城临安，群臣庆贺。上曰：昔士燮献橘"十有七子"，用今方古，彼有惭色（他比不上我）。于是，高宗下诏："双橘（吉）连理"此为祥瑞，命有司将德庆所产柑橘列为贡品，并择吉日南下巡幸德庆。

德庆府闻讯，急建"候皇庙"以迎，后因边事紧急，高宗未能成行。德庆候皇庙民国时期还存，位置在今西江大堤二号闸位置（已封），即今潘家大屋斜对面，此路段旧时称"候皇庙街"，候皇庙码头今存焉。

八、 贮蚁鬻市

德庆贡柑在临安城一炮成名，各地仿效者甚众，无奈京师路遥，柑橘保鲜难度极大，诸州府柑橘贩运至临安城者，多已腐坏不能食用。而康人则以

---

① （宋）乐史撰，王文楚等点校：《太平寰宇记》，卷一百六十四，北京：中华书局2007年版，页3143。

② （晋）嵇含：《南方草木状（下）》，广州：广东科技出版社2009年版，页41。

"席囊贮蚁鬻市"解决了保鲜难题。具体的操作很有意思，文献记载：先以竹篾编成"席囊"装果，以利通风透气，并事先购买本地特有之赤黄蚁放于果树上筑巢，待其结巢后，皆连枝果并蚁巢采摘，"以席囊贮蚁，鬻于市"[1]，并巢而卖，谓之"贮蚁鬻市"。蚁在其中，谓可防虫所伤，有利于保鲜云。及至京城，新橘剖之，尚绿而甘鲜，由是价重京城，尝冠诸州府。

九、橘灯、橘饼、橘叶

康州（今德庆），每于元宵节夜有燃橘灯助庆的习俗。好事者采橘树一枝，将橘实镂空，以绳系枝梢，三三五五，内以油点灯，谓之点"吉灯"。

康人还有制橘饼的习俗，今人称康州"福橘"饼为最美。点"吉灯"、吃"吉饼"，元宵节一乐也。

城东有井，旁有橘树，霜后诸橘尽收，余一大橘，康人异之，剖开见二叟，须眉皤然，肌体红明，皆相对戏，谈笑自若。一叟曰："明年郡大疫，取橘叶和井水饮之即可。"如期疫作，郡人诣饮者即愈。民间始谓橘叶可驱邪云。

德庆贡柑丰收（温爱民摄）

（原载 2021 年 8 月 19 日《西江潮》第四版；获肇庆市文联"德庆贡柑"征文比赛三等奖）

---

① （晋）嵇含：《南方草木状》，广州：广东科技出版社 2009 年版，页 41。

德庆洋额柚与沙田柚

又到了一年的中秋节，在岭南的两广地区过节，除了吃各种各样的月饼之外，还有一种必不可少的水果——岭南嘉果柚子。月饼、柚子、枣子、栗子组成了拜月的最佳祭品组合。

岭南的柚子栽培已有很久的历史了，德庆本县主产的柚子有两个品种：一为洋额柚，一为沙田柚。早在四百多年前，就有文献记载"德庆多橘、多橙，有山枣，有柚子……"[①] 其时所载的柚子应是本地品种，各地品质优劣略有不同，德庆柚子在明代由于引种外地优良品种比较成功，质量和产销量一直在周边州县名列前茅。德庆引种外地的优良品种之一有洋额柚。光绪《德庆州志》记载："洋额柚，其种自顺德洋额乡来，故名。城东细桥李家园者最佳，岁产约二十余万（斤），以霜降后始熟。又一种曰桑麻柚，以中秋时熟。"[②] 可见在清代，仅一个李家园就"岁产约二十余万"，说明当时德庆种植柚子已形成了相当可观的产业。

清末西宁（今郁南）县廪生叶荣清，辛末岁腊，往留康州（德庆），触目市井交易，有竹枝词云：

河畔轻舸泛短桡，烟笼寒橘雨潇潇，

玲珑借问谁家美，选胜应推第五桥。

原注：康州蜜柚，惟五钗口第五桥最胜。

寒橘：柚子别称。

---

① （明）陆舜臣纂修：《德庆州志》嘉靖十六年刻本，卷十，物产，页11。
② （清）杨文骏等修：《德庆州志》光绪二十五年刻本，卷六，物产，页22。

洋额柚又称蜜柚，是一种优质的水果。《德庆县志》云："洋额柚，果形稍小于沙田柚，身圆，皮薄鲜黄，肉色似虾肉，入口爽脆，味清香，甜蜜。"①德庆蜜柚在 20 世纪 50 年代以前，主产于德庆城镇沿江以下的登云、大桥、甘塘、大辽、赤土、让塘、河口一带，连绵十多里，柚林成片，绿荫蔽日，房舍尽掩。

德庆洋额柚的来历还有另一个说法，耆老相传，洋额柚于明初由州人李伯震从广西容县引进德庆，历史更早，至今已有六百二十多年。考"李伯震，洪武初举'怀才抱德'科，明建文朝（1399—1402）任容县知县"②。

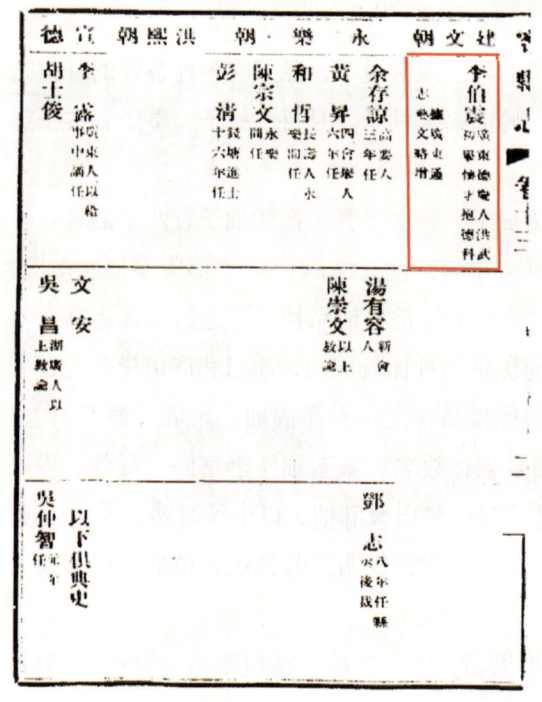

历史上，广西容县产的柚子非常有名。考《容县志》："柚，《吕氏春秋》云：果之美者，有云梦之柚。今容地所产，叶类橙，春花秋熟，实大如瓠，皮黄，上尖，下有圆脐，肉白味甜如蜜，曰蜜柚。顶高似羊额，又名羊额囊（柚），以辛里、沙田所产为最。近年四乡皆植，秋后金丸满树，获利颇厚。邻邑接枝分种，其味中变，有枳棘逾淮之欺。"③据"邻邑接枝分种"分析，当年李伯震大概率是从广西容县引进蜜柚的，而今天的广西容县仍然是蜜柚的主要产地。笔者在登云、大桥管理区采访获悉，当地果农在 1982 年还从广西容县引入羊额（蜜柚）种苗，可见坊间流传当年李伯震在容县引入蜜柚种苗的可信度是比较高的。

《容县志》载李伯震建文朝任容县知县

---

① 德庆县地方志编纂委员会编：《德庆县志》，广州：广东人民出版社 1996 年版，页 207。

② （清）易绍德、王永贞修，封祝唐、黄玉年纂：《容县志》光绪二十三年刻本，卷十三，职官志，页 11。

③ （清）易绍德、王永贞修，封祝唐、黄玉年纂：《容县志》光绪二十三年刻本，卷五，物产上，页 8。

德庆还有一个优质柚品种叫沙田柚，《德庆县志》载沙田柚"原产于广西容县沙田村，故名沙田柚"①，这个说法值得商榷。其实广西容县还真有一个类似沙田柚的品种，叫酸柚。"酸柚，俗名绿僕，叶似柚，干有刺，顶平皮厚，肉有红白二种……《桂海虞衡志》名臭柚，皮甚厚，染墨打碑可代毡刷，且不损纸。"②

正宗沙田柚的特点是果形大、皮厚、蒂部突出

余按：《容县志》对酸柚的描述，有点像今时德庆的沙田柚，此"臭柚"岭南悉有，其实也是德庆地区的一个本地品种。德庆果农引进容县沙田蜜柚后，发现成活率不高，且"其味中变"，为提高成活率，于是用本地的"臭柚"做砧木与外地（沙田）引进的蜜柚嫁接后得出了一个新品种。因为接穗来自容县沙田，所以被称为"沙田柚"，录此俟考。

《德庆县志》描述了这样一段场景："时值中秋，李（伯震）知县与同僚赏月品果，所尝沙田出产的柚子味道可口，非其他柚子可比。来春三月，李知县携带果苗归故里，种于州城附近，由于德庆的土质和气候特殊，沙田柚特别清甜，异于其他柚类，因而发展很快。到清光绪年间，沙田柚扩展至登云、大桥、赤土、河口、九市、西湾等地。"③ 余按：李伯震在容县带回的并非真正意义上的沙田柚，只是"带回了沙田的柚树"而已，沙田产的柚是蜜柚，经嫁接本地的"臭柚"后才得出的新品种德庆沙田柚。

正宗德庆沙田柚的特点是果形大、皮厚、蒂部突出、肉质晶莹洁白、口感爽脆、味香甜、产量高，与蜜柚是两个明显不同的品种。沙田柚由于皮厚，剖开食用果肉后，柚皮还可用酱料腌制，州人常以其"佐粥餸饭"，有"去痰化气"之功效。此柚历明、清以来，在德庆沿西江岸边的潮沙泥土地上种植，

---

① 德庆县地方志编纂委员会编：《德庆县志》，广州：广东人民出版社2013年版，页310。

② （清）易绍德、黄玉年修，封祝唐、黄玉年纂：《容县志》光绪二十三年刻本，卷五，物产上，页9。

③ 德庆县地方志编纂委员会编：《德庆县志》，广州：广东人民出版社1996年版，页310。

成为独具特色的"德庆沙田柚",产量更是高于蜜柚。

德庆沙田柚,盛产于20世纪20年代到50年代,远近闻名。《德庆县志》载:"建国初期,全县种植面积445亩,年产柚子1000多吨,其中沙田柚品种750多吨,蜜柚品种250多吨。1958年公社化后,收归集体所有,管理失调,加上沿江修堤、筑路、建房,柚树死伤和被砍伐的情况十分严重。1961年产量下降为140吨。1965年3月,国务院副总理陶铸来县视察,要求建设德庆沙田柚城,柚树略有发展,但由于'文化大革命'的影响,一直未能恢复。1980年,果树的面积只剩下94亩,产量仅14.8吨。1982年,县人民政府发动和鼓励恢复种植德庆沙田柚,从经济上、种苗上、技术上扶持沙田柚种植基地,种植面积年年增加。1987年全县实有面积340亩,1988年更是扩大到2296亩。1982年种植嫁接的已开始挂果。"①

据梁庆希《陶铸到德庆视察》一文介绍:"他到德庆视察工作是1965年,具体月日时间不大确切,翻阅《陶铸文集》载:1965年3—4月陶铸到肇庆、湛江地区检查工作。《肇庆大事记》载:是春,中共中央中南局第一书记陶铸先后到高要、德庆县视察。"②《德庆县志》则载:"3月,中旬,国务院副总理陶铸来县视察,要求建设德庆沙田柚城,不果。"③县委萧书记向陶书记作题为"德庆县一九六四年工农业生产、人民生活等工作情况"的汇报。陶书记说:"我进入德庆,沿途看到德庆得天独厚的地理条件,山多、肥沃、湿润,四季宜林,你们要大力发展山区经济,德庆发展在山,希望在山,潜力在山,致富在山。要下决心恢复德庆沙田柚,把德庆办成沙田柚城。"他还非常幽默地解释"德庆"二字:"你们将指标实现了,就有德了,人民得到了就高兴而庆贺,这才是德庆了。"④

很明显,当年并没有实现"建设德庆沙田柚城"的计划。从登云、大桥管理区至三元塔一带,"柚林成片,绿荫蔽日,房舍尽掩"的景象不复存在了。更可惜的是,笔者最近沿登云、大桥一带搜索了一遍,德庆沙田柚这个品种已经找不到了,而蜜柚只有零星的几棵老树而已。明清时期的一个庞大的产业就这样无声无息地消失了,殊为可惜。

---

① 德庆县地方志编纂委员会编:《德庆县志》,广州:广东人民出版社1996年版,页208。

② 中国人民政治协商会议德庆县委员会文史资料工作委员会编:《德庆文史(第16辑)》,1997年版,页66。

③ 德庆县地方志编纂委员会编:《德庆县志》,广州:广东人民出版社1996年版,大事记,页55。

④ 中国人民政治协商会议德庆县委员会文史资料工作委员会编:《德庆文史(第16辑)》,1997年版,页67。

德庆何首乌与首乌酒

何首乌为德庆名优特产，在西江一带久负盛名，驰名粤、港、澳地区。20世纪60年代，德庆的酒类产品"首乌汁"参加中国出口商品交易会，远销世界各地，使更多人知道了德庆何首乌，"首乌汁"也成为德庆县酒类产品的百年品牌。

何首乌在德庆县种植历史悠久，考嘉靖《德庆州志》，其在《物产·药》篇载曰："德庆多何首乌。"① 嘉靖《德庆州志》成书于明嘉靖十六年（1537），距今少说已有五六百年历史。

何首乌原名叫夜交藤，又叫交藤，李时珍《本草纲目》载：

> 其药本草无名，因何首乌见藤夜交，便即采食有功，因以采人为名尔……（何首乌）春生苗，蔓延竹木墙壁间，茎紫色，叶叶相对如薯蓣，而不光泽，夏秋开黄白花……秋冬取根，大者如拳，各有五棱瓣，似小甜瓜，有赤白两种，赤者雄，白者雌。九蒸九曝乃可服。此药本名交藤，因何首乌服而得名也。②

唐人李翱有《何首乌传》云：

> 何首乌者，顺州南河县人。祖名能嗣，父名延秀。能嗣本名田儿，生而阉弱，年五十八，无妻子，常慕道术，随师在山。一日醉卧山野，忽见有藤两株，相去三尺余，苗蔓相交，久而方解，解了又交。田儿惊讶其异，至旦遂掘其根归。问诸人，无识者。后有山老忽来，示之，答曰："子

---

① （明）陆舜臣纂修：《德庆州志》嘉靖十六年刻本，卷十，物产，页11。
② （明）李时珍：《本草纲目》，卷十八，北京：人民卫生出版社2005年版，页1288。

既无嗣，其藤乃异，此恐是神仙之药，何不服之？"遂杵为末，空心酒服一钱，七日而思人道，数月似强健，因此常服。又加至二钱，经年旧疾皆瘳，乌发容少，十年之内，即生数男，乃改名能嗣。又与其子延秀服，皆寿百六十岁。延秀生首乌，首乌服药亦生数子，年百三十岁，发犹黑。①

生晒何首乌　　　　　　　　　制何首乌（九蒸十晒）

　　至乾隆二十五年（1760），知府吴绳年修《肇庆府志》中明确记载："何首乌，德庆者佳。"②何首乌诸州皆产，而德庆产的何首乌与其他地方产的何首乌有明显区别，质量最好。

　　道光十三年（1833）《肇庆府志》引《吴志》"何首乌德庆州者佳"，又引《粤游纪闻》："土人云，府城外得闻府署钟鼓处产者尤佳，按府城明时为德庆府也。"③志云"府署钟鼓处"即今旧人民医院西侧（旧公安局），故址尚存。两府志均载德庆产之何首乌质量上乘，说明德庆何首乌名气相当大，质量优于别处的说法有历史文献的支撑。

　　明人瞿其美在《粤游纪闻》中提及的"府署钟鼓处产者尤佳"的说法，在德庆流传极广，坊间耆老口耳相传德庆府署发现何首乌的故事：隋末唐初，兵荒马乱，粮食锐减，西江一带，民不聊生，官府粮奉无以为继，故当时监狱之囚犯多取保假释之，唯重刑大犯，无亲友担保者，则只能留在狱中，听天由命。有何姓大犯年逾六十，须发皆白、骨瘦如柴，因无人保释，囚禁黑牢之

①　（明）李时珍：《本草纲目》，卷十八，北京：人民卫生出版社2005年版，页1288。
②　（清）吴绳年修，何梦瑶纂：《肇庆府志》乾隆二十五年刻本，卷二十二，物产，页13。
③　（清）屠英等修：《肇庆府志》道光十三年刻本，卷三，物产，页45。

中，生死难以逆料。若干时日后，时局稍定，狱卒复巡至黑牢，见何姓老犯"神采奕奕、红颜乌发"。州官怪而问之，答曰："饥则挖藤根以食，渴则取藤叶以嚼汁。我在此黑牢四壁挖土数尺，得薯大如拳头，味甘，既可充饥，亦能止渴，其薯大小不一，我已尽食之矣。"众人大惊，遂知此为交藤，有"乌发养颜、延年益寿"之功效。府署监仓四周有交藤蔓延墙壁，根茎生入牢中，何老汉得以取食，由是白发渐变黑发。头即"首"也，因以何犯之姓氏名之曰"何首乌"云。

德庆何首乌有"城里、城外"之分。城里产之为上品，此说法与"府署钟鼓处产者尤佳"不谋而合，而城外产的何首乌质量就次一点。究其原因，为西江水潦，城外之地一年一淹，何首乌一年一挖。而城里之地，地处高岗，不受水淹，特别是府署之内，有城墙挡水，何首乌若干年一收，质量当为上乘。

"城里"何首乌剖开有菊花纹，外有棱瓣（温爱民摄）

但由于城内地小，产量不大，而农人为获利在城外大量种植，致有城里城外质量之分，常令买家真假难辨。迨光绪二十五年（1899），《德庆州志》书志者亦为此事作过考证："何首乌，今城内产者颇鲜，城东太平坊（即城外大桥村一带）种者多，然地受西潦，岁一掘售，不及城中者佳。"[①]

清末西宁（今郁南）县廪生叶荣清（1818—1893），号少愚，宋桂车岗

---

① （清）杨文骏等修：《德庆州志》光绪二十五年刻本，卷六，物产，页23。

人，工诗书。同治十年（1871）辛末岁腊，往留康州（今德庆），舟泊东门外河上，触目市井交易，有竹枝词云：

> 首乌城内产灵根，道是清香味最真。
> 来自封川休错认，许多瞒骗远方人。①

叶诗提醒市面上有来自封川（今封开）产的首乌要仔细分别，不要错认。南海颜薰参修《悦城龙母庙志》，有《悦城竹枝词》云：

> 何首乌诗地道良，嘉鱼五月足江乡。
> 归舟记买连滩席，卧胜琉璃八尺黄。②
> 原注：何首乌，药名，服之能返老还童。

此说明有地理标志对于产品来说非常重要，不同地域物产质量千差万别，故称德庆地道何首乌为最良。其实，叶荣清的家乡西宁县与德庆县仅一河之隔，亦产首乌，但没有德庆的好。《西宁县志》载："邑产首乌以近城市野生年久者良，其产自德庆者名何首乌，为最良。"③ 此载入方志者，可知德庆何首乌的质量早已名声在外。

邑人生活虽较简单，但老一辈的人大都讲究"药食同源"，对于补养营生也比较注重。若在屋边地头偶得何首乌，便九蒸十晒，配药浸酒，安于自用，开始有制作首乌酒之雏形。邑中一些有识之士，看准了何首乌的商业价值、药用疗效及知名度，开始考虑对何首乌进行深加工，批量生产首乌酒应市赢利。"清末民初，德庆首乌酒已有多家生产，较有名气的有梁钊记、温隆记、鸿源、关馥园等，多是前店后坊。"④

以何首乌作为原材料进行规模化生产首乌酒供应市场，谁为之始已经难考证了。据坊间耆老的忆述，首乌酒创于清末民初，由当时县城一家经营酒米杂货生意的老字号梁钊记老板梁剑池始创。由于浸制首乌酒时间较长，所用之主

---

① 中国人民政治协商会议德庆县委员会文史资料工作委员会编：《德庆文史（第 12 辑）》，1991 年版，页 137。

② （清）黄培芳等：《悦城龙母庙志》光绪十三年刻本，卷二，诗赋，页 18。

③ 何天瑞修：《西宁县志》1937 年铅印本，卷十四，物产上，页 20。

④ 德庆县地方志编纂委员会编：《德庆县志》，广州：广东人民出版社 1996 年版，页 309。

药——何首乌需经九蒸十晒等原因，生产周期长，回本获利较慢，少有人涉足。而梁钊记资金实力雄厚，在城里建有一个占地二三十亩的梁家园，老板头脑灵活、克勤克俭、事必躬亲、用料十足，很快打响了品牌，其始创之"梁钊记首乌百岁酒"货真价实，逐渐打开了销路。但梁钊记首乌酒终属兼营，并未大量经纪，多用于熟客买上几瓶，携带各处、互赠送礼等。[1] 继而效法生产的则是"温隆记"，一说温隆记为首创，因当时没有商标法，更没有专卖权，因而德庆各家浸制首乌酒的商号，招牌上都印有"始创"字样。

余少闻温隆记老板温扶西改造了配方，以上品首乌切片，九蒸十晒，配以巴戟、熟地黄、金樱子等名贵中药，用双蒸米酒浸制而成。招牌用红纸印"德庆温隆记始创首乌百岁酒"等字样。由于选料精细，不掺假作伪，酒品上佳，人们饮后容光焕发、精神振奋，不上脑、不易醉，并有活血养颜之功效，一时畅销粤、港、澳各地。

何首乌年久有可能长成各种形状

民国初年，德庆拆古城墙时，州人在古城墙头挖得一支何首乌，此首乌生长在城墙泥土夹缝之中，酷似人形，生长时间已"不知年"。温隆记老板温扶西以重金购得，悬挂商号门口，并赋诗一首：

灵物赋人形，产于古康城。
功能乌须发，益寿又延年。[2]

一时引来众人驻足，赏物咏诗，人气大旺，广告效应明显，无形中提高了商号的知名度，此在当时传为佳话。

---

① 中国人民政治协商会议德庆县委员会文史资料工作委员会编：《德庆文史（第10辑）》，1988年版，页95。

② 中国人民政治协商会议德庆县委员会文史资料工作委员会编：《德庆文史（第7辑）》，1985年版，页55。

之后经营首乌酒的还有德源、美泉、联盛、馥茂、德安等号，也作少量浸制应市，所有商号的招牌都印"始创"二字。民国廿年（1931）后，梁钊记和温隆记的老板相继谢世，商店停业。德庆首乌酒已无其他商店进行大量浸制供应，只有德源、美泉、联盛、馥茂、德安几家杂货店，仍是少量浸制兼营应市。①

20世纪二三十年代间，有陈姓老板开设"鸿源"号酒米杂货店。陈老板早年在外地做生意，知道德庆首乌酒这个品牌在外地大受欢迎，决定回乡创业。适遇官府出售公产，陈老板买受县衙东侧"旧监仓"（今旧人民医院西侧）菜地数十亩，四周围墙，雇工种上何首乌，门外大书"鸿源酒庄首乌园"，以作招徕。余按：此地正是当年因禁何姓老犯发现何首乌的地方，其影响力之大可想而知。陈老板利用其早年在外做生意人面广的优势，将"首乌园"拍成照片，制成电版，印制招牌纸，又是标榜为"始创"，说明书更强调此即"地道城里首乌，旧监仓遗址"。德庆何首乌的故事开始一传十、十传百……生意大有起色。其后更利用其在外做生意积累的关系，"在广州找到几家商铺挂牌代销，这是德庆首乌酒向外设点代销之始"②。

与"鸿源"差不多同时开设的还有一间专营酒品的"德庆酒庄"，设在西湾旧码头西侧，老板姓覃，郁南都城人，因女儿系当地大绅严博球的儿媳妇，借助其资金与关系，开设酒庄经营首乌酒，兼营各地名酒。他的首乌酒的制作方法与鸿源大同小异，但他的推销宣传方式别出心裁，除在广州、江口、都城、肇庆等处设代销点外，还利用当地水面小贩推销宣传。何谓"水面小贩"？因德庆地处西江中上游，当时由香港、广州、肇庆往返梧州的渡轮，每日过往不下十多个班次。德庆是中转站，各航班来往必经停泊。那时有一班十一二岁至十五六岁的孩子，为求生活，由家长在家制作好南乳花生、糯米糍、裹蒸粽及名产糕点鹅油酥，并准备好香烟水果等食物，用小箩斗背到各航船上，随船叫卖。这班孩子在船上除叫卖外，闲时还帮助轮船工友打扫船舱楼板，执拾用具杂件等。船员也可怜这些孩子，向来不收船费，还经常将剩余饭菜给他们充饥，这班孩子不分日夜地在航船上落，见船就搭，上水至都城或梧州，又搭下水船回家取货；下水至悦城或禄步、肇庆，又搭上水船回家取货，周而复至，无间断。覃老板给予这群孩子高额的利润，赊销首乌酒，让他们携

① 中国人民政治协商会议德庆县委员会文史资料工作委员会编：《德庆文史（第10辑）》1988年版，页95。

② 中国人民政治协商会议德庆县委员会文史资料工作委员会编：《德庆文史（第10辑）》1988年版，页97。

带首乌酒上船叫卖，顾客原瓶购买或开瓶买饮均任自由，酒庄与这群"推销员"按月结账，逢年过节，还分别给予奖金，因有利可图，这群"推销员"都乐意推销，因而德庆首乌酒的名声逐渐远扬，销路日广。①

民国时期"德庆酒庄"首乌酒注册中央政府"狮球"商标。1931年参加广州市第一次国货展览会，获一等奖章。② 该号在广州、江门、三水、肇庆、都城、封川、梧州各埠均有代理。

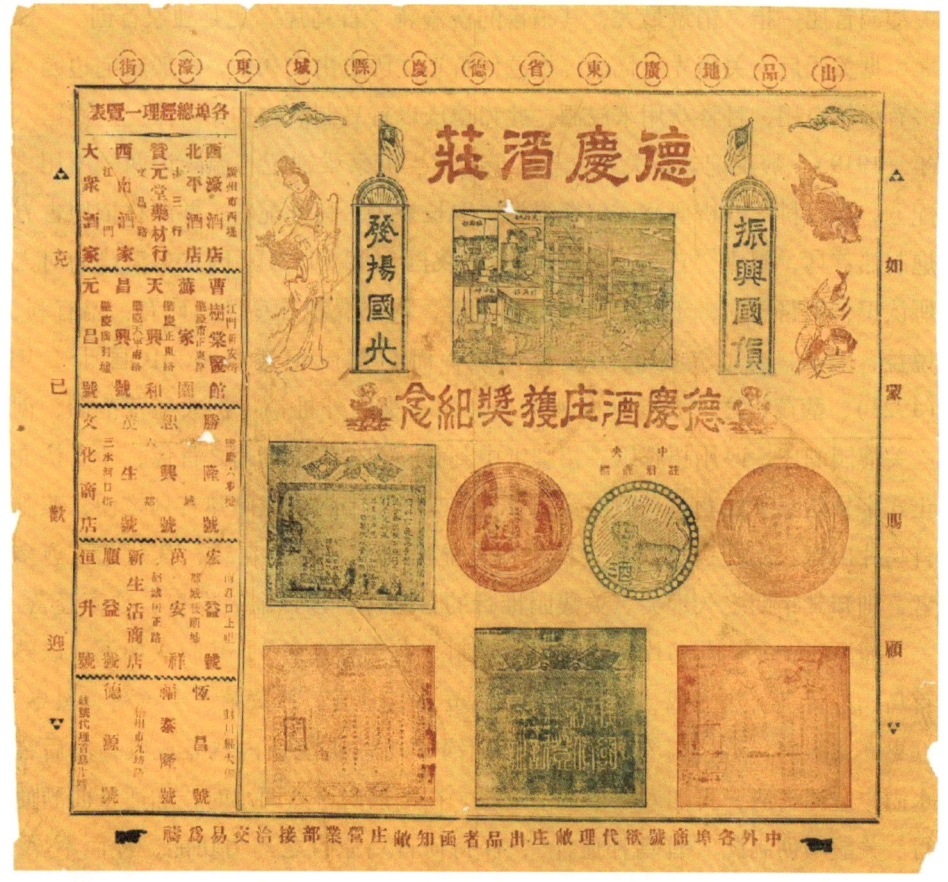

德庆酒庄开业十一周年获奖纪念招牌纸（温爱民藏）

---

① 中国人民政治协商会议德庆县委员会文史资料工作委员会编：《德庆文史（第10辑）》，1988年版，页99。

② 1931年1月10日，广州第一次国货展览会在丰宁路（今人民中路）西瓜园隆重开幕。推算德庆酒庄成立于1920年，与关庸忆述时间相合。

真正将德庆首乌酒销向世界的是"馥茂记"。馥茂记老板关芳伦，以"馥茂"冠为商号，由于经营有方，又购得官地守备衙门旧址，地方宽广，除建造连座三间大屋外，还建有酒坊、磨坊、货仓等，尚余菜地数亩，用于种植何首乌，命名为"关馥园"，时人称为"关家园"，其后将馥茂记店号更名为关馥园，并将其作为商标。此地原为清守备衙门旧址，位置在今机关幼儿园西侧，该址离旧州衙不远，因不会被水淹，亦可称为"城里首乌"之产地，因此制出的首乌酒质量上乘，远销粤、港、澳各地区。在外销的首乌酒商号中，关馥园首屈一指，销量最大，其销售的铁盒装"首乌片"更是独家首创。

据关氏后人关庸先生忆述：本邑何首乌之历史由来久远，一般在宅边园界多有种植自用，且喜欢用来浸酒，此为德庆以首乌制酒之初始阶段。迨民国八年（1919），馥茂记老板关芳伦与其子关甫生考察梁钊记与温隆记两号所用之配方，加以科学分析研究，权衡得失，取长补短，科学配料，并严格依照古方炮制熟首乌，制成"首乌补血酒"。……民国十年（1921）因首乌酒已为时人所认识，销路日广，于是德城之有酒卖者，均先浸制首乌酒，计有：温有利、悦益、德安、鸿源及德庆酒庄等出现，而与馥茂记竞争矣。民国十二年（1923），馥茂记之"首乌补血酒"决计用支头向外推销，扩大经营范围，创立关馥园酒庄，改用招牌纸，招牌纸中刻有关芳伦八十老翁之肖像，使人认准正式字号购买。经营首乌酒需要大量何首乌，于是利用蒸晒熟首乌之便，兼制首乌片出售。用药刨来切片，横剖面就显出何首乌之菊花纹，其菊花纹愈多者，则知其年期之久远矣。关馥园推行的首乌片，以铁盒装发售，独家经营。关馥园酒庄在发售首乌片的同时，更创制"首乌补血汁"，其制法如下：以熟首乌、生首乌、熟巴戟、生巴戟、熟地黄、生地黄、熟黄精、生黄精、黑枣、红枣、龙眼肉、荔枝肉等为配料，于铜锅（切忌铁性）内熬煮成胶，然后在水酒中过滤去渣，再加入等量金樱子胶，在铜锅内再煮两小时，加适量曲酒便得。关馥园创制此"首乌补血汁"，保持何首乌原有之药力功能，补而不燥，冲酒则成首乌酒，冲水则成为可口的滋补饮料。故发售以来，甚为顾客所欢迎，销路几乎驾于首乌补血酒之上。自推销以来，在二十至三十年中，只有独家经营而已。[①]

---

① 中国人民政治协商会议德庆县委员会文史资料工作委员会编：《德庆文史（第 10 辑）》，关庸《何首乌及其制品》，1988 年版，页 105–107。

关馥园首乌补血汁瓶（民国），玻璃瓶三面都是广告语（左：德庆
县城内，中：关馥园，右：首乌补血汁）（原件温爱民收藏）

首乌酒在西江一带久负盛名，关馥园酒庄乃谋之外贸发展。关庸先生回
忆："我在广州读书的时候，曾奉祖父之命，在广州开设关馥园酒庄，推销过
首乌酒，并于 1930 年创制首乌汁及精制首乌片。更在广州之南园酒家、大三
元酒家、文园酒家及谟觞酒家等代理发售。迨 1931 年春节后，有香港皇后酒
家前来接洽代理推销首乌酒及首乌汁，曾在一年之中，经营港币约十万元之
多。到 1932 年，皇后酒家来信，说首乌酒已推销到美国旧金山市，颇受当地
华侨欢迎。自此以后，每年经营关馥园之首乌制品三种货式，共得港币约三十
万元。1933 年五月初八龙母诞，关馥园的推销员到悦城龙母祖庙发售首乌制
品，在是年诞期中，于一日一夜二十四小时内，售出首乌酒一万瓶（一斤
装）、首乌汁一万多支（四两装）、首乌片一千多盒（二两装）。"①

中华人民共和国成立后，关馥园酒庄改名为德庆县首乌酒厂，于"1956
年由关馥园酒庄和悦城烟酒厂合并建成，占地面积 10935 平方米，建筑面积

---

① 中国人民政治协商会议德庆县委员会文史资料工作委员会编：《德庆文史（第 1 辑）》，1983 年
版，页 1。

12567 平方米，主要产品有首乌酒、首乌汁、巴戟酒、史国公酒、五加皮酒等，有职工 155 人，工业产值 160.5 万元。利润 1.2 万元，税金 22 万元，为全民所有制企业。其中德庆牌首乌汁和巴戟酒分别于 1985 年和 1986 年获省优质产品称号，产品远销港澳和南洋各地。1986 年德庆牌首乌酒获（86）粤卫药准字第 G—04 号文正式批准作为药用酒；德庆牌巴戟酒获（86）粤卫药准字 G—05 号文批准作为药用酒。1986 年出口首乌酒 33 吨、首乌汁 91 吨"①。出口方面仍沿用关馥园的商标，每年参加广州的中国出口商品交易会，成为德庆县大宗出口商品。

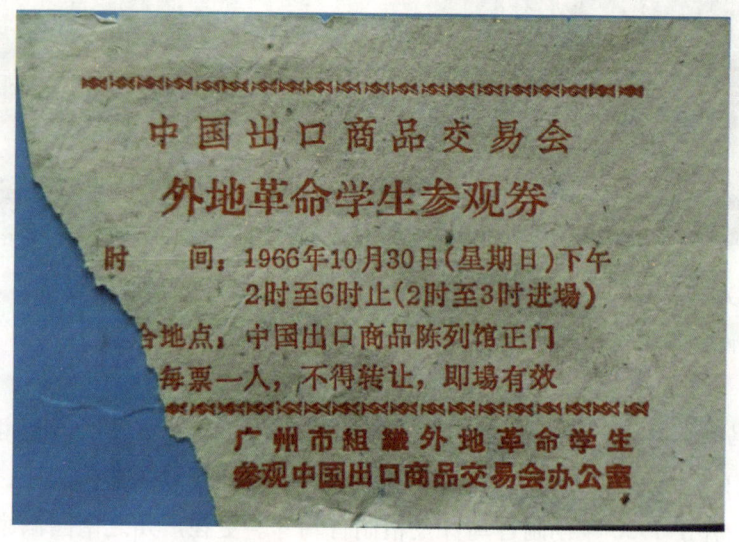

中国出口商品交易会外地革命学生参观券（温爱民藏）

笔者在 20 世纪 60 年代至广州，还专门到位于今海珠广场的中国出口商品交易会（旧馆址）参观，看到了德庆的出口商品"关馥园首乌汁"。

由于首乌制品产能提高，用料需求增大，何首乌种植则由城里转到城外，种植面积约 80 亩。至中华人民共和国成立后发展到 250 亩，年产何首乌 50 多吨。至 1973 年一度发展到 600 亩，总产量达 200 吨。近年经广州中医学院、广东工学院、广东省测试分析研究所分析鉴定，德庆何首乌含有锌、锰、铜、铁、钙等多种微量元素，有养血益肝、固肾益精、乌须发等功效。以德庆何首

---

① 德庆县地方志编纂委员会编：《德庆县志》，广州：广东人民出版社 1996 年版，页 313、320、416。

乌做主要原料制成的首乌干片、首乌汁、首乌酒等名贵产品，誉满中外。①

在旧县衙（遗址）古墙上的何首乌（温爱民摄）

（原载肇庆市《炎黄大观》2023 年第 2 期）

---

① 德庆县地方志编纂委员会编：《德庆县志》，广州：广东人民出版社 1996 年版，页 207。

德庆玉桂与悦城龙舟

　　玉桂的产地主要分布在我国北回归线以南的两广地区以及越南、斯里兰卡、印度尼西亚、缅甸等东南亚国家，为主要香料植物之一，其中尤以西江流域所产之玉桂质量最好。

　　德庆地处西江中游，北回归线贯穿县境，雨量充沛、日照充足，夏无酷暑、冬无严寒，非常适合玉桂的生长，自古就是西江流域玉桂的主要产地。德庆玉桂以其"皮黄肉厚，辛香甜醇"而闻名中外，一直是德庆县稳定大宗的出口商品，被誉为西江"玉桂王"。

　　德庆古称康州，自汉唐以降，幅员广阔，行政区域曾一度辖至今信宜、罗定、云安、郁南、封开等县，由于水陆交通方便，被誉为"岭西舟车之会"，大大促进了德庆地区"南药"的发展，成为岭西土产物流集散地。

　　岭南栽培肉桂已有很长的历史，嵇含《南方草木状》载："桂，出合浦，生必以高山之巅，冬夏常青，其类自为林，间无杂树，交趾置桂园。桂有三种，叶如柏叶皮赤者为丹桂，叶似柿叶者为菌桂，叶似枇杷叶者为牡桂……昆明池池中有灵波殿，以桂为柱，风来自香。"[①] 该书为嵇含任广州太守时撰，距今已有一千五百多年，说明一千五百多年前岭南先民就开始栽培桂树了，大者甚至作为建材用。

　　据文献记载，德庆人工种植玉桂已有五六百年的历史。明嘉靖《德庆州志》载"德庆有桂皮"[②]。嘉靖《德庆州志》成书于明嘉靖十六年（1537），说明四百八十多年前德庆已有桂皮的生产和记录，推知德庆桂树的种植历史肯定更早于此。德庆是西江流域玉桂的主要产地无可疑也。

---

①　（晋）嵇含：《南方草木状（中）》，广州：广东科技出版社 2009 年版，页 27。
②　（明）陆舜臣纂修：《德庆州志》嘉靖十六年刻本，卷十，物产，页 11。

古时奉桂为神树，岭南有以桂木为舟者。文献记载：

> 德庆悦城水口，有龙母祠，祠南之山曰青旗，是多古木。有一巨桂，土人伐之作龙船，从水口（悦城）至广州五百余里，一日往还，惮其太疾也。为四足于船底以阻水，不知龙飞以足，疾乃益甚，一击鼓，即越三湾，土人大惧，沉于水。明岁端阳复出之，周船身悉生鳞甲，乘至杨柳沙，骧首振尾，遂与舟人俱沉，金鼓声隐隐潭底，久之乃绝。[①]

据说，每逢雷雨大作时，水底会传来金鼓之声，龙船浮出水面戏耍。清人颜薰有《悦城竹枝词》：

> 漫天浊浪涌江间，竞渡年年夺帜还。
> 羌有木龙鳞甲长，飞流一鼓转三湾。[②]

相传桂树为"不死之树"，人食之则"延年益寿"。李时珍《本草纲目》云：玉桂"利肝肺气，心腹寒热冷疾……温中，坚筋骨，通血脉，理疏不足，宣导百药，久服，神仙不老"[③]。

玉桂经济价值很高，桂树全身是宝：在树干上剥下树皮，经日晒干后称"桂皮"；末稍小枝称桂枝；其尖端嫩枝称桂尖，可作中药；籽实称桂子，用于繁育桂苗。桂枝、桂叶经蒸馏而得桂油，可作各种香料的原料。因此，桂皮、桂油、桂枝、桂尖、桂叶、桂籽、桂碎、桂柴等均有用途，也被用于制作天然香料、化妆品的芳香油、中医中药及医疗芳香剂。

清末民初，德庆桂油、桂皮厂遍及全县城乡。据资料记载："本县是历史上肉桂的主要产区之一，也是较大宗的传统出口名优物资。从 1934 年开始就已经有大量出口，所产'西江玉桂'在国际市场上久享盛名。1956 年，桂皮产量达 1386.9 吨，全县现有桂山面积 23 万多亩。……除供应国内需求外，主要销往印度、巴基斯坦、西德、日本、英国、法国、荷兰、美国、巴西等 80

---

① （清）屈大均：《广东新语》，卷二十五，木语，北京：中华书局 1985 年版，页 656。
② （清）黄培芳等：《悦城龙母庙志》光绪十三年刻本，卷二，诗赋，页 18。
③ （明）李时珍：《本草纲目》，卷三十四，北京：人民卫生出版社 2004 年版，页 1927。

多个国家和地区。"① 玉桂是德庆传统土特产出口产品，"建国初期，已有桂山面积4.5万亩，1954年产桂皮1681.2吨，桂油8.85吨。1958年，桂山遭到人为破坏，桂皮产量多年徘徊在650～1000吨之间，出口量供不应求。20世纪70年代开始，政府鼓励植桂，使桂产区基地从7个公社发展到10个公社，1972年达13万亩，1983年桂皮产量最高发展到2175.2吨，桂油达63.9吨。1986年投资400万元建立桂皮厂，年加工桂皮能力达2000吨。"②

20世纪80年代的德庆县桂皮厂（图片来源：《德庆县志》）

---

① 中国人民政治协商会议德庆县委员会文史资料工作委员会编：《德庆文史（第10辑）》，1988年版，页85。

② 德庆县地方志编纂委员会编：《德庆县志》，广州：广东人民出版社1996年版，页411。

德庆紫淮山

　　每年年底，在广东德庆县的乡间地头，人们忙碌地收获一种从皮到肉都是紫色的薯类，这就是闻名遐迩的德庆特产——紫淮山。

　　据文献记载，淮山又称山药，以产于河南古淮庆府（今河南焦作一带）的山药质量最好，因此称为淮山，中药称淮山药等。而德庆产的是紫淮山，这是其特别之处。紫淮山是一种天然呈紫色的山药品种，在德庆县农村俗称"大薯"，因其营养丰富，食用价值高，自古以来就被视为物美价廉的佳品，既可作主粮，又可作蔬菜或药用。紫淮山含有大量的花青素，是不可多得的绿色环保食物。

　　我国早就有关于山药的药用研究和食用的记载，山药原名"薯蓣"。李时珍《本草纲目》载："薯蓣，一名土薯、山薯，又名山药，江闽人单呼为薯，亦曰山藷（shǔ，薯）。"[1] 德庆对此类植物亦单称为"薯"，《德庆州志》称"德庆多薯"[2]，即指此物。而《德庆县志》则称此物为"薯蓣科山药"[3]。据此可知，薯、薯蓣、山药统此一物也。

　　"薯蓣"因避两个皇帝的名讳而改称"山药"。李时珍《本草纲目》引宋代药学家寇宗奭注曰：

　　　　薯蓣因唐代宗名"预"，避讳改为"薯药"；又因宋英宗讳"署"，改为"山药"，尽失当日本名，恐岁久以山药为别物，故详著之。时珍曰：薯蓣入药，野生者为胜，若供馔，则家种者为良。……（山药）味甘温平，补中益气，补虚羸，强筋骨，主泄精健忘，益肾气、健脾胃、止泄

---

①　（明）李时珍：《本草纲目》，卷二十七，薯蓣，北京：人民卫生出版社 2005 年版，页 1676。

②　（明）陆舜臣纂修：《德庆州志》嘉靖十六年刻本，卷十，物产，页 11。

③　德庆县地方志编纂委员会编：《德庆县志》，广州：广东人民出版社 1996 年版，页 145。

痫、润皮毛。①

现代医学研究表明，紫山药中花青素的含量比白山药高很多，花青素具有极强的抗氧化，以及养颜的功效，经常食用，护肤养颜功效显著。

德庆产的山药品种有一白一紫两种，食之绵软、口感绝佳，尤以紫色者最补益人。屈大均《广东新语》载："东粤多薯，其生山中，纤细而坚实者曰白鸠薯，似山药而小，亦曰土山药……肤色微紫，曰猪肝薯，亦曰黎峒藷。"②此"猪肝薯"在德庆称淮山藷、黎峒藷，又称紫淮山，以德庆天马山产者为良。《西宁县志》曰："邑产土山药称淮山薯，以产天马山者良。"③ 按：天马山即今德庆高良镇天马山。西宁原德庆辖区，明万历四年（1576），由德庆州析置西宁县（今郁南县）。④

德庆地处粤西西江流域、土地含砂量较大，非常适合紫淮山的生长。每年西江河水泛滥，给县境沿岸带来非常丰富的有机物质。因此，德庆西江沿岸的悦城、九市、回龙和马圩河流域的官圩、马圩、高良一带的农村，利用这得天独厚的优势，自古就种植紫淮山。文献记载，德庆人工种植紫淮山已有四五百年的历史，在德庆农村的村边地头，随处可见这种"薯蓣科山药"。

德庆为粤西山区县，八山一水一分田，田地少而稻粮不足，志载"大薯"列谷品类，与番薯、芋头并登为稻，为谷米之佐，民间以之为杂粮，农人当米谷果食。大薯一般种于村边地头，因其不与稻粮夺地，产量高，饥荒年代活人无数。紫淮山"久服耳目聪明，轻身不饥延年"⑤。光绪《德庆州志》载：德庆九市洞寮人罗睿荣寿九十七岁。咸丰五年，岁饥，罗将家里的粮食发赈乡里，以大薯、芋头为主食度过荒年，获得长寿，其妻石氏寿九十岁，家族八十岁以上者多人；我县紫淮山主要产区之一官圩镇有长寿村，孺人江伍氏高寿107岁，两广总督阮元和广东巡抚联名奏报朝廷，清道光七年（1827）江伍氏得旨建坊。⑥

---

① （明）李时珍：《本草纲目》，卷二十七，薯蓣，北京：人民卫生出版社 2005 年版，页 1676。
② （清）屈大均：《广东新语》，卷二十七，草语，北京：中华书局 1985 年版，页 711。
③ 何天瑞修：《西宁县志》1937 年铅印本，卷十四，物产上，疏类，页 7。
④ （清）谭桓修，梁宗典纂：《德庆州志》康熙十二年刻本，卷一，事纪，页 23。
⑤ （明）李时珍：《本草纲目》，卷二十七，薯蓣，北京：人民卫生出版社 2004 年版，页 1676。
⑥ （清）杨文骏等修：《德庆州志》光绪二十五年刻本，卷十二，耆寿，页 1。

德庆特产紫淮山（温爱民摄）

德庆鹅油酥与豆沙月饼

"鹅油酥"是德庆著名的传统风味小吃，属于饼点一类的食品。据传创制于清末民初，至今已有一百多年的历史，至中华人民共和国成立初期还有东利、东城、华记等饼家生产。

鹅油酥选料上乘，以上好的低筋面粉、白糖配以鹅油调制，做成饼后不能立即送烤炉烘制，而要经过一段时间的自然发酵工艺，待"饼朴"发酵产生气泡后，才能送入烤炉烘制，从而产生"酥"的口感。至于发酵时间的控制，则是各饼家秘而不宣的绝招了。鹅油酥，顾名思义是以鹅油调制作为其特点，严格掌握火候，做出的成品颜色金黄，入口甘香松化，油而不腻，酥而不散。包装以肉扣纸捆扎成筒，一打十二只装，放一张红色招牌纸，上书"德庆鹅油酥"，非常醒目，常作为送礼佳品或家常茶点，更有以小瓦罐精包装远销至省内外和港澳等地的。

民国八年（1919）七月，新加坡和港澳的华商在香港联合举办糕饼食品展销评奖大会，邀请粤、港、澳各地茶楼饼家参展。德庆商会也接到邀请，众推"华记"和"东利"两家老字号选送鹅油酥和豆沙月饼参会。据坊间耆老忆述，当时这两种饼食运去的数量不多，据说不足千斤（一说三千斤），不想两款产品送至展会立刻引起轰动。大会开幕后，仅在一个星期内，一百多箱鹅油酥和豆沙月饼即被抢购一空。大会立刻电催德庆商会追加送展产品，无奈时近中秋节，本地市场亦已供不应求，加上送展的华记和东利两号因货款未能及时回收，货源、人手、资金周转出现问题，连日商讨，均无结论，最终错失时机，直至展会结束，未能再送出产品。经评比，德庆鹅油酥获优等奖，奖银鼎一座；德庆豆沙月饼获一等奖，奖银盾一面，各有锦旗、证书，并派人送奖品到德庆，放在德庆商会陈列，这个小山城的产品从此名声远扬。[①]

德庆鹅油酥（温爱民摄）

比起鹅油酥的制作，豆沙月饼的制作要稍微复杂一些。首先是选料，要选择当年收获的新鲜绿豆，若选用隔年绿豆则会有一些硬化了的绿豆，这种绿豆是砸不碎、煮不烂的，叫做"旋豆"，德庆人称这种绿豆为绿豆公，又叫石豆。此外，陈年绿豆不及新鲜绿豆做出的馅料绵软，这一点非常重要。接着就是用传统方法做豆蓉，这是个工夫活，要将新鲜的绿豆浸泡一天一夜，之后放入大铁锅中煮熟，捞起至专用的筛箕上反复搓擦，绿豆被擦碎，经过筛眼落到下面的盘中，而豆皮则留在筛面上，经过多次淘洗，务必把绿豆皮去净后才可以进入下道工序，这道工序要反复多次才能完成，非常费工夫。当然，现在已有脱皮机和磨机，效率自然提高了很多，但精细度不及手工搓擦出来的豆蓉，吃起来没有"绵滑"的感觉。而那些连绿豆皮一齐打碎、磨粉的工艺就不值一提了。

制作豆沙月饼还有两道关键的工序，一个是煮豆沙，一个是烤饼。这两道工序是分开两个师傅做的，也就是这两个人才叫师傅，其工资比一般员工贵三四倍。煮豆沙既是技术活又是力气活，制作时一边要控制火候的大小，一边要

---

① 中国人民政治协商会议德庆县委员会文史资料工作委员会编：《德庆文史（第1辑）》，1983年版，页4。

用一个类似船桨形的匙不断在铁锅里搅拌豆沙原料，从而严格防止煳底。如果煳底，那这锅豆沙会有焦味，就不能再用了。豆沙质量如何全凭经验。现在煮豆沙轻松很多了，用的是不锈钢锅电动搅拌，还有微电脑控制温度，效率和质量都提高了许多。

馅料做好后，下一道工序就是打饼，这道工序相信大家都知道了，无须赘述，因为这不是最关键的工序，最关键的是烤饼。传统的烤炉用炭火，两侧还要烧柴，使其三面均匀受热，烤出来的饼色泽才会一致。这里对师傅的技术要求较高，在月饼烤到八九成熟时，要将其拿出来扫上一层鸡蛋白糖水，再放回炉中加热至烤熟，只有这样，饼身才会呈现金黄色，卖相好，而这八九成熟的火候掌握也全凭师傅的经验。因此，传统的做法工序复杂，全凭经验操作，质量不稳定、产量也低。

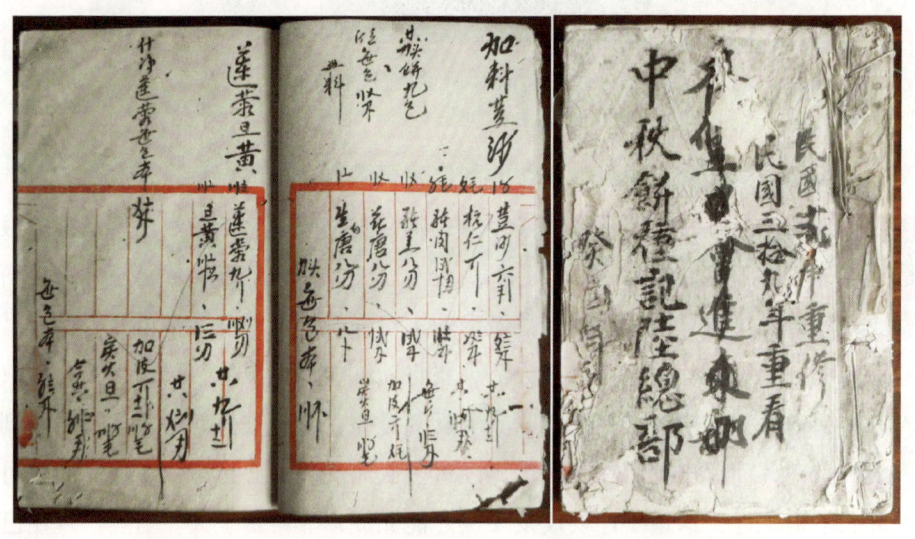

民国时期《中秋饼种记录总部》，记录各种月饼的配方及成本等，其中记载有"加料豆沙"月饼的配方，可惜今已失传（温爱民藏书）

据说当年华记和东利两家饼铺用了一个多月的时间，加班加点才为展会赶制出三千多斤鹅油酥和豆沙月饼。迨展会结束，会方专门派人将奖牌证书送至德庆商会，同来的还有中国香港、中国澳门、新加坡三地的华商代表。他们提出要与德庆商会签约，要求每月供应豆沙月饼、鹅油酥各五千至一万斤，且可以马上交三成订金。当时德庆商会的主事者召集全城饼家连日商讨，限于产量问题，终未达成协议，没有饼家敢签约。①

　　后来有参会的上海饼家仿制德庆鹅油酥，取名"德庆酥"，但由于未真正掌握鹅油酥的配方和制作工艺，产品质量与德庆鹅油酥相去甚远，最终也未能成功。但据上海饼家的宣传资料，德庆酥属于广式点心，于 20 世纪 40 年代初传入上海，现已成为上海糕饼中的传统美食云。

　　中华人民共和国成立后，在 1956 年实行公私合营，政府组织全城所有糖果饼铺合并，成立公私合营德庆食品厂，继续生产鹅油酥、豆沙月饼等几个品种供应市场，这样做产量虽然增加了，但质量远没有个体经营时好，后来又经过企业改制，食品厂解体。

　　至 20 世纪 80 年代初，个体经济兴起，一些老饼号如李氏的祥记、谭氏的联丰、全兴等品牌相继恢复生产鹅油酥和豆沙月饼。李氏的祥记饼家还重新开发出"多多"牌鹅油酥，产量逐年增加，在国家标准严格控制下率先采用先进的电烤炉生产工艺，恢复了市场的供应，产品知名度逐年提高。

德庆豆沙月饼（温爱民摄）

① 据徐景华口述，关庸记录。

德庆汤丸

　　德庆汤丸源于八百多年前一年一度的元宵节庙会。汤圆又叫元宵，在德庆则称为汤丸，吃过德庆汤丸的客人一传十、十传百，对其交口称赞。每逢元宵庙会，小贩们三三两两肩挑一副汤丸担子，一边是一个火炉和铁锅，一边是和面制作汤丸的砧板和碗筷，现做现卖，客人立等可食，既充饥又解馋。德庆旧俗，除元宵节外，每年的冬至、正月初七（人日）都要吃汤丸，久而久之汤丸也就成为常年食用的一种风味小吃了。

　　德庆汤丸的用料与各地汤圆大同小异，都是常见的糯米粉、芝麻等，但做法不一样。德庆汤丸有甜和咸两种，甜的以黑芝麻加糖为馅，咸的以炒花生为馅。选料是本地纯正糯米椎制的糯米粉和本地的黑芝麻、花生这几种食材。这里要特别说一说糯米的种植，因糯米并非主粮，种植面积并不大，所以必须选择内乡的"山坑田"来种，目的就是防止附近"大垌田"种植的籼稻花粉的传播杂交，以此取得纯正的糯米，这些内乡山区山清水秀，其生长的糯米非其他地方产的糯米可比。

　　德庆传统汤丸是用干法制作。首先将芝麻或花生炒酥，炒芝麻要特别小心，很容易就会过火，然后捣碎，加白砂糖。咸汤丸则是将花生加猪油和适量的生粉（不超过十分之一）混合，做成馅料，揉成小圆球状备用。然后以一个大碟盛上干糯米粉，取球状馅料若干，放进大碟，左右摇搪，有黏性的馅料就会粘上一层层干粉，取出来捧手上，沾少许清水，再放进盛干粉的大碟里，摇搪如前，反复六七次即可。如喜欢皮厚一点儿的，则多搪几次，这样做出的汤丸嫩滑、无韧性，吃起来口感好。而现在的做法就简单了很多，多以糯米磨粉后，加水揉成团，捏扁后放入已做好的芝麻或花生馅料，包裹好不露馅，用手搓圆即成。有所改进的是，有商家将馅料改成芝麻加花生，再加点蜂蜜，吃起来也别有风味。煮汤丸也要注意，一定要滚水下汤丸，特别是干制汤丸，否则汤丸就会粘在一起了。可惜的是，这种干法制作现在已很少见，几为失传了。

德庆云吞

　　来过德庆的人都知道，与德庆竹篙粉同样有名气的是德庆云吞，其近年来更有盖过竹篙粉名气之势。现在市面上的云吞档一家接一家，每天人头涌动，逢节假日，大有一碗难求的趋势，外来游客更有不食德庆云吞枉来德庆之说。

　　在经济状况较差的年代，德庆云吞有"大云""细云"之分，粤语的"细"即"小"，其实是指分量大小不同而已，一般一个大人带一个小朋友吃个早餐，一大一小，分量就刚刚好。但，"云"与"运"谐音，因此，没有人说要吃"细云"的，一定会说来一个"大运"，谓"行大运"之意。精明的商家后来就干脆把"细云"取消了，开口就问客人要多少个"大运"，商家乐得增加销量，客人也乐得一早出门就来个"行大运"的意头。

　　云吞这种小吃南方各地均有，各有特色。德庆云吞则以制作精良、选料纯正、现做现卖著称。旧时用竹杠压云吞皮，相信各位读者都见过或知道，在此不赘述了。现在都用机制了，省去不少工夫。而各家的馅料无非有上好的精肉、鱼虾、鸡蛋等，好一点的还有瑶柱等海味，各种食材按一定比例搭配，均匀搅拌即成。而问及馅料的配方比例，则又是各家不同的商业秘密了。

　　唯每家做的云吞"上汤"是公开的情报，其全部用上好新鲜的猪筒骨，加虾头、虾壳、大地鱼等熬制，当上汤供应差不多后，不是往汤锅里加水，而是先加骨料后加水，保持骨汤的浓度和鲜度。否则客人会觉得寡淡无味，这也是德庆云吞百吃不厌的原因：汤靓！因为大部分食客第一口不是吃碗里的云吞，而是先尝汤，汤水够分量，说明云吞也够分量，自然也就尝出味道了。

　　包云吞全靠手工，做得好的云吞，其全蛋云吞皮要制作得不厚不薄，此外，每斤馅料包多少只云吞也很关键，若是馅用多了，则变成了"啖啖肉"，今时今日并非好的口感，且少了麦面的香气，成本还会增高，至于多少比例合适，吃起来才清爽，这是要经过多年的磨合和包云吞时的手感判断，或者又是

"笑而不答"的商业秘密了。

云吞还有一种吃法，就是云吞面，面条不是一般市面上的面条，是店家精制的"银丝全蛋面"。蛋面的做法是一斤面粉配五只大鸭蛋，不加水，和好面后反复用竹杠叠压、复压，至面皮厚薄均匀，再切成丝状，即成"银丝全蛋面"，做面时搓功、压功、刀功一点都不能马虎。此面在滚水里一焯即熟，上碗后加上一个"大云"，放点香油、葱花，近年又加多一块正宗德庆五花扣肉，再加几片青菜，既可果腹，又营养十足，一顿午饭也就解决了。

还有一个细节是吃云吞或云吞面要吃刚煮好的，如果有朋友未到，最好等人到齐了再下单，如果煮好云吞等人，少倾，云吞的口感就大打折扣了。

德庆竹篙粉

德庆竹篙粉是在德庆大街小巷都可以吃到的普通早餐食物，竹篙粉爽口弹牙，米香十足，滑而不腻，令人百吃不厌，是岭南粤西地区非常流行的美食。其为以大米为原料，经浸泡、磨浆、蒸粉等工序制成的粉条状的米制品，质地柔韧，富有弹性，水煮不糊汤，干炒不易断，配以瘦肉、猪杂或汤料，汤煮或干炒，爽滑入味，深受大众喜爱。

德庆竹篙粉历史悠久，相传起源于东汉末期。汉末由于中原战乱，岭南是个相对安定的地方，时有大量的中原人经潇贺古道（今封开贺江一路）南下，为避乱而举家南迁，聚居于苍梧、封开、德庆一带，并将中原的先进文化带入岭南，也带来了中原的风俗和饮食习惯。因此，"盖自汉末建安至于东晋永嘉之际，中国之人避地者多入岭表，子孙往往家焉，其流风遗韵，衣冠气习熏陶渐染，故习渐变……"①

岭南古称百越之地，高温湿热，盛产稻米。中原人喜面食，吃不惯南方的米饭，会水土不服，甚至生病。为解决这个问题，众人试着以北方面条的制作方法，选用南方的大米，加水浸泡，放入大石磨里磨成米浆，之后将米浆放进锅里蒸熟，做成面条的形状，伴以辣椒、酸酱作为调味，一来有利于消化吸收，二来可缓解思乡之情。

到了清末民初，德庆竹篙粉发展到了鼎盛时期。德庆庙会盛行，竹篙粉由于制作简单，味道可口，耐储存，又能饱肚，成为大众赶庙会时的午餐首选。每逢庙会，诸如悦城龙母庙会、德庆孔庙庙会、新圩盘古庙会、金林"五月十三"庙会等大大小小的庙会、圩期，动辄几千上万人聚集，吸引了众多有经营头脑的小商贩经营竹篙粉。小商贩穿插在庙会摊档其中，售卖传统小吃竹篙粉。晾粉的竹篙一字排开，经营中各出奇招，从简单的凉拌粉、酸辣粉发展

---

① （明）黄佐纂修：《广东通志》嘉靖四十年刻本，卷二十，民物志，风俗，页9。

到后来的炒粉、汤粉、猪杂粉、牛腩粉应有尽有，久而久之，相沿成习。如今德庆县城，每天一大早，首先摆开的就是售卖竹篙粉的摊档，这既是德庆传统的风味小吃，也是德庆人百食不厌的早餐。

德庆竹篙粉的特点之一是现做现卖，保持出品的新鲜度。档主每天须早晨四五点起床磨粉，七点开档，为陆续进城赶集的乡民和上班族以及到德庆观光旅游的游客提供早餐。竹篙粉既新鲜实惠，又能饱肚。吃过德庆竹篙粉的游客都能体会到其粉质幼细、爽口弹牙、滑而不腻，有独特的米粉和竹篙的清香味。竹篙粉给人留下深刻印象，游客无不点头称赞。

其实，做竹篙粉看似简单，但要真正做好传统工艺的每一个环节并非易事。其生产工艺一般有以下几个步骤：

1. **选米**

竹篙粉的主原料选用的是南方产的中粒晚籼米（非糯型），德庆称这类米为晚黏米。要求高一点的竹篙粉老板，会选用德庆县城东北马圩河流域"百丈垌"的晚造黏米，因为这一带的田亩每年被西江水浸，西江洪水带来大量的有机质肥料灌田，肥力足，种出的稻米油性足，品质自然不同。当然，百丈垌的面积不大，产量不足以支撑市场需求。因此，商家逐渐选用马圩河流域的官圩、马圩两镇所产的优质晚黏米了。

2. **浸米**

这一工序非常关键，大约要浸三到五个小时不等。为什么会有这么大的时间差呢？笔者数年前采写竹篙粉制作工艺时，曾问过制作竹篙粉的陈老板关于浸米时间的奥妙，但陈老板笑而不答，这也许是商业秘密吧。其实，各家制作竹篙粉都有不同的工艺，有些也只能意会而不能言传，要靠经验。大致说来，浸泡时间要根据当时气温高低来调整，气温高，浸的时间就短；气温低，则要适当延长浸泡时间。如果浸泡时间不足，米粒生硬，会影响米浆的幼细度；但若浸泡过久，则米粒会提前发酵，影响米浆的黏性，进而影响成品的"韧度"。

3. **磨浆**

很多朋友来德庆吃竹篙粉时曾问笔者竹篙粉带"韧度"的原因，想当然地认为是用糯米做出的粉。这个笔者在前面说了，做竹篙粉必须用非糯型籼米，其"韧度"增强的关键在于磨浆与调浆。磨浆一定要用石磨，这是几百年的传统了。近年来用的机磨，笔者也去看过，虽然产量高，也解放了不少劳动力，但米浆的幼滑度就要打些折扣，会影响口感。而用人力推石磨（也有换成机动带石磨的）虽然辛苦，但磨出的米浆非机磨可比。除了用石磨磨米，严格的传统制作工艺还要用布袋过滤压浆，可惜目前这个工艺大多数老板已弃用，这可能也是近期有些档口出品的竹篙粉口感有些退步的原因吧。

4. 调浆

磨出的米浆并未能马上送去蒸粉，还有一道工序叫调浆。因为刚磨出的米浆比较黏稠，要适当兑水，这个兑水的过程就是调浆。调浆的比例合适，蒸出的粉才通透明亮，富于弹性。"兑水要适当，调浆要均匀"，这是一句行话，说得容易，做起来并不容易。"适当"要靠经验来掌握，没有三五年的工夫是不成的。"调浆要均匀"则相对简单一点：准备好两个相等容量的大木桶，把磨好的米浆兑好水后倒进木桶，然后提起大木桶将米浆冲倒到另一个木桶中，如此反复冲倒。冲倒是一个体力活，木桶举得越高，冲撞力就越大，米浆的均匀度就越高。加上适量的花生油，继续来回冲倒几次即成。花生油需要均匀混合在米浆中，避免米浆过度发酵氧化，还可以减少蒸粉时产生"粘锡（tàng）"的情况。有些老板不注意这个细节，做出的竹篙粉质量就会大打折扣了。

5. 蒸粉

下一道工序就进入蒸粉。德庆人把蒸粉叫"炊粉"，是什么原因不得而知，我们暂且不去追究它（下面还会提到）。蒸粉的要点在于掌握火候和竹篙粉的厚度，太厚太薄都不合格，以每"锡"加多少米浆来控制厚薄，好的师傅一斤米浆做出的粉是固定的。记得小时候以米换粉，一斤米换十二条粉，是不用称的。蒸粉用的工具叫作"锡"。以前的"锡"是铜做的，油光锃亮，非常有历史感，而现在的"锡"大多改用马口铁做，虽无大碍，但总觉得缺少点什么。相信大家都有共同的经验：用铜锡蒸鸡与用马口铁锡蒸鸡感觉是不同的。有些精明的老板即以此为招徕，将十多个铜锡擦得精亮，摆在门口，似乎在说："我这个店是有历史、有传承的。"

好了，言归正传，用铜做的"锡"其实就是取其传热快的特点，这就涉及火候的掌握问题，蒸粉最大的要点之一是对火候的掌握。目前街边用燃气炉、电炉蒸粉的，普遍感觉火力不够。传统的蒸粉是用大铁锅、大锅水，每次只蒸一锡（即一条），必须是烧柴才够火力，而且要用荔枝木或类似的硬木，目的就是使火力尽量大，因此也增加了不少成本。蒸多长时间呢？这就要看师傅的功底了。好的师傅是不用看钟的，一锡下去，凭感觉一上一落一晾，一条粉即成，如此"炊粉"与"催粉"谐音，然否？反正笔者是相信的。有的老板用的是双锅，快到眨眼工夫即成，令客人目不暇接，简直就是看表演。其实这也是有技巧的，一看锡内的米粉起"泡"，即说明米粉已熟，晾出来时也不会"粘锡"。加米浆太厚不会起泡，太薄则会"穿泡"，很考验师傅的功夫，这又是商家笑而不语的秘密了。

6. 晾粉

接着就是晾粉，这一步很关键。把蒸熟的粉条晾到一条直径二十多厘米的竹竿上，目的是调节粉条的温度。一些大排档为了加快速度，会用风扇降温，其实这些都不规范，会令温度不均匀，影响口感。这是因为刚出锅的粉是没有"韧度"的，口感不好，必须要在竹竿上晾到合适的温度才能上桌，而这条竹竿就起到了调节粉条温度的作用。很多食客对这条粗大的竹竿感兴趣，而德庆人称竹竿为竹篙，久而久之，竹篙粉一名遂在坊间流传。

最后讲讲竹篙粉的吃法。竹篙粉的吃法多种多样，甜、酸、辣皆可，著名的炒牛河是一种吃法，现时最火爆的猪杂卤汁淋竹篙粉也是一种吃法，而传统的还有"汤粉"一说。南方人习惯喝汤，因此竹篙粉也可以做成"汤粉"。"汤粉"的吃法关键在汤，通常会用熬制了四五个小时的大骨汤或排骨汤作为汤料，更讲究的，还会用海鲜汤、三鲜汤、牛腩汤等，不一而足，汤底配方更是保密，加十余种汤料配制，香气浓郁，味道格外鲜美，堪称一绝。但随着现代生活节奏的不断加快，也为了省时，如今已鲜有人做"汤粉"，这一吃法几近失传了。

其实"斋吃"才能真正体现竹篙粉的清香。"斋吃"是最传统、最简单的吃法。旧时的店面摆有一张调料台，上面放着一碗花生油、一碗酱油、一碗酸辣椒，奢侈一点的还有一碗炒芝麻、一碗葱花，以及一大桶稀饭。客人取到粉以后，自己到此桌前舀一匙花生油、酱油等调味品，全自助，无人监督，并有白粥任食。就算在生活困难的 20 世纪 60 年代，客人也不会多舀一匙花生油，这也说明德庆民风淳朴，或为儒家文化的熏陶使然耶？

结　语

德庆竹篙粉发展到了今天，从非物质文化遗产传承的角度来说，由于各种各样的原因，已经丢失了很多传统的工艺，地方上一些"非遗"项目无人传承的现象也非鲜见，这对保护和传承"非遗"文化而言极为不利。建议有关部门尽快将德庆竹篙粉列入"非遗"名录加以保护，对于德庆竹篙粉"非遗"工艺的传承，政府在加快培养代表性传承人的同时，也要加大对传承群体的关注力度，此为传承发展竹篙粉的最佳选择。

（原载《炎黄大观》2020 年第 3 期）

德庆黄瓜鲊

在过去年代，德庆人的餐桌上离不开"鲊"（zhǎ），最出名的有黄瓜鲊、豆角鲊、蕹菜鲊、芥菜鲊等，凡是本地生产的各类蔬菜，如白菜、芥菜、萝卜、黄瓜、竹笋、生姜、藠头、辣椒等德庆人都能腌制出各种鲊。因为这些腌制菜都带酸味，统称为咸酸菜，简称酸鲊，又称鲊菜。德庆人甚至会用花生叶、番薯藤、芋荚叶、牛奶子等做鲊，味道鲜美，可惜现在基本上看不到了。酸鲊在过去是登不上大雅之堂的，皆民众的佐粥餸饭之"主菜"，一日三餐，无日不鲊。

改革开放后，往来德庆者渐多，旅游渐旺，餐饮业日有起色，一些酒家、食肆、街边大排档相继推出以德庆黄瓜鲊、豆角鲊等为主的餐前小菜。黄瓜鲊口感爽脆，味道咸酸适中，稍带甜味，此举竟引得游客胃口大开，主菜未上，就已多次要求加上酸鲊，还声明席散后要打包酸鲊回家享用。聪明的餐厅经理会顺势引导游客加点一个德庆特色名菜——猪大肠炒黄瓜鲊，粗料精制，搭配完美，这是游客百吃不厌的菜品。这可乐坏了制作酸鲊的坊间小贩，虽蝇头小利，但薄利多销，亦赚得盆满钵满。由于德庆酸鲊是纯手工制作，无法量产，一度供不应求，售价几度翻番。游客认准德庆酸鲊，口碑绝佳，德庆黄瓜鲊遂扬名西江流域。

鲊字由来颇古。鲊古体为"鲝"，原为古人腌鱼的一种工艺。东汉许慎《说文解字》曰："鲝，藏鱼也。（段注）：古作鲝之法也，令鱼不歹坏。从鱼，俗作鲊。"① 鲊字最早源于腌鱼，许慎说的"鲝"是一种存藏鱼类食物的方法，因此，鲊从鱼部。但许慎没有记录这个"藏鱼"的工艺，而《德庆州

---

① （东汉）许慎撰，（清）段玉裁注：《说文解字注》，上海：上海古籍出版社1988年版，鱼部·鲝，页580。

志》则将整个制作"鱼鲊"的方法记录如下："鱼鲊，南人以鱼为鲊，有十年不坏者。其法以藋（diào）及盐曲杂渍，藏之以瓮，瓮口周为水池，而覆之以挽，封之以水，耗则续。如是故不透风。鲊数年生白花，似损坏者。凡亲戚赠遗，悉用酒、鲊，唯以老鲊为至爱。采访册：土人皆善制，出悦城者最佳。"①

制作鱼鲊与制作咸鱼是不一样的，咸鱼是腌后要晒干，露天存藏；鱼鲊则放在瓮埕里腌制存藏，需加盐曲，有发酵的过程，但没有晒干的过程，两者不一样。这种鱼鲊的做法比较耐藏，在密封的状态下可保存十年不坏，而且鱼鲊存藏越久，味道越鲜美。据笔者所知，在20世纪八九十年代，回龙一带的水上居民还制作鱼鲊自用。

东汉刘熙《释名》曰："鲊，菹（zū，腌菜）也，以盐米酿之如菹，熟而食之也。"② 刘熙说的"菹"，即腌酸菜，即像古法腌鱼一样腌制酸菜，方法也是在菜中加盐和米腌制。注意，刘熙这里说的是"酿"，因有米混和其中，会有发酵的过程，这一过程中会产生酸味，这也是与回龙江滨大头菜鲊不同的地方。

因此，制作鱼鲊的方法也可以用于对瓜蔬的腌制处理。北魏贾思勰《齐民要术》一书，记录了越瓜的作鲊（菹）法（按：越瓜，葫芦科，黄瓜属。类广东的白瓜、大黄瓜）。其在《瓜菹法》曰："采越瓜，刀子割，勿令伤皮。……瓜净洗，令燥，盐揩之，以盐和酒糟，令有盐味，不需多，合藏之，密泥缸口。软而黄，便可食。"③ 更早的还有崔浩《食经》里记录制作小瓜鲊的方法："取小瓜百枚，豉五升、盐三升，破去瓜子，以盐布瓜片中，次着瓮中，绵其口，三日豉气尽，可食之。"④ 这些制作"瓜鲊"的方法传至岭南已有一千六百多年的历史了。

康人很早就将这种制作鱼鲊的技术应用于对瓜蔬的加工处理，开发出别具特色的德庆菜鲊系列。余按：在20世纪五六十年代，德庆城乡家家户户都有三五个做鲊的陶制瓮埕，俗称"鲊豉"（读若"鲊是"，一种瓮口带水槽的陶制瓮埕），可见民间制鲊之盛。

---

① （清）杨文骏等修：《德庆州志》光绪二十五年刻本，卷六，食货·物产·鱼鲊，页25。

② （东汉）刘熙撰，任继昉、刘江涛等译注：《释名》，释饮食·鲊，北京：中华书局2021年版，页295。

③ （北魏）贾思勰著，李立雄、蔡梦麒等点校：《齐民要术》，卷九，瓜菹法，北京：团结出版社1996年版，页383。

④ （北魏）贾思勰著，李立雄、蔡梦麒点校：《齐民要术》，引《食经》藏瓜法，北京：团结出版社1996年版，页383。

家家户户都有做鲊的"鲊豉"（温爱民摄）

　　德庆的鲊分酸鲊和咸鲊两种：酸鲊用鲊豉带水密封发酵腌制，如黄瓜鲊、芥菜鲊、豆角鲊等，典型的有新圩历麻特有的小黄瓜鲊。咸鲊则需反复腌晒去掉水分（非密封存藏），典型的有回龙江滨的大头菜鲊、萝卜鲊、芋荚鲊等。其区别在于黄瓜鲊等有发酵腌制过程，会变酸，而江滨大头菜鲊等则无发酵过程，味咸，两者风味不同。另外就是酸鲊存藏时间较长，如无污染及密封问题，可存藏至来年黄瓜上市，谓之老鲊；而咸鲊存藏时间为三个月到半年（非密封），时间一长就会变质腐坏，俗称"臭风"，也就不能吃了。

　　顺带一提，目前很多黄瓜鲊的包装袋或是宣传单均将"鲊"写成"酢"，甚至写成"榨"，这是不对的。"酢"（cù）是醋的异体字，是酸的意思，读成黄瓜酸勉强可以。但"榨"（zhà）是压榨、挤压的意思，音义皆不同，用之不伦不类。"鲊"字最早源于腌鱼，因此"鲊"从鱼部。

　　德庆传统腌制黄瓜鲊的方法，首先要清洗黄瓜和去掉黄瓜内的大量水分。具体操作是用瓜锥将瓜身遍插一番，有些农户为图方便就直接用刀在瓜身锵一刀，使水分容易榨出。然后将处理过的黄瓜倒进大锅，经滚水浸泡一下（注意大锅要洗擦干净，不能有半点油腥），捞起后放入事先准备好的草包，在草包上加压石头，将瓜内水分榨出，把压榨过的黄瓜倒出来晾干后，一层瓜一层盐放进清洗干净的鲊豉里压实（严格一点的，鲊豉必须用黄皮叶水洗过），再加一些洗米水进去代替酒糟，先后盖上鲊豉小盖、鲊豉钵（大盖），然后在鲊豉瓮口环水槽注上清水，使之与外界空气隔绝，达到密封的效果。至此，整个制作过程就完成了。约一个星期后，待鲊豉内的发酵气体向外"哺"气，这埕黄瓜鲊即大功告成，可以取食了。取食时也要注意，家中老人交代了，不能用手直接拿取，要洗干净双手，还要准备一双专用的长竹筷子夹取。不能用食用过的筷子夹取，因食用过的筷子有油腥，会破坏埕内的微生物菌落，稍不小心，整埕黄瓜鲊就会腐坏发黑，不能食用了。腌好的黄瓜鲊从埕中取出后要尽快食用，有些食客喜欢一拿出来即用手撕开（不用刀切），佐以葱花、辣椒，淋上豉熟油生吃，味道更好，这道名菜谓之手撕黄瓜鲊。一些客人打包回去的黄瓜鲊不注意保存，味道大变，不出两日就发黑不能食用了。因此，为适应客人打包的要求，目前已开发出真空包装，可延长存放时间。

手工腌制的小黄瓜鲊（温爱民摄）

新圩镇历麻村的小黄瓜制作的黄瓜鲊历史悠久，其地所产的小黄瓜颜色金黄、晶莹剔透，不同于一般的大黄瓜，更不同于一般的青瓜，因有"金玉小黄瓜"之称。《德庆县志》记载："新圩历麻黄瓜爽脆可口，且含多种维生素，除煮食外，还可腌酸菜。"① 由于历麻小黄瓜品质优良，产量高，目前以历麻为中心，辐射到新圩、回龙、官圩、马圩等镇均有引种，已成为农民增收的一个好品种。

据德庆年鉴统计，至 2000 年，我县有 5.95 万亩蔬菜种植面积。近年，蔬菜种植面积持续缩小。德庆县供销社系统发挥社有企业联农带农的作用，通过建设高产示范基地，运用土地租赁、流转、公司＋农户等形式，带动周边农户利用农闲种植小黄瓜，达到使农民增收的目的，不失为"一村一品，一镇一业"的好项目。

（原载《炎黄大观》2022 年第 4 期）

---

① 德庆县地方志编纂委员会编：《德庆县志》，广州：广东人民出版社 1996 年版，名优产品，新圩历麻黄瓜，页 311。

附　录

"惠积街—横街"省级历史文化街区
专家评审会发言稿

各位领导、各位专家：

　　刚才看了一些评审会的资料，我们还有很多工作没有做好、做到位，这么好的历史资源我们没有保护好。我从小在这个城市长大，对这个城市感情很深，所以这个项目也请上级领导、专家再帮我们"会诊"，我们也努力去做，再做不好的话，就真的有点对不起这个历史文化名城了，应该说我们这个项目不缺历史文化的支撑。另外我有点纳闷，为什么是住建局来牵头这个项目？很多资料准备应该是文广旅体局的工作，住建局是没有这方面资料的，这说明在部门沟通衔接上出了点问题。惠积街和横街在2001年被列入县文物保护单位，按理不应该出现这个问题。下面就我所知道的惠积街、横街的情况讲一讲，有些话不一定对，但可以供各位领导、专家们参考。

　　德庆古称端溪县，始设于汉元鼎六年（前111），是与广州同龄的一个城市，端溪县取境内"端溪"为名，唐代称康州，南宋后称德庆，有2130多年的历史。我们这个城市的古城墙一直到民国二十一年（1932）左右才拆去，形成了今天的解放路—朝阳路—环城路，其实就是古城墙的墙基。

　　德庆古城墙的修建年代有两种说法：一种认为是宋城。宋皇祐四年（1052）广西壮族首领侬智高起兵反宋，顺江直下，仅用两个月的时间就攻打到广州，经康州时，康州知州赵师旦组织军民强力抵抗。当时侬智高攻打的就是"宋城墙"。其实，按实际情况分析，当时的"城墙"充其量只是官署的高墙而已，位置在今学宫西侧旧人民医院。这个地方一直是州衙、府衙驻地，但直至南宋时，规模还是较小的。

　　一种认为是明城。文献记载，德庆于洪武元年（1368）扩城，历朝有维

修，至清光绪二十五年（1899）最后一次维修，形成了今天解放路—朝阳路
—环城路的旧城规模。知州杨文骏修城墙后，把剩下的 800 两银子作为经费，
修撰光绪《德庆州志》，这些都是有记载的。

　　由于扩城发展的需要，至民国二十一年拆城墙修德—高公路后，城内部分
老街、老屋逐年拆建，所剩无几了，现在剩下的还有：康帅街姓温家三开间五
进大屋（出进士、举人）、姓杜家五进大屋，沙帽塘街李家大夫第（出进士），
名人故居还有三座李氏民国老屋。萧庙街、龟背街一片，有留美博士李敏求故
居，李敏求是 1972 年获美国"阿尔伯特·拉斯克临床医学研究奖"的华裔科
学家。

　　我们今天看到的惠积街旧称东胜正街，在旧城的东胜门外，正对东胜门而
得名。1950 年惠积街改名为胜利东路，按位置，它是旧城墙的外扩部分，拆
城前是德庆所有后乡人进城（陆路）的必经之路。这样就逐渐形成了一个靠
近横街商业中心的惠积街古民居群落，所以把惠积街、横街一齐列入规划范围
非常正确，也非常重要。

东胜门外小食店，位于今胜利东路 1 号，旁为打铁巷入口（温爱民摄）

　　横街由北到南直通西江边旧码头（今三号闸），由文会街、回龙街、谷圩
街组成，与惠积街形成"丁"字交会，这是往来客商由西江水路上岸后入城
的一条主通道。横街在康熙以前称"三街"，西江水路对德庆的经济发展来说

非常重要。德庆素有"粤西舟车之会"的美称,由水路而来的商贾主要聚集点就是在这三条街上,后来三街合并,才改称横街。横街的街口(即文会街)正对西江大码头,逐步形成了明清时期德庆的主要商业街区。横街原来的路面是用花岗岩石条铺设,宽约三四米,后来改成水泥路面,把花岗岩石条挖去做朝阳路的路肩,失去了原有的特色,有点可惜。

听坊间老人忆述,原在东胜门街口城墙上嵌有"康衢古埠"匾额,长约2米多,高约0.8米,应该是初扩建城墙时之物,已有650多年的历史,在民国初拆城墙时被卸下,搬到文会街口重立牌坊,中华人民共和国成立后遭毁。但由于该匾额体量太大,难以移动,至20世纪80年代还置于路边,后来经修路和开发楼盘就不知所踪了。楼盘开挖地基时候我想找到这块匾额,每天还去施工工地蹲守,但最后一无所获。在这里,还是要建议政府恢复这个匾额,这块匾额不但对这个街区有一个清晰的定位,而且对整个德庆在粤西地区的历史定位意义非凡。"康衢"指四通八达的大路,喻指显要的位置,亦指水陆交通发达的地方。"埠"本义为停船的码头,泛指利用江河转运上下旅客、装卸货物,后引申为有水路码头的商埠。德庆有得天独厚的大动脉西江干流优势,可以确认,早在明代初期,德庆就已经是西江沿岸的一个大商埠,这块匾额就是一个实证,极具历史价值,对认识了解德庆的历史地位、提高德庆的知名度意义非凡。

三街(横街)不但是一条商铺旺街,还是德庆"炮仗攻狮子"非遗项目的发祥地。由于这里商铺聚集,每年春节、元宵节,本地的狮队、后乡的狮队,沿江郁南,甚至梧州的狮队在此相遇,舞狮拜年讨银牌(利是)。这里的商铺"钱多势众",两边高楼林立,路又狭窄,据说没有一个狮队能舞得过三街。后来商会就定了一个规矩:设一个头标(巨奖),若有狮队能从文会街牌坊舞过三街到达惠积街,则得头标,多年后就演变成表演性质的"炮仗攻狮子"非遗项目了。

县级非遗项目"炮仗攻狮子"（温爱民摄）

现在，横街还保留了大部分的前店后坊商铺、民居等，当时的宁寿堂、和元堂药店，大东商行等，还有华光庙保存完好。华光庙可能大家没有注意到，就在三角街与谷圩街转弯入打铁巷的地方。华光是传说中的火神，民间拜华光帝是为了保佑家宅平安，不发生火灾，在这个商铺旺地，又是砖木结构的建筑群里，建一个华光庙在中间当然有重要的意义，商铺每天拜华光帝起码能提醒自己注意防火安全。而民国期间德庆第一个由商会主导的民间消防队，就是在这里成立的。

由于有了横街这个商业中心，惠积街的大户人家住宅民居群就慢慢形成了。因为这条街是德城附近乡民进城必经之路，在当年绝对是最旺的路段，相信比城里任何一条街都要旺。

惠积街以惠积亭得名，遗址今存（温爱民摄）

惠积街温姓地界碑（温爱民摄）

惠积街以前叫东胜正街，因为它正对旧城东胜门。后来由于在街尾与通津路交界处盖了个风雨社亭叫"惠积亭"，之后，东胜街就发展成东胜正街和惠积街两段。惠积街以惠积亭得名，中华人民共和国成立后改称胜利东路。惠积街聚集陆、谢、梁、温、严等大户人家，至今还有温姓地界碑。

中共地下党联络处谢道源故居（温爱民摄）

惠积街有很多名人故居，其中有中共地下党联络处谢道源故居。"1940 年，中共西江特委机关迁来德庆，就驻在惠积街谢道源家。"谢道源是中共地下党员，为党和国家、德庆解放事业做了大量的工作。由于地下党员的特殊性和工作性质，他受过一些不公平待遇，后来由当时在德庆工作的副省长亲自为他写证明材料平反。

民国德庆香山中学第一任校长陆文博也居住在惠积街。他毕业于广东省高等师范学校（中山大学前身），由乡贤公推为香山中学第一任校长。他们家门口的对联一直不变，就八个字：

陆文博故居门楼（温爱民摄）

上联：鹅湖春暖

下联：鹿洞风和

我多讲一讲他们家门楼的这副对联。此联典出南宋两位文坛巨匠朱熹和陆九渊的思想交锋，被誉为中国文化史上的一场盛会。南宋大家吕祖谦为了调和朱熹的"理学"和陆九渊"心学"之间的理论分歧，出面约陆九渊到鹅湖寺与朱熹会面，朱、陆在鹅湖寺展开了一场轰动中国学术界的辩论，史称"鹅湖之会"。辩论并未影响两人的友谊，后来朱熹还请陆九渊到白鹿洞书院讲学，陆九渊的讲义最后被朱熹在白鹿洞刻石永存，故有"鹿洞风和"之说。据说陆九渊后代有一分支就到了德庆。陆文博传承家训，将治学理念贯穿于他的教学实践。

还有民国县长严博球，曾任三水、四会、德庆三县的县长，他也住在惠积街。令人称道的是，严任德庆县县长期间，带头捣毁香山寺神像，以香山寺产及僧舍草创德庆香山初级中学。起初僧众不太愿意腾出僧舍寺产，严即撰一联，展示他的无神论思想和办学决心。对联幽默诙谐，对仗工整，以印度沦为英国殖民地和清末废除帝制建立中华民国政府的事实说理，言人所未言，联曰：

印度已属英，佛法有灵，何不现身扶祖国？

中华今归汉，神权无力，从今撒手上天堂。

他还捐资、集资修了一条从惠积亭到东胜门的水泥路，这是德庆县第一条混凝土路。当时德庆人还不知水泥是什么东西，管这条路叫"红毛泥路"，大概1.3米宽，两边有石条铺砌。这是德庆全城包括后乡的乡民都知道的一件大事，因为所有乡人进城都要经过这条路，有了这条路，进城方便多了，非常有历史意义。

还有一个建筑物在德庆也是很出名的。1896 年，基督教传入德庆，美国教士陈安德就是在惠积街建教堂开始传教的。同时，也带来了先进的科技、西医和现代教育，如提倡西法接生，大大提高了出生率，培养了何卓文、温伟杰、李敏求等一批现代知识分子。

最后讲三点意见：

第一惠积街历史文脉深厚，是德庆县一个不可多得的历史文化资源，一定要加以保护。如何保护？那当然就是要先完善保护规划方案，但更重要的一点，就是要有维护资金投入。

民国德庆两任县长严博球故居门楼，门楼内建筑物基本完好（温爱民摄）

这几年我退休后没事干，在县城、乡下晃悠，看了很多有价值的老建筑，碰到最多的问题就是，群众对政府列定的文物保护单位（古民居）也是拥护的，迫不得已他们不会拆，但他们觉得政府只是强调规划保护，但真正投入保护文物的钱不多。当然这几年已有很大的改善。

第二就是横街包括惠积街文物保护街区的文物活化问题，也建议县里面列入计划，做到规划保护、活化利用齐抓。就是我刚才说的"康衢古埠"匾额复原的问题，如果实施这个方案，不但可以明晰街区的历史，还可以明确德庆为"粤西舟车之会"的历史定位。这肯定也是一个很好的旅游资源。此外，德庆的裹蒸粽选料上乘，风味独特，游客到此吃完还要打包。还有德庆云吞、竹篙粉等非遗小吃都可以在这个街区展示出来，许多非遗项目都可派上用场。希望政府能主动出击，将重点区域规划好，筹划好资金，把这个区域的保护规划列入乡村振兴建设的重点扶持项目，打造省级历史文化街区"惠积街—横街"非遗美食、步行购物一条街项目，培育非遗文旅新业态。

第三是华光庙的修复开放问题，建议政府收回房产（本就是公产），由德城街道办、民宗局指导，由民间组织修复。以项目带动旅游，建议把规划范围适当扩大到东豪东街，这片街区还有很多老屋，且紧靠西江边"旧码头"市场，可以把邓文中桥梁博物馆、旧码头，还有出过举人的潘家大屋等和横街组合在一起形成一个闭环步行街观光路线，带动消费，提供就业机会。

惠积街旧民居门楼非常有特点，亟须保护（温爱民摄）

（评审会发言稿修订后，加了插图）

后　记

德庆人杰地灵，民风淳朴，历史文化积淀丰厚，有国家级重点文物保护单位悦城龙母祖庙、德庆学宫等文物古迹；德庆还是广东省历史文化名城，这是生我、养我的地方，我对家乡的一草一木深怀感恩。

不知不觉，转眼已退休十年，闲情逸致得以自由发挥，凭着对家乡人文山水的热爱，平日间就比较注意当地的风情风物、人文古迹等资料图片的收集，也写些小文章投诸报刊。史海撷珍，虽拾获无多，然汇聚点滴，聚沙成塔，兴趣日增。写乡土文章、探究人文古迹，论个人的能力微乎其微，但我尝试着去做了，自然还是做得不够好，但重要的是用心而为、尽力而为。

《西江史事探赜》今得付梓，得到许多热心人士的关心、支持和帮助。首先要多谢我的两位良师益友：林瑞球先生雅重文史，为文自然而真实，写作态度严谨，令我深受感染，也加深了我对乡邦文化研究的喜爱。回想当年我们行遍德庆山山水水，亦师亦友，交流切磋，乐亦在其中矣。马楚坚先生是香港大学的哲学博士、中文学院教授，师从罗香林先生，主攻宋、明、清史，学问渊博，述著丰硕。认识马先生二十多年，他扶携后学，讲解深入浅出，在历史论文的写作及学术方面引领我跨越道道鸿沟。考古论今，史事重构，启迪我扩大视野于学术前沿。马先生送我一本罗老的《唐代广州光孝寺与中印交通之关系》学术论著，把我带进了一个更广阔的空间，一个更高的视野境界，我研究西江流域历史文化的兴趣即发轫于此。及后田野调访、旁搜博采、论析考索，初心不改。马老师笔耕不辍，拨冗为书作序，承蒙厚爱，深表感谢！

史事浮沉，浩浩西江苍梧东下，粼粼锦水萦绕康城，这是西江最美的风景线，为绚丽的岭南文化增添了厚重的篇章。吾乡之景、吾乡之情，令人心驰神往，思之爱之，久久不能平静。定稿付梓之际，向所有帮助过我的老师、朋友道声深深的感谢。

由于水平所限，本书阙疑、讹误之处在所难免，敬请读者批评指正。

温爱民

2023 年 10 月于康州寓所